Frank Fabian

GEHEIME VERSCHLUSSSACHE

REDLINE | VERLAG

Frank Fabian

GEHEIME VERSCHLUSSSACHE

Der Einfluss der Geheimdienste und Deutschlands weniger bekannte Geschichte nach 1945

Bibliografische Information der Deutschen Nationalbibliothek:
Die Deutsche Nationalbibliothek verzeichnet diese Publikation in der Deutschen Nationalbibliografie; detaillierte bibliografische Daten sind im Internet über http://d-nb.de abrufbar.

Für Fragen und Anregungen:
info@redline-verlag.de

1. Auflage 2022

Türkenstraße 89
D-80799 München
Tel.: 089 651285–0
Fax: 089 652096

Redaktion: Monika Spinner-Schuch
Umschlaggestaltung: Marc Fischer
Umschlagabbildung: pxl.store, zef art, Only_NewPhoto, Drop of Light/ Shutterstock
Satz: ZeroSoft, Timisoara
Druck: GGP Media GmbH, Pößneck
Printed in Germany

ISBN Print 978–3-86881–901–4
ISBN E-Book (PDF) 978–3-96267–450–2
ISBN E-Book (EPUB, Mobi) 978–3-96267–449–6

Wir produzieren nachhaltig
www.m-vg.de

Weitere Informationen zum Verlag finden Sie unter

www.redline-verlag.de

Beachten Sie auch unsere weiteren Verlage unter www.m-vg.de

INHALT

I. GEHEIMDIENSTE, GESCHICHTE UND POLITIK

Es ist mehr als eine Binsenwahrheit: Grundsätzlich ist es unmöglich, die Themen *Politik* und *Geschichte* von dem manchmal unglaublichen Einfluss der *Geheimdienste* abzukoppeln. Geheimdienste *machen* Politik. Noch deutlicher gesagt: Politik heute wird in einem Ausmaß von Geheimdiensten bestimmt, dass man nur staunen kann. Tatsächlich bleibt man auf ewig ein Kind vollständiger Naivität, wenn man nicht auch den Einfluss der Geheimdienste auf die Politik in Rechnung stellt.

Das Problem besteht lediglich darin, dass diese Beeinflussung oft nicht sichtbar ist. Erst mit einer Verzögerung von fünfzig, ja manchmal hundert Jahren erkennen Historiker, dass viele Fakten nicht ausgewertet werden konnten – weil ganz einfach Geheimdienste im Hintergrund die Strippen zogen, deren Aktionen bislang sorgfältig unter Verschluss gehalten wurden.

Geheimdienste beeinflussen mitunter in einem Ausmaß Politik, dass man regelrecht entjungfert wird, wenn man an konkreten Beispielen erfährt, was sie alles im Hintergrund bewegten und immer noch bewegen.

Selbst erfahrene Historiker und Politologen können oftmals ihren eigenen Augen und Ohren nicht trauen, wenn sie im Nachhinein erfahren, was »eigentlich« und »in Wahrheit« in bestimmten Perioden passiert ist, von denen sie eigentlich glaubten, dass sie sie aus dem Effeff kennen.

Insofern ist es an der Zeit, einmal aus dem Nähkästchen zu plaudern und auszupacken, was zumindest die deutschen Geheimdienste nach 1945 angeht – denn erstaunlich viel wurde auch in dieser Beziehung unter den Teppich gekehrt.

In diesem Sinn erwartet den Leser in dem vorliegenden Buch einiges an Informationen und Aufklärung. Allerdings müssen wir ein paar Einschränkungen vorausschicken.*

Die Form

Wir haben dieses Sachbuch in Wir-Form abgefasst, obwohl nur Frank Fabian als Autor zeichnet. Damit wollten wir keinesfalls auf den »Pluralis Majestatis« Bezug nehmen, sondern im Gegenteil ein Stück Bescheidenheit signalisieren: Ein ganzes Team, ein ganzes Recherche-Team war für das vorliegende Buch verantwortlich, ganz zu schweigen von den Lektoren, ohne deren Hilfe die folgenden Seiten nicht hätten verfasst werden können.

Außerdem haben wir einige Ereignisse absichtlich ins Präsens gesetzt, um den Leser noch näher an gewisse Geschehnisse heranzuführen.

Der Inhalt

In Deutschland existieren momentan drei Geheimdienste: der BND (der Bundesnachrichtendienst), das BfV (Bundesamt für Verfassungsschutz) und der MAD (Militärischer Abschirmdienst).

Wir haben uns auf den folgenden Seiten in erster Linie auf den BND konzentriert, denn eine vollständige Geschichte aller drei Geheimdienste würde mindestens zehn Bände umfassen, was aus Gründen des Umfangs nicht zu leisten ist. Wir mussten Schwerpunkte setzen.

Doch selbst den BND konnten wir bestenfalls ansatzweise »durchleuchten«, denn ein Geheimdienst hat die Angewohnheit, alles »geheim« und nichtöffentlich zu halten. Es ist seine Natur, Dinge zu verschweigen. Es wäre geradezu eine lächerliche Behauptung, zu sagen, alle Schattierungen

---

* Im Rahmen dieses vorliegenden Buches wird auch über Erkenntnisse und Einsichten reflektiert, die bereits in früheren Werken Fabians dargelegt wurden. Die Ausführungen über die Französische Revolution finden sich in: Frank Fabian, Fake News, München 2019, S. 38ff.

des BND wirklich erfasst zu haben, wenngleich wir mit Sicherheit mit einigen Fakten punkten können, welche die Politik in Deutschland nach 1945 plötzlich in einem ganz anderen Licht erscheinen lassen.

Ferner sind Geheimdienstaktionen erst dann verstehbar, wenn man sie in ihrer Wechselwirkung zur hohen Politik sieht. Aus eben diesem Grund haben wir auch die Geschichte der deutschen Kanzler der Bundesrepublik ausführlicher dargestellt – speziell in ihrer Abhängigkeit von Geheimdiensten. Unsere Kanzler waren mehr als einmal in mehr oder weniger großem Maße von »geheimen« Aktionen abhängig. Oft spielte zudem das »große Geld« eine Rolle, das nach 1945 in erster Linie beim CIA zu finden war, dem US-amerikanischen Auslandsgeheimdienst. Auch fremde Geheimdienste mussten wir deshalb zumindest ansatzweise etwas näher beleuchten, um zu einem besseren Verständnis der Geschichte Deutschlands nach 1945 zu gelangen. Kleinere Geheimdienste besitzen immer ihre Abhängigkeiten und Verpflichtungen gegenüber größeren Nachrichtendiensten. Das ist bis heute der Fall.

Einige unserer deutschen Kanzler oder »Staatsratsvorsitzenden« – eine Bezeichnung, die den Titel des »Präsidenten« in der DDR ablöste – werden jedenfalls erst in ihren Beziehungen zu bestimmten Geheimdiensten fassbar. Ja, viele »Tatsachen«, die wir in Deutschland heute unbesehen hinnehmen, erscheinen plötzlich in einem ganz anderen Licht, wenn man auch bestimmte Aktionen ausländischer Geheimdienste einbezieht.

Es war also notwendig, gelegentlich über den Tellerrand zu blicken.

So oder so erwarten den Leser brisante neue Gesichtspunkte, die auf diese Art selten oder nie auf den Punkt gebracht wurden.

Rechts und links

Je mehr wir uns in Richtung Gegenwart bewegen, umso spannender wird Historie, jedoch auch umso problematischer. Der Grund: Fast jeder von uns besitzt seine eigene Meinung, was die jüngste Vergangenheit angeht. Viele »berühmte« Politiker nach 1945 »kennen« wir oder glauben wir zumindest zu kennen – ob es sich um die knorrige, humorige CDU-Koryphäe Konrad Adenauer handelt oder die SPD-Ikone Willy Brandt.

Genau an dieser Stelle erhebt sich indes die erste Herausforderung: Fast jeder Leser verfügt über ein Urteil oder Vorurteil, was die beiden großen Parteien und ihre prominenten Vertreter angeht. Ein Autor oder ein Autorenteam, der oder das sich neutral verhalten will, unternimmt einen gefährlichen Drahtseilakt, bei dem man ständig abstürzen kann. Ununterbrochen bewegt man sich zwischen den beiden Polen »rechts« und »links«, von den vielen anderen Farbnuancen ganz zu schweigen. Wir alle stecken voller Emotionen und festgezimmerter Ansichten, was Politik und Politiker angeht. Und fast alle neigen wir mehr der rechten oder der linken Seite zu. Ein Autorenteam wird es also selten oder nie den beiden großen politischen Weltanschauungen recht machen können – selbst, wenn ein Historiker federführend ist.

Der Historiker ist zwar insofern privilegiert, als er sich nicht zwanghaft nach »rechts« oder »links« verbeugen muss. Es ist ihm gestattet, auf Auswüchse und Fehler auf beiden Seiten aufmerksam zu machen. Er kann also neutraler und objektiver urteilen, denn er ist nicht in den politischen Tageskampf verstrickt. Dennoch entkommt er nicht immer dem (Vor-)Urteil seiner Leser, selbst wenn er mit keiner politischen Partei verheiratet und keiner Universität verpflichtet ist – Umstände, die es ihm manchmal gebieten, nur auf diese oder jene Art zu berichten.

Trotz dieser Einschränkung oder gerade wegen dieser Einschränkung ist es wertvoll, auch die jüngste Geschichte einmal so neutral wie möglich zu betrachten.

Was die Polarisierung »rechts/links« angeht, so gibt es darüber hinaus eine weitere erregende Erkenntnis.

Rechts contra links

Scheinbar existieren im politischen Raum nur die Pole *rechts* und *links*.

Stark verkürzt und bedenklich vereinfachend gesprochen beschreibt sich eine »linke« Geisteshaltung durch Vokabeln wie Mitleid, der Sorge um die Minderbemittelten und durch ein höheres Gerechtigkeitsempfinden.

»Rechts« wäre grob gesprochen gleichzusetzen mit konservativen Ideen, der Tradition und der Vertretung der Interessen der finanziell Bessergestellten.

Rechts contra links, so lautet die Spielregel, welche unsere Demokratie bestimmt.

Diese Art der »Denke« begann während der Französischen Revolution (1789) und übertrug sich in der Folge auf praktisch alle Demokratien der Welt; wir begegnen ihr in den USA, Großbritannien, Deutschland, Italien und so weiter.

Mit »rechts« und »links« bezeichnete man ursprünglich, 1789 und in den Folgejahren also, die *Sitzordnung* der französischen Abgeordneten, die von der Präsidenten- oder Rednerbühne aus gesehen entweder rechts, links oder in der Mitte saßen.

Die »Linken« damals in Frankreich sahen sich als Vertreter des einfachen Volkes, wobei es gemäßigte und radikale Linke gab, in der Mitte befanden sich die *Indépendants* (die »Unabhängigen«), die »Rechten« rekrutierten sich aus den Anhängern der Aristokratie und der Monarchie, aber auch aus dem gut gestellten Bürgertum und den Unternehmern.

Da sich während der Französischen Revolution die »Linke« mit der »Rechten« nie verständigte und man nicht systematisch darauf hinarbeitete, dass sowohl der einfache Mann in Anstand überleben konnte wie auch der Unternehmer und finanziell Bessergestellte, da man kein Gleichgewicht zwischen diesen beiden Polen fand und es vorzog, sich lieber wechselseitig die Kehle durchzuschneiden, versagte die Französische Revolution denn auch in ihrem wichtigsten Bestreben: eine höhere Gerechtigkeit zu etablieren. Stets musste sich entweder der (Erfolg-)Reiche oder der Arbeiter bedroht fühlen. Und so kam dieser neue Staat, dieses neue Frankreich, nie zur Ruhe. Abwechselnd bangten die Linken oder die Rechten um ihr Leben. Ein »goldener Mittelweg« wurde nie gefunden. Da beide Parteiungen nur ihr eigenes Süppchen kochten, gingen sie beide unter.

Güterverknappung, hohe Preise, Hungersnot, Inflation und Kriege waren deshalb die ständigen Begleiter der Französischen Revolution.

Stets wechselten sich die mehr oder minder radikalen linken Vertreter in der Regierungsverantwortung ab mit den Konservativen. Sprich, die Herrschaft der Linken wechselte ständig ab mit der Herrschaft der Rechten. Die gesamte Französische Revolution, aber auch die politische Wirklichkeit der meisten Demokratien heute, bieten dieses Schauspiel:

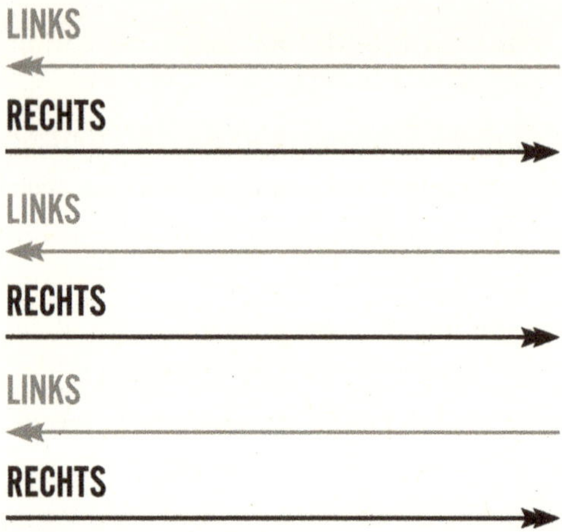

Das Rechts-Links-Schema

Immer wenn das Pendel zu stark nach links oder rechts ausschlug, kehrte sich die Bewegung nach einiger Zeit automatisch um. Und so gelangte schließlich in Frankreich Napoleon auf den Thron, ein Tyrann, der in ganz Europa knietief im Blut watete.[1]

Wir sollten diesen Fehler nicht begehen.

Versuchen wir also, beide Extreme auf den folgenden Seiten zu vermeiden und unabhängig von »rechter« oder »linker« Weltanschauung zu berichten. Aber verzichten wir nicht darauf, hinter die Kulissen zu leuchten und ein Buch vorzulegen, in dem über Tatsachen und Fakten berichtet wird, die zu Unrecht kaum bekannt sind.

Worüber eisern geschwiegen wird

Tabuthemen im politischen Raum ranken sich fast alle um das Thema *Macht*, wenn man von einigen schlüpfrigen Affären absieht. Wodurch jedoch etabliert sich Macht, woraus besteht dieser verführerische Saft, von dem offenbar alle trunken werden, sobald sie ihn gekostet haben?

Macht rankt sich um fünf Themenfelder:

1. Zunächst muss man die *militärische Macht* nennen.
2. Ferner existiert die Macht der *Geheimdienste* – das Hauptthema des vorliegenden Buches.
3. Manchmal ist sie verquickt mit der Macht des *ganz großen Geldes*, wie man das nennen könnte.
4. Hinzu kommt die *Medien-Macht* oder die Fähigkeit, die öffentliche Meinung zu beeinflussen, die jedoch ebenfalls in einem erstaunlichen Ausmaß von Geheimdiensten beeinflusst wird.
5. Die Macht der *Politiker*kaste könnte man ebenfalls nennen, die nicht selten von Geheimdiensten beschnitten und torpediert oder unterstützt und gefördert werden kann.

So oder so spielen Geheimdienste eine entscheidende Rolle.

Man könnte noch die Macht der Religionen hinzufügen sowie die Macht der Gerichte und der Ordnungshüter/der Polizei; aber beschränken wir uns auf die oben genannten Kategorien.

Jede Person und jede Gruppierung, die sich ein anderes Land »in die Tasche stecken« will, weiß, dass man Kontrolle über diese fünf Gebiete ausüben muss. Deshalb wird hinsichtlich dieser fünf Themenfelder gewöhnlich vieles verschwiegen, selbst in den hochgelobten Demokratien. Bis heute hüllt sich die Dame *Wahrheit* schamhaft ein, poetisch ausgedrückt, selten spaziert sie nackt über die Straße, was eben dieses Thema Macht angeht. Ohne Maulkorb gesprochen: Es wird gelogen, dass sich die Balken biegen. Das gilt auch für unser schönes Deutschland nach 1945, das hinsichtlich der *Macht* zunächst eine Wüste war. Damals balgten sich im Verbund die USA, die UdSSR, Frankreich und England darum, in Deutschland den Ton angeben zu dürfen – vor allem die Amerikaner und die Russen lieferten sich einen heftigen Schlagabtausch. Die Machtfrage wurde neu gestellt. Es galt, ein Vakuum auszufüllen, ein Machtvakuum.

Dabei spielten verschiedene Geheimdienste im Falle Deutschlands die *entscheidende* Rolle, als es darum ging, nach 1945 erneut zu etablieren, wer in diesem unserem Land das Sagen haben würde.

Ferner war natürlich der Mammon von Bedeutung. Aber genügend Geld war nach dem Zweiten Weltkrieg nur in einem »Club« in Deutschland im Überfluss vorhanden, da das Land ja völlig zerbombt und ausgeblutet war und am Boden lag. Es befand sich wie bereits erwähnt innerhalb der CIA, der *Central Intelligence Agency*, dem US-amerikanischen Auslandsgeheimdienst. Und so verwundert es nicht, dass die (bundes-)deutsche Außen- und Innenpolitik weitgehend zunächst von eben diesem Geheimdienst bestimmt wurde, der über unvorstellbare Mittel verfügte. Ein deutscher Bundeskanzler (Willy Brandt) stand sogar direkt auf der Gehaltsliste der CIA. Später dazu mehr.

Neu aus der Taufe gehoben wurde nach 1945 auch die gesamte Medienlandschaft, zu welcher der *Spiegel*, dem die britische Militärverwaltung auf die Beine half, sowie zahlreiche linke Publikationsorgane ebenso zählen wie die Verbindung der Springer-Presse mit den USA und der CIA. Viele unserer heutigen Verlagshäuser, Radio- und Fernsehanstalten und Zeitungen würden nicht existieren ohne den Einfluss der Geheimdienste und der Besatzungsmächte.

Geheimdienste etablierten systematisch neue Presseorgane.

Umgekehrt versuchten frühzeitig DDR-Spione, die am Gängelband des KGB geführt wurden, die neuen Presse- und Medienorgane in der Bundesrepublik zu unterwandern, das eigene (DDR-)Volk wurde ohnehin systematisch ausgespäht. Hinter allem stand der sowjetische Geheimdienst.

Die Einflussnahme der Geheimdienste nach 1945 war jedenfalls enorm und wird bis heute vollständig unterschätzt. In »normalen« Geschichtsbüchern wird selten oder nie darauf aufmerksam gemacht. Man schweigt schamhaft darüber, denn man fürchtet, dass die gegenwärtige Politik ebenfalls demaskiert werden könnte mittels übertragbarer Logik.

Die alten Nazi-Geheimdienstler dagegen verkrochen sich in alle möglichen Mauselöcher und retteten sich hinüber in die neue Zeit. Aber auch NS-Juristen, Nazi-Psychiater und überhaupt einflussreiche Nationalsozialisten drehten rasch ihr Fähnchen nach dem Wind, als der Zweite Weltkrieg verloren war. Sie tauchten unter. Die alten »Mächte« duckten sich weg. Erst nach einer geraumen Weile, als sich die Aufregung gelegt hatte, steckten sie den Kopf wieder aus dem Sand. Waren alte Nazi-Geheimdienstler oder hochrangige Nationalsozialisten jedoch zu prominent, so versuchten sie über sogenannte »Rattenlinien« aus Deutschland zu fliehen. Nur einem einzigen »Nazi-Super-Spion« gelang der Spagat, seine Karriere selbst in der neugegründeten Bundesrepublik Deutschland nahtlos und unbehindert fortzusetzen und wieder zu höchsten Höhen aufzusteigen. Einem ehemaligen BND-Chef! Reinhard Gehlen. Wir werden auf ihn an späterer Stelle genau zu sprechen kommen.

II. ABSOLUTE VERSCHLUSSSACHE: GEHEIMDIENSTE

1. Der Tod der Bisamratte

In Deutschland wurden nach 1945 die alten Mächte rigoros beiseitegeschoben. Die Nazis wurden verfolgt, erschossen, aufgeknüpft oder vor Gericht gestellt.

Die neuen Mächte wussten sehr wohl, dass man ein Land oder ein Volk auch und vor allem durch Geheimdienste regiert; deshalb schleusten sie ihre Agenten ein.

Militärisch hatten die USA, im Verbund mit Großbritannien sowie der Sowjetunion, Nazi-Deutschland niedergerungen. Jetzt musste in Hochgeschwindigkeit die zweite Säule der Macht etabliert werden. Dazu gehörte es, die alten Nazi-Geheimdienste endgültig auszuschalten, vor allem ihre führenden Köpfe. Betrachten wir die schillerndste Figur.

Heinrich Himmler

Heinrich Himmler (1900–1945) war der Chef der *SS* und der *Gestapo* und nach Hitler vielleicht der mächtigste Mann der Nazis.

Um welchen Typus handelte es sich? Himmler war auf der einen Seite bienenfleißig, überkorrekt und ein hochtalentierter Organisator und auf der anderen Seite ein Sadist und ein eiskalter Massenmörder. Er war ein zuverlässiger Bürokrat, aber gleichzeitig auch ein blutgieriger »Techniker der

Macht«, der sich kontinuierlich nach oben boxte bis zu dem obersten inneren Führungszirkel der Nazis. Jacob Burckhardt, der große Historiker, urteilte: »Er war unheimlich ... durch etwas engstirnig Gewissenhaftes, unmenschlich Methodisches, mit einem Element von Automatentum.«[1]

Als Hitlers Reich nach zwölf Jahren wie ein Kartenhaus zusammenbrach, wachte Himmler auf wie aus einem Traum. Plötzlich erkannte er, dass er auf das falsche Pferd gesetzt hatte. Er hatte Blut an seinen Händen kleben, seine SS hat Millionen von Menschen ermordet. Ihn erwartete nichts als der Strang, wenn er nicht ungeheuer schnell handelte.

Verzweifelt suchte Himmler 1945 nach einem Schlupfloch, um sein armseliges Leben zu retten. Die Nachrichten von der Front sowie Geheimmeldungen seiner Spione verrieten ihm, dass Deutschland dabei war, den Krieg in Bausch und Bogen zu verlieren.

Hinter dem Rücken des Führers versuchte er, mit dem »Feind« zu kooperieren, mit den Engländern und Amerikanern. Er bot sogar die Kapitulation an der Westfront an. Es handelte sich um nichts anderes als um offenen Verrat! Die Engländer und die Amerikaner benutzten Himmlers Friedensangebot jedoch nur zu Propagandazwecken: Sie lancierten das Angebot in der Presse, denn das hob die Moral der eigenen Truppen.

Hitler erfuhr vom doppelten Spiel Himmlers in seinem Bunker und schäumte. Spät, zu spät erkannte er, dass er von dem »treuen Heinrich«, wie er ihn immer genannt hatte, hintergangen worden war. Voller Zorn sprach er von dem »schamlosesten Verrat der Weltgeschichte«.[2] Aber Hitler verfügte über keine Waffe mehr, mit der er zurückschlagen konnte. Er befahl wuterfüllt die Entfernung Himmlers aus allen Partei- und Staatsämtern. Darauf erließ Hitler einen Haftbefehl gegen ihn. Zugleich ordnete er an, den Kampf mit allen Mitteln und bis zum letzten Mann fortzusetzen.

Himmler aber wusste längst, dass Hitler ein Kampfhund ohne Zähne war, der bellen, aber nicht mehr beißen konnte. Doch er selbst musste handeln, ungeheuer schnell handeln. Als sich Hitler durch Selbstmord aus der Affäre zog, drängte die Zeit noch mehr. Deutschland brach an allen Fronten zusammen. Vom Osten rückten die Russen immer weiter vor, vom Westen die Engländer und Amerikaner.

Was konnte er unternehmen?

Die Ratte sucht ein Schlupfloch

Viele SS-Killer tauchen bereits ab. Viele mischen sich unter die Wehrmachtssoldaten, um ihre Identität als Angehörige der Schutzstaffel zu verschleiern. Einige legen sich fix neue Namen und Berufsbezeichnungen zu und verstecken sich zum Beispiel auf einsamen Berghöfen. Andere SS-Offiziere türmen und suchen im Ausland einen Unterschlupf.

Himmler lässt sich inspirieren. Auch er flüchtet mit einigen wenigen Männern. Sie schnappen sich ein paar Autos und rasen davon. Sie nutzen die sogenannte »Rattenlinie Nord«. Hierbei handelt es sich um eine Fluchtroute, die in Richtung Flensburg nach Schleswig-Holstein führt. Viele hochrangige Nazis hoffen, sich von hier aus nach Dänemark absetzen zu können. Für verschiedene SS-Schergen und einige Gestapo-Leute war dies die letzte Chance.

Himmler überlegt verzweifelt. Vielleicht kann er sich mit Dönitz verständigen, dem Nachfolger des Führers. Dönitz befindet sich ebenfalls hoch im Norden Deutschlands. Himmler nimmt seine Spur auf.

Der neue Chef Deutschlands ist nach Hitlers letztem Willen Dönitz, der beliebte Admiral, der von seinen U-Boot-Mannschaften wie eine Lichtgestalt verehrt wird. Himmler kann ein Treffen mit Dönitz arrangieren. Es muss einen Ausweg für ihn geben. Dönitz empfängt ihn. Aber er misstraut ihm. Das Treffen findet an einem Ort statt, der von seinen Matrosen umstellt und gesichert wird. Schon zu Beginn des Gesprächs legt Dönitz demonstrativ eine Browning auf den Tisch. Das Signal ist unverkennbar: Er wird sich von Himmler nicht überrumpeln lassen. Aber Himmler plant kein Attentat auf Dönitz. Er bietet dem neuen ersten Mann nur an, jetzt für ihn arbeiten zu wollen. Dönitz hört interessiert zu. Noch immer steht die furchtbare SS hinter Himmler. Nach wie vor verfügt er über die schlimmsten Henker Deutschlands. Schließlich lehnt Dönitz ab. Er will mit diesem blutbesudelten Geheimdienstchef nichts zu schaffen haben. Himmler drängt, er fordert, er bittet, er fleht. Er versucht alles, um in dem kommenden Deutschland nach 1945 wieder eine Rolle spielen zu dürfen. Dönitz lässt Himmler abblitzen.

Himmler schluckt es und kocht gleichzeitig. Dann nimmt er die Beine unter die Arme und verschwindet. Er sieht seine Felle endgültig davonschwimmen. Aber Teufel! Es muss doch eine Lösung für ihn geben!

Nun versucht er, sich mit ein paar Männern nach Süden durchzuschlagen. Nach kurzer Zeit sehen sie aus wie eine abgerissene Bande, was beabsichtigt ist. In schmutzigen, heruntergekommenen Uniformen tauchen sie in der Nähe Hamburgs auf. Himmler hat sich inzwischen verkleidet. Er trägt eine schwarze Augenklappe, das Schnurrbärtchen hat er sich sorgfältig abrasiert. Auf keinen Fall darf er identifiziert werden, ansonsten ist das Spiel aus. Ein unbeteiligter Beobachter soll glauben, dass es sich bei seinem Haufen um Soldaten handelt, die desertiert sind oder die wissen, dass der Krieg verloren ist. Himmler und seine Bande wollen so rasch wie möglich untertauchen. Eine britische Patrouille hält sie jedoch auf. Himmler zeigt den Briten einen gefälschten Ausweis, der auf den Namen *Heinrich Hitzinger* ausgestellt ist. Scheinbar ist er nur ein einfacher Feldwebel. Niemand erkennt in ihm einen der Drahtzieher des Dritten Reiches. Trotzdem wird er mitsamt seiner Schar gefangengenommen.

Die Briten stecken sie in ein Lager. Hier behandelt man Himmler wie einen x-beliebigen, normalen Soldaten, das heißt ohne jeden Respekt. Das wurmt ihn, er empört sich innerlich. Also fordert er arrogant ein persönliches Gespräch mit dem Captain der Briten. Als er ihm Auge in Auge gegenübersitzt, gibt er sich zu erkennen. Er pokert darauf, dass der Captain vor Ehrfurcht erstarrt. War er, Himmler, nicht der zweitmächtigste Mann des Dritten Reiches? Er nimmt die Augenklappe ab und setzt seine Brille auf.

Der Captain staunt tatsächlich gehörig. Aber er versteht sofort, dass ihm hier ein dicker Fisch ins Netz gegangen ist. Er bewahrt die Ruhe. Und er befiehlt Himmler, sich auszuziehen und alle Kleider abzulegen. Er will damit unliebsamen Überraschungen vorbeugen. Zähneknirschend gehorcht Himmler. Er, der bislang Millionen von Menschen nach Belieben herumgescheucht hat, findet die Behandlung entwürdigend. Ein kleiner englischer Captain, ein Nobody in der Hierarchie der Briten, wagt es, ihm Befehle zu erteilen? Es ist furchtbar, es ist erniedrigend.

Seine Kleidung wird gefilzt. Auch er selbst wird von Kopf bis Fuß untersucht. Die Briten wissen, dass die hohen Nazi-Schurken gewöhnlich Gift bei sich tragen. Mit allen Mitteln soll verhindert werden, dass sich Himmler im letzten Augenblick durch Selbstmord davonstiehlt. Ein Arzt wird herbeigerufen. Der Doktor blickt Himmler in alle Körperöffnungen. Schließlich befiehlt ihm der Arzt, den Mund zu öffnen. Dort verstecken die Nazis besonders gerne Gift. Himmler öffnet widerwillig den Mund, der so viele Todesbefehle ausgestoßen hat. Er wackelt mit der Zunge, wie ihm aufgetragen wird. Scheinbar ist alles in Ordnung. Aber der Arzt misstraut dem Gefangenen. Er befiehlt, sich näher an das Fenster zu stellen, damit das Licht besser in die Mundhöhle fallen kann. Himmler gehorcht. Kurz darauf versucht der Arzt, ihm zwei Finger in den Mund stecken, um das Innere des Mundes genau abfühlen und abtasten zu können.

Himmler reißt im letzten Moment den Kopf zur Seite. Dann beißt er in die Finger des Doktors. Eine Zyankalikapsel ist in einer Zahnlücke seines Unterkiefers versteckt. Im gleichen Moment zerbricht die Giftampulle. Die Engländer versuchen mit Nadeln und Faden die Zunge Himmlers daran zu hindern, sich frei zu bewegen. Dann bemühen sie sich, das Gift, das bereits in den Magen des Häftlings gelangt ist, wieder aus dem Körper herausschießen zu lassen, indem sie ihm ein Brechmittel verabreichen. Sie denken sogar daran, ihm den Magen auszupumpen. Aber alle Versuche schlagen fehl. Das Zyankali wirkt.

Zwölf Minuten dauert der furchtbare Todeskampf. Dann stirbt Himmler. Die Ratte entkommt durch das letzte Schlupfloch, das es gibt: den eigenen Tod.

Einen Tag lang bleibt die Leiche nackt liegen. Dann verscharrt man sie in einem nahegelegenen Wäldchen im Dreck. In der Nähe Hamburgs/Lüneburgs lagern noch heute die unidentifizierten Knochen Himmlers.[3]

2. Rattenlinien

Während Himmler sich selbst aus dem Verkehr zog, gelang es anderen SS-Leuten, Leib und Leben zu retten. Später wurde bekannt, dass Günter Grass, der Nobelpreisträger, – ein »Vorzeigelinker«, nach 1946 lächerlicherweise mitunter »das Gewissen Deutschlands« genannt – ein SS-Mann gewesen war. Auch der Filmschauspieler Horst Tappert und der Schriftsteller Herbert Reinecker hatten der SS-Clique angehört. Ferner waren Otto Beisheim, der Metro-Mitbegründer, Hans Robert Jauß, der Literaturwissenschaftler, und Franz Schönhuber, der ultrarechte Politiker, Mitglieder des Mörderclubs gewesen.

Einigen gelang es also nicht nur unterzutauchen, sondern nach dem Zweiten Weltkrieg in Deutschland wieder lukrative Pöstchen zu ergattern, ja zu Ansehen und Wohlstand zu gelangen. Dies geschah, obwohl die SS von den Alliierten im Nürnberger Prozess als »verbrecherische Organisation« eingestuft worden war – einschließlich der Waffen-SS und des SD, des **S**icherheits**d**ienstes, der »Experten« für die Spionage und für verdeckte Operationen.

Lange hielt sich zudem hartnäckig das Gerücht über eine Gruppierung namens ODESSA, eine Abkürzung für ***O**rganisation **d**er **e**hemaligen **SS-A**ngehörigen*, die angeblich kurz vor Kriegsende gegründet worden war und vielen SS-Leuten zur Flucht verholfen hatte. Nun, das Gerücht war alles andere als erfunden. Als Fluchtrouten dienten verschiedene »Rattenlinien«, im Süden wurde die Hilfe hochrangiger Vertreter der römisch-katholischen Kirche in Anspruch genommen. Viele Angehörige der **S**chutz**s**taffel entkamen. Aber es gab auch zahlreiche Prozesse, in denen SS-Täter und Nazis verurteilt wurden. Nach 1946 hagelte es regelrecht entsprechende Verdikte. Immerhin!

Doch verweilen wir noch einen Augenblick bei den Rattenlinien.

Mit *rat lines* (= Rattenlinien) – ein Ausdruck des US-amerikanischen Geheimdienstes – bezeichnete man alle Fluchtrouten, die führende Nazis benutzten. Manchmal nannte man sie auch *Klosterrouten*, weil die Vertreter der katholischen Kirche dabei ihre »heiligen« Finger im Spiel hatten.

Meist führten sie über Südtirol nach Italien (Rom) und von dort nach Spanien, von wo aus die alten Nazis den Weg nach Südamerika fanden. In erster Linie stellte sich Argentinien zur Verfügung, aber auch Brasilien und verschiedene arabische Länder (welche die Juden hassten und den Judenmord bis heute gutheißen), boten sich als Unterschlupf an.

Die *Rattenlinie Nord* führte, wie gerade beschrieben, nach Schleswig-Holstein in Richtung Flensburg.

Die *Rattenlinie Süd* war bedeutsamer. Ein Priester der Franziskaner namens Krunoslav Draganović etablierte die Fluchtroute bereits 1943. Mehr als ein »brauner Bischof« stand ihm dabei zur Seite, aber auch das *Rote Kreuz*, die *Caritas* und andere »Hilfsvereine« machten sich einen schlechten Namen. Der Spitzname des Drahtziehers Krunoslav Draganović lautete »Goldener Priester«. Er war hervorragend mit den Kroaten in Jugoslawien vernetzt, aber auch mit dem Vatikan und sogar mit der CIA, in deren Rahmen einige Agenten um die Fluchtroute wussten. Aller Wahrscheinlichkeit nach hatte Draganović bereits für den britischen, den jugoslawischen und den sowjetischen Geheimdienst gearbeitet, was wieder einmal beweist, dass einige Agenten jedem dienen, der nur genug bezahlt. Niemand war jedenfalls besser vernetzt als der »Goldene Priester«.[4]

In Deutschland konnten die Nazi-Flüchtlinge auf die *Stille Hilfe* zählen, ein Verein in München, in dem hochrangige Vertreter beider deutscher Kirchen saßen, Protestanten und Katholiken, aber auch Nationalsozialisten.

Über München gelangten die Flüchtlinge nach Rom. Spätestens dort, wenn nicht früher, wurden den alten Nazis von einem römisch-katholischen Bischof (Alois Hulda) Ausweise besorgt. Manchmal wurden alte Nazis sogar als Überlebende aus Konzentrationslagern ausgegeben, ein Hohn in sich selbst. Vertreter des Vatikans/des Papstes standen den Nazi-Flüchtlingen daraufhin weiter zur Seite, sofern es unerwartete Schwierigkeiten gab. Im Falle eines Falles bestätigten sie die (falsche) Identität der Flüchtlinge. Um die Visa kümmerte sich ebenfalls der Vatikan, gemeinsam mit dem italienischen Zweig des *Roten Kreuzes*. Auch die Argentinier fälschten oft entsprechende Papiere. Unsummen wechselten den Besitzer, denn die alten Nazis rafften im letzten Augenblick vor ihrer Flucht alles zusammen, was nicht niet- und nagelfest war. Das *Internationale Rote Kreuz* schaffte die Flüchtlinge gewöhnlich zuerst nach Spanien, bevor sie über den Großen Teich transportiert wurden. Der US-amerikanische Geheimdienst oder zumindest einige Agenten duldeten diese Rattenlinie, ja, sie statteten einige hohe Nazis sogar manchmal selbst mit Papieren aus – theoretisch unvorstellbar, weil man in der Öffentlichkeit die Nazis wie die Hasen jagte. Aber Geld hat schon so manchen Geheimdienstoffizier schwachgemacht.

Argentinien nahm offiziell mindestens 180 bis 300 hohe Nazis auf, weil der Staatschef, Juan Perón, mit dem faschistischen Gedankengut sympathisierte. Wir glauben, es handelte sich um weitaus mehr Nazis, können dies aber nicht belegen. Etwa eintausend Kilometer nördlich der argentinischen Hauptstadt Buenos Aires verkrochen sich die Nazis erneut; sie gaben überdies eine Zeitschrift heraus, die teilweise sogar im Nachkriegsdeutschland vertrieben wurde, bevor man sie verbot.[5]

Nicht alle »Ratten«, die in Argentinien untertauchten, wurden ihres Lebens froh.

Adolf Eichmann (1906–1962), ein SS-Obersturmbannführer, der für die Vertreibung und Deportation der Juden zuständig gewesen war und somit mitverantwortlich für sechs Millionen Tote, wurde 1960 von israelischen Agenten im Zuge einer abenteuerlichen Verfolgungsjagd aufgespürt – in Argentinien. Der gefährlichste Geheimdienst der Welt, der (israelische) Mossad, entführte ihn, transportierte ihn heimlich nach Israel, steckte ihn dort ins Gefängnis und schleppte ihn vor den Kadi. Eichmann wurde zum Tode verurteilt. 1962 richtete man ihn hin.

Aber viele alte Nazis überlebten in Argentinien, Brasilien oder im neuen Deutschland, wo man nur einigen von ihnen noch Jahrzehnte später auf die Spur kam. Mit ihnen überlebte zu einem gewissen Grad auch das nationalsozialistische Gedankengut, das die »reinrassigen Arier« hochlobte, andere Volksgruppen als Menschen zweiter Klasse abqualifizierte und Mord und Totschlag guthieß. Generell wurden später Akten vernichtet und Spuren verwischt.

Die Hilfe des Vatikans und des Papstes (Pius XII.) zählen bis heute zum schwärzesten Kapitel der katholischen Kirche, denn auch Mussolini-Faschisten wurde zur Flucht verholfen.[6]

Gestapo, Bundeskriminalamt, Bundesnachrichtendienst, Interpol

Auch viele Gestapo-Leute flohen und tauchten unter. In den 1950er-Jahren jedoch erschienen einige Gestapo-Leute wieder auf der Bildfläche, nachdem der ärgste Sturm und Protest vorüber war und sich das Leben in Deutschland wieder einigermaßen normalisiert hatte. Sie nisteten sich erneut bei der Polizei und bei den Justizapparaten ein, obwohl sie furchtbare Verbrechen begangen hatten. Selbst im Bundeskriminalamt (BKA, Hauptsitz Wiesbaden) und im Bundesnachrichtendienst (BND, Hauptsitz München) krochen alte Nazis wieder auf Polizei- und Geheimdienststühle, ja sogar in der internationalen kriminalpolizeilichen Organisation Interpol (Hauptsitz Lyon, Frankreich).

Der Nationalsozialismus war angeblich tot, in Wahrheit lebte er weiter. Dabei waren all diese Skandale nur die Spitze des Eisberges, wie wir noch sehen werden.

3. Die Geheimoperationen der CIA

Nachdem Deutschland und die deutsche Wehrmacht im Jahre 1945 bedingungslos kapituliert hatten, sahen sich die Amerikaner, die Russen, die Engländer und die Franzosen mit dem Problem konfrontiert, die Geschichte Deutschlands zu schreiben. Das Land wurde flugs in vier Besatzungszonen aufgeteilt. Die Briten gaben den Ton an in Nordwestdeutschland, die Amerikaner in Süddeutschland, die Franzosen im Westen (Teilen Württembergs, Baden und Rheinland-Pfalz) und die Russen im Osten.

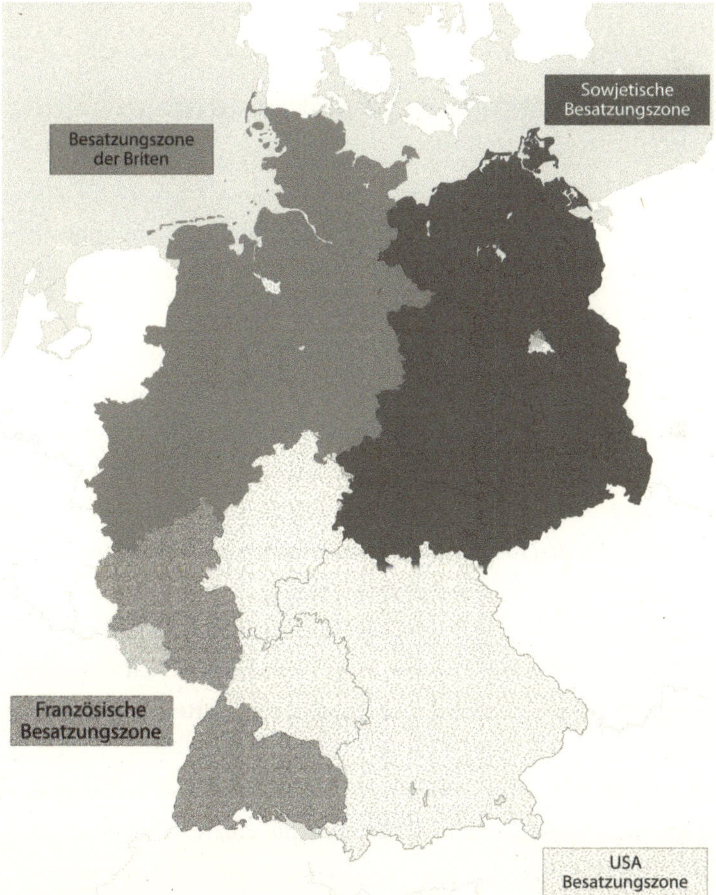

Die Besatzungszonen nach dem Zweiten Weltkrieg

Früh stritt man sich, wer den Krieg gegen die Deutschen eigentlich gewonnen hatte. Die standhaften Engländer? Die reichen US-Amerikaner? Die leidensfähigen Russen? Die drei starken Männer waren jedenfalls Churchill (Großbritannien), Truman (USA) und Stalin (UdSSR), wenn auch einige Amerikaner später sagen sollten, dass *sie* Deutschland eigentlich niedergerungen und den Russen nur die »Knochen zum Abnagen« übriggelassen hätten.

Jedenfalls entwickelte sich aus den drei westlichen Besatzungszonen die »Bundesrepublik Deutschland« (BRD), aus der sowjetischen Besatzungszone formte sich die »Deutsche Demokratische Republik«, kurz DDR genannt.

Was über die CIA nicht bekannt ist

Hinter den Kulissen wurde die CIA unvorstellbar rege, im Grunde gab sie den Ton in allen drei westlichen Besatzungszonen an. Anfänglich war die CIA nichts als ein Haufen Cowboys. Sie entstand aus dem OSS (Office of Strategic Services), mutierte dann zum CIG (Central Intelligence Group) und wurde schließlich umgetauft in CIA (Central Intelligence Agency) unter Präsident Truman. Eine Bande aus »Börsenmaklern, Eierköpfen von Elitehochschulen, Glücksrittern, Werbetypen, Journalisten, Stuntmen, Fassadenkletterern und Hochstaplern«[7] war rekrutiert worden, um die CIA ins Leben zu rufen. Zu Beginn schmiedeten diese Abenteurer die unglaublichsten Pläne, um Deutschland und Japan niederzuringen. Fledermäusen, die man aus ihren Höhlen holen wollte, gedachte man »Brandbomben auf den Rücken zu schnallen«[8], um sie auf die Japaner loszulassen. James Bond war nichts gegen die ersten Agenten dieses US-amerikanischen Geheimdienstes.

Früh wurde die CIA mit Unsummen ausgestattet, mit Millionen von Dollars.

Richard Helms (1913–2002) war der Mann der ersten Stunde. Er leitete verdeckte Operationen in Berlin, wo er einen Spionagetunnel bauen ließ, um Telefonleitungen nach Moskau anzuzapfen. Aber Helms war auch zuständig für die Spionage in Österreich, in der Schweiz, in Polen, in der Tschechoslowakei und in Ungarn.

Ihm zur Seite stand Frank Wisner (1909–1965), dessen »Fachgebiete« Propaganda, ökonomische Kriege, Sabotage und Subversion waren.[9]

Schon früh ging es der CIA nicht darum, Deutschland zu bekämpfen, vielmehr rückten Stalin und die UdSSR immer mehr in den Fokus des Geheimdienstes.

Die Briten zogen sich nach dem Zweiten Weltkrieg aus vielen Weltgegenden und von zahlreichen Inseln zurück, wodurch ein Machtvakuum entstand. Der Grund: strategische Überdehnung und der Zweite Weltkrieg, der Großbritannien ausgelaugt hatte. Hitler hatte den Briten förmlich das Knochenmark ausgesaugt.

Der KGB, mit Stalin an der Spitze, versuchte sofort, in dieses Vakuum hineinzustoßen. Der einzige ernstzunehmende Gegner für die Kommunisten waren die Vereinigten Staaten von Amerika, die nun ebenfalls weltweit aktiv wurden. Mit buchstäblich Hunderten von Millionen von Dollars, später mit vielen Milliarden, wurde die CIA ausgestattet, um den Kommunismus rund um den Globus zu bekämpfen. In Griechenland brannte es, in Italien, Frankreich und Deutschland, aber auch in zahlreichen anderen Ländern. Amerikanische Spione wurden in aller Herren Länder geschickt. Überall etablierte dieser US-Nachrichtendienst Stützpunkte. Für das Militär waren Kriegsschiffe, Soldaten und Munition wichtig, für die CIA konkreter Einfluss auf die gesamte Bevölkerung. Es handelte sich um eine neue Art politischer Kriegsführung, die es so zuvor nicht gegeben hatte.

Ein Teil dieser »politischen Kriegsführung« bestand darin, weltweit Politiker zu »unterstützen«, die mit den USA an einem Strang zogen. Um eben diese Politiker zu gewinnen, verteilte die CIA Schmiergelder in immenser Höhe. In Italien wanderten die CIA-Bestechungsgelder vornehmlich in die Hände der Christdemokraten. »Ganze Koffer von Bargeld wechselten den Besitzer.«[10]

Es gehört nicht viel Intelligenz dazu, sich vorzustellen, dass man in Deutschland nicht anders vorging.

Politiker wurden weltweit eingekauft, in ganz großem Stil. Bestimmte Orte eigneten sich für die Geldübergabe besonders gut, wie Rom, Wien und Berlin.

Berlin und Wien waren die wichtigsten Spionagezentren in Europa. Hier tummelten sich Agenten der CIA (und des KGB) in einer Größenordnung, die bis heute in den üblichen Geschichtsbüchern nicht verzeichnet ist – aber auch viele andere Geheimdienste waren hier zugange.

Immer stand das Geld an erster Stelle. Und so erblickte schließlich auch der sogenannte »Marshallplan« das Licht der Welt. In den offiziellen Geschichtsbüchern und Lexika liest sich das wie folgt:

> »Der Marshallplan [...] war ein großes Aufbauprogramm der Vereinigten Staaten von Amerika, das nach dem Zweiten Weltkrieg dem an den Folgen des Krieges leidenden Westeuropa [...] zugutekam. [...] Das 12,4-Milliarden-Dollar-Programm wurde am 3. April 1948 [...] von US-Präsident Harry S. Truman in Kraft gesetzt. Es dauerte vier Jahre [...]. Im gesamten Zeitraum [...] leisteten die USA bedürftigen Staaten [...] Hilfen im Wert von insgesamt 13,12 Milliarden Dollar [...].«[11]

Das entspräche, nebenbei bemerkt, heute (2022) rund 200 Milliarden Dollar.

Nun, in dieser hübschen Definition werden mindestens zwei wichtige Details verschwiegen. Erstens: Milliarden von Marshallplan-Dollars dienten auch dazu, Absatzmärkte für die USA zu schaffen. Die Bundesrepublik Deutschland wurde nicht nur als ein künftiger Verbündeter im Kampf gegen den Kommunismus gesehen, sondern auch als eine Gans, die goldene Eier legen konnte. Man musste ihr nur auf die Beine helfen. Deutschland musste zunächst gewissermaßen wieder von den Toten auferstehen, wenn man den Menschen dort amerikanische Waren verkaufen wollte. Es ging den USA also auch um das eigene finanzielle Wohlergehen, um Absatzmärkte. Die Finanzspritzen des Marshallplans dienten dazu, die *eigenen* Waren zu verhökern. Oh U$A!

Zweitens: Weitgehend unbekannt ist die Tatsache, dass die CIA heimlich und ungesehen Unsummen von den Marshallgeldern abzwackte. Es existierte eine Geheimklausel, die eben dies der CIA erlaubte zum Zwecke der *politischen Kriegsführung*. Und so flossen die Dollars nicht nur in Richtung des »leidenden Westeuropa«, sondern ein Gutteil auch in die weiten Taschen der CIA.

Früh wurden der CIA 685 Millionen Dollar zur Verfügung gestellt.[12] Es handelte sich um Geheimgelder, die für Geheimoperationen eingesetzt wurden.

In der Folge hob die CIA alle möglichen Tarnorganisationen aus der Taufe. Viele der ersten Firmen in der BRD waren CIA-Unternehmen, die sich freilich durchwegs hübsche deutsche Namen gaben.

Von besonderer Bedeutung waren die Medien, die neu aus dem Boden gestampft werden mussten. Besonders Axel Springer mit seiner Bild-Zeitung und anderen Publikationsorganen geriet später ins Gerede, aber auch Willy Brandt, die »Rechte« *und* die »Linke« mit anderen Worten.[13]

Die CIA rekrutierte außerdem in der Folge zahlreiche Mitarbeiter. Emigranten wurden angeworben, aber auch Deutsche aus allen Besatzungszonen. Flüchtlinge aus Russland und aus anderen osteuropäischen Staaten waren besonders willkommen, sowie deutsche Heimkehrer aus diesen Ländern.

Politische Untergrundgruppen wurden gebildet und verdeckte Operationen gegen die Sowjets in die Wege geleitet. Die CIA sorgte für Guerillabanden. Wie in jedem Geheimdienst wurden Sabotage, Mord und das ganze schmutzige Know-how der Nachrichtendienste ausdrücklich gebilligt.

Alle Bestrebungen richteten sich darauf, den Kommunismus zu Fall zu bringen und keinesfalls in der BRD Fuß fassen zu lassen. Eine »Kriegslist« bestand darin, eine vollständig neue Währung einzuführen, um über diesen Umweg die Sowjets auszuschalten. Zu diesem brisanten Thema gleich mehr.

Die Angst vor dem Kommunismus führte innerhalb der CIA sogar dazu, auch alte Nazis einzukaufen – womit wir unversehens bei einem Skandal eigener Güte sind.

4. Die beiden Gesichter des Reinhard Gehlen

Nach 1945 tauchten viele alte Nazis unter, wie bereits ausgeführt. Die Jäger mutierten zu Gejagten. Die »Herrenmenschen« verkrochen sich feige in den kleinsten Mauselöchern. Die Wahrheit erblickte das Licht der Welt. Die Nazis hatten den Zweiten Weltkrieg vom Zaun gebrochen, der mit 60 Millionen Toten zu Buche geschlagen war.

Wie konnte sich ein Superspion, der nachweislich zumindest indirekt dafür verantwortlich war, dass Millionen von Russen und Polen hingemordet worden waren, aus der Verantwortung stehlen? Wie konnte er verhindern, einfach aufgeknüpft zu werden? Es war fast unmöglich. Oder doch nicht?

Die Biografie Reinhard Gehlens ist ein Phänomen. Als Hitler 1939 Polen überfiel, war Gehlen an vorderster Front mit von der Partie. Vertreter der Gestapo, der Geheimen Staatspolizei, im Verbund mit SS-Gangstern, schlüpften in polnische Uniformen und täuschten, als polnische Freischärler verkleidet, Übergriffe auf Deutschland vor. Hitler sah sich also scheinbar »gezwungen« zu handeln und den Krieg gegen Polen zu erklären.

Bei dem rechtswidrigen Angriffskrieg gegen Polen kamen unmittelbar (geschätzte) 80 000 polnische Soldaten ums Leben, etwa 130 000 polnische Soldaten wurden verwundet.

In der Folge inszenierten die Deutschen Massenmorde an polnischen Intellektuellen, Priestern, Aristokraten und Juden. Hitler persönlich befahl die Massenerschießungen. Die gesamte polnische Intelligenz sollte von der Wehrmacht ausgerottet werden, die »physische Vernichtung« der Elite.[14] Allein im Jahre 1939 wurden rund 60 000 polnische Staatsbürger ermordet, Lehrer, Ärzte, Professoren, immer wieder Priester, Politiker und Gewerkschaftler.

Gehlen wusste um diesen Umstand. Die deutschen Wehrmachtsangehörigen töteten, plünderten und stahlen wie die Elstern. Sie vergewaltigten polnische Frauen und quälten die Polen bis aufs Blut. Aufsteiger Gehlen marschierte stramm mit den Mördern im Gleichschritt.

Schließlich erblickte das *Unternehmen Barbarossa* das Licht der Welt. Unter diesem Code verstand man den Überfall der deutschen Wehrmacht auf die Sowjetunion, der im Jahre 1941 begann. Das Ziel war die Vernichtung des Kommunismus. Fieberhaft planten ranghöchste Offiziere den Überfall; auch Gehlen saß mit im Boot. Der europäische Teil der Sowjetunion sollte erobert, die Führungskräfte dort ermordet und die Zivilbevölkerung teilweise ausgerottet werden. Der Hungertod von Millionen von Kriegsgefangenen und die Morde an Juden wurden systematisch geplant. Der europäische Teil Russlands sollte »germanisiert« werden. Die Wehrmachtsführung, und also auch Gehlen, waren eingebunden in den Massenmord-Plan.

Gehlen wurde im Mai 1941 zum Leiter der »Abteilung Fremde Heere Ost« ernannt, was so viel bedeutete, dass er nun der *Chef der gesamten*

Ost-Spionage war. Gehlen avancierte urplötzlich zu einer Schlüsselfigur auf dem Schachbrett Hitlers.

Er entfaltete eine unvorstellbare Aktivität, denn er wollte seinem Führer beweisen, was in ihm steckte. Gehlen nahm sich als Erstes die russischen Kriegsgefangenen zur Brust, die nach den ersten Siegen der Deutschen in seine Hände fielen. Die armen russischen Teufel wurden ausgequetscht wie Zitronen. Einige vermochte man umzupolen und in Spione für Deutschland zu verwandeln. Gleichzeitig stampfte Gehlen ein Passbüro aus dem Boden. Falsche Ausweise wurden massenhaft hergestellt. Ganze Heerscharen von Spionen schickte Gehlen nun in feindliches Gebiet. Die UdSSR wurde infiltriert wie nie zuvor. Alles, alles wurde ausgespäht, nicht nur militärische Geheimnisse, sondern auch die gesamte kommunistisch-sowjetische Industrie. Es galt, alle Absichten der Russen in Erfahrung zu bringen. Als sowjetische Offiziere getarnte Deutsche infiltrierten die Rote Armee. Spitzel nisteten sich überall ein … in den Fabriken, in der Verwaltung, ja sogar in der kommunistischen Partei. Sie suchten zudem Kontakt zu antikommunistischen Partisanen und Gegnern Stalins.

Gehlen überschlug sich. Er spionierte zu guter Letzt jeden Industriezweig aus, der von Bedeutung war, einschließlich der genauen Produktionsziffern in verschiedenen Industrien. Wenn Rüstungswerke verlegt wurden, so erfuhr Gehlen als Erster davon. Er kannte sich aus im Eisenbahntransport. Er erstellte Straßenkarten und Stadtpläne. Er legte Akten an über den sowjetischen Geheimdienst. Gehlen kannte sogar die Decknamen der gegnerischen Agenten. Er erstellte Analysen, Memoranden und brachte den Tagesablauf Stalins in Erfahrung. Er rückte also den Russen so dicht auf den Pelz, wie es nie zuvor und nie danach einem Geheimdienst gelang.

Stalingrad markierte jedoch die Wende – erstmalig verloren die Deutschen wichtige Schlachten.

Sofort versuchte Gehlen, Hitler auf die prekäre Lage der deutschen Heere im Osten aufmerksam zu machen und legte ihm genaue Zahlen vor. Aber Hitler wusste alles besser – er glaubte Gehlen nicht. Sein Zorn traf seinen eigenen Meisterspion. Gegen Ende des Krieges wechselte er Gehlen einfach aus, er fiel in Ungnade.

Wofür aber war Gehlen bis dahin mitverantwortlich? Nun, in Weißrussland ermordete die deutsche Wehrmacht im Verbund mit der SS rund

350 000 Zivilisten, meist Frauen und Kinder. Sie wurden in großen Gebäuden wie Vieh zusammengetrieben und mit Maschinengewehren erschossen. Danach fackelte man die Gebäude ab. In Weißrussland wurden auf diese Weise 628 Dörfer zerstört.

Viele Kriegsgefangene karrte man ins Deutsche Reich, wo sie als Arbeitersklaven ausgebeutet wurden. Die meisten russischen Kriegsgefangenen jedoch ließ man verhungern.

Verantwortlich war die SS, aber auch die Wehrmacht – und mit ihnen Reinhard Gehlen.

In der UdSSR wurden insgesamt rund 3 Millionen Juden umgebracht.[15] Weiter vergewaltigten die Deutschen rund 2 Millionen Frauen. Viele Russen und Russinnen begingen Selbstmord. 2 bis 3 Millionen sowjetische Kriegsgefangene starben den Hungerstod, erfroren, starben an Seuchen oder wurden erschossen. Es handelte sich um eines der größten Kriegsverbrechen aller Zeiten.

Schätzungen schwanken zwischen 20 und 40 Millionen Menschen, die im Kampf fielen, sprich an der Front. 11,4 Millionen sowjetische Soldaten starben, die Mehrzahl der Opfer jedoch waren sowjetische Zivilisten.[16]

Soweit das Sündenregister des Reinhard Gehlen, der das alles mitzuverantworten hatte.

Der Wendehals

Gehlen selbst weiß darum. Er weiß um die Massenmorde, die Folterungen und die Grausamkeiten. Es ist unmöglich, dass er als einer der führenden Offiziere im Russlandfeldzug nicht davon in Kenntnis gesetzt worden ist – im Gegenteil: Er ist sogar einer der Drahtzieher.

Als jedoch der Russlandfeldzeug scheitert und Hitler seine Berichte ignoriert, bricht für den Geheimdienstchef eine ganze Welt zusammen. Gehlen, der Meisterspion Hitlers, Gehlen, der die entsetzlichsten Massenmorde unterstützt hat, ist nur noch an einem interessiert: Wie kann er seine eigene Haut retten? Im letzten Augenblick versucht er, seinen Hals aus der Schlinge zu ziehen.

Er weiß so viel, dass er seine Mittäterschaft nicht verheimlichen kann. Also bereitet er sich darauf vor, sich abzuseilen. Er zermartert sich das Gehirn. Er weiß, die Niederlage ist nicht aufzuhalten. Aber vielleicht, vielleicht lässt sich ein Pakt mit den Amerikanern schließen. Möglicherweise kann sein Wissen über die Russen in eine Freifahrkarte für das eigene Überleben umgemünzt werden? Er fotografiert sämtliche brisanten Materialien über die Sowjets und den Osten – Berichte, Zeichnungen, Bilder und Studien. Er stellt Duplikate von allem und jedem her. In einer unvorstellbar aufwendigen, geheimen Aktion entstehen Kopien von Luftaufnahmen und Akten. Diese werden in fünfzig Stahlkoffern verstaut. Ein komplettes geheimdienstliches Archiv über die gesamte Sowjetunion entsteht. Danach werden diese Koffer vergraben, in Bayern, an Orten, die nur er kennt.

1945 flieht er Hals über Kopf, als alles hinter ihm zusammenbricht. Er muss sich dem direkten Zugriff der Russen entziehen, die ihm bei lebendigem Leib die Haut abziehen würden, wenn sie ihn erwischten. Gehlen verkriecht sich mit drei Offizieren in einer abgelegenen Almhütte im Allgäu, im Süden Deutschlands.

Inzwischen umklammern die Amerikaner im Westen und die Russen im Osten das kollabierende Deutschland. Gehlen verharrt bebend in seinem Versteck in der Almhütte und wartet ab, was passiert. Aber schon nach kurzer Zeit wird er von US-Militärs aufgespürt, von Abwehroffizieren der Amerikaner, nur zwölf Tage nach der Kapitulation. Zunächst erkennen die Amerikaner noch nicht, welch fetten Fang sie hier gemacht haben. Er wird interniert. Deutschland wird in der Folge in verschiedene Besatzungszonen aufgeteilt. Schließlich fällt Gehlen dem obersten Nachrichtenchef der amerikanischen Besatzungszone in die Hände. Der amerikanische Nachrichtenoffizier versteht sofort, dass ihm hier ein ganz besonders dicker Fisch ins Netz gegangen ist. Da sich in der Weltpolitik inzwischen der Wind gedreht hat und die Amerikaner die Russen zu hassen und zu fürchten beginnen, gibt es plötzlich einen gemeinsamen Feind: die Sowjets und Stalin.

Gehlen kalkuliert messerscharf, dass ihm die Wende von höchstem Nutzen ist.

Im Lager der Amerikaner, aber auch bei den Engländern, herrscht nicht etwa Festtagsstimmung. Ja, man hat mit den Russen gemeinsame Sache gemacht, um die verdammten Nazis niederzuringen. Aber in Großbritannien und in US-Amerika weiß man längst, dass es einen neuen, noch mörderischen Gegner gibt. Eben den nimmersatten, brandgefährlichen, skrupellosen Diktator Stalin, der mindestens eine ebenso rabenschwarze Seele besitzt wie Hitler. Die politische Großwetterlage ändert sich von Grund auf. Der »Kalte Krieg« beginnt.

Gehlen teilt mit den Amerikanern den Hass und die Furcht vor den Russen. Bei der ersten günstigen Gelegenheit legt er seine Ansichten dar: Er prophezeit, dass Stalin versuchen wird, Polen, die Tschechoslowakei, Ungarn, Rumänien und Bulgarien in seine Tasche zu stecken. Er sagt voraus, dass der russische Diktator alles daransetzen wird, um sogar ganz Deutschland den Kommunismus aufzuzwingen.

Die US-Nachrichtenleute staunen, als Gehlen ihnen genau das erzählt, was sie selbst befürchten und glauben. Als er zudem andeutet, dass in fünfzig Metallkoffern wertvollstes, hoch brisantes Spionagematerial über die Sowjets existiert, staunen sie noch mehr. Sie wissen, dieses Material ist nicht mit Gold aufzuwiegen.

Gehlen wird in ein Speziallager gebracht und von einem Tag auf den anderen mit höchstem Respekt behandelt. Die Amerikaner erkennen, welch ungeheurer Schatz hier zu heben ist. Schließlich werden die Spionagedokumente in den fünfzig Stahlkoffern von Gehlen ans Tageslicht befördert und den Amerikanern übergeben. Die US-Nachrichtenleute sind sprachlos. Man debattiert und überlegt im Lager der Sieger. Dann erlaubt man Gehlen, seine Arbeit fortzusetzen, das heißt die Spionage gegen die Sowjetunion und Osteuropa. Er darf sogar frühere Mitarbeiter rekrutieren, die ihm bei seiner Arbeit behilflich sind. Der Kriegsverbrecher, der eigentlich an den Galgen gehört, wird plötzlich wie ein Fürst hofiert. Gehlen schreibt zunächst einen geschönten Bericht über seine Spitzeltätigkeit, wobei er sich selbst natürlich ins rechte Licht rückt. Geschickt macht er darauf aufmerksam, was er alles weiß – über die Russen, die Standorte der Armeen, deren Stärke, die Rüstung, die Wirtschaft. Er kann Luftaufnahmen von Eisenbahnverbindungen wie Asse auf den Tisch des Hauses knallen. Er besitzt sogar Berichte über die Stimmung in der Sowjetunion. Niemand ist so glänzend und umfassend über den Osten informiert wie Gehlen.

Und so pirscht sich Gehlen an die Amerikaner heran – deren eigene Ängste ausnutzend. Außerdem versteht niemand einen Nachrichtenmann besser als ein anderer Nachrichtenmann. Seine Sünden werden schnell vom Tisch gewischt. Dass Gehlen einst mithalf, Millionen von Russen auszuradieren, wird ihm jetzt fast als Pluspunkt angerechnet. Die veränderte politische Großwetterlage diktiert eine völlig neue Denke.

Amerika selbst besitzt kaum Kenntnisse über Stalin und die Sowjetunion. Gehlen dagegen kann einen Trumpf nach dem anderen aus dem Ärmel ziehen. Die Amerikaner erfahren zu ihrem Erstaunen, dass Stalin nach dem Krieg nicht abrüstet. 6 Millionen Mann bleiben bei den Russen unter Waffen stehen. Die Vereinigten Staaten von Amerika im Gegensatz dazu reduzieren ihre Armeen von 12 Millionen auf 1,4 Millionen Mann.

Gehlen wird in die USA verfrachtet. Er spricht mit den ganz hohen Tieren des amerikanischen Militärs und der Geheimdienste. Obwohl man in Washington zuerst auf Distanz zu dem alten Nazi geht, erkennt man schließlich, dass die Informationen Gehlens über die Russen tatsächlich unschätzbar wertvoll sind. Rund ein Jahr verbleibt Gehlen in den Vereinigten Staaten.

Es gelingt ihm, alle von seinem Wert zu überzeugen. Eine eigentlich unmögliche Kooperation entsteht hinter den Kulissen. Gehlen, der Massenmörder, Gehlen, der Wendehals, soll einen neuen Geheimdienst in Deutschland aufbauen, freilich kontrolliert vom Nachrichtendienst der Amerikaner. Man muss sich die Ungeheuerlichkeit wirklich vor Augen halten: Der Superspion Hitlers gerät zu einem Anhängsel der amerikanischen Geheimdienste. Sein künftiger Job soll darin bestehen, weiter Informationen über die osteuropäischen Länder zu beschaffen, vor allem aber über Russland. Die Amerikaner verfügen kaum über Spione, was die UdSSR angeht. Gehlen kann diese Lücke füllen. Gehlen avanciert zum Chef eines neuen deutschen Spionageapparates. Er darf eine *Org* aufbauen, wie man das Unternehmen intern im Kürzel benennt. Er darf Spione, Spitzel, Zuträger und Agenten anheuern.

Gehlen kann es selbst kaum glauben: Gerade hat er mit Mühe seinen Hals aus der Schlinge gezogen – und jetzt steigt er auf zu einem der mächtigsten Männer im Nachkriegsdeutschland.

Während andere Nazis längst im Wind baumeln, rettet er nicht nur sein Leben, sondern wird mit einer neuen unvorstellbar wichtigen Aufgabe betraut. Gehlen, der ranghohe Nazi-Offizier, mutiert zum bundesrepublikanischen Topspion und CIA-Befehlsempfänger.

Gehlen oder Dr. Schneider

Dass Gehlen nun einem neuen Herrn dient und einer neuen (freiheitlichen) politischen Philosophie, scheint ihn nicht weiter zu stören. Im Gegenteil! Die Amis empfinden wie er Furcht vor den Russen, die sich in Hass ausdrückt. Gehlen gießt Öl ins Feuer. Man ist sich einig: Stalin, das Ungeheuer, muss unter allen Umständen daran gehindert werden, dem Kommunismus weltweit auf die Sprünge zu helfen. Das aber ist nur möglich mittels genauer Informationen.

Gehlen krempelt die Ärmel auf. Er weiß, er muss seinem neuen Auftraggeber Ergebnisse liefern. In Windeseile kümmert er sich darum, alte Spionage-Asse wieder zu aktivieren. Er darf, er soll, er muss einen neuen Geheimdienst aus dem Boden stampfen, und das schnell. Rasch hört er sich unter stellungslos gewordenen deutschen Offizieren um. Alte Nazis laufen ihm in Scharen zu. Er nimmt sie ohne Gewissensbisse unter seine Fittiche. Er kann nicht mit Steinen werfen, denn er sitzt selbst im Glashaus. Mit seiner Hilfe können sich zahlreiche alte Nationalsozialisten, die eigentlich an den Galgen gehören, der gerechten Strafe entziehen. Gehlen nutzt seine Seilschaften schamlos aus, um Spitzel anzuwerben. Oh, er kennt sie alle, alle. Ihre Namen sind auf seinen Karteikarten verzeichnet, auch ihre Decknamen. Seine *Org* wird ein Hort für alte Nazis. Jeder Spitzel erhält einen neuen Decknamen, auch er selbst. Gehlen lässt sich jetzt mit »Dr. Schneider« anreden oder einfach nur mit »Doktor«. Eine geheime, verschworene Bruderschaft entsteht. Gehlen rekrutiert und rekrutiert. Ein besonders ergiebiger Pool sind die Heimkehrer aus der Sowjetunion. Millionen Deutsche, die während des Krieges in die Hände der Russen fielen, kehren in den folgenden Jahren zurück nach Deutschland. Niemand kennt sich besser aus, was die Verhältnisse in der Sowjetunion angeht. Gehlen jubelt. Er kann die ehemaligen Kriegsgefangenen nach allen Regeln der Kunst aushorchen und wertvolle Informationen einholen. Und seine *Org* kann in den westdeutschen Heimkehrerlagern sogar neue Spione rekrutieren.

Die amerikanischen Militärs sind unendlich beeindruckt. Sie erfahren, dass die Rüstungsproduktion Stalins auf Hochtouren läuft. Die USA motten ihre Kriegsschiffe ein, die Russen dagegen bauen ihre Flotte aus. Gehlen weiß alles ... die Zahl der Flugzeuge, der Schiffe, der Kampftruppen und der Panzer. Gehlen schleust zunehmend Spitzel in die sowjetische Besatzungszone ein. Ha, niemand kennt sich so gut aus wie Gehlen!

In Pullach, sprich ein paar Kilometer südlich von München, erhält sein Nachrichtendienst eine neue, feine Unterkunft, die zuvor schon ranghohen Nazis beste Dienste geleistet hat. Am 6. Dezember 1947 rückt Gehlen mit seinen Mitarbeitern an, mitsamt den Familien der Agenten. Alles ist hochgeheim. 1948 verfügt er bereits über eine Crew von zweihundert Leuten. Später wird die *Org* auf viele Tausend Mann anwachsen. In Pullach schottet man sich ab. Es gibt eigene Schulen, nur für die Späher reservierte Geschäfte, sogar ein eigenes Hospital und ein eigenes Kasino.

Gehlen sorgt dafür, dass die antisowjetische Stimmung der Amerikaner geschürt wird, schließlich ist das seine Freifahrkarte und gereicht ihm zum Vorteil, denn dadurch wird er immer unentbehrlicher. Zum zweiten Mal macht er Weltpolitik. Es gelingt ihm, im Lager der Amerikaner fast Panik zu erzeugen, wenn das Gespräch auf die Russen kommt. Die US-Geheimdienstler sprechen immer respektvoller von der *Organisation Gehlen.* Gehlens Informationen sind pures Gold. Überall greift er Nachrichten ab – auch in Berlin und Wien, wo sich die Spione aus aller Herren Länder ein Stelldichein geben, Franzosen, Engländer, Russen, Amerikaner und Deutsche.

Der Ostsektor, die spätere DDR, wird von Gehlen ebenfalls bis in den hintersten Winkel ausgespäht. Gehlen weiß, worauf es ankommt. Wieder geht es darum, die Rüstungsanstrengungen genau im Auge zu behalten und mit ihnen die Eisenbahnverbindungen, die Straßen und die Schifffahrtswege. Gehlen gelingt ein Coup nach dem anderen. Westdeutsche Spitzel werden in die höchsten Gremien der künftigen DDR eingeschleust. Die kommende Deutsche Demokratische Republik, die weder demokratisch ist noch republikanisch, ist für ihn ein offenes Buch, das keiner so gut lesen kann wie er selbst.

Auch Gehlen, der Nachrichtenmann, muss umdenken. Die Amerikaner verändern die gesamte Kultur in diesem neuen Deutschland. Alles wird auf einmal nach wirtschaftlichen Kriterien beurteilt. Nicht die Gesinnung ist wichtig, sondern der Geldbeutel und der ökonomische Erfolg. Und so nennt sich Gehlen jetzt »Generaldirektor«. Er richtet zahlreiche Zweigniederlassungen ein, was seinen Geheimdienst angeht. Wie ein Wirtschaftsunternehmen versucht er ihn zu führen. Die *Organisation Gehlen* erhält 1955 einen neuen Namen: *Bundesnachrichtendienst.* Gehlen leitet ihn selbstverständlich, von 1956 bis 1968. Eine zweite Karriere! Es entstehen Generalvertretungen und Bezirksvertretungen, Untervertretungen und Filialen.

Wie ein riesiges Spinnennetz überzieht der Bundesnachrichtendienst (BND) schon bald die gesamte Bundesrepublik. In fast allen deutschen Großstädten ist er nach einiger Zeit vertreten. Aber alles geschieht unter größter Geheimhaltung. Die BND-Filialen firmieren oft als Wirtschaftsunternehmen. Kaum ein bundesdeutscher braver Bürger weiß, dass hinter so mancher »Handelsgesellschaft« der BND steckt. Besonders gern bedient man sich des Covers eines Versicherungsunternehmens. Aber auch Jalousienfabriken, Sektfirmen, »technische Dienste« und andere Firmenbezeichnungen werden benutzt. Geheimhaltung ist oberste Pflicht. Wenn Informationen weitergereicht werden, so geschieht das mittels Geheimtinten, Geheimpapieren und geheimen Briefkästen, wie sie Spione bis heute benutzen. In Steckdosen werden Mikrofone eingebaut und in Thermosflaschen kleine Kameras. Die Spionagekultur macht einen Quantensprung nach oben.

Nur eine einzige Person ist über das gesamte Spinnennetz vollständig informiert: Gehlen selbst. Er sorgt sogar dafür, dass falsche Fährten gelegt werden und frisch angeworbene Agenten bestenfalls nur eine oder zwei Personen seiner Schattenarmee kennen. Seine Spitzel werden überall eingeschleust, in wichtige Wirtschaftszweige, in Parteien, in die Medien. Seine Top-Agenten infiltrieren die machtvollsten Organisationen des Gegners. Eine genaue Arbeitsteilung findet statt: Es gibt »Werber«, die neues Personal rekrutieren, ferner Karrierespione, die sich bis in die höchsten Ränge hocharbeiten müssen, und schließlich Agentenführer und Auswerter von Informationen. Wie in Spionageorganisationen üblich, bedient man sich auch gewisser Damen, um an bestimmte Informationen heranzukommen. Erfahrene Spioninnen, »Schwalben« genannt, wissen es: Nach einem Orgasmus ist ein Mann besonders redselig und plaudert gern Geheimes aus.

Die US-Geheimdienste sind besonders daran interessiert, die osteuropäischen Länder und die UdSSR genauer auszuforschen. Also stößt Gehlen weiter und weiter vor, er betreibt »Fernaufklärung«. Nach einer Weile blüht die Spionage nicht nur in der DDR, sondern auch in Polen, der Tschechoslowakei, in Ungarn und in Russland, später sogar in Rumänien, Jugoslawien und anderen Ländern.

Sowjetsoldaten werden gern mit leichten Mädchen geködert, die ihnen Westwaren oder Sex anbieten – im Gegenzug für Informationen. Manchmal kann man die russischen Soldaten sogar umdrehen. Schweizer Uhren, Luxuswaren, aber auch Füller und Kugelschreiber sind bei den Russen besonders beliebt. Und so gelingt es dem BND, auch die Sowjetunion auszuhorchen und auszuspähen. Jeder, der nach Russland reist, ob Student oder Professor, wird daraufhin abgeklopft, ob er nicht zum Spitzel taugt.[17]

Gehlen, der Top-Spion Hitlers, hat es nicht nur geschafft unterzutauchen, er befindet sich sogar wieder auf einem der einflussreichsten Posten der neugeschaffenen Bundesrepublik Deutschland.

5. Streng vertraulich: der KGB und die Stasi

Wer nun glaubt, dass mit den vorangegangenen Seiten die CIA und US-Amerika diskreditiert werden sollten, der irrt. In »Ostdeutschland« oder in der »Deutschen Demokratischen Republik« ergriffen ebenfalls neue Geheimdienste die Macht – die alten Nazis wurden radikal abserviert, obwohl es ebenfalls punktuell Berührungspunkte gab. Hinter allem stand der KGB.

Der KGB war eine Organisation, in der Gewalt und Lüge, Folter und Desinformation Tradition besaßen. Lenin (Bilanz: 10 Millionen Tote) hatte hart daran gearbeitet, einen völlig neuen Geheimdienst zu formen. Zusammen mit Stalin (Bilanz: 50 Millionen Tote) gelang es ihm, mit dem KGB den vielleicht entsetzlichsten Geheimdienst der Welt zu schaffen.

Tatsächlich ist es müßig, sich mit den verschiedenen Bezeichnungen herumzuschlagen, die all diese sowjetischen Geheimdienste benutzten. Nur so viel: Aus einigen Vorläufern und der GPU – das Kürzel bedeutet übersetzt: »Vereinigte staatliche politische Verwaltung« – entwickelte sich schließlich der schreckliche KGB. Über verschiedene bürokratische Zwischenschritte und Neubezeichnungen entstand 1953/54 der KGB oder das *Komitee für Staatssicherheit.*

An der Spitze des Staates hielt der Massenmörder Stalin nach wie vor die Macht in der Hand. Er hatte geholfen, Hitler niederzuringen und hielt sich für den neuen starken Mann.

Der KGB regierte die Sowjetunion von 1954 bis 1991 mit eiserner Faust und erwarb sich früh den Ruf einer brutalen Geheimdienstorganisation.

1991 löste der FSB (Föderaler Sicherheitsdienst, der jedoch anfänglich nur für den Inlandgeheimdienst zuständig war) den KGB ab, aber erneut änderte sich lediglich die Bezeichnung, die Methoden blieben.

Bis heute ist das Kürzel KGB, wie er immer noch in einigen Staaten heißt, Synonym für den furchtbarsten Geheimdienst der gesamten Geschichte der Menschheit.

Lawrenti Beria

Dem ersten Ungeheuer, dem wir innerhalb dieses Geheimdienstes begegnen, von Lenin und Stalin immer abgesehen, war Lawrenti Beria (1899–1953).

Ab 1938 leitete er die Geheimdienste der Sowjetunion, unter welchem Namen auch immer. Beria war ein Terrorspezialist, dessen Morde noch heute Gänsehaut verursachen. Besonders liebte er es zu foltern, aber er war auch verantwortlich für die Deportation und Verschleppung ganzer Volksgruppen.

Auf der Karriereleiter der Spione stieg er unaufhaltsam nach oben, weil er ein Meister darin war, Vorgesetzte auszupokern. Schließlich herrschte er als Geheimdienstchef über ganz Georgien. Er »regierte« mit Massenverhaftungen und Massenhinrichtungen. Ferner liebte er Konzentrationslager und plötzliche Terrormaßnahmen, kombiniert mit ausgesuchten Foltermethoden. Insgeheim sammelte er kompromittierende Informationen auch über Parteimitglieder, um sie im geeigneten Moment beiseiteschieben zu können. Und so geriet er schließlich auf Wunsch Stalins, der ihn förderte, wann und wo immer möglich, zum Vorsitzenden der kommunistischen Partei in

Georgien. In der Folge stieg Beria, das Ungeheuer, wie er hinter verschlossenen Türen genannt wurde, höher und höher.

Er war eine der Schlüsselfiguren, die unaufhaltsam an dem Führerkult rund um Stalin feilten, ein Grund, warum ihm Stalin mehr und mehr Pöstchen zuschanzte.

Das Ungeheuer lernte alles über verlogene Propagandamethoden und operierte schließlich ebenso gekonnt mithilfe von Desinformationen wie mit Schauprozessen, aber seine besondere Zuneigung galt wie gesagt der ausgesuchten Folter. Stalin war von ihm höchst angetan, ja, er nannte ihn liebevoll »unser[en] Himmler«[18] und ließ ihn weiter und weiter in der Hierarchie aufsteigen. Zwei schwarze Seelen waren sich hier offenbar in inniger Zuneigung zugetan.

Beria gelangte auf diese Weise 1946 in das höchste politische Gremium innerhalb der UdSSR, in das Politbüro.

Erneut legte sich Beria für Stalin ins Zeug. Für ihn ließ er hochrangige Militärs und einflussreiche Politiker erschießen, er ermordete Zehntausende Kriegsgefangene und tötete ungezählte Häftlinge in den Moskauer Gefängnissen. Verantwortlich war der »Topspion« mit Sicherheit für den Massenmord an einer halben Million Tschetschenen, die er umbringen ließ, sowie für 1,5 Millionen Zwangsdeportierte, wobei erneut rund eine halbe Million Menschen starben. Wie viele Deutsche er ermordete, konnte nie mit Sicherheit festgestellt werden.

Nach dem Krieg 1945 betraute ihn Stalin mit der Aufsicht über den Bau der sowjetischen Atombombe. Doch Beria ließ trotzdem nie ab von seinem Lieblingssport: der Folter. Der Autor Volensky fand dies heraus: »Beria verfügte in jedem Moskauer Gefängnis über ein Büro, in dem er Folterungen von Verhafteten beiwohnte. Mit Wissen Stalins gingen diese Folterungen in Berias Privathaus weiter und wurden von Beria persönlich vorgenommen. 1980 wurden in einem unterirdisch verlaufenden Gang zwischen seinem Haus und der Unterkunft seiner Leibwächter menschliche Skelette aufgefunden.«[19]

Noch einmal: der KGB

Hinter den Kulissen war der KGB unvorstellbar rege – in ganz Europa, ja in fast allen Ländern der Welt. Nach 1945 interessierte sich Stalin besonders für Griechenland. Er schleuste Guerillaverbände in das Land ein, die gegen die Monarchie mobil machen und eine kommunistische Diktatur errichten sollten. Im letzten Augenblick machte ihm der CIA einen Strich durch die Rechnung.

In Italien, Frankreich, Deutschland und anderen Ländern wurden kommunistische Parteien gegründet. Stalin versuchte tatsächlich, sich den ganzen Planeten in die Tasche zu stecken, es ging um nichts weniger als um die Weltherrschaft.

Überall in Europa gründeten der KGB und die Kommunisten Tarnorganisationen – Verlagshäuser und Zeitungen war ihr Spezialgebiet. Sie unterwanderten Studentenverbände und Gewerkschaften, Politikzirkel und Unternehmen, auch in Deutschland.

Vor diesem Hintergrund ist die Gründung und Entwicklung der Stasi zu sehen.

Die Stasi

Halten wir uns auch in dieser Beziehung nicht mit den verschiedenen Bezeichnungen auf. *Stasi* ist eine Abkürzung für *Staatsicherheitsministerium* oder *Ministerium für Staatssicherheit* (MfS ist ein anderes Kürzel). Die Stasi wurde 1950 in der Deutschen Demokratischen Republik (DDR) gegründet, der vormaligen sowjetischen Besatzungszone, natürlich mit Billigung des KGB.

Im »Westen«, in der Bundesrepublik Deutschland, griff die CIA nach der Macht im Geheimdienstmilieu, im Osten der KGB beziehungsweise die Stasi. Die Stasi war sowohl Nachrichtendienst als auch Geheimpolizei, eine Art SS plus Gestapo, jedenfalls eine politische Polizei, jedoch nun mit kommunistischen Vorzeichen.

Wir sollten zumindest einen Augenblick lang Verständnis, ja fast Mitleid für die vormaligen DDR-Bürger aufbringen, die von 1933 bis 1945 mit

Nazi-Parolen bombardiert und von 1946 bis 1989 mit kommunistischen Slogans zugemüllt wurden.

Die Stasi überwachte die gesamte Bevölkerung, um Verstöße gegen den »demokratischen Aufbau« abzubügeln, wie das offiziell genannt wurde. In Wahrheit wurden Polizei, Verwaltung, Justiz, Gewerkschaften, Schulen und Kirchen ausgespäht und auf dem »richtigen sozialistischen Kurs« gehalten. Jede Opposition schaltete die Stasi brutal aus. Gegen »Rädelsführer«, »westliche Provokateure« und »feindliche Agenten« machte dieser neue Geheimdienst mobil – in Wahrheit standen alle Gegner des DDR-Regimes auf der »Shitliste« dieser Geheimpolizei. Die Methoden der Kontrolle? Bespitzelung, Einschüchterung, wirtschaftliche Repressalien, Zensur, Haft, Folter, Schauprozesse und Mord. Jede Gegenstimme wurde mundtot gemacht.

Politische Gefangene traktierte man physisch und psychisch mit ausgesuchten Folterungen. Die Stasi kontrollierte alle Bereiche der DDR-Gesellschaft. Besonders Intellektuelle und Dissidenten wurden ausspioniert und ins Abseits gerückt. Schriftsteller, Künstler, Pfarrer und Wissenschaftler lehnten sich auf – aber ihre Bürgerrechte wurden sofort beschnitten. Generell unterdrückte die Stasi die Meinungsfreiheit, sie zensierte Presse und Film. Alles, alles wurde überwacht: die Grenztruppen, der gesamte Staatsapparat, Betriebe, Verkehr, Touristik, Diplomaten und Geschäftsleute. Ein unvorstellbares Spitzelsystem überzog schließlich die gesamte DDR.

Gleichzeitig spionierte die Stasi »Westdeutschland« aus. Spitzel saßen in der Regierung, in der Industrie, in der Forschung und in den Medien innerhalb der BRD. Beeinflussungsagenten und Karrierespione wurden eingeschleust. Immer arbeitete die Stasi mit Desinformationstechniken, sprich, die Lüge in ganz großem Stil wurde kultiviert. Es wurden sogar Mordanschläge im Westen verübt, die im Osten ausgeklügelt worden waren. Die Stasi war sich auch nicht zu schade für die Zusammenarbeit mit links- *und* rechtsextremistischen Terrorgruppen – Hauptsache, man konnte die Gegenseite, den Westen, schädigen und propagandistisch ins Abseits rücken.

Es verhielt sich nicht anders als heute, denn Putin, ein ehemaliger KGB-Agent, unterstützt sowohl »linke« wie »rechte« Kriminelle und Terroristen in anderen Ländern. Solange sie nur beträchtliche Schäden in anderen Ländern anrichten, ist alles in Ordnung.

Die Stasi und die DDR-Oberen ließen ihre »Hilfe« jedenfalls jedem angedeihen, der der BRD eins auswischte und für Unruhe sorgte. Terroristen gewährten sie Strafverfolgungsfreiheit im eigenen Land. Pack gesellte sich zu Pack.

Natürlich handelte es sich hierbei um »schwarzes politisches Know-how«: Je mehr Chaos in dem gegnerischen Land herrschte, umso besser stand man selbst da – so die heimliche Berechnung. Denn nun konnte man ja lächelnd auf den »nichtfunktionierenden Kapitalismus« verweisen, sich ins Recht und die »Sozialfaschisten« ins Unrecht setzen – oder welche Wortseifenblase auch immer gebraucht wurde.

Nahezu unglaublich war der Umstand, dass die Stasi zuletzt über den größten geheimpolizeilichen Sicherheitsapparat in der Geschichte der Menschheit (!) verfügte. Es gab schlussendlich 91 000 hauptamtliche Mitarbeiter und zusätzlich rund 150 000 inoffizielle Spitzel und Unterdrücker, denen außerdem 200 000 heimliche Zuträger zur Verfügung standen.[20] Die DDR war von Spionen durchseucht. In die BRD verpflanzte man ebenfalls Tausende von Spitzeln. Fast komisch mutet es an, dass sich die Stasi überdies unablässig wechselseitig selbst ausspionierte. Eine Komödie, die diese Tragödie genauer beschreibt, steht noch aus. Nie gab es jedenfalls in der gesamten Historie einen Staat, in dem die Spitzelei so ausuferte.

Aber von wem wurde die Stasi selbst eigentlich kontrolliert?

Wilhelm Zaisser und Erich Mielke

Grundsätzlich wurde die Stasi immer am Gängelband des KGB geführt, wie schon dargelegt. Wilhelm Zaisser, ein altes KPD-Mitglied und ein vormaliger Knastbruder, der sich in China und in Spanien bereits seine Sporen verdient hatte, wurde auf diesen wichtigsten aller Posten gehievt, letztlich von Beria, dem Ungeheuer. Als Beria, der Folterspezialist, in der Sowjetunion seiner Macht beraubt wurde und sein Leben verlor, war jedoch die Seilschaft mit ihm keinen Pfifferling mehr wert, im Gegenteil. Nikita Chruschtschow wurde zu dem neuen starken Mann in Moskau. Als Zaisser zudem versuchte, Walter Ulbricht zu stürzen, den ersten Mann des DDR-Staates, war es gleich zweimal um ihn geschehen. Zaisser wurde als »Trotzkist« und »Feind des deutschen Volkes und der Partei der Arbeiterklasse« abqualifiziert und auf das Abstellgleis geschoben.

Erich Mielke profitierte von diesem Sturz, der von der ersten Stunde ohnehin der wichtigste Drahtzieher war, was den Aus- und Aufbau der Stasi anging. Mielke hatte bereits 1931 zwei Polizisten erschossen und war ein aktenkundiger Mörder. Beizeiten diente er sich geschmeidig dem Kommunismus an. Auch Mielke befand sich am Gängelband des sowjetischen Geheimdienstes. In Moskau brachte man ihm den letzten Schliff bei, auch was Propagandatechniken und Desinformationstricks anging. Mielke wurde zum neuen Leiter des MfS ernannt. In dieser Funktion beging er direkt oder indirekt zahlreiche »Verbrechen gegen die Menschlichkeit«, wie das später genannt wurde.

Markus Wolf

Es mag sich sehr wohl so verhalten, dass bis heute die wahre Geschichte der Stasi nicht einmal ansatzweise bekannt ist. Die Stasi selbst vernichtete 1989 in größtem Umfang ihre Akten, um ihre illegalen Praktiken zu vertuschen und ihre inoffiziellen Verbindungen zu schützen.

Die meisten Publikationen über die Stasi sind armselig und wurden zu oft von Autoren verfasst, die daran interessiert waren, sich selbst reinzuwaschen.

Doch schon, wenn man nur an der Oberfläche kratzt, wenn man also nur etwa die Biografie von Markus Johannes »Mischa« Wolf etwas näher beleuchtet, dem Leiter des Auslandsnachrichtendienstes der DDR, *der Hauptverwaltung Aufklärung* (HVA), kommt man einigen Ungeheuerlichkeiten auf die Spur.

Wolfs Vater, ein glühender Kommunist, lebte in den dreißiger Jahren samt Familie in der Sowjetunion, wo Mischa früh die Luft der hohen Politik einatmete. In Moskau wurde er indoktriniert und auf den Sowjetkommunismus eingeschworen, man machte ihn gleichzeitig mit den verschiedenen Unterdrückungs-, Abhör- und Propagandamethoden bekannt. Wolf besuchte die Parteischule in Moskau und wurde schon 1943 Redakteur und

Sprecher beim *Deutschen Volkssender* in der sowjetischen Hauptstadt. 1945 wechselte er über nach Berlin, wo er innerhalb der Kommunistischen Partei Deutschlands schnell aufstieg. Unter dem Decknamen Michael Storm fungierte er als »Kontrolloffizier« beim Aufbau des *Berliner Rundfunks.*

Nach der Gründung der DDR war er einer der maßgeblichen Figuren, die den DDR-Auslandsnachrichtendienst ins Leben riefen. Schon mit 29 Jahren wurde er zum Chef eines weltweit operierenden Netzes von Agenten, wodurch er auf einmal über unverhältnismäßig viel Macht verfügte. Wolf sorgte persönlich dafür, dass 1500 Spione allein in die BRD eingeschleust wurden. Andere Quellen sprechen von 15 000 Agenten. Einige dieser Spione waren sogenannte Karrierespione, deren Aufgabe darin bestand, selbst zu hohen und höchsten Posten und Pöstchen in der BRD aufzusteigen. Andere Spitzel hatten den Befehl, die Nähe von einflussreichen BRD-Funktionären zu suchen und sie auszuhorchen. Siehe unsere späteren Anmerkungen über den Spion Günter Guillaume. Nach allen Regeln der Kunst wurde der Westen ausgespäht. Wolf schöpfte Informationen allein von 50 Spitzenquellen ab, wie er in seiner Biografie zugibt.[21]

Ein paar Jahre später wurde der Superspion zum Generalmajor und ersten Stellvertreter des Ministers für Staatssicherheit gekürt. Sein Schwerpunkt lag laut eigenem Bekenntnis in der Wirtschaftsspionage und der Destabilisierung der BRD, wozu gezielt gestreute Falschinformationen gehörten, Fake News. Nur ein »Kabinettstückchen«: Als den Westdeutschen im Jahre 1960 zur Last gelegt wurde, für antijüdische Schmierereien auf einem jüdischen Friedhof verantwortlich zu sein, stand dahinter ungesehen – Markus Wolf.[22] In Wahrheit waren also Kommunisten für die antijüdischen Schmierereien verantwortlich, während die Weltpresse dagegen ungehindert auf Westdeutschland eindrosch. Das Ziel der MfS bestand darin, die BRD in einem schlechten Licht erscheinen zu lassen. Wolf horchte also nicht nur den »kapitalistischen Westen« aus, sondern arbeitete hartnäckig und hingebungsvoll daran, ununterbrochen den Ruf der BRD zu beschädigen. In der DDR freute man sich diebisch, dass man den »dummen Westen« ständig an der Nase herumführte. Selbst tatsächliche Neonazis wurden von Wolf angeheuert und bezahlt, damit sie die Schmutzarbeit für die Kommunisten erledigten – ein beliebter Trick, der noch immer angewendet wird. Wenn also heute ein Skandal hochkocht, der Deutschland insgesamt diskreditiert, richtet der informierte Zeitgenosse zunächst seinen Blick auf die Nachfolgeorganisationen des KGB, bevor er sich andere »Erklärungen« der Presse zu Gemüte führt. Die Verleumdung und Degradierung des Westens ist nach wie vor eines der obersten Ziele kommunistischer Staaten.

Wolf schaltete sich darüber hinaus direkt in die hohe Politik der BRD ein. Laut seinen Memoiren trug er unmittelbar zum Scheitern des Misstrauensvotums gegen Willy Brandt bei, als dessen Posten als Kanzler auf der Kippe stand. Der Grund: In der DDR begrüßte man die SPD-Politik, der CDU-Politik stand man ablehnend gegenüber. Konkret bestach Wolf den CDU-Abgeordneten Julius Steiner mit 50 000 D-Mark, damit er sich bei dem Votum gegen Brandt der Stimme enthielt.[23]

Brand blieb am Ruder.

In der BRD galt Wolf lange als »Mann ohne Gesicht«, es gab keine Fotos, keine Spuren, nichts, nichts, bis ihn eines Tages Werner Stiller identifizierte – selbst ein Spion, ein Überläufer der Stasi, Deckname »Machete«. Stiller bot dem BND seine Dienste nach einer unglaublichen Flucht aus der DDR an. Als Geschenk hatte er brisante Geheimdokumente im Koffer und Informationen über die Identität von Markus Wolf. Damit war der Aktionsradius Wolfs auf einmal empfindlich eingeschränkt. Sein Foto wurde dem *Spiegel* zugespielt, der es veröffentlichte – tödlich für einen Agenten.

Des Unglücks noch nicht genug. Da »Mischa« ein Bruder Leichtfuß war, feuerte ihn Erich Mielke eines Tages sogar, noch vor 1989, noch vor der Wiedervereinigung. Mit anderen Worten: Wolf stolperte über seine Affären und Frauengeschichten.

1990 flüchtete er erst in die Tschechoslowakei, dann setzte er sich nach Österreich ab, daraufhin nach Ungarn und schließlich nach Moskau. Doch auch die Sowjetunion brach eines Tages zusammen, wodurch sich mit einem Schlag die gesamte Weltlage veränderte. Wolf flüchtete erneut nach Österreich, kehrte schließlich jedoch nach Deutschland zurück und stellte sich den Behörden.

In dem wiedervereinigten Deutschland klagte man Wolf der geheimdienstlichen Agententätigkeit an. Er versuchte sich reinzuwaschen und die Deutschen von seiner inneren Wende zu überzeugen. Doch er scheiterte. Nicht nur Insider wissen, dass die Welt der Geheimdienste grausam, mit

Lügen gespickt und doppelbödig ist. Wolf wurde festgenommen und zu sechs Jahren Haft verurteilt, ein lächerliches Urteil, stellt man in Rechnung, welche Schäden er angerichtet und wie oft er die Wahrheit zu Grabe getragen hatte. Aufgrund seines hohen Alters ersparte man ihm sogar diesen kurzen Gefängnisaufenthalt. Zudem verfügte das Bundesverfassungsgericht später, dass die Stasi-Mitarbeiter nicht mehr strafrechtlich verfolgt werden dürften. Begründung: Schließlich hätten sie im Einklang mit den DDR-Gesetzen gehandelt. Alle Stasi-Spitzel atmeten auf, viele ehemalige DDR-Bürger schüttelten ungläubig den Kopf. Das Urteil gegen Wolf wurde aufgehoben.[24] Als Wolf jedoch versuchte, 1996 in die USA einzureisen, wurde ihm der Besuch verweigert mit der Begründung, dass er ein unverbesserlicher Kommunist sei mit einer terroristischen Vergangenheit. 2006 starb Wolf im Alter von 83 Jahren.

Selbst die professionellsten Lügner können schlussendlich nicht auch noch Gevatter Tod betrügen.

Das Patt

Aber bleiben wir der Chronologie treu. Mit den vorangegangenen Zeilen haben wir die Situation in Deutschland nach 1945 erfasst, jedenfalls zu einem großen Teil.

Auf der einen Seite standen der CIA, Schulter an Schulter mit dem Bundesnachrichtendienst (BND), dem Reinhard Gehlen vorstand, ein alter Nazi. Gehlen versuchte, den gesamten Ostblock, insbesondere die DDR und die Sowjetunion, auszuspähen und die Macht innerhalb der BRD zu zementieren, immer mit Rückendeckung und im Auftrag der Central Intelligence Agency. Unterwandert wurden die Wirtschaft, die Presse und die Politik, wie schon ausgeführt, und zwar zu einem Grad, der bis heute nicht vollumfänglich bekannt ist.

Auf der anderen Seite standen der KGB und die Stasi. Dort versuchte man, die Bevölkerung der DDR auf den Kommunismus einzuschwören und Oppositionelle auszuschalten. Darüber hinaus galt es, den Westen auszuspionieren und alles zu tun, damit er sich blamierte und ein schlechtes Bild in der Weltöffentlichkeit abgab.

Diese beiden Pole standen sich unversöhnlich gegenüber, anfänglich in einer Art Patt. Im Grunde bekämpften sich nicht BND und Stasi, sondern der CIA und der KGB. Deutschland führte einen Stellvertreterkrieg zwischen der Sowjetunion und den USA.

6. Die neue Macht der Geheimdienste

Und so erkennen wir, dass man *Geschichte* auf verschiedene Arten darstellen kann. Man versucht entweder, absichtlich nicht in die Tiefen und Untiefen einzutauchen – und wird in der Folge deshalb immer nur an der Oberfläche kleben bleiben. Oder aber man bemüht sich, die Kräfte, welche wirklich »Geschichte« und »Politik« bewegen, auszumachen – wodurch man ein profunderes Verständnis der Historie gewinnt.

Geheimdienste waren schon immer von weitaus größerer Bedeutung, als es ihnen in unseren Geschichtsbüchern gemeinhin zugestanden wird. Mithilfe von Geheimdiensten wird nach wie vor die Presse beeinflusst, sogar in demokratischen Staaten. Besonders deutlich ist dies in den USA sichtbar, wo zirka 30 Prozent der »politischen Kommentatoren« in verschiedenen Fernsehanstalten bereits aus ehemaligem Militär- und Geheimdienstpersonal besteht, denn die »PR«, die Propaganda und die »Meinungsmache« ist inzwischen in vielen Ländern eine »Unterabteilung« innerhalb der Geheimdienste. Wir wandern in eine neue Ära, in der Geheimdienste und Beeinflussungsagenten über unverhältnismäßig viel Macht verfügen.

Dabei bedienen sich Geheimdienste nicht immer Methoden, die ein Dorfpfarrer gutheißen würde. Unter der Decke, ungesehen, wird mit harten und härtesten Bandagen gekämpft. Sabotage, Mord, inhumane Verhörtechniken, Bestechung, Erpressung und Manipulationen gehören zu dem Standard-Repertoire der Agenten – tatsächlich werden sie in diesen Disziplinen ausgebildet.

Der uninformierte Zeitgenosse erkennt nicht einmal im Ansatz, in welchem Ausmaß er in eine bestimmte Richtung geschubst wird. Die offiziellen Nachrichten, die auf der Oberfläche so seicht dahinplätschern, sind oft nur Ablenkungsmanöver und verraten manchmal nicht einmal zehn Prozent der Fakten, die wirklich von Bedeutung sind.

Beeinflussungsagenten sprechen von *Information* und *Desinformation*, das heißt, es wird systematisch und gezielt gelogen. Für viele Public-Relations-Coups sind auch in Deutschland des 21. Jahrhunderts *Agenten* verantwortlich. Geheimdienste stampften ganze Sender und Zeitungen aus dem Boden oder unterwanderten sie, in Ost und West, wie wir gesehen haben. Sie waren und sind nach wie vor im TV und im Internet zugange.

Dennoch darf man nie vergessen, dass das politische Glaubensbekenntnis der USA und der BRD weitaus intelligenter und menschenfreundlicher war als das politische Glaubensbekenntnis der UdSSR und der DDR.

Der Kommunismus war niemals etwas anderes als ein tyrannischer Militarismus, in dem Täuschung und Irreführung zum Tagesgeschäft gehörten. Er erlaubte es nur einer winzigen Clique, Gelder und Besitztümer abzugreifen, während das Volk ausgenutzt und mit Sprüchen und Parolen abgespeist wurde. Der Kommunismus degradierte ganze Bevölkerungen zu Sklaven. Ein »Arbeiterparadies« existierte nie und wird nie existieren. Die Historie von über hundert Staaten kennt kein einziges Beispiel, wo der »Kommunismus« je funktioniert hätte. Und die Geschichte von 2000 Jahren beweist, dass stets Eliten regierten, nie »Arbeiter«.

Gleichzeitig besaßen die Kommunisten, die UdSSR und mit ihnen die DDR die fähigsten Geheimdienste der Welt. Die CIA befand sich 1945 bis 1950 noch in einem embryonalen Zustand und war blutjung, während die Briten mit ihrem MI6, ihrem Auslandsgeheimdienst, sich aus vielen Staaten nach dem Zweiten Weltkrieg zurückzogen. Die kommunistischen Geheimdienste dagegen waren überall auf dem Vormarsch. Anfänglich schlugen sie die westlichen Geheimdienste um Längen. Trotzdem war es ein Fehler der westlichen Geheimdienste, sich auf das Niveau der kommunistischen Geheimdienste hinabzubegeben, denn dadurch verloren sie selbst an Glaubwürdigkeit. Die westlichen Geheimdienste versuchten, den Kommunismus mit seinen eigenen Waffen zu schlagen – mit der Lüge und der Gewalt. Ein enormer Fehler.

Aber was war mit dem »ganz großen Geld«, wie wir das genannt haben? Stellte es nicht ebenfalls einen bedeutsamen Pfeiler der Macht dar? Ziehen wir auch in dieser Beziehung den Vorhang beiseite, aber gönnen wir uns zunächst noch ein paar Takte hinsichtlich der alten Nazis, die alles taten, um nach 1945 in Deutschland wieder aufs Pferd zu kommen.

III. DIE SOGENANNTE ENTNAZIFIZIERUNG

1. Die erste Nazi-Riege oder: Die Nürnberger Prozesse

Die gesamte Welt schaute gebannt zu. Es handelte sich um die aufsehenerregendsten Prozesse aller Zeiten. Ein gesamtes Land, Deutschland, wurde vor den Kadi gestellt, die ganze ehemalige politische Elite der Nazis. Es war ein einmaliger Vorgang, der so noch nie über die Bühne gegangen war.

Bei den *Nürnberger Prozessen* handelte es sich um einen Prozess gegen die Hauptkriegsverbrecher plus zwölf Nachfolgeprozesse, die zwischen 1945 und 1949 stattfanden.

Juristen und Richter ersten Ranges präsidierten. International bekannte Autoren waren anwesend, unter anderem Alfred Döblin, Ernest Hemingway, Erich Kästner und John Steinbeck.

Auf der Anklagebank saß das Who's who der Nazi-Riege. Hitler, Goebbels und Himmler hatten sich durch Selbstmord aus dem Staub gemacht, aber ansonsten war mit wenigen Ausnahmen die gesamte Prominenz der Nazis aufgespürt worden oder hatte sich gestellt. Selbst Hermann Göring, der zeitweilig als Nachfolger Hitlers gehandelt wurde, hatte sich mitsamt Familie und siebzehn Lastkraftwagen voller Gepäck in die Gefangenschaft der US-Armee begeben und harrte hier nun seinem Schicksal.

Reichsmarschall Göring war die Nummer eins nach Hitlers Tod. Aber in Nürnberg angeklagt waren auch Rudolf Heß, der nicht sehr helle, aber hitlerhypnotisierte Stellvertreter des Führers, ferner der Außenminister Joachim von Ribbentrop mit den »kalten, leeren, mondähnlichen Augen«[1], wie ihn ein Botschafter beschrieb, der Chef des Oberkommandos der Wehrmacht,

Wilhelm Keitel, sowie Großadmiral Dönitz, Befehlshaber der Kriegsmarine von 1943 bis 1945, der von seinen Soldaten als »Held« verehrt wurde. Doch angeklagt waren auch Albert Speer, der Reichsminister für Bewaffnung und Munition; weiter Hitlers Liebling Reichsbankpräsident Hjalmar Schacht, der arrogante Banker; dann der Unternehmer Gustav Krupp und zudem mehrere mächtige Reichsminister, Reichsprotektoren und Generalgouverneure der Nazis, die etwa Polen, die Niederlande, Böhmen und Mähren geleitet hatten.

Herausgeber von Nazi-Schriften waren ebenfalls der Mittäterschaft angeklagt, darüber hinaus Ärzte, Juristen, Wirtschaftsbosse, Nazi-Funktionäre und Nazi-Schurken generell. Ferner wurden einige Nazi-Organisationen als Ganzes angeklagt, wie die SS, die Gestapo oder das Oberkommando der Wehrmacht.

Kurz gesagt handelte es sich um ein Spektakel sondergleichen. Der Nationalsozialismus saß auf der Anklagebank und die Richter waren die Amerikaner, die Engländer, die Franzosen und die Russen.

Es gab verschiedene Prozesse, die wir nicht alle behandeln müssen. Am interessantesten war der Prozess gegen die Hauptkriegsverbrecher.

Nie, nicht in der ganzen Geschichte der Menschheit, hatte es einen solchen Prozess gegeben, nie den Versuch, einer Diktatur und einem ganzen Volk, das ihr aufgesessen war und »mitgemacht« hatte, mittels Juristen den Garaus zu machen.

Angeklagt wurden die Top-Nazis der Verschwörung wegen der Tatsache, einen Krieg vom Zaun gebrochen und an Kriegsgefangenen Massenmord verübt zu haben, und wegen Verbrechen gegen die Menschlichkeit. Plötzlich waren die »Herrenmenschen« die unterlegene Rasse; die Jäger wurden zu Gejagten.

Als Ort für den Prozess aller Prozesse war mit Absicht Nürnberg gewählt worden, denn hier hatten die Nazis ihre Großveranstaltungen und Schauparaden abgehalten, ihre NSDAP-Reichsparteitage. Nürnberg wurde nun zum Symbol der Niederlage der Nazis.

Alle Angeklagten, alle Großverbrecher des Dritten Reiches, bekannten sich auf die Frage des Richters hin als *nicht schuldig*.

Aber kein Staat der Erde war und ist so verliebt in Prozesse und Rechtsstreitigkeiten wie die USA. In der Folge unterzogen die Ankläger die alten

Nazis den schärfsten Kreuzverhören, die vorstellbar waren. Dokumente und Unterlagen wurden kistenweise herbeigeschafft. 240 Zeugen befragte man. Die Ankläger führten 300 000 eidesstattliche Versicherungen ins Feld. Das Material, das die Schuld der Nazis bewies, war überwältigend.

Einige großmäulige Nazis, allen voran Hermann Göring, versuchten, durch Charme und Chuzpe, durch freches Imponiergehabe und flotte Antworten, Sympathien zu gewinnen, aber sie scheiterten ausnahmslos, denn jetzt gab es kein Publikum mehr, das applaudierte. Die Mehrzahl der Angeklagten gab zu, dass furchtbare Verbrechen begangen worden waren, aber ausnahmslos wiesen sie die Schuld von sich. Die Militärs versuchten sich reinzuwaschen, indem sie Gutachten aus dem Zylinder zauberten und sich auf die Gehorsamspflicht des Soldaten beriefen. Fast alle Angeklagten sagten aus, sie hätten ja lediglich »auf Befehl« gehandelt. Einige Top-Nazis flunkerten, von den entsetzlichen Morden an sechs Millionen Juden »nichts gewusst« zu haben und spielten die Unschuldslämmer. Das Verantwortungsbewusstsein der gesamten Nazi-Prominenz tendierte gegen Null. Für die Führungsriege der Nazis ging es nur noch darum, die eigene Haut zu retten, es ging um Leben oder Tod. Die Franzosen und die Russen wollten alle Angeklagten baumeln sehen, die Amis und die Engländer wollten zunächst nur zuhören.

Doch die Nazi-Elite wusste, dass es ihnen an den Kragen gehen würde. Speer bemühte sich, durch Zugeständnisse und tadelloses Benehmen die Richter für sich einzunehmen. Göring dagegen versuchte sich in einer ganz anderen Masche.

Der letzte Coup des Hermann Göring

Görings Methode besteht darin, durch seine lockere, großmäulige Art Sympathien zu gewinnen. Er weiß, er ist jetzt Nazi Nummer eins, nun, da Hitler tot ist. Er bläht sich auf wie eine Kröte. Außerdem denkt er, er ist eine Figur ganz eigener Art, eine Klasse für sich, ein unverwechselbarer Typus, den jedoch niemand in seiner Durchtriebenheit, die er für Intelligenz hält, zur Gänze durchschaut und versteht.

Und so viel ist richtig: Er ist der ranghöchste Nazi während des Prozesses, einige nennen ihn den *parfümierten Nero*. Der Grund: seine Vorliebe für allerlei Uniformen, die teilweise bunt und grell sind wie Karnevalskostüme. Er ist wie der alte römische Kaiser Nero eine Art verhinderter Künstler und Schauspieler. Mit seinem dicken, gemütlichen Aussehen – jetzt ist er abgemagert – und seiner jovialen Sprechweise kann er normalerweise alle einwickeln. Wie mit Parfüm umgibt er sich mit einer Wolke flotter Sprüche, die zum Lachen reizen. Er kann mit seiner humorvollen und geselligen Art sofort Sympathien wachkitzeln.

Nur er selbst weiß, dass er ein Mann voller Gegensätze ist. Er ist auf der einen Seite charmant und rhetorisch begabt, weiter ist er kühn, ja tollkühn – er ist ein hochdekorierter Jagdflieger aus dem Ersten Weltkrieg –, er ist ein Tausendsassa, ein Held und stammt aus einem guten Stall; seine Manieren sind ausgezeichnet – jedenfalls wenn es die Situation erfordert.

Auf der anderen Seite ist er brandgefährlich. Vor seiner Gefangennahme war er morphiumsüchtig, aufgeschwemmt und überfettet, doch die Amis verweigerten ihm die Droge. Jetzt ist er rank und schlank. Weiter ist er eiskalt und berechnend in Wort und Tat; ein paar Morde kümmern ihn nicht weiter. Juden hasst er abgrundtief. Millionen von Toten interessieren ihn nicht. »Ich habe kein Gewissen! Mein Gewissen heißt Adolf Hitler«[2] bekennt er und schämt sich nicht einmal seiner Worte.

Zweifellos ist er ein Unikat, das müssten doch selbst die Yankees sehen. Alle wissen um seine knallbunten Fantasie-Uniformen und Verkleidungen sowie um seine Junglöwen, die er sich in seinem persönlichen Haushalt hält, den er im Moment jedoch nicht mehr besitzt. Dafür müsste er eigentlich bewundert werden. Und alle wissen, dass er vernarrt ist in wertvolle Gemälde und große Künstler. Tatsächlich ist er der bedeutendste Kunstsammler seiner Zeit – seine Feinde nennen ihn Kunstdieb, eine Bezeichnung, die jedoch aus dem Neid geboren ist, wie er glaubt. Während rund um ihn die abscheulichsten Kriege tobten, befand er sich auf der Jagd nach Gemälden von Weltruf. Er eignete sich unter anderem echte Rembrandts und Rubens an, in ganz Europa, aus allen möglichen Museen. Aber ist das nicht das Recht des Siegers? Er war und ist in die Kunst verliebt. Auf diese Sammelleidenschaft ist er noch immer stolz, es zeichnet ihn aus vor den anderen Nazis, die fast alle Kunstbanausen sind. Ja, er ist eine seltsame Mischung aus Künstler und Gangster, nicht anders als Hitler. Er ist ein Mix aus Schauspieler und Politiker, der zur Not auch mit ein paar Millionen Toten leben kann. Große Menschen und große Taten fordern eben große Opfer.

So denkt er über sich selbst.

Der Prozess

Rede und Gegenrede wogen hin und her. Die Ankläger versuchen, die alten Nazi-Bosse in die Enge zu treiben und mit geschickten Fragen aufs Glatteis zu führen. Kein Anwalt in ganz Europa ist so versiert in puncto Kreuzverhör wie die Amerikaner.

Ein Ankläger nimmt sich Göring zur Brust. Er stellt ihm die geschicktesten Fragen, in denen sich normalerweise jeder verfängt.

Göring pariert. Er weiß, es handelt sich um eine Art Degengefecht, das mit Worten ausgetragen wird. Er kann sogar einige Lacher auf seine Seite ziehen. Scheinbar platzt er vor Selbstbewusstsein. Er tritt in keine Fallgrube, die ihm der Yankee stellt. Erkennt man denn nicht, dass die Arier und die Deutschen allen anderen Völkern überlegen sind?

Der Ankläger kann dem Charme und der Chuzpe Görings nichts abgewinnen. Innerlich schäumt er. Dabei ist er mit allen rhetorischen Wassern gewaschen. Selbst Cicero hat er studiert, den größten aller Römer, der schon vor 2000 Jahren jeden rhetorischen Kniff beherrschte. Er wird diesen fetten Göring, der jetzt abgemagert ist wie eine Kirchenmaus, schon Mores lehren. Wieder stellt er ihm einige glatte Fragen, auf denen man nur ausrutschen kann. Es ist unmöglich, dass Nazi Nummer eins nicht früher oder später in ein Fettnäpfchen tritt.

Göring pariert erneut. Und wieder lachen die Nazi-Banditen auf der Anklagebank. Einige amüsieren sich. Ja, den Göring, ihren Hermann Göring, kann man nicht so leicht an der Nase herumführen. Der ist aus einem ganz anderen Holz geschnitzt als ein paar verdammte Kommunisten oder einige aufgeblasene Amerikaner.

Die Nazis auf den Bänken freuen sich diebisch, obwohl sie wissen, dass sie ihre Freude eigentlich nicht zeigen dürfen. Immerhin geht es um ihren Kopf.

Der Ankläger weiß, er muss stärkere Geschütze auffahren, wenn er Göring außer Fassung bringen will. Also werden jetzt Filmaufnahmen vorgeführt. Alle Nazis, jeder Ankläger, alle Zuschauer, die Top-Elite des Journalismus und der Schriftstellerei werden auf einmal mucksmäuschenstill.

Die Aufnahmen zeigen ein Konzentrationslager und ausgemergelte, halbverhungerte Insassen – Juden, *lebensunwertes Leben*, *Zigeuner* oder wie das die Nazis auch immer nannten. Bleiche, hohle Augen starren die Zuschauer von der Leinwand herab an. Es ist nicht zu ertragen. Man kann die Rippen einiger Insassen zählen. Leichen liegen herum, die nur noch aus Haut und Knochen bestehen. Selbst im Tod sind sie eine einzige Anklage. Die gesamte Bestialität der Nazis erscheint auf der Leinwand und springt den Zuschauern wie ein Alp ins Gesicht. Kein Wort, kein rhetorischer Trick, keine Ausflüchte, nichts, nichts, kann das hinwegdiskutieren, was man hier sieht. Die unvorstellbare Unmenschlichkeit der Nazis packt die Zuschauer. Es handelt sich um das filmische Beweisstück mit der Nummer 2430-PS, wie es genannt und klassifiziert wird, das Göring hier entgegengeschleudert wird. Das Konzentrationslager in Leipzig, wo Menschen bei lebendigem Leib verbrannt wurden, taucht vor aller Augen auf.

Göring bleibt die Gegenrede im Hals stecken. Auch er weiß, hierüber kann man keine Witze mehr reißen. Er ist überführt. Die Bilder hageln wie Schläge auf ihn nieder. Er kann sich nicht mehr herauslügen. Er trägt eine Mitschuld am Tod von Millionen von Insassen innerhalb der Konzentrationslager. Und an den Angriffskriegen war er nicht nur beteiligt, er war einer der Drahtzieher. Es verschlägt selbst ihm die Sprache. Die Schuld ist ungeheuerlich.

Göring erinnert sich, dass er einst im Polenkrieg mit seiner Luftwaffe der Held der Nation war. Aber auf sein Konto gehen auch unglaublich viele Pannen und Versäumnisse als Chef der Luftwaffe. In der entscheidenden Luftschlacht um England versagte er. Aber selbst dieses Argument würde ihm jetzt nichts mehr nützen. Die freche Gegenrede bleibt ihm im Hals stecken.

Er wird der Verbrechen gegen die Menschlichkeit überführt, er ist ein Militarist und ein Massenmörder. Noch eine Weile fliegen die Worte hin und her wie Messer. Aber Göring weiß, diesen Krieg hat er verloren.

Das Urteil

Der Tag der Entscheidung dämmert herauf. Die Urteile fallen wie Schwerter auf die Nazis nieder. Aber sie sind differenziert, trotz des Einspruchs der Russen und der Franzosen, die am liebsten das ganze Nazi-Pack hängen sehen wollen.

Das gesamte Führungsgremium der NSDAP, die Gestapo, die SS und der SD (der Sicherheitsdienst) werden als »verbrecherische Organisationen« eingestuft. *Alle* Mitglieder sind schuldig.

Schließlich werden nach fast einem Jahr der Beweisaufnahme 12 der 24 Angeklagten zum Tode verurteilt. 7 wandern lebenslang ins Gefängnis. Das Gericht spricht 3 Angeklagte frei.

Karl Dönitz, der »Seeheld«, erhält zehn Jahre Haft – er kommt erst 1956 wieder frei. Zum Tod durch den Strang dagegen wird Wilhelm Keitel verurteilt – noch vor kurzer Zeit der allmächtige Chef des Oberkommandos der Wehrmacht – sowie Joachim von Ribbentrop, der Außenminister Hitlers. Auch verschiedene Hetzer und Schmierfinken, die Hitler ihre Feder liehen, so beschließt das Gericht, müssen hängen. Hjalmar Schacht, der Spitzenbanker, wird freigesprochen. Albert Speers geschicktes reuiges Auftreten während des Prozesses rettet ihm den Hals. Hitlers Liebling wird nur zu zwanzig Jahren Haft verdonnert. Und Hermann Göring? Er wird in allen Anklagepunkten schuldig gesprochen und ebenfalls zum Tod durch den Strang verurteilt.

Göring versteht die Welt nicht mehr. Das Spiel ist aus.

Oder doch nicht?

Der letzte Akt

Das erste Mal gerät das Weltbild des Hermann Göring aus den Fugen. Bislang konnte er immer durch seine gelenkige Zunge einen Ausweg finden. Er, der in Nullkommanichts Sympathien schaffen konnte, der mit ein paar komödien- und kumpelhaften Prahlereien alle zu beeindrucken vermochte, ist fassungslos.

Nach dem Todesurteil wird er zurück in seine Zelle geführt. Er wankt. Sein Gesicht ist starr, und »aus den Augen spricht Entsetzen«.[3] Sein Atem geht stoßweise, sein Herz rast. Die Hände zittern.

Ein Arzt muss ihn behandeln. Letztendlich braucht man ihn lebendig, wenn er gut sichtbar sterben soll. Aber hängen, er soll hängen? Er? Der Feldmarschall Hermann Göring? Die Nummer eins? Unmöglich! Die Todesart des Hängens zeigt an, dass es sich um eine Person handelt, der man keinerlei Ehre zugesteht.

Ein Psychologe, der ihm zugeteilt wird, versucht, Görings innerste seelische Eingeweide nach außen zu kehren. In einem Anfall von Selbsterkenntnis, der freilich nicht länger als ein paar Sekunden währt, sieht Hermann Göring ein, dass er nichts als eine Art kleine Hure war, ein Stricher, der sich »gegenüber Hitler stets prostituierte«[4], wie er das selbst ausdrückt. Aber auch das hilft ihm jetzt nichts mehr.

Aber hängen will er keinesfalls. Wenigstens soll man ihn erschießen, wie es seiner Reputation und seinem Stand entspricht. Ein diesbezügliches Gesuch wird jedoch abgelehnt, sprich die Bitte um den Tod durch eine Kugel. Görings Gehirnzellen arbeiten auf Hochtouren. Wie kann er seinen Feinden noch einen letzten Streich spielen – selbst in der Todesstunde? Ein Plan springt vor seinem geistigen Auge auf. Göring freundet sich mit einem jungen amerikanischen Offizier an, der noch feucht hinter den Ohren ist. Er seift ihn ein, nach allen Regeln der Kunst. Er macht ihm Geschenke. Leutselig gibt er ihm eine seiner teuren Uhren, die ihm geblieben sind. Der junge Offizier, Jack G. Wheelis, fällt auf das freundliche Geschwätz herein. Göring säuselt dem Offizier Komplimente ins Ohr, denn er weiß, das funktioniert immer. Der Offizier fühlt sich geehrt, dass ihm ein so hohes Tier seine Aufmerksamkeit schenkt. Göring macht ihm weitere Geschenke, so einen goldenen Ring. Es entwickelt sich fast so etwas wie eine Freundschaft zwischen den beiden Männern; jedenfalls gelingt es Göring ein letztes Mal, mit seiner jovialen Art Sympathie zu erzeugen. Göring lächelt insgeheim diabolisch. Schließlich bittet er den jungen Offizier, ihm aus seinem Gepäck, das andernorts verstaut ist, einen Gegenstand zu bringen, vielleicht einen Füllfederhalter.

Was Mr. Wheelis nicht weiß, ist der Umstand, dass sich innerhalb des Füllfederhalters eine Kapsel befindet, in der Zyankali verborgen ist. Kurz bevor Göring gehängt werden soll, zerbeißt der Feldmarschall die Kapsel und schluckt das Zyankali. Die Amerikaner finden nur noch seine Leiche vor.

Göring triumphiert auch noch im Tod.

Die geschichtliche Wahrheit

Es sei nicht verschwiegen, dass es noch andere Berichte über die letzten Stunden Görings gibt. Ein Vertreter der US-amerikanischen Wache habe ihm im Korridor des Gefängnisses das Gift in einem Stück Seife zugesteckt, lautet eine Version. Die Spielart mit dem Füllfederhalter wird auch einem anderen Wachsoldat namens Stivers zugeschrieben, der geglaubt habe, in dem Füllfederhalter befinde sich Medizin, die der todkranke Göring dringend benötige. Bei der angeblichen »Medizin« habe es sich jedoch in Wahrheit um Zyankali gehandelt. Wieder eine andere Version berichtet davon, dass die Ehefrau Görings ihm das Gift heimlich zugesteckt habe. Auch die Version, die Zyankalikapsel habe sich in einem Stiefel befunden, existiert.

Was auch immer Dichtung oder Wahrheit ist, es ist im Grunde genommen unwichtig. Fest steht nur, dass am 15. Oktober 1946 Hermann Göring, der sich in der Zelle Nummer fünf des Nürnberger Gefängnisses befindet, eine Zyankalikapsel zerbeißt, woraufhin der Tod eintritt.

Ein Arzt kann nur den Selbstmord feststellen. Seine Leiche wird sofort eingeäschert. Die Asche wird ohne Verzögerung über einem Fluss zerstreut. Damit will man verhindern, dass spätere Nazis ihm ein Denkmal errichten.

Hermann Göring existiert nicht mehr.

2. Die Entnazifizierung Deutschlands

Wir brauchen die Nürnberger Prozesse nicht weiter zu beschreiben, nur so viel:

Nachdem sich der »Lametta-Heini« oder der »Goldfasan«, wie Hermann Göring aufgrund seiner Putzsucht auch genannt wurde, durch Selbstmord vor dem Tod durch den Strang bewahrt hatte, hagelte es weiter Urteile. Bis zum Jahre 1949 wurden Ärzte, Psychiater, Juristen, Mitglieder der SS und der Gestapo, Industrielle und Manager, militärische Führer, Minister und hohe NS-Regierungsvertreter angeklagt und verurteilt. Einige wurden freigesprochen, andere baumelten, wieder andere erhielten Freiheitsstrafen zwischen eineinhalb und fünfundzwanzig Jahren.

Aber bei all diesen Ganoven und Gangstern handelte es sich nur um die erste Riege der Nazis. Was war mit dem Rest? War nicht das gesamte deutsche Volk »schuldig«?

Die Kategorien

In Deutschland und Österreich bestand die Absicht der Besatzungsmächte darin, Politik, Gesellschaft, Wirtschaft und die Medien von allen nationalsozialistischen Einflüssen zu reinigen und der Demokratie auf die Sprünge zu helfen. Man unterschied fünf Kategorien:

1. *Hauptschuldige*, das heißt Kriegsverbrecher,
2. *Belastete*, worunter man Nazis verstand, die zweifelsfrei große Schuld auf sich geladen hatten, sowie Militaristen und Nutznießer des Nazi-Regimes,
3. *Minderbelastete*,
4. *Mitläufer* und
5. *Entlastete*.

Allein in den drei westlichen Besatzungszonen, aus denen dereinst die BRD hervorgehen sollte, wurden 182 000 Menschen interniert. 86 000 entließ man später. Etwa 800 Todesurteile wurden ausgesprochen.

Bemerkenswert ist der Umstand, dass es unglaublich viele »Mitläufer« gab – Nazis, die jedoch am Ende noch einmal mit einem blauen Auge davongekommen waren. Den meisten gelang es, nach 1948/49/50 wieder wichtige Posten einzunehmen, in der Politik und im Rahmen der Polizei, in der Justiz, der Verwaltung und innerhalb der Universitäten. Manchmal legten sie sich falsche Namen zu, speziell wenn sie wussten, dass ansonsten kein Hund mehr ein Stück trocken Brot von ihnen nehmen würde.

Einen besonders schlechten Namen machte sich das Bundeskriminalamt (BKA), in dem »mehr als zwei Drittel der leitenden Mitarbeiter [...] ehemalige Mitglieder der SS (waren)«[5] – obwohl doch die SS als »verbrecherische Organisation« eingestuft worden war. Aber auch im Bundesnachrichtendienst (BND) krochen die alten Nazis wieder unter sowie in der Justiz und in der Psychiatrie.

Verschiedene Unternehmen wechselten schnell den Firmennamen, weil sie ansonsten leicht mit den alten Nazis in Verbindung gebracht werden konnten. *I.G. Farben*, ein Unternehmen, das die Tötungsgase für die Konzentrationslager hergestellt und verkauft hatte, ja teilweise selbst Konzentrationslager errichtet und mengenweise Zwangsarbeiter beschäftigt hatte, taufte sich ebenso um wie viele andere Institutionen, um das schlechte Image der Vergangenheit loszuwerden. Die *Deutsche Bank* suchte durch ein paar gekaufte Griffel zu »beweisen«, wie rein ihre Weste war, wobei ihr jedoch die Enthüllungen des Schriftstellers Hans Magnus Enzensberger einen Strich durch die Rechnung machten.

Der Unternehmer Quandt taufte seine Rüstungswerke schnell in *Varta* um und ergatterte schon bald neue Großaufträge seitens der Sieger.

Viele Nazis in der sowjetischen Besatzungszone flohen in den Westen, denn speziell unter den Engländern und den Franzosen war weniger zu befürchten als in der späteren DDR, wo die Haftbedingungen teilweise unmenschlich waren. Alte Nazis kamen aber auch in der DDR wieder zu Ehren und ergatterten lukrative Jobs, denn der Kommunismus bot lediglich eine neue politische Unterdrückungsideologie. Einige NSDAP-Mitglieder wechselten das Braunhemd gegen ein rotes Mäntelchen ein und drehten sich nach dem Wind.

In allen vier Besatzungszonen stellten sich die Nazis wechselseitig »Persilscheine« aus, sprich, sie wuschen sich gegenseitig rein. Sie tätigten falsche

Aussagen, ließen Dokumente verschwinden und beugten das Recht. Nun galt es, sich eilends einen positiven Leumund zusammenzuschwindeln.

Etwa ab 1955 hörte man in Deutschland weitgehend auf, die alten Nazis zu jagen, denn der neue Konflikt zwischen der UdSSR und den USA ließ den Hass auf die Nazi-Banditen in den Hintergrund treten. Doch was geschah mit den Juristen?

Die Herren Juristen

Rund 90 Prozent der deutschen Rechtspfleger (einschließlich der Anwälte) waren Mitglieder im »NS-Rechtswahrerbund« gewesen und hatten sich also für das *Unrecht* stark gemacht.

90 Prozent! Die Verfechter des *Rechts!*

In den Reihen der Herren Juristen gab es nach 1945 ebenfalls eine plötzliche Kehrtwendung um hundertachtzig Grad. Die Eigenverantwortung wurde schnell weggeschoben. Man war ja nur Hitler und seinen Schergen aufgesessen. Biografien wurden gefälscht und Rechtfertigungen zuhauf aus dem Zylinder gezaubert. Jetzt galt es, sich rasch und eilends zu distanzieren. Nein, nein, mit der alten Nazi-Bande hatte man nichts zu tun! Man war nur verführt worden. »Schuld« waren Hitler, Goebbels, Göring, Himmler und wie sie alle hießen. Man hatte sich nur einseifen lassen. Aber im Herzen hatte man schon immer auf der anderen Seite gestanden, der richtigen Seite.

Ingo Müller verfasste hierüber einen Bestseller mit dem Titel *Furchtbare Juristen*[6], der die Übernahme der NS-Juristen in den Staatsdienst der BRD behandelt. Er beschrieb, wie ehemals völlig willkürlich neue Rechtsbegriffe eingeführt worden waren (»Völkische Ordnung«, »Rassenschande« etc.), die zu einer vollständigen Entrechtung und Diskriminierung der Juden geführt hatten, zu Sonder-, Stand- und Militärgerichten, zu Rechtsbeugung, Internierung und Tod.

Die Ausreden des Militärs

Das Militär wiederum machte darauf aufmerksam, dass man von den furchtbaren Morden der Hitlerschergen »nichts gewusst« habe (was zumindest teilweise nicht stimmig war). Und hatte nicht sogar ein Militär, Graf von Stauffenberg, ein Offizier der deutschen Wehrmacht, versucht, Hitler umzubringen? Man versuchte also, die »deutsche Soldatenehre« zu retten. Aber ach, der Ehrbegriff war spätestens seit dem Ersten Weltkrieg verlorengegangen. Kriege waren von diesem Zeitpunkt an nichts anderes als furchtbare Schlächtereien – von »Ehre« und »Menschlichkeit« keine Spur. Nahezu jeder Krieg ist heute ein denkbar ehrloses Geschäft.

Geheimnis enthüllt: die Vergehen der Psychiatrie

Am schlimmsten freilich trieben es die Psychiater.

In den Konzentrationslagern wurden wie gesagt rund sechs Millionen Juden auf barbarische Weise getötet; es handelte sich um den größten Völkermord der Geschichte. Aber wer, WER, war eigentlich dafür verantwortlich?

Zunächst arbeiteten die Henker mit Autoabgasen, später mit Zyklon B, einem Gas, das wie erwähnt die Firma I.G. Farben herstellte.

Aber WER lieferte die Opfer eigentlich ein?

Besonders furchtbar war das sogenannte »Euthanasie-Programm«. *Euthanasie* heißt wörtlich so viel wie *Sterbehilfe*, aber es war eine mit Absicht gewählte, irreführende Vokabel. Bei den »Euthanasie-Programmen« der Nazis handelte es sich um *Massentötungen*. Tarnorganisationen wie die »Reichsarbeitsgemeinschaft Heil- und Pflegeanstalten« suchten zunächst nach bestimmten »Krankheitsmerkmalen«.

WER erledigte den elenden Job?

Nun, Psychiater! *Psychiater* waren für die schmutzige Arbeit verantwortlich. Sie fahndeten auch nach der Arbeitsleistung und der Rasse. Wer durch das Raster fiel, war dran.

Andere Tarnorganisationen, wie die »Gemeinnützige Krankentransportgesellschaft GmbH« (kurz Gekrat genannt) schleusten die erfassten

»Kranken« oder »Minderwertigen« zu den Tötungsanstalten. Auf diese Weise entledigte man sich der Häftlinge, der Arbeitsunfähigen, der politisch und rassisch Missliebigen, der Landstreicher, der Tbc-Kranken, der körperlich oder geistig Geschädigten, der Homosexuellen und der »Zigeuner«, kurz allen »lebensunwerten Lebens«. Gerechtfertigt wurden diese teuflischen Aktionen mit dem Begriff »Rassenhygiene«, einem Wort, das niemand mehr ins Bewusstsein hob als Himmler.

Gern vergessen wird jedoch der Umstand, dass *Psychiater* der Bestie Himmler willig zur Hand gingen. Alfred Ploetz schuf gemeinsam mit dem Psychiater Gustav Aschaffenburg die Grundlage der verheerenden »deutschen Rassenhygiene«, die im Kern besagt, dass Arier alles sind und andere Völker nichts. Aschaffenburg trat speziell für die Ausmerzung der »Minderwertigen« ein, zu denen seiner Meinung nach unter anderem »Volksschädlinge«, »Unfertige«, Behinderte, Greise, Gammler und Alkoholiker gehörten. Der Psychiater Ernst Rüdin rechtfertigte »wissenschaftlich« die Zwangssterilisation. Der Psychiater Alfred Hoche forderte die Legalisierung der »Euthanasie«, der Morde also. Der Psychiater Werner Heyde war psychiatrischer Leiter aller KZs. Die Psychiater Max de Crinis, Carl Schneider, Hermann Paul Nitsche und Hermann Pfannmüller – alles hochrangige, führende Seelenklempner im Dritten Reich – waren in herausragender Position an den Morden in den Konzentrationslagern (KZs) beteiligt.[7]

Auch Psychiater sind also des Massenmordes anzuklagen, nicht nur die SS oder Himmler. Bis heute schaudert es den Leser, wenn er erfährt, dass in den KZs nicht nur mit Giften gearbeitet wurde, sondern auch mit Unterkühlung, Massenerschießungen und Aushungerungsmethoden. Das Problem, das es zu lösen galt: Wie tötet man effizient, billig und schnell möglichst viele Menschen?

Psychiater sind also in dreifacher Hinsicht schuldig: Zunächst inspirierten sie Hitler, denn sie waren die eifrigsten Verfechter des Rassenwahns und der »richtigen Gene«. Danach entschieden sie, wer in die KZs abgeschoben werden sollte. Und schließlich waren sie in den KZs selbst tätig. *Psychiater* arbeiteten Hand in Hand mit der SS.

Einige dieser Seelenklempner tauchten nach 1945 ebenfalls unter, gaben sich falsche Namen und gründeten später sogar neue Institutionen mit irreführenden, hochtrabenden Namen, Tarnorganisationen mit anderen Worten. Eilig änderten sie ihr Vokabular. Heute spricht man deshalb vornehm zum Beispiel von »Genetik«, wenn es um den alten Hut der »Rasse« geht. Wie viel wissenschaftlicher Unsinn und wie viele Morde sich hinter diesem Begriff verbergen, kann man nur erahnen. Psychiater ließen ein paar Jährchen ins Land gehen, nur um dann plötzlich wieder aufzutauchen, mit einem falschen Pass versehen. Sie mischten wieder mit als »Gerichtsgutachter«, Berater, Nervenärzte mit eigener Praxis und selbst als »Anthropologen« – oder unter welchen Berufsbezeichnungen auch immer.

Die Täuschung

Ein Krimi, der beschreibt, wie sich die Psychiater nach 1945 tarnten, steht noch aus. Nur wenige Täter wurden geschnappt, als Mörder verurteilt und hingerichtet – wie der Psychiater Paul Nitsche oder der Psychiater Carl Schneider – allesamt Seelenklempner, die an vorderster Front für die Massentötungen mitverantwortlich waren. Der Psychiater Max de Crinis verabreichte sich selbst Zyankali und entzog sich seinen irdischen Richtern. Aber die meisten Psychiater schummelten sich nach dem Krieg auf die eine oder andere Weise durch. Psychiater Dr. W. Heyde zum Beispiel, ein Euthanasie-Gutachter, Leiter der T4-Aktion, ursprünglich ordentlicher Professor in Würzburg, ein Massenmörder, gab sich nach dem Krieg einen falschen Namen – Dr. med. Sawade – und arbeitete danach wieder fröhlich als Psychiater, als wäre nichts geschehen. Er stellte psychiatrische Gerichtsgutachten aus.[8]

Untersuchen wir den Fall genauer.

Dr. Heyde und Dr. Sawade

Göring, der »Goldfasan«, ist nicht der einzige Nazi-Gangster, der nach 1945 gesucht wird, es ist nicht nur die politische Riege, die entnazifiziert werden soll.

Auch Ärzten und Psychiatern jagen die neuen Herren Deutschlands hinterher.

Dr. Werner Heyde weiß darum. Er ist ein Psychiatrie-Professor in Würzburg und SS-Mann in Personalunion, er befindet sich direkt im Zielvisier der Fahnder.

Nachdem der Krieg verloren ist, muss auch er sich absetzen, je schneller desto besser. Manchmal glaubt er schon zu hören, wie die Verfolger die Treppe zu seinem Haus heraufstürmen, um ihn dingfest zu machen. Oder täuscht er sich? Aller Wahrscheinlichkeit nach verfügt er kaum mehr über Zeit.

Panikgeschüttelt denkt er nach, der Schweiß fließt ihm in den weißen Kragen.

Heyde weiß, er hat Blut an seinen Händen kleben. Zu viel Blut. Der Krieg ist verloren. Die Amis, die Russen, die Engländer und die Franzosen besetzen Deutschland. Und sie jagen einflussreiche Nazis, so wie ihn. Was soll er unternehmen? Keiner wird ihm abkaufen, dass er bei den Braunen nicht mitgemischt hat. Er kann sich auch nicht herauswinden und tönen, dass ja Hitler an allem schuld sei, denn schließlich haben er und seinesgleichen Hitler und seine Schergen beeinflusst und erst auf den Trichter gebracht. Er weiß, Psychiater haben die Nazis überhaupt dazu motiviert, ihre elende Ideologie zusammenzuzimmern. Er besitzt keinerlei Chance, sich herauszulügen. Zudem hat er Menschenleben vernichtet und getötet, direkt und indirekt, zu Tausenden und Abertausenden. Das kann er nicht vom Tisch wischen.

Die Verfolger, die Verfolger! Sind sie ihm schon auf den Fersen? Er lauscht auf jedes verdächtige Geräusch. Manchmal zuckt er zusammen.

Die Gedanken jagen wie Hornissen in seinem Kopf herum. Voller Wut und Trauer zugleich denkt er an seine Traumkarriere: Studium der Medizin. Habilitation. Privatdozent für Psychiatrie und Neurologie an der Universität Würzburg. Seine Gedanken trudeln noch weiter in die Vergangenheit zurück: 1933 trat er in die NSDAP ein, natürlich um rasch aufzusteigen. Früh kürte man ihn zum Kreisamtsleiter des *Rassenpolitischen Amtes* Würzburg. Niemand anders als er befand in dieser Funktion über die »Erbgesundheit« zahlreicher Bürger. Innerhalb der SS fiel er ebenfalls die Erfolgsleiter hinauf. Er avancierte sogar zum Chef der psychiatrischen SS-Abteilung, die für die

Konzentrationslager zuständig war. Das muss auf jeden Fall totgeschwiegen werden. Zahlreiche Male empfahl er die Sterilisation und die Kastration. Aber war das nicht gerechtfertigt? Zeitweilig diente er sogar auch der Gestapo. Man ernannte ihn zudem zum außerordentlichen Professor der Universität Würzburg und zum Klinikdirektor – die Kanzlei des Führers setzte sich persönlich für ihn ein. Ein Prozess gegen ihn wegen Homosexualität wurde rasch unter den Teppich gekehrt, denn die Nazis brauchten ihn.

So war er 1939 an vorderster Front daran beteiligt, Geisteskranke und Behinderte aus dem Weg zu räumen. Aber das war doch notwendig, verdammt! Oder nicht? Jedenfalls entschied niemand anders als er über Leben und Tod. In gewissem Sinne war er eine Art Gott. An der Entscheidung, Menschen mit Kohlenmonoxid zu vergasen, wirkte er persönlich mit – aber das kann er vielleicht verheimlichen. Die SS feierte ihn, 1944 erhielt er gar *den SS-Totenkopfring*, eine besondere Auszeichnung Himmlers.

All diese Gedanken jagen in Blitzgeschwindigkeit durch seinen Kopf. Ärgerlich scheucht er sie weg. Sie helfen ihm jetzt nichts mehr. Den SS-Totenkopfring zieht er rasch vom Finger und wirft ihn in den Müll.

Hölle, wie kann er seine Haut retten? Noch ist Rom nicht verloren. Er überlegt angestrengt. Fest steht, er muss verschwinden. Überall tauchen bereits die Amis auf. Die Besatzungsmächte sind im Moment noch vollständig fixiert auf die *politischen* Großverbrecher. Das ist vielleicht seine Chance. Aber zunächst muss er untertauchen. Er rafft alles zusammen, was er in seine Tasche stopfen kann und was Wert besitzt. Was muss er noch tun? Unterlagen vernichten! Alle verräterischen Akten, die darauf hinweisen könnten, dass er Tausende in die Konzentrationslager abgeschoben hat, müssen dem Feuer übergeben werden. Augenblicke später verbrennt er alles, was ihn verraten könnte. Doch ist das genug?

Soll er sich das Haar färben? Keine Zeit. Zunächst muss er den Ort wechseln. Außerdem braucht er neue Ausweispapiere.

In diesem Moment wird die Tür zu seinem Arbeitszimmer aufgerissen.

Dr. Heyde fällt aus allen Wolken. Er wird verhaftet. *Er!*

Man interniert ihn. Die Zustände im Lager sind furchtbar, er ist Besseres gewohnt. Nach einem ersten oberflächlichen Verhör wird er sofort seines Amtes als Lehrstuhlinhaber in Würzburg enthoben.

1947 überstellt man ihn der Justiz. *Ihn,* der einst Gottvater war. Eine Unverschämtheit!

Einige Monate später soll er in einem Prozess als Zeuge dienen. Heyde gerät völlig aus dem Häuschen. Seine Vergangenheit wird durchwühlt. Als er von einem Ort zum anderen transportiert wird, springt er von dem fahrenden Militärlastwagen. Und dann gelingt es ihm endlich, unterzutauchen.

Zwölf Jahre lang versteckt er sich, zwölf lange Jahre. Er verdingt sich als einfacher Gärtner und als Landarbeiter. Er beißt die Zähne zusammen: Die Zeit arbeitet für ihn.

Langsam beruhigt sich die Lage. Niemand kommt ihm auf die Schliche. Was für ein dummes Pack, die neuen Herren. Die Gestapo unter Hitler hätte ihn längst aufgespürt. Er denkt nach. Da er mit einigen Juristen und Nazi-Größen gut vernetzt war, kann er sich vielleicht neue Ausweispapiere besorgen, denn nicht alle hat man aufgespürt und abgeschossen. Vorsichtig knüpft er Kontakte zur Unterwelt, in der das Fälschen von Papieren an der Tagesordnung ist. Es gelingt ihm, die entsprechenden Verbindungen herzustellen. Der Spaß klappt. Heyde ist vor Begeisterung ganz aus dem Häuschen.

Erleichtert legt er sich einen neuen Namen zu. Er besorgt sich Entlassungspapiere, die »beweisen«, dass er nichts als ein einfacher Kriegsheimkehrer ist. Sein neuer Name lautet jetzt Fritz Sawade, den Doktortitel behält er bei. Sein Ausweis gibt einen falschen Geburtsort an. Er muss sich erst an diesen Dr. Fritz Sawade gewöhnen; Dr. Werner Heyde ist Vergangenheit. Das ist ein früheres Leben, mit dem er komplett abgeschlossen hat. Der Doktortitel und die Bezeichnung *Arzt* klingen nach wie vor gut.

Dr. Fritz Sawade, Dr. Sawade, murmelt er vor sich hin.

Überleben, er muss nur überleben. Wenn er Glück hat, kann er jetzt ein neues Leben anfangen. Er spinnt sich eine ganze Legende zusammen. Immer wieder sagt er sie leise vor sich hin, wenn er allein ist. Den falschen Geburtsort. Den falschen Namen. Die falschen Eltern. Soll er zusätzlich eine Geschichte erfinden, die zu Tränen rührt? Mitleid, das ist der Leim, auf den alle kriechen. Er muss richtig auf die Tränendrüsen drücken. Er verwirft die Idee. Jedenfalls muss er listig sein wie eine Schlange.

Behutsam knüpft er weitere Kontakte. Zu seinem Erstaunen stellt er fest, dass er nicht allein ist. Unter den Juristen wimmelt es von alten Nazis, aber auch genügend alte Nazi-Psychiater stecken inzwischen den Kopf wieder aus dem Sand.

Unter seinem Falschnamen Dr. Fritz Sawade erhält er 1949 eine Anstellung als Sportarzt im hohen Norden der Bundesrepublik. Na also, es geht doch! Er muss nur weit, weit weg von Würzburg operieren. Langsam kommt er wieder auf die Beine, auch finanziell. Nach kurzer Zeit kann er sich sogar ein Reihenhäuschen leisten. Er wird frecher und frecher. Er knüpft neue Verbindungen. Es gelingt ihm schließlich sogar, nervenärztliche Gutachten auszustellen. Hölle, das wird gut bezahlt! Bis 1959 erstellt er verschiedene Expertisen für zahlreiche Behörden und Institutionen, rund 7000 an der Zahl. Er, Dr. Fritz Sawade, verdient sich eine goldene Nase. Das ärztlich-psychiatrische Kauderwelsch, dessen Trick darin besteht, mit einem breiten Fachvokabular und möglichst vielen Fremdwörtern um sich zu werfen, die niemand versteht, beherrscht er aus dem Effeff. Zusammen mit der Methode, die unantastbare Autorität zu spielen, legt er alle aufs Kreuz.

Behutsam lässt er einige weitere Jahre ins Land gehen. Die Lage in Deutschland normalisiert sich schneller als gedacht. Der Wind dreht sich erneut auf dem politischen Parkett. Die Amis beginnen die Russen zu hassen. Gut so! Eine neue Zeit dämmert herauf.

Überleben, überleben, nur das ist wichtig. Er darf jetzt die armen Teufel, die vor Gericht stehen, beurteilen, ob sie geistig gesund sind oder nicht. Dabei verfügt er selbst über das kränkste Gehirn, das vorstellbar ist – sagen jedenfalls die neuen Herren, die jetzt am Ruder sind und ungestraft gegen die Nazis schimpfen dürfen. Unter Hitler hätte man das Pack vergast. Aber er ist ihnen überlegen, denn niemand kommt ihm auf die Schliche. Er ist der Größte, ihm kann niemand das Wasser reichen.

Dr. Sawade erkennt, dass sich innerhalb der Psychiatrie wenig oder nichts geändert hat. Er steigt höher und höher auf. Geschickt ergattert er einen lukrativen Auftrag nach dem andern. Hinter den Kulissen funktionieren die alten Nazi-Verbindungen noch immer.

Doch da passiert es. Er tritt einem anderen Medizinfritzen auf die Zehen, der über seine Vergangenheit Bescheid weiß. Eigentlich handelt es sich um eine Lappalie, aber das Schwein lässt ihn auffliegen. Sofort ergreift er die Flucht. Beim Satan, was für ein elender Verräter! Die Fahndung wird ausgeschrieben. Man jagt ihn wie ein Kaninchen. Heyde versteckt sich. Aber eines Tages geht ihm die Puste aus.

Zu sehr hat er sich an sein zweites Wohlleben gewöhnt. Schließlich gibt er entnervt auf. 1959 stellt er sich den Behörden.

Untersuchungen werden angestellt, während er im Knast sitzt – im Zuchthaus Butzbach, das in Hessen im Regierungsbezirk Darmstadt liegt. Jeder Stein wird umgedreht. Alles, alles kommt ans Tageslicht. Es stellt sich heraus, dass er rund 100 000 Menschen auf dem Gewissen hat.[9] Heyde sieht seine Felle davonschwimmen. Er kann auf keine Begnadigung hoffen.

100 000? Er kann sich daran nicht erinnern. Leidet er an Gedächtnisschwund? Er hat doch nur versucht, armen Teufeln zu helfen, als er sie dem Tod überantwortete. Es war nichts als ein Akt der Menschlichkeit!

1964 nimmt er sich das Leben. Dr. Werner Heyde ist tot. Dr. Fritz Sawade ebenfalls.

Noch einmal: die Herren Psychiater

Im Gegensatz zu Dr. Heyde kamen zahlreiche Psychiater davon und wurden nie entdeckt.

Selbst Patienten, man muss es sich vorstellen, die unter Nazi-Psychiatern wie Hunde gelitten hatten, fanden sich manchmal in den Händen der gleichen Psychiater wieder, die sie ehemals »behandelt« und im Prinzip »verurteilt« hatten. Der *Spiegel* schrieb: »Die meisten Mörder hat nur der Ablauf von Zeit, ihr eigenes Alter, besiegt. Nach Gründung der Bundesrepublik brachten sie es wieder zu Chefarzt-, Amtsarzt- und Professorenstellen, geachtet als Akademiker und Hochschullehrer, tadellos vernetzt mit Justiz, Bürokratie und Archiven, beschützt durch alte Kameraden …«[10]

Der wirkliche Skandal bestand darin, dass sie auch ihre Ideologie in die neue Zeit retteten sowie ihre inhumanen, grausamen Praktiken. Sie verbreiteten weiter ihre Irrlehren, aber veränderten vorsorglich das Vokabular und nutzten neue Tarnnamen für ihre Institutionen.

Die *Deutsche Gesellschaft für Psychiatrie, Psychotherapie und Nervenheilkunde* (DGPPN) hieß 1955 auf einmal *Gesellschaft Deutscher*

Neurologen und Psychiater. Eine Doktorarbeit fehlt, die diesen Trick genauer untersucht.

Plötzlich sprach man von »Psychohygiene« (anstatt von »Rassenhygiene«), man kaute das Wort »Gen« im Mund herum oder sprach vornehm von »Humangenetik«. Auch das Wort »Molekularbiologie« wurde nun genutzt oder »Soziobiologie«. Selbst die (eigentlich ehrenwerte) »Anthropologie« wurde missbraucht, um ein Deckmäntelchen zur Verfügung zu stellen.

Psychiater änderten also

- ihre eigenen Namen,
- die Namen ihrer Institutionen und
- teilweise das Fachvokabular.

Und so geschah dies: Der Nazi-Psychiater Prof. Dr. med. Ernst Kretschmer verschwieg nach 1946 die Anstaltsmorde und die Verbrechen im Namen der »Erbbiologie« und wurde von 1948 bis 1951 Präsident der »Gesellschaft deutscher Neurologen und Psychiater«. Er veränderte nicht einmal seinen eigenen Namen. 1958 boxte er sogar durch, dass er mit dem Großen Bundesverdienstkreuz ausgezeichnet wurde.[11]

Nazi-Psychiater Prof. Dr. Werner Villinger, im Dritten Reich Militärpsychiater und Verfechter der Zwangssterilisation, entwickelte sich nach 1945 zu einem vehementen Verfechter der »Psychohygiene« und wurde ebenfalls Präsident der *Gesellschaft Deutscher Neurologen und Psychiater,* weiter zum Präsidenten der *Deutschen Vereinigung für Jugendpsychiatrie.* Auch er, der alte Massenmörder, erhielt das Große Bundesverdienstkreuz.

Nazi-Psychiater Prof. Hans Bürger-Prinz, im Dritten Reich von Anfang an in alle Tötungsaktionen eingeweiht, kürte man später, nach 1945, ebenfalls zum Präsidenten der neuen *Deutschen Gesellschaft für Psychiatrie und Nervenheilkunde* (DGPN); er machte weiter, als wäre nichts geschehen.[12]

Nazi-Psychiater Professor Friedrich Panse, der bei der Euthanasie kräftig mitgemischt hatte, schaffte es nach 1947 bis zum Dozenten an den Universitäten Bonn und Düsseldorf, ja 1955 bis zum Direktor der psychiatrischen Klinik Düsseldorf, wo er nach wie vor für die »Erbgesundheit« stritt.[13]

Nazi-Psychiater und Rassenhygieniker oder Psychohygieniker machten also weiter wie zuvor. Sie befürworteten erneut »eugenische« Aktionen, traten für die Sterilisation ein und befürworteten radikale, brutale, inhumane Therapien, wie den furchtbaren Elektroschock, der noch nie jemanden heilte und Menschen zu Zombies degradieren kann; oder die Psychochirurgie, in der Nerven im Gehirn einfach zerschnitten werden, woraufhin irreparable Schäden entstehen.

20 Prozent der Bevölkerung, tönten die alten Nazi-Psychiater, hätten genetische Defekte – und sie dürften sich nicht fortpflanzen! Einen unvorstellbaren »Boom« für ihre Berufsgruppe leiteten die Psychiater ein, als sie zahlreiche neue Krankheitsbilder einfach erfanden und Psychopharmaka dagegen verschrieben, die süchtig machen, schwere und schwerste Nebenwirkungen zeitigen können und eine Situation zusätzlich verschlimmern.

Also auch die vorgeblichen »Therapien« wurden nahtlos nach 1945 fortgesetzt – von den zahlreichen Psychopharmaka abgesehen, die Schäden ganz eigener Art nach sich zogen.[14]

Und so erkennen wir mit Entsetzen, dass sich nicht nur viele alte Nazis in die neue Zeit hinüberretteten, sondern dass sie auch ihre verbrecherischen Nazi-Ideen und Nazi-Therapien im Gepäck mitnahmen.

Bis heute wurde dieser Skandal nie zur Gänze aufgearbeitet, nur ein paar mutige Autoren wie Klee oder Röder machten darauf aufmerksam.

Indirekt wurde damit auch ein Teil der alten Nazi-Ideologie in die neue Zeit nach 1945 hineingetragen, obwohl diese verwerfliche Weltanschauung innerhalb des Zweiten Weltkrieges 60 Millionen Tote gefordert hatte und 6 Millionen Tote in den Konzentrationslagern.

Die Herrschaft der Nazis war offiziell vorbei. Und dennoch saßen ihre Gedanken noch immer wie Spinnweben in den Gehirnen vieler Menschen.

Aber vergessen wir auch nicht die positive Seite der Medaille.

3. Kleines Zwischenfazit

Es ist immer leicht, mit dem Finger auf andere zu zeigen und auf die Fehler unserer Väter, Großväter und Vorväter aufmerksam zu machen. Wären wir selbst mutiger und konsequenter gewesen? In der gleichen Situation? Und dennoch sind eine Auswertung und eine Analyse notwendig, denn nur auf diese Weise entsteht ein Lernprozess, sodass man es vielleicht in Zukunft »besser machen« und Fehler vermeiden kann.

Zahlreiche Schriftsteller und Journalisten, ehrenwerte Griffel ausnahmslos, bemühten sich, gegen die Nazi-Ideologie anzuschreiben.

Als die Nazis ans Ruder kamen, hatten 1500 Exilautoren wie Thomas Mann oder Carl Zuckmayer Deutschland verlassen. Jetzt kehrten viele von ihnen zurück und schrieben sich die Finger wund.

Sie fragten sich: Wie kann man vermeiden, dass je wieder eine solche Bande die Zügel in Deutschland in die Hand nehmen würde? Was war schiefgelaufen? Wie konnte man die nächste Generation entsprechend belehren, dass sich solch eine Katastrophe nicht wieder ereignet?

Zusätzlich wurden beharrlich alte Nazis demaskiert, von Schriftstellern wie beispielsweise Hans Magnus Enzensberger.

Glanz und Elend der Schriftstellerzunft

Grundsätzlich muss man allen Schriftstellern, die Widerstand geleistet hatten, applaudieren. Vor der Nazi-Schreckensherrschaft hatten sie das Volk mit neuen, umwälzenden, begeisternden Ideen befruchtetet. Sie hatten hundert Ästhetiken erfunden und den Glauben an das Gute im Menschen wachgehalten. Schriftsteller hatten immer wieder gegen Ungerechtigkeit, Inhumanität, Spießertum, Ideologien, Lügen und Kleinmut angeschrieben. Wohl wissend, dass die Feder mächtiger ist als das Zepter, hatten sie gegen destruktive Politiker ihre Griffel wie Lanzen erhoben. Sie waren gegen Präsidenten zu Felde gezogen, wenn es notwendig war, denn das Wort war schon immer stärker als das Gewehr.

Und so viel ist wahr: Schriftsteller gaben Menschen Gründe zum Leben und zum Sterben, sie trieben die Entwicklung der Menschheit voran in der Moral, in der Ethik, in den Humanwissenschaften, auf dem Felde der Politik, der Historie und in hundert anderen Gebieten mehr, die vorher Neuland waren, Terra incognita, weiße Flecken auf der Landkarte des Geistes.

Der Fortschritt der Menschheit wurde in nicht geringem Grad von eben den Herren Schriftstellern eingeläutet – von den besten dieser Zunft, muss man einschränkend sagen. Sie waren Friedenstifter, Diplomaten, Staatsmänner, Poeten, Philosophen, ja selbst die Erfinder von Götterwelten.

Jedoch auch in ihren Reihen machte sich nach der Nazi-Katastrophe teilweise Verzweiflung breit, ja schon vorher, nach dem Ersten Weltkrieg – in allen Nationen.

Einige versuchten sogar der Anarchie das Wort zu reden oder einem schrägen christlichen Sozialismus. Oder aber sie beteten das Absurde an, den Untergang, den Wahnsinn, den Pessimismus oder den Tod.

Was ihr persönliches Leben anging, die eigene Biografie, so scheiterte jedoch Jean Anouilh, der französische Dramatiker, genauso wie Guillaume Apollinaire, Ingeborg Bachmann, Samuel Beckett, Gottfried Benn, Thomas Bernhard, Harold Brodkey, Paul Celan, Joseph Conrad, Jean Genet, André Gide, Maxim Gorki, Eugène Ionesco, James Joyce, Franz Kafka, Jack Kerouac, Wladimir Majakowski, Heinrich Mann, Eugene O'Neill, Luigi Pirandello, Ezra Pound, Marcel Proust, Rainer Maria Rilke, Eugen Roth, August Strindberg, Georg Trakl, Kurt Tucholsky, Robert Walser, Peter Weiss, Tennessee Williams, Virginia Wolf oder Stefan Zweig – alles große, große Namen, bedeutende Namen, unvergessliche Namen!

Und so endete das Leben vieler von ihnen in der Katastrophe. Anouilh endete im Pessimismus, Bachmann in der Vereinsamung, Beckett hatte mit psychischen Problemen zu kämpfen, Benn resignierte, Bernhard pries die Sinnlosigkeit des Seins, Brodkey wurde von Traumata geplagt, Celan beging Selbstmord, Chandler versank im Alkohol, Conrad in der Verzweiflung, Eliot in der Orientierungslosigkeit und Gide litt unter Krankheit und Psychose. Viele unternahmen Selbstmordversuche (wie Gorki), nicht wenige wählten den Freitod (wie Stefan Zweig).

Ionesco flüchtete sich ins absurde Theater, Joyce in die Rolle des unverstandenen, nicht verstehbaren Schriftstellers, Kafka fühlte sich dunklen Mächten ausgeliefert und so weiter.

Viele Schriftsteller introvertierten und introspektierten. Dann erfanden sie aus Verzweiflung eine neue, kaputte Ästhetik, die nur ihren eigenen Geisteszustand widerspiegelte. Wahnsinnig zu werden wurde zeitweise geradezu schick.

Viele Schriftsteller suchten händeringend nach einer neuen humanen Politphilosophie. Aber ach, der Faschismus hatte viele der besten von ihnen zerstört und die Gräueltaten des Kommunismus (rund 100 Millionen Tote, wahrscheinlich weit mehr) wurden erst später publik, nachdem viele der ausgezeichnetsten Griffel ihm ihre Feder geborgt hatten, wie Bertold Brecht, Christa Wolf, Peter Weiss, Jean-Paul Sartre, Joseph Roth, Pablo Neruda, Alberto Moravia und viele andere.

Nur wenigen, zu wenigen, gelang es, sich über den Sumpf ihres Jahrhunderts zu erheben und die unsterblichen Werte weiter zu besingen: die Menschenrechte, Frieden, Freiheit und Gerechtigkeit.

Heinrich Böll, der späte Albert Camus, Elias Canetti, Karel Čapek, William Faulkner, Graham Greene, Hermann Hesse, Karl Kraus, Astrid Lindgren, Lu Xun, der späte Thomas Mann, George Orwell, George Bernard Shaw und Rabindranath Tagore waren die Ausnahme, nicht die Regel, was ein »gutes Leben« anging, und selbst sie litten zeitweise wie die Hunde.

Nicht einmal zehn Prozent der Größten der Großen in der Gilde der Schriftsteller gelang es, im 20. Jahrhundert ein einigermaßen menschenwürdiges Leben zu führen.

Der Grund liegt auf der Hand: Die Zeitläufe waren fürchterlich. Bestien wie Adolf Hitler und Josef Stalin hatte man zuvor nie gesehen, nicht in der gesamten Geschichte der Menschheit.

Dichter, Schriftsteller, Autoren und Poeten wurden im 20. Jahrhundert am laufenden Band gebrochen, zerknickt und geistig hingemordet. Deutschen Autoren im Exil gelang es selten, sich eine neue Existenz aufzubauen. Nur etwa zehn Prozent der Herren Schriftsteller glückte es, den Kopf wieder aus dem Sand strecken und ihren Lebensmut zu bewahren.

Soweit die schlechte Nachricht.

Doch wir kennen auch Beispiele, da Schriftsteller »trotz allem« den Kampf nicht aufgaben. Sie versuchten, eine neue und bessere Welt zu schaffen.

Nach 1945 entstanden zahlreiche unterschiedliche literarische Strömungen in Deutschland – konservative, liberale, anarchistische, kommunistische und sozialistische –, die mit allen möglichen Fachbezeichnungen von den Herren Germanisten belegt wurden. Neue »Helden« und Vorbilder innerhalb der Zunft der Schriftsteller wurden geboren. Schließlich existierten immer mehr Federfuchser und Künstler, die sich daranmachten, für den Optimismus eine Lanze zu brechen.

Aber was war mit den alten Nazis? Schlagen wir die wichtigsten Erkenntnisse noch einmal in Stein und Eisen.

1. **Nationalsozialistisches Gedankengut blühte weiter im Verborgenen, in der BRD und der DDR. Auch gab es immer noch genügend alte Nazis.**
2. Bis heute wird die Psychiatrie angeklagt, über keine echten Heilmethoden zu verfügen und nur eine Pseudowissenschaft zu sein.[15] Wir können keine Gründe anführen, dem zu widersprechen.
3. Deutschland wurde also nur zum Teil »entnazifiziert«.
4. Es gilt die alte, ewige Erkenntnis des Historikers: *Historia non facit saltus – Geschichte macht keinen Sprung.*
5. Noch heute leben wir in Deutschland – ungesehen, versteckt – mit der alten Nazi-Ideologie, deren Kennzeichen die vollständige Intoleranz ist – beispielweise gegenüber anderen Glaubensbekenntnissen, gegenüber Sekten, Religionen, anderen Rassen und Hautfarben. Auch dem Militarismus wurde keine vollständige Absage erteilt, wenn sich auch Deutschland nach 1945 keiner Angriffskriege mehr schuldig machte.
6. **Der böse Geist des Nationalsozialismus ist also immer noch nicht zur Gänze ausgerottet, wobei man nicht einmal auf die »Neo-Nazis« verweisen muss.**
7. Bei Licht betrachtet war es unmöglich, eine herrschende Ideologie, die zwölf Jahre lang oder länger in die Köpfe der Bevölkerung gehämmert worden war, innerhalb von ein paar Jahren auszuradieren.

8. **Es braucht zwei bis drei Generationen, um eine destruktive Politphilosophie zum Verschwinden zu bringen, bis sie sich »auswächst«.**
9. Von besonderer Bedeutung war es, dass erstmalig der »Militarismus« öffentlich geächtet und als »verbrecherisch« apostrophiert wurde. Nun stellten Vertreter des internationalen Rechts so rigoros wie nie zuvor den Frieden über den Krieg, die Humanität über die Unmenschlichkeit und die Freiheit über die Diktatur.
10. **Es war richtig und überlebensnotwendig, Großverbrecher, Kriegshetzer und Kriegstreiber zu demaskieren und aus dem Amt zu jagen.** Gleichzeitig muss man festhalten, dass sich auch große Teile des deutschen Volkes schuldig gemacht hatten. Die Anzahl der »Mitläufer« war erschreckend hoch. Die wenigsten hatten Widerstand geleistet. Die meisten Deutschen hatten sich weggeduckt, ihr persönliches »Überleben« über alles andere gestellt, ihr Mäntelchen nach dem Wind gehängt und Werte wie Integrität und Ethik beiseite gewischt.
11. Nicht einmal 0,01 Prozent der deutschen Bevölkerung war mutig genug gewesen, sich einem Unrechtsstaat entgegenzustemmen. Das »Ethikniveau« des deutschen Volkes war beschämend niedrig. Fast alle hatten nur versucht, die eigene Haut zu retten.
12. Betrachtet man andere Völker in der Geschichte in vergleichbaren Situationen (in der Sowjetunion, in Rumänien, im Irak und so fort), kommt man zu dem Schluss, dass es dort nicht besser aussah.
13. *Insgesamt gibt es erstaunlich wenige Menschen mit einem hohen Mut- und Integritätsniveau.*
14. Die Unterscheidung zwischen »gut« und böse«, über die interessanterweise einige Psychiater (!) bis heute hinwegreden, ist in Wahrheit von höchster Bedeutung. Es ist ein intellektuelles Verbrechen, nicht zwischen »gut« und »böse« zu unterscheiden, zwischen destruktiv und konstruktiv, zwischen sozial und antisozial.
15. Gibt es Charakteristiken, anhand derer man die »destruktive Persönlichkeit im politischen Raum« demaskieren kann? Einige Autoren nehmen das an.[16]

16. **Ein Grund für das Versagen der Deutschen lag in der enormen Macht der Propaganda, denn die Nazis hatten sich völlig neuer Methoden und Beeinflussungstechniken bedient.** Man denke nur an das Radio, den Film und das Fernsehen. Eine hochkultivierte Nation, die Deutschen, ein intelligentes, fortschrittliches und bewunderungswürdiges Volk, voller Elan, gesegnet mit Ingenieuren, Erfindern und Künstlern, hatte sich durch neue Manipulationsmethoden einwickeln, zu Großverbrechen hinreißen und an den Rand des Abgrunds führen lassen.
17. Die Nazi-Propaganda hatte hypnotisch gewirkt und in einer Massenpsychose resultiert.
18. **Was hätte man nach 1945 besser machen können?** Vielleicht wäre es intelligent gewesen, nach einiger Zeit eine offizielle *Amnestie* zu erlassen – von Massenmördern immer abgesehen. Parallel dazu hätte man es erlauben müssen, vergangenes Unrecht wiedergutzumachen.
19. *Was nach der Meinung einiger Experten fehlt, ist eine Humantechnologie, die es erlaubt, eigene Fehler ohne Angst einzugestehen und durch vornehme, gute Taten wieder auszubalancieren.*
20. Zu idealistisch? Nun, in einigen Gefängnissen in den USA werden genau diese Wiedereingliederungsmaßnahmen bereits mit höchstem Erfolg praktiziert.[17]
21. Ein entsprechend ausgefeiltes System fehlt jedoch bislang. Lediglich einige jüdische Opfer innerhalb der Konzentrationslager wurden später entsprechend entschädigt – aber vom Staat, nicht von einzelnen Individuen. Genau hier liegt der Fehler. Es ist nicht sehr intelligent, Generationen junger Menschen für die Missetaten ihrer Väter und Großväter büßen zu lassen.
22. **Weiter hätte man ab einem bestimmten Zeitpunkt, beispielsweise im Jahre 2000, möglicherweise einen rigorosen Schlussstrich ziehen und eine zweite endgültige Amnestie erlassen müssen, denn nichts ist so schädlich wie der zwanghafte, ständige Blick in das Gestern, in die Vergangenheit.**

Der Wahrheit halber muss man festhalten, dass die Entnazifizierungsmaßnahmen, die unternommen wurden, dennoch viele positive Ergebnisse zeitigten. Eine Weile konnte sich kein Nazi-Politgangster mehr ins Rampenlicht wagen.

Deutschland nahm einen sagenhaften Aufschwung, was erneut beweist, wie wichtig es ist, zwischen destruktiven und konstruktiven Persönlichkeiten im politischen Raum zu unterscheiden.

Der Nazi-Hydra wurde mehr als nur ein Kopf abgeschlagen. Zahlreiche Top-Nazis flohen über Rattenlinien, wurden aufgeknüpft oder verschimmelten im Gefängnis, wie wir bereits gehört haben. Sie wurden ihrer Posten enthoben und ihres Einflusses beraubt. Eine lange Zeit konnten sie es nicht wagen, den Mund noch einmal himmelweit aufzureißen. Das alles trug zu dem unglaublichen wirtschaftlichen Aufschwung bei, der in Deutschland nach dem Zweiten Weltkrieg eintrat, der Feinde wie Freunde gleichermaßen verblüffte.

IV. TABUTHEMA GELD UND POLITIK

1. Hinter der D-Mark oder: Die Währungsreform

Wir haben bereits in Erfahrung gebracht, dass *Geheimdienste* die Ereignisse in Deutschland nach 1945 zu einem weit größeren Ausmaß bestimmten, als das in den gängigen Geschichtsbüchern aufgearbeitet und zugestanden wird. Tatsächlich zog die CIA auch in Bezug auf das »große Geld« die Fäden hinter den Kulissen.

Da nur in der CIA Geld im Überfluss vorhanden war, konnte die Agency alles einkaufen, was Rang und Namen hatte, um heimlich in den drei westlichen Besatzungszonen (der späteren BRD) nach 1945 die Macht auszuüben. Journalisten und Medienfürsten standen auf ihrer Gehaltsliste ebenso wie Politiker und Top-Agenten; Reinhard Gehlen lässt noch einmal grüßen.

Zusätzlich war Geld, viel Geld, notwendig, um sich einerseits der Sowjets zu erwehren, die im Osten Deutschlands, der sowjetischen Besatzungszone (der späteren DDR), die Zügel in die Hand nahmen, und um andererseits die künftige BRD vollständig unter Kontrolle zu bringen. Eine wichtige Frage in diesem Zusammenhang lautet: Wie steckt man sich ein ganzes Land in die Tasche?

Die effektivste Methode besteht darin, die Kontrolle über seine Währung auszuüben. Einflussreicher als jeder Geldmagnat sind in jedem Land der Welt die Nationalbanken, auch Notenbanken oder Zentralbanken genannt, die Geld einfach drucken und danach frei darüber verfügen können. Die Nationalbanken wiederum werden am Gängelband der *FED* geführt, der **Fed**eral Reserve, der Nationalbank der USA, sprich der Notenbank der Vereinigten Staaten von Amerika.

Hier kann aus Nichts Etwas gemacht werden, aus billigem Papier können mit ein paar Druckerpressen Milliarden mit einem Fingerschnippen geschaffen werden.

Die Weltleitwährung ist bis heute nach wie vor der Dollar. Wer den Dollar kontrolliert, kontrolliert auch zahlreiche andere Währungen, indirekt zumindest.

Die Strategie der Amerikaner bestand also einfach darin, ein neues Geldsystem zu schaffen, das sich in Abhängigkeit von der USA und der FED befand, der eigenen National- oder Notenbank in Washington.

Weitgehend unbekannt ist die Tatsache, dass die FED ihrerseits wiederum von *privaten* Spitzenbankern geleitet wird und nur zu einem geringen Grad der staatlichen Kontrolle innerhalb der USA unterliegt. Kritiker wie der ehemalige US-Präsidentschaftskandidat Ron Paul behaupten sogar, dass die FED im Grunde genommen keinem parlamentarischen, das heißt demokratischen Überwachungsinstrument ausgesetzt ist und von den Top-Weltbankern nach Belieben manipuliert wird.[1]

Wie dem auch sei, die Philosophie der Amis war jedenfalls einfach: Wer das Geld innerhalb eines Landes kontrollierte, beherrschte damit auch alle wichtigen Vorgänge in eben diesem Land – und konnte in der Folge mehr oder weniger nach eigenem Ermessen schalten und walten.

Wieder ging es um Macht!

Hinter den Kulissen fanden damals in Deutschland jedenfalls hektisch einige hochgeheime Sitzungen statt, in denen über die künftige Währung in den westlichen Besatzungszonen, der künftigen BRD, entschieden wurde. Erzählen wir die Geschichte zweimal. Einmal, wie sie brav und artig in den normalen Geschichtsbüchern vorstellt wird, und zum zweiten Mal, was sich wirklich hinter den Kulissen abspielte.

Die Geburtsstunde der D-Mark oder: Version 1

Offiziell nahm sich die Währungsreform recht harmlos und unspektakulär aus, wenn auch die Bevölkerung von ihr vollständig überrascht wurde. Die deutsche Mark (auch die Schreibweise Deutsche Mark ist korrekt) als neues

Zahlungsmittel wurde am 20. Juni 1948 einfach eingeführt. Löhne, Renten und Mieten wurden in einem Verhältnis von 1:1 umgetauscht – was die vorherige Währung anging. Die vorherige Währung, die Reichsmark, hatte zweifellos versagt, sie hatte das Vertrauen der Bevölkerung eingebüßt. Die gewaltigen Kriegskosten, welche die Nazis während des Zweiten Weltkrieges aufgetürmt hatten, waren in eine Inflation gemündet. Zuletzt standen die Notenpressen in Nazi-Deutschland nicht mehr still. In der Folge war nach 1945 ein Schwarzmarkt entstanden sowie eine »Zigarettenwährung«, das heißt, Zigaretten wurden als Tauschprodukt für alle möglichen Waren benutzt.

Jedenfalls war das Vertrauen in die alte Währung nicht mehr gegeben.

Offiziell konnte man nach 1945 für 3,21 Reichsmark ein Kilogramm Butter kaufen, aber in Wahrheit zahlte man dafür auf dem Schwarzmarkt 200 bis 250 Reichsmark[2] oder den gleichen Wert in Zigaretten.

Die neue Währung, die neue deutsche Mark, würde diesem Übel abhelfen, hoffte man. Jeder Deutsche erhielt anfangs insgesamt 60 D-Mark der neuen Währung als Geschenk – das war der Startschuss.

Tatsächlich begann daraufhin die Wirtschaft in Deutschland wieder anzuziehen und später sogar zu boomen. Soweit die offizielle Geschichte.

Der Coup rund um die D-Mark oder: Version 2

In Wahrheit wurde unter strengster Geheimhaltung alles in kleinstem Kreis vorher ausbaldowert. Spitzenmilitärs, angeführt von den USA, trafen sich in einer sogenannten *Währungskonklave* mit deutschen Meinungsführern, ungesehen von der Bevölkerung.

Der Begriff *Konklave* bezeichnet eigentlich den »streng abgeschlossenen Versammlungsraum der Kardinäle«, wobei es stets um die (geheime) Papstwahl in Rom geht. Aber *Conclave* bedeutet im Lateinischen auch nur einfach »verschließbares Gemach«, der Begriff *clavis = Schlüssel*, steckt darin.

Jedenfalls handelte es sich bei der *Währungskonklave* um einen geheimen Versammlungsort, der in Hessen, in der Nähe der Stadt Kassel, gelegen war, in einer winzigen Gemeinde, wo sich normalerweise Fuchs und Hase gute

Nacht sagten. Das Gelände in der Umgebung beherrschten die Amis, hier befand sich einer ihrer Luftwaffenstützpunkte.

Elf deutsche Vertreter (Bankiers, Politiker und Wirtschaftsfachleute) heckten mit drei Vertretern der Militärregierungen aus, wie die neue Währung aus dem Boden gestampft werden sollte.[3] Hunderte Detailfragen mussten geklärt werden.

Kein Wort durfte dabei nach außen dringen. Die deutschen Vertreter waren praktisch interniert. Das Gebäude, in dem die Geheimgespräche stattfanden, war umzäunt, innerhalb der Umzäunung bewachte die amerikanische Militärpolizei die kleine Insider-Gruppe.

Die neue Währung wurde visioniert, das Geldumtausch-Verhältnis festgelegt und ein Gesetz vorformuliert (eigentlich vier Gesetze). Darüber hinaus klopfte man den Zeitplan fest. Nachdem alles besprochen war, war Handeln angesagt.

1947 wurden in einer weiteren hoch geheimen Aktion die neuen Banknoten, die D-Mark, hergestellt und gedruckt, konkret in New York und Washington. Das deutsche Geld erblickte also jenseits des Atlantiks das Licht der Welt. Verantwortlich waren die *American Bank Note Company* in New York City, im Verein mit dem *Bureau of Engraving and Printing* in Washington D. C.

Daraufhin arrangierte man den ebenfalls hoch geheimen Geldtransport mit dem Codenamen *Operation Bird Dog*. Es wurden 5,7 Milliarden D-Mark oder 500 Tonnen Papier in 23 000 Holzkisten verstaut und über den Atlantik geschippert.[4] Der Inhalt der Kisten wurde getarnt, dem Vernehmen nach befanden sich lediglich Türknäufe in den Behältern.

Die Kisten mit dem Geld erreichten zunächst Bremerhaven. Von Bremerhaven aus wurde das Geld schließlich in acht Sonderzügen nach Frankfurt gekarrt. Von dort schafften 800 Lastwagen das neue Geld zu dem ehemaligen Reichsbankgebäude in der Frankfurter Taunusanlage.

Von hier aus wurde das Geld weiterverteilt. All das geschah unter strengster Geheimhaltung, um Proteste zu vermeiden.

Ludwig Erhard, der spätere Bundeskanzler der BRD, war bei dem gesamten Streich mit von der Partie. Er verbürgte sich für den Erfolg der neuen Währung und sagte voraus, dass sie dem wirtschaftlichen Chaos ein Ende bereiten würde.

Die Bevölkerung wurde von der neuen Währung völlig überrascht. Drei Tage vor der Einführung informierte man die Deutschen lediglich durch eine Rundfunksendung, dass es eine neue Währung gebe und sie allein Geltung habe.

Und am 20. Juni 1948 erblickte tatsächlich die D-Mark das Licht der Welt. Der Streich war geglückt.

Die Folgen

Die Menschen in Deutschland erwachten aus einem bösen Traum. Mit einem Schlag füllten sich die Schaufenster der Läden wieder mit Warenangeboten. Der Hintergrund: Gleichzeitig mit der D-Mark wurde auch die Produktion vieler Waren angekurbelt.

Eine Vielfalt von Lebensmitteln wurde angeboten, wie im Märchen gab es plötzlich wieder Bier, Schnaps, Schokolade und Luxusgüter aller Art. Es handelte sich um eine Art Superüberraschung, wie bei einer Geburtstagsparty.

Zwar stiegen die Preise wenig später, aber sie hielten sich zunächst weitgehend in dem vorgegeben Rahmen. Da die Angebote, die Waren, ebenfalls zunahmen, konnte man die Geldmenge sogar vorsichtig weiter erhöhen. Die Bevölkerung in den drei westlichen Besatzungszonen nahm das neue Geld bereitwillig an. Produkte/Waren und die Geldmenge befanden sich einigermaßen im Gleichgewicht – die notwendige Voraussetzung für die Stabilität einer Währung.

In der künftigen BRD begann man zu strahlen. Die Amerikaner wurden als eine Art Weihnachtsmann angesehen. Mit neuem Mut machten sich die Deutschen an den Wiederaufbau.

In der künftigen DDR dagegen gab es nur lange Gesichter. Offenbar war man von den Amis übertölpelt worden. Die Kommunisten wussten sehr wohl – trotz oder wegen Karl Marx –, dass derjenige den Staat beherrscht, der über das Kapital verfügt und die Kralle auf dem Geld hat. Sie fühlten sich von dem Coup überrumpelt. Schnell führten sie in ihrer Zone ebenfalls eine Währungsreform durch.

Als die Amis rasch die D-Mark auch in Berlin etablieren wollten, wo alle vier Besatzungsmächte zugange waren, gab es dort auf einmal zwei verschiedene neue Währungen.

Die Sowjets schäumten. Sie antworteten mit einer Blockade auf den Land- und Wasserwegen, die nach Berlin führten. Das Ergebnis war, dass die drei westlichen Besatzungszonen und die östliche Besatzungszone immer weiter auseinanderdrifteten … in Richtung der späteren BRD und DDR.[5]

Der *Kalte Krieg* begann, so wie es Winston Churchill, der Premierminister Großbritanniens, vorausgesehen hatte.

Aber zunächst: Was geschah unmittelbar nach der Einführung der Währung?

2. Gegensätze oder: Die hohe Politik

Es ist immer erfreulich, die Gründe für einen Aufschwung genau zu analysieren, denn dadurch wird die Aufmerksamkeit auf das Positive gelegt. Auf diese Weise fühlt man sich animiert, Konstruktives nachzuahmen.

Deutschland nahm wie gesagt einen geradezu sagenhaften Aufschwung nach der Währungsreform. Aber wie sah der gesetzlich-politische Rahmen aus?

Der Neuanfang

Offiziell gegründet wurde die *Bundesrepublik Deutschland* (BRD) 1949. Hand in Hand ging damit das Grundgesetz einher, das wichtige freiheitliche Rechte festschrieb. Die Wahl des Deutschen Bundestages und des Bundeskanzlers Konrad Adenauer folgten auf dem Fuß; Adenauer bildete die erste Bundesregierung. Die BRD bekannte sich zu einer freiheitlich-demokratischen Grundordnung, in der auch die einzelnen Länder Gewicht besaßen, wie Bayern, Hessen, Nordrhein-Westfalen und so fort. Sie konnten im Bundesrat ihre Stimme erheben.

Die Regierungen Frankreichs, Großbritanniens und der Vereinigten Staaten von Amerika beschlossen, ihre politische Gewalt über die BRD teilweise aufzugeben, die BRD gewann eine beschränkte Handlungsfähigkeit zurück. Die Westmächte behielten sich jedoch wichtige Befugnisse und Rechte vor. Trotz aller heimlichen und offenen Einflussnahmen: Immerhin gab es jetzt eine freiheitliche Grundordnung auf deutschem Boden und die Demokratie hielt Einzug.

Die offizielle Gründung der *Deutschen Demokratischen Republik* (DDR) fand ebenfalls 1949 statt, nur wenig später, als Reaktion auf die Gründung der BRD. Die Teilung Deutschlands war damit endgültig besiegelt.

Die DDR war jedoch trotz ihres Namens weder *demokratisch* noch eine *Republik* und auch die Wahlen der DDR-Politiker waren weder frei noch geheim, wenn das auch lauthals verkündet würde.

In der DDR wurde die *Kommunistische Partei Deutschlands* (KPD) mit der *Sozialdemokratischen Partei Deutschlands* (SPD) zwangsvereinigt und zwar zur *Sozialistischen Einheitspartei Deutschlands* (SED). Ein kommunistisch-marxistisches politisches Programm war damit vorgegeben. Diktiert wurde es zu hundert Prozent von Moskau. Die Menschen in der DDR gerieten mithin von einer Diktatur in die nächste, sie kamen vom Regen in die Traufe. Die BRD-Bürger dagegen genossen erstmalig seit langer Zeit eine echte Demokratie, die durch eine fortschrittliche Verfassung abgestützt war. Menschenrechte konnten eingeklagt werden und eine freie Marktwirtschaft fasste Fuß.

Im Verhältnis zu der früheren Nazi-Herrschaft handelte es sich um ein politisches Schlaraffenland.

Ein interessantes politisches Experiment fand statt, der Wettkampf zwischen zwei völlig unterschiedlichen, gegensätzlichen politischen Glaubensbekenntnissen. Auf der einen Seite stand die Demokratie nach dem Muster Frankreichs, Englands und US-Amerikas und auf der anderen Seite befand sich eine Diktatur nach dem Muster der Sowjetunion.

Die Frage lautete: Wer würde das Rennen gewinnen?

Das Wirtschaftswunder

Die Bundesrepublik Deutschland nahm nach dem Zweiten Weltkrieg einen unglaublichen wirtschaftlichen Aufschwung. Unternehmer, Ingenieure und Wissenschaftler legten sich ins Zeug, dass es nur so rauchte. In kürzester Zeit verfügte die BRD schon wieder über eine der besten Infrastrukturen Europas.

Nahezu in jedem Fachgebiet gab es Höchstleistungen. Die Industrie zog an und erlangte binnen ein paar Jahrzehnten wieder Weltbedeutung, etwa in der elektronischen Industrie, im Maschinenbau oder in der Automobilindustrie.

Der Export begann zu boomen. Die Statistiken schrieben eine fast ungebrochene Erfolgsgeschichte. »Schon zwischen 1948 und 1952 stieg die deutsche Industrieproduktion um 110 Prozente und das reale Bruttoinlandsprodukt um 67 Prozent.«[6] Die Stahlproduktion, 1946 praktisch nicht existent, entwickelte sich zur größten in Europa mit über 34 Millionen Tonnen im Jahre 1960. Ähnlich märchenhafte Traumraten hinsichtlich der Expansion trafen auf andere wichtige Industriezweige zu. Das Bruttosozialprodukt liest sich in dürren Zahlen wie folgt:

1952 – 32 Milliarden Dollar,
1962 – 89 Milliarden Dollar,
1979 – 600 Milliarden Dollar und
2000 – über 1000 Milliarden Dollar.

Im Jahre 1960 betrug das verfügbare Pro-Kopf-Einkommen in der BRD 1 186 Dollar – in den Vereinigten Staaten zu diesem Zeitpunkt 2 491 Dollar. Doch 1970 sah es bereits wie folgt aus: In der Bundesrepublik Deutschland verdiente man im Durchschnitt 10 837 Dollar, in US-Amerika aber nur 9 595 Dollar.[7] Die Westdeutschen überflügelten also selbst die »erfolgreichste Nation der Welt«. Nach kürzester Zeit nahm die BRD in wirtschaftlicher Hinsicht erneut eine der führenden Positionen auf dem Globus ein. »MADE IN GERMANY« wurde ein Begriff für Präzision und Langlebigkeit – ein Prädikat, mit dem allenfalls die Schweizer Uhren mithalten konnten.

Aber was waren die genauen Gründe?

Die Stunde Null

Blenden wir noch einmal zurück, um den sagenhaften Aufschwung der BRD wirklich in allen Einzelheiten verstehen zu können.

Zunächst ein paar Fakten: Im Jahr 1946 lebten in den von Engländern, Amerikanern und Franzosen besetzten Gebieten 43,7 Millionen Menschen; bedingt durch die Flüchtlinge waren es drei Jahre später bereits 46,8 Millionen. Die ausgelaugten Böden gaben kaum was her.

Düngemittel existierten praktisch nicht und Arbeitsgeräte waren kaum vorhanden und konnten mangels Ersatzteile nicht repariert werden. Katastrophal war weiterhin der Mangel an allen Gütern des täglichen Bedarfs, angefangen von der Kleidung und dem Hausrat bis hin zu Transportmitteln.

»Fahrgemeinschaften« waren damals keine umweltpolitische Notlösung, sondern sie waren im Kampf ums nackte Überleben notwendig. Kurios mutet heute ein mit Holzfeuerung betriebenes Auto an (es gab kein Benzin!), dessen »Motor« in Form eines großen Kessels außen an der Seite befestigt war. Während der Fahrt musste ständig nachgeheizt werden. Die Ladekapazität dieser Fahrzeuge war wegen des schweren Heizkessels begrenzt, aber das Ganze funktionierte.

Die vier wichtigsten Gründe für das »Wunder«

Auf der einen Seite lag das Land vollständig am Boden – auf der anderen Seite schrieb es die faszinierendste Erfolgsgeschichte. Fragen wir uns noch einmal: Was waren die Gründe für den phänomenalen Aufstieg, in der Reihenfolge der Bedeutung?

- An erster Stelle muss man erneut darauf verweisen, dass eine Unzahl destruktiver Persönlichkeiten ihrer Macht beraubt worden war. Sprich, viele alte Nazis waren aller einflussreicher Posten enthoben worden. Der laute, großkotzige, brüllende Deutsche, der martialische, mörderische, gewissenlose Nazi verschwand von der Bildfläche. Übrig blieben die konstruktiven Persönlichkeiten, die jetzt nicht mehr von der verbrecherischen Weltanschauung des Nationalsozialismus verblendet wurden.

- An zweiter Stelle ist die Wende in der Weltpolitik zu nennen, über die wir bereits berichtet haben. Die USA brauchten erstens Absatzmärkte und zweitens zuverlässige Bündnispartner im Kampf gegen den sowjetischen Einfluss in Europa. Da die Amerikaner weitaus mehr produzierten, als sie im eigenen Land verbrauchen konnten, mussten neue Märkte erschlossen werden. Besonders dankbar waren die Westdeutschen für Rohstoff- und Nahrungsmittellieferungen in Höhe von 1,8 Milliarden Dollar zur Linderung der unmittelbaren Not.

Die Bundesrepublik Deutschland entschloss sich damals, eine der freiheitlichsten Verfassungen der ganzen Welt ins Leben zu rufen, natürlich mit Rückenwind seitens der USA, Englands und Frankreichs. Ein neues Grundgesetz wurde konzipiert. Die Väter dieser Schöpfung hatten aus den Fehlern der Weimarer Republik gelernt. Sie hatten weiter in den USA, England und Frankreich intellektuelle Anleihen gemacht und waren ernstlich bemüht, einen vorbildlichen Rechtsstaat zu schaffen.

- Innenpolitisch standen sich die CDU (Christliche Demokratische Union) und die SPD nicht eben freundlich gegenüber, von der CSU (Christlich Soziale Union) in Bayern und der FDP (Freien Demokratische Partei) abgesehen. Die SPD erstrebte einen DDR-ähnlichen Sozialismus mit Planwirtschaft und staatlicher Steuerung, inklusive der Schlüsselindustrien. Die CDU sah dagegen in der *Marktwirtschaft* bessere Chancen. Die CDU setzte sich schließlich durch. Verantwortlich für den phänomenalen Aufschwung war der Mann mit der Zigarre.

Ludwig Erhard

Der eigentliche Beginn des bundesdeutschen Aufschwungs datiert sich auf Ende 1947/Anfang 1948. Der Marshallplan begann zu greifen, die langfristigen Kredite halfen der maroden Wirtschaft wieder auf die Beine. Zur gleichen Zeit wurde der *Wirtschaftsverwaltungsrat* gegründet. Am 2. März 1948 übernahm Ludwig Erhard (1897–1977) den Vorsitz über dieses Gremium. Dieser Tag kann als Beginn des deutschen Wirtschaftswunders bezeichnet werden. Er ist untrennbar mit der Person Erhards verbunden.

Es lohnt sich also, einen genaueren Blick auf die konkreten Aktionen des »Vaters des Wirtschaftswunders« zu werfen. Ludwig Erhard war ein kühler Rechner und ein Pragmatiker zugleich, mit Weitblick für wirtschaftliche Belange. Sein Kurs hieß »Soziale Marktwirtschaft«. Damit wurde eine fundamentale Entscheidung für die zukünftige Entwicklung Deutschlands getroffen.

Was verbarg sich hinter diesem Konzept?

Erhard war sich darüber im Klaren, dass als Erstes eine Entscheidung über die *Wirtschaft* gefällt werden musste. Kommunistische Planwirtschaft oder freie Marktwirtschaft? Das war die Frage. Erhard setzte sich gegen alle Widerstände durch, zum Teil sogar gegen kommunistisches Gedankengut aus der SPD. Festgehalten werden muss jedoch der Fairness halber, dass die SPD etwa zehn Jahre später, 1959, dem Kommunismus endgültig abschwor und sich ebenfalls zur Marktwirtschaft bekannte.

Erhard vertrat die Ansicht, dass es sich für den Unternehmer lohnen müsse, zu produzieren und gute Gewinne zu erwirtschaften, sodass er in der Folge noch mehr Mitarbeiter einstellen konnte. Jeder Arbeitnehmer, so seine weitere Überlegung, würde außerdem sein verdientes Geld wieder in den Wirtschaftskreislauf zurückfließen lassen.

Und weiter: Um dem Unternehmer einen Anreiz zu bieten, später wieder in den eigenen Betrieb zu investieren, müsse man ihm erlauben, die hohen Steuern um die Hälfte zu vermindern, sofern er das verdiente Geld in sein eigenes Unternehmen stecken würde. Das Ergebnis, so die Kalkulation Erhards, würde eine sich ständig nach oben fortschreitende Spirale sein.

Erhard war sich darüber völlig im Klaren, dass der Aufschwung schnell vonstattengehen müsste, wenn die Soziale Marktwirtschaft in der Bundesrepublik Deutschland beißen sollte. Was also war das Ergebnis dieser neuen politischen Wirtschaftsphilosophie? Nun, die Statistiken sprachen eine unmissverständliche Sprache. Von Frühjahr bis zum Herbst 1948 wurde die Produktion in Deutschland um 50 Prozent gesteigert. Erhard hatte gewonnen.

Ein weiterer Schritt auf dem Weg zur Sozialen Marktwirtschaft war die eigenmächtige Aufhebung der Preiskontrollen durch Ludwig Erhard. Der einundfünfzigjährige Wirtschaftswissenschaftler und »Direktor der Verwaltung für Wirtschaft des vereinigten Wirtschaftsgebietes«, wie zunächst sein Titel lautete, wusste zwar, dass er ohne Zustimmung der Alliierten (= Amerikaner, Engländer, Franzosen) keine Verordnungen ändern oder aufheben durfte. Doch Erhard erkannte eines ganz klar: Die Währungsreform konnte nur funktionieren, wenn Zwangsbewirtschaftung und Preisbindung fielen. Also unternahm er etwas Unvorstellbares. Er hob sechs Verordnungen über die Zwangsbewirtschaftung von Haushaltswaren eigenmächtig auf. Lassen wir ihn selbst zu Wort kommen:

> »Die ganze Bürokratie war sich einig, dass ich mir Unerhörtes erlaubt hatte. Ich hätte sozusagen auf diesem Gebiet gegen sämtliche alliierten Militärgesetze verstoßen. Alles müsse zurückgenommen werden. Ich sagte: *Von mir nicht.* Im Übrigen wollte ich wissen, gegen welche Gesetze ich eigentlich verstoßen hatte. Dann wurde mir vorgelesen, dass ich eben ohne Genehmigung der Militärregierung keine Änderung der Bewirtschaftung und der Preisbindung vornehmen dürfe. Darauf wagte ich alles und sagte: *Ich habe nichts verändert, ich habe sie aufgehoben.* Ich dachte mir, jetzt hilf, was helfen mag …« [8]

Und ihm wurde geholfen! Ludwig Erhard sollte später als erster Wirtschaftsminister mit seinem neuartigen Konzept Deutschland in einen unvorstellbaren Erfolg führen. Ohne Wissen und Zustimmung der Alliierten führte er also diesen Akt durch, da er der Ansicht war, dass eine Marktwirtschaft mit Preiskontrollen nicht funktionieren kann. »So viel Markt wie möglich, so wenig Staat wie notwendig«, lautete seine Devise. Er handelte sich zwar einen gewaltigen Rüffel von den Amerikanern ein, den er aber gelassen wegsteckte.

Nach Aufhebung der Preisbindung stiegen zunächst zwangsläufig die Preise. Die Gewerkschaften wurden nervös. Selbst Konrad Adenauer (1876–1967) beabsichtigte die Wiedereinführung von staatlichen Preiskontrollen. Wiederum setzte sich Erhard durch – dieses Mal sogar gegen seinen eigenen Kanzler. Und nochmals gab ihm der Erfolg recht. Bereits Anfang 1949 ließ der Preisauftrieb nach und die Kaufkraft der jungen Währung stabilisierte sich. Erhard hatte ein zweites Mal gewonnen.

Vorsicht Theorie! Was ist soziale Marktwirtschaft?

Ein volles Verständnis des deutschen Wirtschaftswunders ist nicht möglich, ohne wenigstens die Grundzüge des Erhard'schen Konzepts zu kennen. Einige grundlegende Gedanken sollen daher kurz vorgestellt werden.

Marktwirtschaft heißt – im Gegensatz zur Planwirtschaft –, dass das Wechselspiel von Angebot und Nachfrage der Motor der Preisentwicklung ist. Das hört sich gelehrt an, ist aber einfach zu verstehen. Wenn alle Hunger haben, ist die Nachfrage nach Lebensmitteln groß. Also steigen die Preise. Durch steigende Preise werden immer mehr Unternehmer aus der Lebensmittelbranche ermuntert, größere Mengen von Lebensmitteln auf den Markt zu bringen. Das heißt, auch das Angebot steigt jetzt – und zwar so lange, bis der Bedarf gesättigt ist. Dann gehen die Preise wieder zurück, das Angebot schließlich auch. Von Bedeutung ist somit der *freie Wettbewerb.* Der Staat darf nur in Ausnahmefällen in die Wirtschaft eingreifen. Freier Wettbewerb hieß für Erhard in erster Linie: weg mit Trusts und Kartellen! »Monopolkapitalistische« Ballungen in der Hand einiger weniger übermächtiger Wirtschaftsführer (Tycoons) sind also unvereinbar mit der Idee der Sozialen Marktwirtschaft. Lassen wir in der Frage der Kartelle Ludwig Erhard selbst noch einmal zu Wort kommen:

> »Den Gegenpol der wirtschaftlichen Freiheit stellt die Ausprägung wirtschaftlicher Macht dar. Es ist daher gesetzlich sicherzustellen, dass die Vorzüge der Wettbewerbswirtschaft nicht durch historisch erwiesene Nachteile einer bedenklichen Machtkonzentration aufgewogen werden.«[9]

Erhards visionäre Ordnung war nicht die der »Laissez-faire-Wirtschaft« des 19. Jahrhunderts mit einem bloß als »Nachtwächter« funktionierenden Staat. Der Staat sollte durchaus tätig werden, das war das grundlegend Neue an Erhards Konzept. Im Gegensatz zum »Wildwest-Kapitalismus« sollte der

Staat außerdem über seine Sozialpolitik unerwünschten Auswirkungen der Marktwirtschaft entgegensteuern.

Dazu gehörten Rentenversicherung, Krankenversicherung, Sozialleistungen wie Wohngeld, Heizkostenzuschuss und steuerliche Vergünstigungen für bestimmte Gruppierungen. Auch die Förderung der Ausbildungsmöglichkeiten beinhaltete der Begriff der *Sozialen Marktwirtschaft.* Bei Licht betrachtet handelte es sich regelrecht um einen neuen Weg, ein Land zu regieren.

Die Folge war eine schwindelerregende Erfolgsgeschichte. Ununterbrochen nahm die Wirtschaft Fahrt auf. Bald schon war Vollbeschäftigung gegeben. Preise blieben stabil und die Außenhandelsbilanz konnte ausgeglichen werden. Ein höherer und höherer Lebensstandard für die gesamte Bevölkerung war die Folge.

Die Erfolgsformeln

Wiederholen wir noch einmal, knapp zusammengedrängt, die Prinzipien, die die Bundesrepublik Deutschland in so erstaunlich kurzer Zeit nach ganz oben katapultierten:

1. Viele Nazis und mit ihnen zahllose destruktive Persönlichkeiten verschwanden von der Bildfläche.
2. Die USA wandelten sich vom Gegner zum Freund. Darlehen wurden gewährt, der Marshallplan kam zum Tragen. Die Amerikaner brauchten Absatzmärkte und Verbündete im Kampf gegen die UdSSR.
3. Eine freiheitliche und gerechte Verfassung wurde etabliert.
4. Die Währungsreform brachte neue Impulse und eine stabile D-Mark.
5. Die Soziale Marktwirtschaft wurde eingeführt. Die wichtigsten Prinzipien:
    a. Freiheit bildet die Grundlage des Wohlstandes.
    b. Angebot und Nachfrage regeln den Markt, nicht Preiskontrollen.
    c. Unternehmergewinne sind zu begrüßen.
    d. Die Gesetzgebung verlockt zu Reinvestitionen.
    e. Unternehmergewinne führen zu Arbeitsplätzen.

   f. Kartelle und Monopole sind verboten.
   g. Soziale Komponenten werden etabliert, die finanzierbar sind.
6. Weiter trugen positive Einstellungen und bestimmte Fähigkeiten zu der Blüte bei (wie Fleiß, Sparsamkeit, unternehmerische Risikobereitschaft, Optimismus und Erfindungsreichtum).[10]

Auf diese Formeln kann man verkürzt den sagenhaften Aufstieg der BRD nach 1945 bringen.[11]

Die sogenannte DDR

In der DDR wollte man nicht zurückstehen. Russisch war nun die erste Fremdsprache, die in den Schulen gelehrt wurde. Rund 16 Millionen »Ostdeutsche« wurden damals auf die marxistische Ideologie eingeschworen und »umerzogen«.

Am Anfang bemühte sich die (von den Sowjets kontrollierte) Regierung, das Land schnell wieder auf Vordermann zu bringen und die Industrieproduktion anzukurbeln. Mithilfe von Fünfjahresplänen gelang es, speziell im Bereich der chemischen Industrie, des Maschinenbaus und der Energiewirtschaft (Braunkohle!) erstaunliche Produktionserfolge zu erzielen. Am Anfang der 1970er-Jahre war die DDR kurzzeitig das zehntgrößte Industrieland der Erde.

Positiv waren weiterhin die niedrige Arbeitslosenquote, die Kinderbetreuung, die zum Teil vorzügliche Ausbildung und die günstigen Lebensmittelpreise – alles Umstände, die heute gern vergessen werden. Auf der anderen Seite gab es in der DDR nicht genug Konsumgüter (Autos, technische Geräte, Telefone), auch andere Handelsgüter waren knapp. Die Infrastruktur hinkte nach und die Produktionsmethoden wurden mit der Zeit ineffizient.

Am erbärmlichsten war es um die verschiedenen »Freiheiten« bestellt. Auf allem hatte der Staat seine Kralle, alles kontrollierte er, er schien allgegenwärtig zu sein, das Individuum war nichts, der Staat alles.

Darüber konnten auch hervorragende Leistungen in der Wissenschaft und Technik nicht hinwegtäuschen – im Flugzeugbau, in der Weltraumtechnik, der optischen Industrie, dem Lokomotivbau, der Militärtechnik, dem Schiffsbau, der Elektrotechnik und Elektronik, dem Maschinenbau, dem Fahrzeugbau und in der Medizin etwa. Ja, die Ausbildung war teilweise hervorragend, aber wenn es um geisteswissenschaftliche Fächer ging, so wurde stramm in Richtung Marxismus/Leninismus indoktriniert. Genaugenommen wurden die Menschen in der DDR nach Strich und Faden belogen und betrogen. Mithilfe einzelner sichtbarer Erfolge (im Hochleistungssport etwa) wurde versucht, so etwas wie ein eigenes deutsches Bewusstsein zu schaffen, aber es misslang.

Die freie Meinungsäußerung wurde unterdrückt, Bücher, Radio, Fernsehen und Kunst wurden streng zensiert. Die DDR war eine lupenreine Diktatur, auch wenn es einige Freiräume und Bürgerrechtler gab, westliche Sender gehört und gesehen werden konnten und im Rahmen der Kirchen so manches laut gesagt wurde. Aber schon die Reisefreiheit wurde beschnitten, das allgegenwärtige MfS (Ministerium für Staatssicherheit) bespitzelte alle und jeden.

Die Hypothek war schwer: Bis zum Jahre 1945 wurden die Menschen mit dem Nationalsozialismus traktiert, danach versuchte man, den Bürgern in der DDR den Marxismus-Kommunismus einzuhämmern. Karriere machen konnte nur der, der sich anpasste oder unterwarf. Der Marxismus, der aus dem Leninismus scheinbar »weiterentwickelt« wurde, erzählte allen die Geschichte vom widerlichen Kapitalismus, wie einem Kind das Märchen vom bösen Wolf.

Natürlich besaß (und besitzt) der Kapitalismus Auswüchse, natürlich ist hier beileibe nicht alles Gold, was glänzt, und natürlich wurden im Rahmen des Kapitalismus schwere Verbrechen begangen. Die Ausbeutung vieler Völker ist nicht vom Tisch zu wischen. Aber der Kommunismus blutete die Völker noch sehr viel mehr aus.

Und so wuchs in der DDR eine Opposition heran, die es in sich hatte.

Aber zunächst: Wie gestaltete sich der weitere Weg in der BRD?

V. DIE ÄRA ADENAUER

1. Adenauer, der Mensch und der Politiker

Konrad Adenauer (1876–1967), soviel muss man vorausschicken und ihm zugestehen, war ein Phänomen. Als er zum Bundeskanzler gewählt wurde, zählte er bereits 73 Jahre – ein Alter, in dem andere die Rente genießen, den lieben Gott einen guten Mann sein lassen und jedenfalls nicht mehr die Weltpolitik aktiv gestalten.

Adenauer zählte zu den Begründern der CDU, prägte damit die gesamte politische Landschaft im Nachkriegsdeutschland, gab Ziele innerhalb der Politik vor, die noch heute verfolgt werden und setzte sich für die Soziale Marktwirtschaft ein. Zusammen mit Ludwig Erhard war er für den unglaublichen Aufschwung in der BRD verantwortlich. Außerdem führte er das Land wieder in den Kreis der geachteten Nationen zurück – in unglaublich kurzer Zeit.

Seine Ehrungen waren zahlreich. Adenauer wurden 23 Ehrendoktortitel verliehen, weiter zahlreiche Orden und Auszeichnungen. Nicht nur Deutschland ehrte den ersten Bundeskanzler der Republik, sondern auch Österreich, der Heilige Stuhl, Brasilien, Argentinien, Kolumbien, Peru, Italien, Griechenland, Island, Portugal, Belgien, Großbritannien, Luxemburg, die Niederlande und Frankreich.

Selbst in Japan verneigte man sich vor ihm, dem vielleicht beliebtesten und einflussreichsten Politiker Europas nach dem Zweiten Weltkrieg. Mehrere Bauwerke trugen später seinen Namen, wie der Flughafen Köln/Bonn, die Berliner Parteizentrale der CDU sowie viele Straßen, Alleen und Plätze, ja sogar ein Flugzeug, eine Regierungsmaschine. Adenauer-Stiftungen entstanden, heute existieren rund 20 Adenauer-Preise, auch ausländischer Provenienz, weil er Studenten und die politische Bildung förderte, Kunst und Kultur unterstützte und anderen Ländern und Staaten Referenz und höchsten Respekt erwies.

Adenauer war trotz (oder wegen) seines Altes mit einer schneidenden Analysefähigkeit gesegnet, er durchschaute Situationen schneller als andere. Er durchschlug so manchen komplizierten gordischen Knoten mit Humor und absichtlichen Simplifizierungen, die eine Sache sofort auf den Punkt brachten.

»Einfach denken ist eine jute Jabe Jottes«, urteilte er im Kölner Dialekt selbstironisch. Die »gute Gabe Gottes« tobte sich oft in Aphorismen aus und in Spruchweisheiten. Viele Bonmots waren Perlen der Intelligenz oder der Wahrheit. Gönnen wir uns eine kleine Auswahl:

> »Man braucht nicht immer denselben Standpunkt zu vertreten, denn niemand kann einen daran hindern, klüger zu werden.«
>
> »Man darf niemals ›zu spät‹ sagen. Auch in der Politik ist es niemals zu spät. Es ist immer Zeit für einen neuen Anfang.«
>
> »Wenn die Österreicher von uns Reparationen verlangen sollten, dann werde ich ihnen die Gebeine Adolf Hitlers schicken.«
>
> »Machen Sie sich erst einmal unbeliebt, dann werden Sie auch ernst genommen.«
>
> »Wir leben alle unter dem gleichen Himmel, aber wir haben nicht alle den gleichen Horizont.«
>
> »Fallen ist weder gefährlich noch eine Schande. Liegenbleiben ist beides.«
>
> »Nehmen Sie die Menschen, wie sie sind, andere gibt's nicht.«
>
> »Alles, was die Sozialisten vom Geld verstehen, ist die Tatsache, dass sie es von anderen haben wollen.«
>
> »Es ist ja nicht alles, was ich den Bürgern sage, gelogen.«
>
> »Wer die Rheinländer kennt, der weiß genau, dass sie nicht übermäßig höflich sind, wenn sie auch so tun. Ich bin Rheinländer.«[1]

Mit seiner direkten, unverstellten und schlagfertigen Art, die einen Diskussionsgegenstand kurz und knackig, zugespitzt und exakt allen vor Augen führte und den Kernpunkt sichtbar werden ließ, gewann er Heerscharen von Bewunderern und Freunden. Dabei hielt er mit seiner Meinung nie hinter dem Berg, er war gradlinig und schlängelte sich nie mit umständlichen rhetorischen Pirouetten aus einem Problem heraus.

All diese Talente waren notwendig, denn die Aufgaben, denen sich Adenauer gegenübersah, waren herkulisch: Deutschland lag völlig am Boden, die Städte waren zerbombt. Die Deutschen waren gleichzeitig völlig orientierungslos und wussten nicht, wie es weitergehen sollte.

Alle Nationen hassten die Deutschen wie die Pest, von wenigen Ausnahmen abgesehen; man verachtete sie als ewige Nazis und Massenmörder. Eine »Wirtschaft« existierte nicht. Hunger herrschte und Verzweiflung. Millionen von Soldaten waren gefallen. Verwundete, halbverhungerte und verkrüppelte Heimkehrer überschwemmten das Land. Zudem ließen die Vertreter der SPD regelmäßig ihre Prügel auf Adenauer niedersausen. Weiter verlangten ihm die ständigen Wahlen enorme körperliche Anstrengungen ab, vor denen selbst ein jüngerer Mann vielleicht kapituliert hätte.

Nie sah sich ein Politiker größeren Herausforderungen gegenüber.

Biografische Randnotizen

Wer war Konrad Adenauer? Wie konnte er in Blitzgeschwindigkeit eine neue »Politphilosophie« aus der Taufe heben, geradezu aus dem Nichts, mit der sich die Mehrzahl der Deutschen zu identifizierten vermochte? Und wie sah eigentlich seine Vergangenheit aus?

Schon 1906 trat Adenauer der Zentrumspartei bei – wenn man so will, ein Vorläufer der CDU. Während des Ersten Weltkrieges war er in Köln für die Versorgung der Bevölkerung verantwortlich. Er erfand verschiedene Ersatzprodukte für dringend benötigte Lebensmittel und vermied dadurch wahrscheinlich eine Hungersnot. Im Jahre 1917 wurde er zum damals jüngsten Oberbürgermeister einer deutschen Großstadt gewählt – eben der Stadt Köln. Den Militarismus Preußens machte er mitverantwortlich für den Ersten Weltkrieg und wir halten dafür, dass er damit nicht falschlag. Während der Weimarer Republik war er mehrfach im Gespräch, den Reichskanzler zu stellen. Aber Adenauer blieb Köln treu und kümmerte sich um ausländische Investoren und gute Beziehungen zur Wirtschaft. Er änderte das gesamte Stadtbild, setzte sich für den Straßenbau, die Elektrifizierung, die Kanalisation und die Neugründung der Universität ein, sorgte für einen Grüngürtel und holte große, wichtige Unternehmen nach Köln, die der Bevölkerung Arbeit und Brot gaben.

Doch 1933 kamen die Nazis ans Ruder, die er so gern mochte wie Zahnschmerzen. Sie enthoben ihn seines Amtes, ja sie bedrohten ihn schließlich und verlangten, er müsse erschossen werden. »Adenauer an die Mauer!«, forderten die Nazis auf einigen Wahlkampfplakaten.

Ab 1934 versteckte sich Adenauer, ständig wechselte er seinen Aufenthaltsort. Bis zum Jahre 1944 tauchte er unter, unter anderem verbarg er sich bei einem Mönchsorden, wo er unter dem Namen »Bruder Konrad« geführt wurde. 1944, nach Stauffenbergs Attentat auf Hitler, jagte ihn die Gestapo, weil sie glaubte, er sei in das Komplott verwickelt. Adenauer wurde verhaftet und gefangengesetzt. Er schützte Krankheit vor und konnte fliehen. Doch er wurde wieder geschnappt, wenig später jedoch entlassen – er war nicht in das Attentat verwickelt. 1945 dämmerte das Ende des Zweiten Weltkriegs herauf und mit ihm das Ende der Nazis.

Adenauer wusste, seine Zeit war gekommen.

Spitzenkarriere

Die Amis ernannten ihn 1945 zum Oberbürgermeister der Stadt Köln. Wenig später jagten ihn die Briten jedoch wieder von diesem Stuhl. Adenauer drehte sich auf dem Absatz um und kümmerte sich von Stund an um größere Brötchen, die gebacken werden konnten – um die gesamten drei Westzonen.

Als einer der Mitbegründer der CDU übernahm er früh die Führung in der neuen Partei. Über einige Zwischenschritte wurde er 1949 ihr Vorsitzender.

Die Bundestagswahl entschied er zugunsten der CDU, die zur stärksten Partei avancierte. Früh sah er Gemeinsamkeiten mit der CSU, der FDP und der *Deutschen Partei*, die damals noch existierte, bevor die *Fünfprozentklausel* kleinere Parteien aus den Parlamenten katapultierte. Die *Fünfprozentklausel* besagte, dass man über fünf Prozent bei einer Wahl erreichen musste, wollte man in einem Parlament mitmischen.

All diese Parteien stellten jedenfalls die erste Bundesregierung. Mit einer Stimme Mehrheit, einschließlich seiner eigenen, wie er humorig zugab, wählte man Adenauer 1949 zum Bundeskanzler der Bundesrepublik Deutschland.

Dreimal wurde er wiedergewählt, 1953, 1957 sogar mit absoluter Mehrheit sowie 1961.

Aber was war das eigentlich für ein seltsames Gebilde, diese CDU, die Christlich Demokratische Union?

Ein Vakuum wird gefüllt

Nicht vergessen werden sollte der Umstand, dass es in Deutschland nach dem Zweiten Weltkrieg ein intellektuelles Vakuum zu füllen galt. Weithin herrschte im politischen Raum vollständige Orientierungslosigkeit. Der Nationalsozialismus hatte versagt – die Bilanz, 60 Millionen Tote, sprach für sich selbst. Der Kommunismus hatte ebenfalls versagt – 10 Millionen Tote gingen auf die Kappe Lenins, 50 Millionen Tote hatte Stalin zu verantworten.[2]

Der »Kapitalismus« wurde ebenfalls mit Distanz betrachtet. Die zahlreichen Toten rund um den Globus allein im Rahmen des Kolonialismus waren nie aufaddiert worden. Es herrschte eine geistige Leere, lediglich die Regierungsform der Demokratie versprach in Verbindung mit einer guten Verfassung einen vernünftigen Neuanfang. Immerhin war die moderne Demokratie in den USA, England, Frankreich und der Schweiz bereits mit Erfolg ausgetestet worden.

Darüber hinaus suchte Adenauer nach einem weiteren festen Punkt im All. Er fand ihn im Christentum, das bei allen Fehlern, die man dieser Religion vorwerfen konnte, dennoch so etwas wie ein Ordnungsgefüge zur Verfügung stellte und vor allem Vorstellungen von Moral, Anstand und Integrität vermittelte. Adenauers Leistung bestand darin, die Protestanten und Katholiken zumindest im politischen Raum miteinander auszusöhnen und zusammenzuführen. Mit dem Schildchen »christlich« wurde ein gemeinsamer Nenner gefunden, auf den man sich einigen konnte. Und so kam es zur Gründung der Christlich Demokratischen Union, der CDU.

Vier Komponenten bildeten also diese neue politische Weltanschauung:

1. ein christlich-ethischer Hintergrund,
2. die Demokratien des Westens mit ihren guten Verfassungen,
3. die freie Marktwirtschaft, in deren Rahmen endgültig der Planwirtschaft ade gesagt wurde und
4. gewisse soziale Komponenten, die Welten von dem Wildwest-Kapitalismus einiger Staaten entfernt lagen.

Eine neue Politphilosophie war damit aus der Taufe gehoben worden, für die niemand anders als Adenauer verantwortlich zeichnete und die das Gesicht der Bundesrepublik Deutschland in der Folge vollständig verändern sollte.

Darüber hinaus galt es, sich mit den Siegern des Zweiten Weltkrieges zu arrangieren und auch außenpolitisch Flagge zu zeigen.

Adenauers Analyse

So sehr es schmerzte, dass Deutschland auseinandergerissen worden war, so eindeutig war es für Adenauer, dass nur eine enge Bindung an den Westen, sprich vor allem an die USA, Großbritannien und Frankreich, einen Aufschwung Deutschlands herbeiführen konnte.

Umgekehrt musste man der UdSSR die Zähne zeigen. Man konnte nicht hoffen, dass mit Stalins Tod (1953) Vernunft im Sowjetreich einkehren würde. Stalins Nachfolger setzten die destruktive Politik des Kommunismus fort, der nach wie vor in dem Wahn befangen war, dass sich gefälligst die ganze Welt zu der eigenen Weltanschauung bekehren sollte.

Weiter glaubte Adenauer, dass der Frieden nur nachhaltig gesichert werden könne, wenn eines Tages so etwas wie die »Vereinigten Staaten von

Europa« das Licht der Welt erblickten. Zumindest musste man in diese Richtung marschieren.

Doch was waren seine konkreten Maßnahmen?

Das Erfolgsgeheimnis

Adenauer baute kurz gesagt ein Kommunikationsnetz auf, das alles umspannte, was in machtpolitischer Hinsicht von Bedeutung war, diesseits und jenseits des Atlantiks. Da er zeitweise den Posten des Bundeskanzlers *und* den Job des Außenministers in Personalunion wahrnahm, reiste und reiste und reiste er, und er kommunizierte und kommunizierte in einer Menge, die atemberaubend war. Kontinuierlich traf er die Entscheider persönlich und beriet sich mit ihnen. Er begab sich 10-mal in die USA (Washington) und redete sich den Mund fusselig. Nach Frankreich (Paris) reiste er 26-mal. Umgekehrt lud er die Entscheider wieder und wieder nach Bonn ein, der neuen Bundeshauptstadt, und beriet sich mit ihnen ständig.

Durch intensivste, direkte und häufige Kommunikation etablierte Adenauer Vertrauen, Realität und Affinität, was bitter nötig war angesichts der Vergangenheit Deutschlands.

Adenauer gelang es tatsächlich auf diese Weise, sogar den alten »Erbfeind« Frankreich zum Freund zu gewinnen.

Erinnern wir uns in gebotener Kürze: Deutschland hatte Frankreich unter Bismarck 1870/71 niedergerungen und gedemütigt. Im Ersten Weltkrieg waren auf französischer Seite Millionen von Soldaten und Zivilisten gefallen. Im Zweiten Weltkrieg war Frankreich von den Nazis besiegt und okkupiert worden. Die französische Bevölkerung brachte den Deutschen nur Misstrauen und Hass entgegen. Das änderte sich auf einmal schlagartig. Adenauer gelang es nicht nur, das Kriegsbeil zwischen den beiden Völkern endgültig zu begraben, sondern er baute darüber hinaus eine langandauernde Freundschaft zu den Franzosen auf, sogar zu General de Gaulle, dem alten Haudegen.

Das Ergebnis war eine vollständige Aussöhnung mit Frankreich und schließlich der *Deutsch-Französische Freundschaftsvertrag*. Ein Zwist, der Jahrhunderte gewährt hatte, war damit beendet!

Dieses »Netzwerken«, wie man das heute auf Neudeutsch nennt, entwickelte der »Alte«, wie Adenauer schon bald liebevoll-respektvoll genannt wurde, zur höchsten Perfektion. Er sprach mit den Briten ebenso häufig wie mit allen möglichen anderen Staatenlenkern Europas. Die Anzahl seiner Reden, Ansprachen und der Austausch von »Noten« und »Briefen« waren legendär. Pausenlos traf er sich mit Botschaftern, Abgesandten und Meinungsführern.

Wiederholen wir noch einmal, es ist zu wichtig: **Sein eigentliches Erfolgsgeheimnis als Politiker bestand darin, in einem unglaublichen Umfang zu kommunizieren.**

Und so redete, schrieb, reiste und publizierte Adenauer nahezu pausenlos, am laufenden Band und ohne Punkt und Komma. Beseelt von seiner Mission, nicht nur in Deutschland für Frieden und Freiheit zu sorgen, sondern in der ganzen Welt, schuf der »Alte« ein Beziehungsgeflecht, das ganz Europa umspannte und selbst über den Atlantik reichte. Kein anderer Politiker nach dem Zweiten Weltkrieg verfügte während eines so langen Zeitraums über dermaßen viele Kontakte wie Adenauer.

Und so verwundert es nicht, dass er schon frühzeitig eine Ernte nach der anderen einfahren konnte. Die Siegermächte – Frankreich, die USA und Großbritannien genauer gesagt – gestanden Deutschland immer mehr Selbstständigkeit und Rechte zu.

1955 wurde der Besatzungsstatus in der BRD aufgehoben. Deutschland wurde wieder zu einem souveränen Staat, wenn auch die Siegermächte nach wie vor über gewisse Privilegien verfügten und im Untergrund die Geheimdienste wühlten, wie wir inzwischen wissen. Man vertraute den Deutschen jedoch wieder und gab ihnen sozusagen eine zweite Chance. Niemand anderes als Adenauer war hierfür verantwortlich.

Aber wie stand es um das komplizierte Verhältnis zu Israel? Konnte es überhaupt je wieder repariert werden?

Das Verhältnis zu Israel

Adenauer setzte sich auch für die Versöhnung mit den Juden ein – theoretisch ein Ding der Unmöglichkeit und scheinbar ein Unterfangen, das von vorneherein zum Scheitern verurteilt war.

Und doch geriet die »Mission impossible« zu einem ungeheuren Erfolg. Adenauer reiste persönlich nach Israel und suchte auch hier das Gespräch. Dabei versuchte er nichts zu beschönigen und stand für »Sünden« gerade, die er persönlich nicht zu verantworten hatte. Schließlich hatte er selbst unter den Nazis gelitten.

Ein Geschehnis illustrierte weiter sein diplomatisches Geschick: Als im Polizeipräsidium München ein von Juden gesendetes und an ihn adressiertes Päckchen abgegeben wurde, öffnete es ein Beamter – woraufhin ein Blitz das Zimmer erhellte und zündbares Material explodierte. Der Polizeibeamte war sofort tot. In aller Eile wurden Ermittlungen anberaumt. Es stellte sich heraus, dass der Absender eine jüdische Untergrundorganisation war. Adenauer reagierte blitzschnell. Er ließ die Ergebnisse dieser Ermittlung *nicht* der Öffentlichkeit mitteilen, er hielt das Beweismaterial geheim. Seine Absicht: Er wollte auf keinen Fall neue Ressentiments gegen die Juden schüren. Die Verdächtigen ließ er unauffällig nach Israel abschieben. Noch einmal: Er breitete den Mantel des Schweigens über den Attentatsversuch aus, er verfolgte den »jüdischen Mordanschlag« nicht weiter. Der Grund? Es hätte die ohnehin fragilen Beziehungen zu Israel noch mehr belastet. Der Staat Israel dankte ihm und verbeugte sich vor dem »Alten«.

Aber Adenauer ging noch weiter. Er versuchte, das schreiende Unrecht, das die Deutschen den Juden angetan hatten, zumindest ansatzweise auszubalancieren. Persönlich setzte er durch, dass 3,45 Milliarden D-Mark an Israel oder jüdische Überlebende gezahlt wurden, vorwiegend in Waren aus deutscher Produktion.

Darüber hinaus nahm er diplomatische Beziehungen zu Israel auf und traf sich wiederholt mit dem israelischen Ministerpräsidenten. Adenauer war der erste hochrangige deutsche Politiker, der seinen Fuß auf israelische Erde setzte.

Das Verhältnis zur Sowjetunion

Am kniffligsten war das Verhältnis zur Sowjetunion.

Adenauer wusste, alles, alles stand auf dem Spiel, die Freiheit und der Frieden, wenn man den Russen nicht zeigte, dass sie auf Granit bissen, sollten sie versuchen, sich Deutschland oder gar Europa in die Tasche zu stecken. Anfänglich bemühten sich die Russen tatsächlich, mit einem »Sicherheitsplan« Deutschland zu »neutralisieren«, die Anbindung an den Westen passte den Kommunisten ganz und gar nicht.

»Hören« wir die Analyse des »Alten« im »Originalton«, es ist zu interessant:

> »Ganz Europa unter sowjetischer Herrschaft – das war der Sinn des sowjetischen sogenannten *Sicherheitsplans.* Deutschland unter sowjetischer Herrschaft – das war der Sinn des sowjetischen Deutschlandplans. Denn *Neutralisierung* heißt *Sowjetisierung*. Man musste bei den Sowjets immer alles aus der Sprache der täuschenden Worte in die Sprache der wahren Absichten übersetzen. Mit Recht konnte man die Verhandlungsweise [der Sowjets] […] so zusammenfassen: Amerika habe in Europa nichts zu suchen! Das bedeutete eine eindeutige Vorherrschaft Sowjetrusslands in Europa.«[3]

Adenauer erkannte schärfer als andere, dass der Kommunist Worte ständig missbrauchte. Er füllte sie hinterlistig mit neuen Inhalten an und versuchte damit, andere zu täuschen und in die Irre zu führen.

Ferner erkannte er frühzeitig, dass die Russen zwei Strategien verfolgten: Sie suchten Wahlen zu beeinflussen in allen möglichen Ländern wie in Frankreich, Deutschland, Italien und so fort, wozu auch die Gründung kommunistischer Parteien gehörte. Weiter bemühten sie sich, die westliche Allianz auseinanderzudividieren. Sie taten kurz gesagt alles, um die Amerikaner, Franzosen, Engländer und Deutschen untereinander zu entzweien; sie hatten vor, einen Keil in das westliche Bündnis zu treiben.

Die meisten Maßnahmen fanden ungesehen statt, sie wurden von KGB- und Stasi-Geheimdienstlern ausgeführt. Manchmal starteten die Sowjets auch einen Versuch, im Rahmen offizieller Gespräche Land zu gewinnen, indem sie sich aller möglichen Verwirrtaktiken befleißigten.

Wieder und wieder warnte Adenauer deshalb: »Ich lernte, dass man bei Verhandlungen mit atheistischen Diktatoren nicht davon ausgehen durfte, dass der Gesprächspartner moralische Maßstäbe anlegte, wie wir sie hatten. Er kannte nur das eine: die Macht.«[4]

Der Bundeskanzler machte weiter auf einige bemerkenswerte Statistiken aufmerksam: »Seit 1925 brach die Sowjetregierung von elf Nichtangriffspakten zehn, davon vier nach 1945. Nach 1946 brach sie von sechs Friedensverträgen, die sie abschloss, drei.«[5]

Und schließlich hielt er als Fazit fest: »Ein Diktator wird jede eingegangene Verpflichtung brechen.«[6]

Adenauer wusste, mit einer destruktiven Persönlichkeit im politischen Raum kann man nicht verhandeln, zumindest muss man ständig mit der Lüge und dem Vertragsbruch rechnen.

Der »Alte« war also völlig desillusioniert. Immer wieder wies er darauf hin, dass das Ziel der Russen darin bestand, sich Westeuropa in die Tasche zu stecken. Das weitere Ziel der Sowjets, so der deutsche Bundeskanzler, bestand darin, ganz Europa zu vereinnahmen, dadurch die USA zu überflügeln, dann China beiseitezuschieben und sich schließlich Afrika hörig zu machen.

Adenauer erkannte, dass Europa den Sowjets ohne den Schutz der USA hoffnungslos ausgeliefert war. Und so beschwor er wieder und wieder die Einheit und die Geschlossenheit der freien Völker. Seine gesamte »Weltpolitik« ordnete sich diesen Erkenntnissen unter.

Trotz aller Gegensätze zu Sowjetrussland bewirkte Konrad Adenauer, dass die letzten deutschen Kriegsgefangenen aus dem Zweiten Weltkrieg, die in der Sowjetunion noch immer als »Kriegsverbrecher« gefangen gehalten wurden, wieder nach Deutschland zurückkehren durften. Es handelte sich um einen seiner größten Triumphe und eine Meisterleistung der Diplomatie.

Dennoch hörte er nie auf, den Russen zu misstrauen.

Als Chruschtschow 1958 in der Sowjetunion ans Ruder kam, verschärfte sich der Ost-West-Konflikt. Während der neue Kremlherr nach außen hin die »friedliche Koexistenz« propagierte, rüstete er gleichzeitig heimlich auf wie nie zuvor. Die Sowjetunion produzierte nun alle Arten von Waffen, auch Atomwaffen. Sie dehnte ihr Einflussgebiet in Asien und im Nahen Osten ständig aus. Tatsächlich versuchte Chruschtschow sowohl Adenauer in der

BRD ins Bockshorn zu jagen als auch Kennedy in den USA. Es misslang ihm in beiden Fällen.

Adenauer analysierte eiskalt: »Ich hielt Chruschtschow für einen klugen Mann, aber auch für einen großen Schauspieler und Theaterregisseur.«[7]

Der »Alte« überlebte jedenfalls auch diesen Klimasturz zwischen Ost und West, er zeigte dem sowjetischen Machthaber im Gegenteil sogar die Zähne. Als Chruschtschow während eines Treffens in Moskau ausfallend wurde, zu brüllen begann und sich in einen (wirklichen oder geschauspielerten) Zorn hineinsteigerte, zahlte es ihm Adenauer mit gleicher Münze heim.

Der Bundeskanzler entschied, unbeirrt weiter auf die USA zu bauen und die »Vereinigten Staaten von Europa« voranzubringen. Und so geschah dies.

Schritte zu Europa

Bereits 1949 erblickte die NATO das Licht der Welt. Das Kürzel *NATO* bedeutet *North Atlantic Treaty Organization,* auf gut Deutsch: *Nordatlantik-Pakt-Organisation.* Jeder Mitgliedstaat behielt seine Souveränität. Die NATO verstand sich anfänglich lediglich als ein gemeinsames Verteidigungsbündnis zwischen den USA und einigen wenigen europäischen Ländern. Das Ziel bestand darin, Sicherheit für jeden Mitgliedstaat zu bieten, aber auch weltweit für Ordnung zu sorgen. Zum NATO-Hauptquartier wurde erst London, dann Paris, schließlich Brüssel ausersehen.

Am Anfang gab es nur eine Handvoll Mitglieder, später gehörten der NATO diese Staaten an: Albanien, Belgien, Bulgarien, Dänemark, Deutschland, Estland, Frankreich, Griechenland, Island, Italien, Kroatien, Lettland, Litauen, Luxemburg, Montenegro, Niederlande, Norwegen, Polen, Portugal, Rumänien, Slowenien, Spanien, Tschechien, Türkei, Ungarn, Großbritannien und die USA, wobei die USA stets die erste Geige spielte, Großbritannien die zweite. 1955 trat die BRD dem Bündnis bei, 1990 das gesamte Deutschland.

Hierbei handelte es sich um den ersten Streich gegen das übermächtige Russland.

Weiter trieb Adenauer das *Projekt Europa* mit allen Kräften voran, indem er zunächst wirtschaftliche gemeinsame Interessen politisch-juristisch festklopfte. 1951 erblickte eine *Gemeinschaft für Kohle und Stahl* das Licht der Welt. Wenig später gab es eine *Europäische Verteidigungsgemeinschaft* (die zunächst im Sand verlief und durch die NATO überflüssig wurde). Die *Europäische Atomgemeinschaft* (EURATOM) wurde 1957 geboren. Im gleichen Jahr erblickte die *Europäische Wirtschaftsgemeinschaft* (EWG) das Licht der Welt. 1993 benannte man sie um in *Europäische Gemeinschaft* (EG). Sie ging 2009 wieder in einer neuen Bezeichnung nämlich als *Europäische Union* (EU) auf.

Der springende Punkt war: Früh schon wurde das »Projekt Europa« auf den Weg gebracht. Adenauer zauberte eine völlig neue Politik aus dem Zylinder.

Aber auch innenpolitisch schlug er erbarmungslos zu: Nicht nur die Nachfolgepartei der NSDAP wurde verboten, sondern 1956 auch die KPD, die Kommunistische Partei Deutschlands. Die SPD verunglimpfte er zudem pausenlos wegen ihrer angeblichen Nähe zu den Kommunisten und drosch fröhlich auf sie ein. Besonders Herbert Wehner hatte er auf dem Kicker.

Der Mauerbau 1961 bewies Adenauer erneut, wie verlogen und unterdrückerisch der Kommunismus war.

Früh erkannte er jedoch auch, dass die wirkliche Lösung darin bestand, abzurüsten – auf beiden Seiten. Die Welt befand sich zuletzt in einem verrückten Rüstungswettlauf, der von keiner Supermacht mehr gewonnen werden konnte.

Belassen wir es bei diesen dürren Anmerkungen. Fragen wir uns nun: Wie können wir uns heute über Adenauer ein Urteil bilden, sozusagen aus der Vogelperspektive und so neutral wie möglich? Und ohne »rechte« oder »linke« Scheuklappen?

2. Adenauers Fehler

Die »richtigen« Aktionen Adenauers waren so zahlreich, dass seine Fehler dagegen verblassten. Selbst das Saarland wurde schließlich wieder der BRD zugeschlagen, weil Adenauer klug genug war, auf einem Volksentscheid und einer Abstimmung der Saarländer zu bestehen.

Er sorgte außerdem dafür, dass die Rente (wieder-)geboren wurde, die nach seiner Vorstellung ständig angehoben werden musste, proportional zur

Entwicklung der Löhne. Er sorgte weiter für die Kriegsveteranen, die Kriegsbeschädigten, die Hinterbliebenen, die Vertriebenen und die Flüchtlinge. Zudem setzte er sich auch für Arbeiter ein und für die Mitbestimmung.

Aus historischer Sicht kann man freilich selbst einem politischen Genie wie Adenauer einige Fehler anlasten.

Schon die Remilitarisierung der BRD war nicht unumstritten. Da hatte Deutschland gerade den furchtbarsten aller Kriege verloren und ein Unglück ohnegleichen über die Welt gebracht – und schon wandelte es mit der »Bundeswehr« wieder auf einem militärischen Pfad.

Gustav Heinemann (1899–1976), ein Idealist und Pazifist, bot ihm in dieser Beziehung denn auch Paroli. Heinemann war der Gründer oder zumindest ein Mitbegründer der CDU, aber ein erklärter Gegner jedes Soldatentums. Er lehnte sich gegen die Wiederbewaffnung Deutschlands auf; er trat gar von seinem Amt als Bundesminister zurück, als er roch, in welche Richtung der Zug abfuhr und dass die Bundeswehr nicht zu vermeiden war. Wie schon ausgeführt, existierte 1952 bereits eine *Europäische Verteidigungsgemeinschaft* (EVG) und 1955 kam die *NATO* durch den Beitritt der Bundesrepublik Deutschland richtig in Schwung. Damit verbunden war im gleichen Jahr die Gründung der *Bundeswehr*.

Das Rad der Remilitarisierung war offenbar nicht zurückzudrehen.

Adenauers Standpunkt durfte man in dieser Beziehung zumindest hinterfragen. Die Bundeswehr blähte sich im Laufe der Zeit zu einem Apparat auf, der später Unmengen Geld verschlang – wie das bei allen militärischen Institutionen weltweit der Fall ist. Vielleicht wäre es klüger gewesen, den USA einen Obolus zu zahlen und es dabei bewenden zu lassen.

Über den Nutzen der Bundeswehr lässt sich bis heute trefflich streiten, auch über die allgemeine Wehrpflicht. Möglicherweise wäre es sinnvoller gewesen, ein kleines stehendes Berufsheer auszurüsten. Im Jahre 2011 wurde die allgemeine Wehrpflicht auf den »Spannungs- oder Verteidigungsfall« beschränkt.

Die Nähe zu den Nazis

Um es noch einmal zu wiederholen: Adenauer wurde von den Nazi-Geheim- und Polizeidiensten verfolgt und drangsaliert. Er selbst war alles andere als ein Nazi, er war ein integrer Mann, wenn man von kleinen Verfehlungen absieht, wie dass er sich als Oberbürgermeister Kölns üppige »Zulagen« und »Aufwandsentschädigungen« zugestand. 1928 verlor er jedoch durch eine Aktienspekulation fast seinen gesamten Besitz, woraufhin ihm der Vorstandsvorsitzende eines Konzerns großzügig aus der Patsche half.

All das mag man ihm vergeben. Kaum verzeihen kann man indes den Umstand, dass er Hans Globke zum Chef des Bundeskanzleramtes berief. Globke war kein unbeschriebenes Blatt. Der Verwaltungsjurist hatte einst die *Nürnberger Rassegesetze* mitverfasst und kommentiert, in denen verkürzt und verknappt gesprochen die »Blutreinheit« der Arier in den Himmel gelobt wurde, während man die Juden diskriminierte. Unter Adenauer stieg Globke auf zu einer Art grauen Eminenz. Er redete in der Personalpolitik mit und richtete den BND und den Verfassungsschutz ein. Über den BND und Gehlen haben wir bereits ausführlich berichtet. Gehlen half zahlreichen alten Nazis wieder aufs Pferd, die Blut an den Händen kleben hatten. Globke war dafür mitverantwortlich. Der antisemitische Hintergrund des Bundeskanzleramtchefs störte Adenauer nicht, obwohl Globke ehemals nachgewiesenermaßen auch mitgeholfen hatte, den Geschlechtsverkehr mit Jüdinnen zu verteufeln, und obwohl aufgrund dieser »Rassenschande«, wie sie genannt wurde, später rund 2000 Personen verurteilt wurden. Globkes »Arbeit« führte direkt zur Diskriminierung der Juden und später indirekt zu den furchtbaren Vernichtungslagern.

Es war ein bedeutender Fehler, einem solchen Mann zu gestatten, an den Schalthebeln der Macht zu sitzen.

Falsch war es in diesem Sinne auch, die »Organisation Gehlen« zu tolerieren und zu erlauben, dass der BND mit alten Nazis durchsetzt wurde. Zugegeben, auch die CIA und die USA trugen eine Mitschuld. Teile der CIA lehnten zunächst die Nähe zu Gehlen ab, später entschied sich die CIA jedoch für Gehlen. Es ist nicht ganz auszuschließen, dass sich Adenauer dem Diktat der USA/der CIA beugen musste.

Ferner opponierte der »Alte« gegen Ludwig Erhard, als die Nachfolge geregelt werden sollte. Zäh versuchte er, so lange wie möglich im Amt zu bleiben und Erhard zu verhindern. Der »dickhäutige Dünne«, wie Adenauer sich selbst manchmal bezeichnete, kämpfte gegen den »dünnhäutigen Dicken«, wie er Erhard gelegentlich nannte – obwohl dieser in beträchtlichem Ausmaß zu seinem Erfolg beigetragen hatte.

Und schließlich mag man ihm die *Spiegel*-Affäre mit Franz Josef Strauß ankreiden, über die noch zu berichten sein wird. Dennoch neigt sich die Waage deutlich zu seinen Gunsten.

Der letzte Akt oder: Das Staatsbegräbnis

Mit 91 Jahren war Adenauer der älteste Bundestagsabgeordnete. Als er keinen Posten mehr bekleidete, gab er noch vom Sterbebett aus Kiesinger, dem Kanzler nach Erhard, Ratschläge, wie zu regieren sei. Aber dem Tod vermochte selbst dieser listige, kluge Kanzler nicht von der Schippe zu springen, er konnte ihn auch nicht mit all seinem Charme um den Finger wickeln, so wie er es mit den Mächtigen seiner Ära getan hatte.

Adenauer segnete 1967 das Zeitliche.

Das Staatsbegräbnis sprengte alle Vorstellungen. 25 Staatsoberhäupter erschienen sowie Ministerpräsidenten, Außenminister und Botschafter aus 180 Staaten. De Gaulle erwies ihm ebenso die Ehre wie US-Präsident Lyndon B. Johnson und Ben Gurion, der legendäre Gründungsvater des Staates Israel.

Das Begräbnis gestaltete sich wie ein Triumph. »Drei Schnellboote der Bundesmarine geleiteten den Sarg des alten Kanzlers von Köln rheinaufwärts [...] Zwölf Starfighter donnerten über das Rheintal, vier Feldhaubitzen feuerten Salut. Dem Trauerzug [...] schlossen sich mehr als 15 000 Menschen an [...] entlang des Stromes mehr als 100 000.«[8]

Millionen nahmen an den Fernsehschirmen Abschied, in vielen Ländern. Bei einer Umfrage stellten 33 Prozent aller Bundesbürger fest, dass sie Adenauer für den Mann hielten, der im Reigen der Großen am meisten für Deutschland geleistet habe.[9]

Der erste Bundeskanzler besaß zahlreiche Verehrer und Bewunderer. Zehntausende von Briefen, an ihn gerichtet, sind bis heute nicht vollständig ausgewertet und gesichtet. Trotz seines hohen Alters erhielt er ständig noch Heiratsanträge, was ihn amüsiert haben dürfte.

Die Ausbeute dieses Lebens war jedenfalls nicht gering. Adenauer schuf eine vollständig neue staatliche Ordnung, er holte die BRD aus dem entsetzlichen Tief, in dem es sich nach dem Zweiten Weltkrieg befand, er ließ alle Kriegsschäden beseitigen, brachte die Wirtschaft wieder zum Brummen und sorgte für Vollbeschäftigung.

»Die Wiederauferstehung Deutschlands aus Schutt und Asche, die Wiederherstellung der deutschen Demokratie und der gewaltige Aufstieg der deutschen Wirtschaft sind durch die Initiative des Kanzlers zustande gekommen und waren weitgehend seinen Eigenschaften der Entschlossenheit, des Mutes und des Idealismus zu danken«[10], urteilte der britische Premierminister Harold Macmillan an seinem Grab.

Adenauer begriff Politik »[als die] Kunst, das auf ethischer Grundlage als richtig Erkannte zu verwirklichen.«[11]. Er kämpfte unaufhörlich für den Frieden und die Freiheit. Fraglos war es dieser Patriarch, der die Deutschen endgültig an die Demokratie heranführte.

Noch einmal: Seine Fehler verblassen angesichts seiner Leistungen. Es handelte sich tatsächlich um einen der größten Politiker des 20. Jahrhunderts.

VI. WICHTIGE ZWISCHENSCHRITTE

1. Ludwig Erhard, der Mann hinter dem Wirtschaftswunder

Es war schwer, wenn nicht unmöglich, von einem ebenso dominanten wie beliebten Kanzler wie Konrad Adenauer abzurücken und die Fackel an einen würdigen Nachfolger weiterzureichen. Kaum ein Politiker innerhalb der CDU qualifizierte sich zum Kanzler.

Im Grunde genommen kam nur ein einziger Mann in Frage: Ludwig Erhard, der als der »Vater des Wirtschaftswunders« angesehen wurde und fast so etwas wie kultische Verehrung genoss; mit ihm, so die Kalkulation, würde man keine Bauchlandung machen.

Um wen handelte es sich eigentlich?

Erhard war auf der einen Seite dickleibig, unansehnlich, ein starker, ja mitunter obsessiver Raucher, im persönlichen Umgang manchmal sogar scheu und alles andere als eine »Führerfigur« im klassischen Sinne. Auf der anderen Seite war er ein Forscher mit Haut und Haaren, liebenswürdig, hochintelligent, ja brillant und mit einem durchdringenden und scharfen Verstand begabt. Zugegeben: Er vermochte keine einzige Intrige auszuhecken und war fast naiv, wenn es darum ging, in dem Gestrüpp der Politik zu »überleben«. Dafür aber war er brennend daran interessiert, die bestmögliche Wirtschaftsform zu etablieren, die Deutschland wieder auf die Beine helfen konnte.

Die Frage aller Fragen lautete: Welchen Ordnungsrahmen muss die Politik der Wirtschaft zur Verfügung stellen, damit das Land einen raschen Aufschwung nehmen konnte?

Fragen sind manchmal wichtiger als Antworten.

Genau diese Frage hatten sich bereits die tiefgründigsten Denker der Geschichte gestellt, von Solon, dem griechischen Weisen, bis hin zu Aristoteles; von den römischen Kaisern Augustus, Trajan und Hadrian bis hin zu den Vordenkern der Französischen Revolution wie Voltaire, d'Alembert oder Diderot; von den französischen Wirtschaftsphilosophen Turgot, Dupont, De Nemours, Mirabeau dem Älteren, Gournay und Quesney bis hin zu schottischen Ökonomen wie Adam Smith.

Mitglieder aller Nationen hatten sich hierüber den Kopf zerbrochen, auch Thomas Jefferson, der Klügste aller US-Präsidenten, oder die gewitzten Schweizer, die bis heute das am besten funktionierende Regierungssystem der Welt besitzen mit niedrigen Steuern und einem erstaunlich hohen Lebensstandard.

Ludwig Erhard befand sich also in einer altehrwürdigen Tradition.

Aber aus welchem Stall stammte er eigentlich, wie las sich seine konkrete Biografie?

Biografische Tupfer

Ludwig Erhard (1897–1977) dient im Ersten Weltkrieg als Soldat. Er wird 1918 schwer verwundet, sieben Operationen sind notwendig, um sein Leben zu retten. Nach dem Krieg absolviert er eine Lehre, er wird Einzelhandelskaufmann und arbeitet sich hoch zum Diplom-Kaufmann. Erhard ist ein Bücherwurm, er liebt die Druckerschwärze zwischen zwei Buchdeckeln und saugt Wissen mit dem gleichen Genuss in sich hinein wie ein Bär den Honig. Konsequenterweise studiert er weiter, konkret Betriebswirtschaft und Soziologie. Dann promoviert er. Im Rahmen der Handelshochschule in Nürnberg gibt es ein Institut, das die Entwicklung innerhalb der gesamten Wirtschaft beobachtet, was genau seinen Interessen entspricht. Er wird dort Assistent, später steigt er auf zum stellvertretenden Leiter des Instituts. Das Jahr 1933 sieht ihn als Lehrbeauftragten an der Nürnberger Handelshochschule.[1]

1942 gründet er ein *Institut für Industrieforschung*, das er bis 1945 leitet. Früh befasst er sich mit ökonomischen Fragen und Planungen, die beinhalten, wie man die Wirtschaft nach dem Krieg idealerweise ausrichten sollte.

Nach dem Zweiten Weltkrieg schlägt seine große Stunde. Mit dem Rückenwind der amerikanischen Militärregierung avanciert er innerhalb der Bayerischen Staatsregierung zum Staatsminister für Handel und Gewerbe. 1947 leitet er die Expertenkommission *Sonderstelle Geld und Kredit*; auf seine Rolle bei der Währungsreform haben wir bereits hingewiesen. Im selben Jahr tritt er eine Honorarprofessur an der Ludwig-Maximilians-Universität München an, später lehrt er auch in Bonn. 1948 ist er Direktor der Wirtschaftsverwaltungen aller drei westlichen Besatzungszonen. Der Erfolg seiner Theorie, die wir bereits vorgestellt haben, ist durchschlagend.

Erhard macht auf dem politischen Feld Karriere. Adenauer beruft ihn 1949 zum Wirtschaftsminister der gesamten BRD. Seine Beliebtheit wächst unaufhörlich. Die frühen Wahlsiege der CDU sind auch darauf zurückzuführen, dass Erhard die wirtschaftlichen Früherfolge Deutschlands geschickt mit dem Kürzel seiner Partei verbinden kann. CDU = Wirtschaftskompetenz, so lautet die Gleichung, die sich in den Köpfen der Wähler festsetzt.

1957 wird er zum Vizekanzler der Bundesrepublik Deutschland ernannt. Das Jahr 1963 sieht ihn gar als Bundeskanzler, obwohl ihn Adenauer selbst zuletzt mit allen Mitteln zu verhindern sucht – einer der wenigen schwarzen Flecke auf der weißen Weste des Kölners. Adenauer missbilligt Erhards Schnoddrigkeit in puncto Kleidung, er mag den Zigarrenrauch nicht und den Umstand, dass er sich ab und an gern ein Gläschen gönnt. Doch Erhard ist nicht aufzuhalten. Seiner Meinung nach besitzt er ein Anrecht auf den Thron. Er gewinnt 1965 die Bundestagwahl.

Im Gegensatz zu Adenauer betont er mehr die Verbindung zu den USA, er setzt weniger auf Frankreich. Doch als die Amerikaner Deutschland erneut schröpfen wollen, beginnt sein Stern zu sinken. Die USA reden von »Besatzungskosten«, in Wahrheit müssen sie ihren unseligen Vietnam-Krieg in Fernost finanzieren. Erhard gibt nach, er muss Cäsar geben, was Cäsar zusteht. Das schädigt sein Image. Außerdem greift eine Rezension, die Arbeitslosenzahlen steigen. Als Erhard aus der Not heraus die Steuern erhöhen will, treten die Minister der FDP geschlossen zurück.

Das ist ein direkter Schlag in das Gesicht des Kanzlers. Erhard bildet 1966 eine Minderheitsregierung aus CDU und CSU. Aber nun ist er angeschossen. Die Tatsache, dass die Wirtschaft lahmt – obwohl sie wenig später wieder an Fahrt aufnimmt – wird ihm angelastet und medienwirksam in die Schuhe geschoben. Von einem »Sieger« erwartet man, dass er ewig siegt.

Das Ende lässt nicht lange auf sich warten: Kurt Georg Kiesinger wird zum Kanzlerkandidaten der CDU gewählt. Erhard ist damit aus dem Rennen.

Eine Weile setzt er seine wirtschaftswissenschaftlichen Forschungen fort. Nach wie vor weiß er, dass es ein Fehler ist, die Verwaltung und den Beamtenapparat ausufern zu lassen, was nun schleichend passiert. Ferner ist ihm klar, dass sich der Staat in Teufels Küche begibt, wenn er sich verschuldet.[2] Auch das mahnt er an. Aber niemand hört mehr zu.

1977 geht Erhard den Weg alles Irdischen.

Mit einer gewissen Verzögerung erkennt man, dass es kein größeres Glück für das Nachkriegsdeutschland geben konnte als Ludwig Erhard. In mehreren deutschen Städten werden Straßen und Plätze nach ihm benannt. Sogar ein ICE-4-Zug wird 2018 auf seinen Namen getauft. Ludwig Erhard ist tot, zugleich ist er unsterblich.

Wie man einen Staat zur Blüte führt

Der entscheidende intellektuelle Schlag, den Erhard ausführte, bestand zunächst darin, sich gegen die *Planwirtschaft* auszusprechen sowie gegen staatliche Lenkung, Preiskontrollen und die Einflussnahme seitens des Staates – kurz alles, was in die DDR Einzug hielt. Im Prinzip traten zwei unterschiedliche Wirtschaftssysteme gegeneinander an, aber auch zwei unterschiedliche politische Glaubensbekenntnisse.

Die Zeit hat das Ergebnis dieses Kampfes längst festgeschrieben: Die *Marktwirtschaft* ist der *Planwirtschaft* immer überlegen und ein freiheitliches politisches Glaubensbekenntnis schlägt jede Diktatur um Längen.

Wiederholen wir einige weitere Einsichten Erhards, denn sie sind wichtig:

- Unternehmergewinne sind zu begrüßen, denn sie führen zu Arbeitsplätzen.
- Kartelle und Monopole sind gesetzlich zu verbieten.
- Nur soziale Komponenten, die auf Dauer finanzierbar sind, dürfen etabliert werden.
- Die Administration darf nicht ausufern, der Beamtenapparat muss kleingehalten werden.
- Der Staat muss sparen und es unter allen Umständen vermeiden, einen Schuldenberg aufzutürmen.

Hmm … Denken wir einen Augenblick lang nach und gestatten wir es uns, unseren eigenen Verstand zu gebrauchen.

Betrachtet man diese Erhard'schen Forderungen und Erfolgsformeln im Licht verschiedener historischer Experimente[3], die klipp und klar belegen, was innerhalb eines Staates funktioniert und was nicht, so erkennt man sehr rasch, wie richtig der zweite Bundeskanzler der BRD lag.

Man erkennt zudem sofort, was heute »faul im Staate Deutschland« ist. Nur einige dünne Anmerkungen:

- Der Schuldenberg ist inzwischen astronomisch und verdammt die Bevölkerung dazu, hohe und höhere Zinsen zu zahlen, zumal die Schulden ständig anwachsen. Wie aber entledigt sich ein Politiker drohender Zinszahlungen und Schulden? Nun, er erhöht sehr einfach die Steuern, das ist für ihn der bequemste Weg. Diesen Vorwurf müssen sich die Politiker aller Parteien gefallen lassen. Ein bedeutender Teil unserer Steuern wird also mittlerweile dafür verplempert, *Zinsen* für den riesigen Schuldenberg zu bezahlen. Es wird nicht etwa der Schuldenberg abgebaut, Schulden werden längst nicht mehr zurückgeführt. Dadurch ist der (finanzielle) Blick ständig in die Vergangenheit gerichtet. Und neue notwendige Projekte können nicht in Angriff genommen werden. Weiter befindet sich der Staat fest im Griff seiner Schuldner, er wird erpressbar. Wiederholen wir: **Der Staat muss sparen und es unter allen Umständen vermeiden, einen Schuldenberg aufzutürmen.**

- Darüber hinaus ist inzwischen der Wohlfahrtsstaat oder Sozialstaat kaum mehr finanzierbar. Theoretisch wäre es wunderbar, wenn »Vater Staat« stets nach allen Seiten hin üppige Geschenke austeilen könnte. Es ist angenehm, wenn unser »soziales Gewissen« beruhigt wird. Wir können besser schlafen, wenn wir großzügig in allen Belangen den »Gutmenschen« spielen. Aber die Geschichte beweist leider ohne Wenn und Aber, dass es sich hier um eine Fallgrube handelt. Teilt der Staat zu viele üppige »Geschenke« aus und hat er ständig die Spendierhosen an, entzieht er sich auf Dauer selbst die finanzielle Grundlage. Er vernichtet sich selbst. Deshalb muss Deutschland im Moment gewaltig zurückrudern. Frühere großartige Versprechungen, etwa seitens der staatlichen Rentenversicherung, können inzwischen nicht mehr eingehalten werden. Obwohl viele Bürger in gutem Glauben einst kräftig einzahlten, werden sie nun mit Krumen abgespeist. Der Grund? Der Staat *kann* einfach nicht mehr zahlen, gleichgültig ob die CDU oder die SPD am Ruder ist, eine linke oder eine rechte Regierung. Im Grunde genommen wird der Bürger durch die Hintertür bestohlen. Wiederholen wir auch hier: **Nur soziale Komponenten, die auf Dauer finanzierbar sind, dürfen etabliert werden.**
- Ferner war und ist es richtig, gegen Monopole mobil zu machen. Längst gibt es in Deutschland jedoch heimliche Monopole und Oligopole, das heißt, nur einige wenige Wirtschaftsgiganten teilen sich bestimmte Sektoren und Branchen, wodurch Absprachen hinter den Kulissen möglich werden, was zu Lasten des Verbrauchers geht. Richtiger wäre es, nicht für die »Elefanten« und die »Großindustrie« eine Lanze zu brechen, sondern für den »Mittelstand«, sprich den Selbstständigen sowie den kleinen und mittleren Unternehmer, der schließlich einen Großteil der Steuern zahlt, die meisten Lehrlinge ausbildet und für die Wirtschaft insgesamt bedeutsamer ist als jede andere Klasse. Ein Mittelstand, der *nicht* durch zahlreiche Verordnungen und Gesetze geknebelt und erstickt wird, wäre das Gebot der Stunde. Ein intelligenter Staatenlenker lässt es sich deshalb angelegen sein, **Kartelle und Monopole gesetzlich zu verbieten.**

- Und schließlich: Der Staatsapparat in Deutschland ist inzwischen aufgebläht wie ein Ballon. Unser Land verfügt über rund fünf Millionen Beamte[4] – man halte sich eine solche Zahl einmal in einer stillen Minute vor Augen, mit allen Konsequenzen, denn sie alle müssen gefüttert und bezahlt werden. Unsere Demokratie ist deshalb längst zu einer Bürokratie degeneriert. Alles ist so »durchorganisiert«, dass in vielen Fällen kaum mehr Luft zum Atmen (und zur Eigeninitiative) bleibt. Alles ist reglementiert, reguliert und kontrolliert. Richtig wäre es, nur einen kleinen, hoch kompetenten Beamtenapparat zuzulassen, der völlig serviceorientiert gegenüber dem Bürger operiert. Der Lehrsatz ist also richtig: **Die Administration darf nicht ausufern, der Beamtenapparat muss klein gehalten werden.**

Und so erkennt man sehr rasch, wie aktuell, ja hoch aktuell die Forderungen Erhards sind. Man sieht erneut, wie viel man aus der Geschichte lernen kann und welche ehemaligen Erkenntnisse nach wie vor Geltung besitzen.

Es ist nicht auszuschließen, dass man Deutschland erneut zu einer erstaunlichen Blüte führen könnte, wenn man sich die Lehren und »Erfolgsformeln« des zweiten Bundeskanzlers der Republik vor Augen halten und sie anwenden würde. Erhard selbst legte seine Ratschläge in dem Buch *Wohlstand für alle*[5] nieder. Es ist so zeitgemäß wie eh und je.

Doch wie ist Erhard einzuordnen, was unser eigentliches Thema angeht?

Erhard und die Geheimdienste

Grundsätzlich hielt Erhard nicht viel von Geheimdiensten. Er erlaubte dem BND nicht einmal, im Bundeskanzleramt Posten zu beziehen, und versagte seinen Vertretern sogar, dort einen Schreibtisch einzunehmen. Er wollte »mit solchen Leuten« nichts zu schaffen haben.

Kritiker monierten später, dass es ein Fehler gewesen war, den BND oder besser gesagt die »Organisation Gehlen« nach Pullach zu verfrachten, in die Nähe Münchens also – ein Fehler, der auf Adenauers Konto geht. Dadurch war zwar der enge Kontakt zur CSU garantiert, aber nicht die Nähe zur

CDU oder gar der SPD und FDP. Deshalb nahm man in Bonn von den Geheimdienstlern oft kaum Notiz, ja, man äußerte sich nicht selten über sie negativ, manchmal hinter verschlossenen Türen, manchmal halb öffentlich.

Einige Politiker brachten dem BND sogar Verachtung und Spott entgegen. Verschiedene »Analysen«, die die »Schlapphüte« lieferten, seien einfach aus verschiedenen Zeitungen abgeschrieben worden, monierten sie. Wieder andere »Analysen« gäben nur die Einschätzung der politischen Schwergewichte wieder, die gerade am Ruder waren und denen man sich nur andienen wollte.[6]

Erhard selbst orientierte sich in seiner Auslandspolitik an US-Amerika und der CIA. Einige Beobachter kritisierten sogar, dass er sich zu beflissen gegenüber den Vereinigten Staaten von Amerika verhielt. Der Vorwurf war jedoch nicht gerechtfertigt. Immerhin hatte er den Amerikanern die Zähne gezeigt, als es um bestimmte wirtschaftliche Maßnahmen in Deutschland ging, die positiv für das Land waren, ja, er hatte sogar seinen Job und Ruf riskiert.

Im Übrigen darf der Leser zu Recht die Frage aufwerfen, warum wir die »Erfolgsformeln« Erhards in relativer Ausführlichkeit dargestellt haben. Nun, die wirtschaftlichen Erfolge wären – bei aller Kritik – nicht möglich gewesen *ohne* die USA und die CIA-Geheimdienstler. Ohne die neue Währung und ohne Waren aus aller Herren Länder hätte Erhard das »Wirtschaftswunder« nicht bewirken können.

Selbst für die Einführung der neuen Währung wurde Erhard gelegentlich kritisiert, weil sie schließlich und endlich von den Amerikanern beschlossen und kontrolliert wurde und nicht von den Deutschen. Doch der überragende Erfolg der D-Mark – nach einigen Monaten heftiger Probleme allerdings – ließ die Kritiker verstummen. Und letztlich bewahrten die CIA und die amerikanischen Soldaten die BRD vor dem schrecklichen Kommunismus. Insofern besaß der geheimdienstliche Einfluss von zumindest einem Teil der CIA in dieser Phase – bei aller berechtigten Kritik – auch seine positive Seite. Das politische Glaubensbekenntnis der USA, in dem die Freiheit über alles gestellt wird, kann man nicht laut genug besingen. Bei allen Fehlern der Nachrichtendienste dürfen diese Pluspunkte nicht klein- und hinweggeredet werden.

In dem Gestrüpp der verschiedenen Geheimdienste kannte sich Erhard jedoch offenbar nicht aus. Die Nachrichtendienste selbst waren ihm herzlich gleichgültig, einigen Vertretern misstraute er offen, wie schon ausgeführt. Er war ein Wirtschaftsfachmann vom Scheitel bis zur Sohle und ein zu gradliniger Charakter, als dass er die schillernde, gefährliche und doppelbödige Welt der Geheimdienste hätte respektieren oder gar genießen können. Sein Intriganz-Potenzial tendierte gegen Null. Dennoch hing Deutschland auch unter ihm, ungesehen von vielen, am Tropf der CIA und der USA. Sie bestimmten eine geraume Zeit die Außenpolitik »Westdeutschlands« und führten unser Land behutsam, zum Teil ungesehen, besseren Zeiten entgegen. Ohne die CIA und die USA war in Deutschland zu diesem Zeitpunkt kein Staat zu machen.

Doch fragen wir uns nun: Was geschah nach Ludwig Erhard?

2. Kurt Georg Kiesinger, der Vermittler

Kurt Georg Kiesinger, »Häuptling Silberzunge«, wie er manchmal liebevoll-spöttisch genannt wurde[7], weil er versuchte, zwischen allen Parteien zu vermitteln, speziell zwischen CDU und SPD, war der erste Kanzler einer großen Koalition. Sie hatte von 1966 bis 1969 Bestand – eine Zeit, die von unglaublichen Umwälzungen gekennzeichnet wurde.

Kiesinger hatte mit zwei Problemen zu kämpfen, von denen eines in die Vergangenheit wies und das zweite in die Zukunft: Unaufhörlich wurde ihm zum einen seine nationalsozialistische Vergangenheit vorgeworfen, zum anderen fiel in seine Regierungszeit die *68er-Bewegung*. Sie fand auf einem kulturell-rebellischen Untergrund statt, deren Auswirkungen noch heute zu spüren sind.

Gönnen wir uns zunächst einige biografische Anmerkungen zu Häuptling Silberzunge, bevor wir ans Eingemachte gehen.

Eckdaten

Kurt Georg Kiesinger, Jahrgang 1904, ist ein Württemberger und zugleich ein »evangelischer Katholik«, denn der Vater war Protestant und die Mutter Katholikin. Nach Schule und Abitur studiert er zuerst Pädagogik, deren Lehren heute an den Universitäten wahrscheinlich genauso verworren und mit allerlei seltsamen Ideen durchwürzt sind wie damals. 1926 wechselt er das Fach und studiert Rechts- und Staatswissenschaften.

1933 tritt er in die NSDAP ein sowie in eine Abteilung der SA, konkret in das *Nationalsozialistische Kraftfahrkorps*. Innerlich neigt er den Nazis zu, aber nicht bedingungslos. Immerhin vertritt er mit seinen Rechtskenntnissen auch Personen, die von der furchtbaren Gestapo verfolgt werden – aufgrund seiner Mitgliedschaft in der NSDAP kann er ihnen besonders effektiv helfen[8].

Als Deutschland und die Welt zu brennen beginnen, 1939/1940, entzieht er sich dem Einberufungsbefehl und der Wehrmacht, indem er eine Stellung im Reichsaußenministerium annimmt, unter von Ribbentrop, von dem wir bereits gehört haben. Zur Wiederholung: In den Nürnberger Prozessen wurde Ribbentrop für schuldig befunden und gehängt.

Kiesinger selbst ist intelligent, kompetent und umgänglich. Er steigt auf zum stellvertretenden Leiter der *Rundfunkpolitischen Abteilung*. Hier ist die Redaktionscrew für die Überwachung und Beeinflussung der »Feindsender« verantwortlich.

Feindsender? *Feindsender* sind verbotene Radiostationen – meist handelt es sich um ausländische Sender, mitunter befinden sie sich auch auf deutschem Boden. Jedenfalls spucken sie den Nazis in die Suppe. Propaganda im Dritten Reich ist alles, die Gegenpropaganda der Feindsender wird bis aufs Messer bekämpft. Ausländische Rundfunksender auch nur anzuhören wird mit hohen Strafen belegt. Lauscht man etwa Jazz-Musiksendungen, muss man mindestens mit einer Verwarnung rechnen, mitunter mit Gefängnis. Verbreitet man gar die Nachrichten eines *Feindsenders*, kann man mit dem Tod bestraft werden. Die Nazis fackeln nicht lange.

Die wichtigsten »Feindsender« sind *BBC* (British Broadcasting Corporation), *Radio Vatikan*, *Radio Moskau* und *Gustav Siegfried 1* – der Deckname eines britischen Senders –, aber es gibt noch viele andere kleine Schwarzsender. Thomas Mann, dem wir ebenfalls bereits begegnet sind, ruft über den Feindsender *Deutsche Hörer!* im BBC zum Widerstand gegen die Nazis auf.

Nichts ist für die Nazis gefährlicher. Alle diese *Feindsender* werden deshalb gejagt, behindert, abgehört und verfolgt. Zu den Feindsendern zählen weiter diese Rundfunkstationen: *Deutscher Kurzwellensender Atlantik*, *Soldatensender Calais*, *Die Stimme Amerikas*, *Radio Luxemburg*, *Geisterstimme* und der *Sender Freies Deutschland*.

Kiesinger sitzt mittenmang in der Crew, die all diese feindlichen Sender aufspüren und stören soll. Es kann nicht geleugnet werden, dass er eine hohe Position bekleidet. Immerhin behindert er in dieser Funktion auch antijüdische Aktionen, wie später ohne Wenn und Aber nachgewiesen werden kann.[9] Dennoch dient er in erster Linie den Nazis.

1945 verhaftet man Kiesinger deshalb als hochrangiges Mitglied der NSDAP. 18 Monate lang schmort er in verschiedenen Internierungslagern. 1946 wird er entlassen. Er wird »entnazifiziert« und nur als »Mitläufer« eingestuft.

In der Folge lässt er sich als Rechtsanwalt in Tübingen und Würzburg nieder. 1949 ist er bereits Mitglied des Deutschen Bundestages. 1950 applaudiert er Adenauers Politik. 1958 wird er zum Ministerpräsidenten Baden-Württembergs gewählt. Er gründet die Universitäten Konstanz und Ulm. Im Jahr 1966 wählt man ihn zum Bundeskanzler.

Kiesinger befindet sich ganz oben.

Die gegenwärtige Vergangenheit

Was sich so flott dahinliest, geht nicht ohne Reibereien ab. Bei der Kanzlerwahl setzt sich Kiesinger gegen Bundesaußenminister Gerhard Schröder (CDU) durch, weiter gegen Rainer Barzel. Als er im Sattel sitzt, arrangiert er sich völlig überraschend mit Willy Brandt, dem Chef der Oppositionspartei SPD, die nun zum ersten Mal in der Regierung mitmischt.

Aber seine nationalsozialistische Vergangenheit holt ihn ständig ein, die wütenden Angriffe hören nicht auf. Er kann darauf verweisen, dass auch der SPD-Wirtschaftsminister Karl Schiller ehemals NSDAP-Mitglied war und dass Franz Josef Strauß, der Finanzminister, im Krieg als Offizier in der Wehrmacht diente. Willy Brandt selbst war einst Mitglied der SAP (*Sozialistische Arbeiterpartei*), eine marxistische Partei, die 1931 gegründet wurde. Und auch der knurrige Herbert Wehner, Bundesminister für gesamtdeutsche Fragen, war immerhin 1927 bis 1942 Mitglied der KPD, zuletzt in einer führenden Position.

Auf der einen Seite befinden sich also alte Nazis, auf der anderen Seite alte Kommunisten, höhnen die Kritiker. Frisch und fröhlich drischt man aufeinander ein.

Kiesinger sucht mit seiner Silberzunge zu vermitteln.

Vor allem Studenten halten Kiesinger seine Vergangenheit vor. Günter Grass – der zu diesem Zeitpunkt noch sorgfältig die Tatsache seiner vormaligen SS-Zugehörigkeit verschweigt – fordert, Kiesinger dürfe auf keinen Fall den Kanzlerposten bekleiden. Der Philosoph Karl Jasper gibt aus Protest sogar seinen deutschen Pass ab.

Aber es ist schwer, mit Steinen zu werfen, wenn man im Glashaus sitzt. Alle haben sie Dreck am Stecken.

Die Wellen der Empörung schlagen haushoch, als Beate Klarsfeld der Silberzunge 1968 auf dem CDU-Parteitag in Berlin in aller Öffentlichkeit eine Ohrfeige verpasst. Klarsfeld, Ehefrau eines Juden, will damit erneut Kiesingers NS-Vergangenheit anprangern. Die Presse überschlägt sich. Klarsfeld wird zu Gefängnis auf Bewährung verurteilt.

Neuere Biografien entlasten Kiesinger später von vielen Vorwürfen, aber seine grundsätzliche Beteiligung am Nazi-Regime kann nie hinweggeredet werden.

Gemeinsam mit der SPD paukt er schließlich die *Notstandsgesetze* durch. Sie erlauben eine Notstandsverfassung, die die Handlungsfähigkeit des Staates in Krisensituationen sichern soll, im Falle von Naturkatastrophen, Aufstand und Krieg etwa. Die APO, die *Außerparlamentarische Opposition,* protestiert.

Im folgenden Bundestagswahlkampf, 1969, peilt Kiesinger die absolute Mehrheit der CDU an. Erste Nachrichten am Wahlabend lassen hoffen. Schon feiert man im Kanzleramt, die Hofschranzen lassen Kiesinger bereits hochleben, die Sektkorken knallen. Da ändern sich mit einem Mal die

Nachrichten. Die Union erreicht nicht die absolute Mehrheit. Kiesinger verlässt geschlagen das Kanzleramt. Nichts ist schlimmer für einen Politiker, als Wahlen zu verlieren. Bestimmte Skandale kann man überleben, wie später Bill Clinton und Donald Trump in US-Amerika beweisen. Man kann der Vergewaltigung von Frauen angeklagt werden, wie Clinton, und mit Pornostars Verhältnisse pflegen, wie das Trump nachgesagt wird. Aber man darf um Himmels willen nicht als Verlierer von Wahlen gelten.

Kiesingers Bundesregierung löst sich in Wohlgefallen auf. 1980 scheidet er aus dem Bundestag aus.

1988 stirbt Kurt Georg Kiesinger in Tübingen.

Kleine Beurteilung

Kiesingers Politik zielte bereits zu einem gewissen Grad in Richtung *Entspannung*, eine Strategie, die Brandt später fortführen sollte. Immerhin gelangen ihm einige innere Reformen, auch überwand er eine Wirtschaftskrise.

Persönlich war Kiesinger ein »Feinspitz«, wie das die Österreicher ausdrücken würden, das heißt, er war stets penibel auf sein Aussehen und sein Äußeres bedacht. Er wusste um die Notwendigkeit des Scheins. Gleichzeitig war er auch ein Schöngeist, literaturverliebt und eloquent; das Fach Rhetorik beherrschen alle erfolgreichen Politiker. Mitunter hielt er Hof wie ein König. Er verstand es, die widersprüchlichen Persönlichkeiten Strauß und Schiller zusammenzuführen und sorgte mehr als einmal für den Ausgleich. Aber seine Vergangenheit blieb immer umstritten, bis heute kann sie nicht ausradiert werden.

Die Vergangenheit ist stets vorbei, aber nie tot.

Es ist also nicht hinwegzureden: Kiesinger diente eine Zeitlang den Nazis in seiner Funktion als stellvertretender Leiter der *Rundfunkpolitischen Abteilung*, er überwachte und beeinflusste die Feindsender.

War er deshalb ein Agent der Nazis?

Nun, Geheimdienste heute verfügen gewöhnlich auch über riesige Propagandaabteilungen. Längst ist der moderne »Agent« nicht mehr dem klassischen »Spion« gleichzusetzen, wie er uns in Filmen wie James Bond vorgegaukelt wird. Ganze Heerscharen von Geheimdienstlern kümmern sich inzwischen um nichts anderes als um Propaganda und Gegenpropaganda. Spezifische Abteilungen innerhalb der Geheimdienste besitzen die Funktion, die »öffentliche Meinung« zu beeinflussen, zu manipulieren und zu formen. Diese Entwicklung begann bereits unter Lenin, sie war jedoch schon im Zarenreich zu beobachten, dies bei der *Ochrana*, wie der inoffizielle Oberbegriff für die verschiedenen Geheimdienste und die Geheimpolizei ehemals unter den Zaren lautete, der »Sicherheitsabteilung« in wörtlicher Übersetzung. Wahrscheinlich reicht die Propagandafunktion der Geheimdienste noch sehr viel weiter zurück. Und heute? Heute besteht ein gewaltiger Teil der gesamten CIA und der Nachfolger des KGB aus nichts als aus ausufernden Propagandaabteilungen. Ihre Vertreter sitzen in allen möglichen Redaktionen. Tatsächlich ist die Propagandafunktion der Geheimdienstler inzwischen so umfangreich wie nie zuvor in der Geschichte der Menschheit.

In diesem Sinne war auch Kiesinger nichts anderes als der verlängerte Arm der Propagandaabteilung der Nazis, eine Art Propaganda-Geheimdienstler, jedenfalls eine Art Agent, gleichgültig, wie sein Titel lautete und wo genau er bei den Nazis auf deren Organigramm geführt wurde.

Sein Job bei den Nazis bestand darin, »Feindsender« zu stören und Stimmen der Freiheit zu unterdrücken. Er war damit selbst zumindest eine Art »Geheimer«, wie das der Volksmund gerne ausdrückt, zumindest im weitesten Sinne, im Propaganda-Sinne.

Das Phänomen, dass ein »Geheimer« auf dem Stuhl des ersten Mannes seines Landes Platz nimmt, ist in der Vergangenheit zu beobachten bei Präsident Bush I, der ehemals die CIA führte, und in der Gegenwart bei Präsident Putin, dem früheren KGB-Agenten, und es wird auch in der Zukunft nicht auszuschließen sein.

Abseits der offiziellen Politik fanden dabei die größten Umwälzungen statt, die vorstellbar waren, fast eine Art kulturelles Erdbeben. Sie kündigten eine vollständig neue Zeit an. Eines Tages schlugen sie sogar auf die »hohe Politik« zurück und veränderten den Lauf der gesamten Geschichte.

Was war passiert?

3. Das kulturelle Erdbeben

Es ist ein Fehler, anzunehmen, dass »Politik« allein das Weltgeschehen bestimmt, obwohl in ihrem Rahmen oft die entscheidenden Weichen für viele Ereignisse gestellt werden. In Wahrheit gibt es zahlreiche Einflüsse, die das Gesicht eines Staates oder Landes nachhaltig verändern können. Wissenschaft und Kunst, Erfindungen und Entdeckungen, neue Fortbewegungsmittel und Kommunikationsplattformen, ja Ideen überhaupt vermögen, eine Gesellschaft manchmal in eine ganze neue Richtung zu bewegen.

Die Entwicklung der Aktiengesellschaft oder die Nutzung der Elektrizität, Eisenbahnen oder die Entdeckung des Blutkreislaufs, Raketen oder das Internet zeitigten einst größere Umwälzungen als viele Geschehnisse auf dem politischen Parkett. Intelligente Bücher oder Aufzeichnungen, Weisheitslehrer und Autoren läuteten sogar manchmal vollständig neue Zeitalter ein – denken wir nur an Konfuzius, Aschoka, Voltaire, Jefferson, Nicola Tesla oder Mahatma Gandhi.

Jedenfalls fand in den Jahren 1960 bis 1970 in Deutschland sowie rund um den Globus plötzlich so etwas wie eine kulturelle Revolution statt, deren Auswirkungen bis heute zu spüren sind.

Sie führte über Großbritannien und die USA in alle Welt und sie gelangte auch nach Deutschland.

Der Siegeszug der Beatles

Das Erdbeben begann scheinbar mit den Beatles, die zwar ihrerseits zahlreiche musikalische Vorbilder besaßen, aber niemand konnte sich ihrer Resonanz rühmen, und nie konnte eine einzelne Band je ihre Erfolge wiederholen.

Aber die Beatles waren nur die äußere Erscheinungsform einer neuen Art von »Freiheit« und ästhetischer Rebellion oder Revolte. Wahrscheinlich waren die Beatles mit ihren provokativen Pilzköpfen, ihrem neuen Kleidungsstil und dem aufrührerischen Rocksound nichts anderes als ein Symbol, das überall deshalb begeistert begrüßt wurde, weil sie viele frühere Normen einfach ignorierten oder sich darüber lustig machten.

Längst hatte sich die Nachkriegsgeneration diesseits und jenseits des Atlantiks darauf verständigt, dass der Zweite Weltkrieg eine vollständige Katastrophe gewesen war, die bei Licht betrachtet sogar hätte vermieden werden können. Die Politik hatte nach Meinung dieser jungen Generation vollständig versagt. Eine Antikriegs-Stimmung kam auf, ein Rebellentum, das alles Altüberkommene einfach über Bord warf. Die Jugend nahm Abschied von dem Hurrageschrei der Korporäle und Kriegstreiber, von den Hetzreden der Generäle und Geldsäcke und dem Geschwätz der Altvorderen und Atomkraftbefürworter. Eine Anti-Establishment-Kultur schoss aus dem Boden, die der alten, verkommenen, versifften Sippschaft der Kriegstreiber wenig vornehm den Mittelfinger zeigte und vorgab, es »besser« machen zu können, was auch immer darunter zu verstehen war. Warum, verflixt, sollte man sich nicht auf Musik, Ästhetik überhaupt und das Vergnügen konzentrieren, auf den Spaß und die Lust am Leben? Was war so toll daran, sich gegenseitig totzuschießen?

Die Beatles, wie gesagt eine Art Symbol für diese neue Kultur, verkauften jedenfalls rund eine Milliarde Tonträger, was nie zuvor erreicht worden war. Die neuen Heroen hießen John Lennon, Paul McCartney, Ringo Starr und George Harrison und nicht mehr Friedrich, Bismarck, Moltke oder Rommel.

Ein neuer Musikstil, ein gewisses Revoluzzertum und begeisternde, lebensfrohe Songs führten dazu, dass die Beatles zwischen 1964 und 1968 praktisch in fast allen Ländern der Welt die Hitparaden anführten.

Die Fans kreischten und schrien sich vor Begeisterung die Seele aus dem Leib und wenn Paul McCartney einen Schnupfen bekam, so wurde darüber stündlich die Presse informiert, sein Schnupfen wurde wichtiger als der Sturz eines Präsidenten.

Die Explosion

Natürlich waren es nicht nur die Beatles, die den Protest anführten und die ein neues Lebensgefühl suggerierten. The Rolling Stones, The Who, Jimmy Hendrix, Bob Dylan und hundert andere folgten ihren Spuren, zum Teil mit gänzlich anderen Musikstilen. Die Tänze wurden wilder und wilder, auf den *Twist* 1960 folgten viele freie, subjektivistische Bewegungsarten, und Mick Jagger, der Chef der Stones, von einigen als »tanzender Penis« tituliert, riss alle Schranken nieder.

Intellektuelle Fesseln wurden abgeworfen und mit ihnen viele Kleidungsstücke. Die Jugend testete die freie Liebe aus und kiffte bis zur Besinnungslosigkeit – solange man nur den verrotteten, abgetakelten Gruftis eins auswischen konnte.

Gott, war es herrlich, den alten Moder und Muff hinter sich zu lassen und endlich wieder einmal frei zu atmen! Es war geil, ohne die Bevormundung durch die Methusalems zu leben, die immer noch aufgrund von zwei Weltkriegen mit ihren Geheimdienstlern und Soldaten befangen waren und sich nichts Neues vorstellen konnten.

Auch in der Malerei riss man Schranken nieder. Nazi-Deutschland hatte jedes Experiment in der Malerei praktisch verboten. Jetzt durfte sich jede Stilrichtung wieder hervorwagen, viele neue Stile erblickten das Licht der Welt. Ein *neuer Expressionismus* wurde schick, weiter etwa das *Action Painting, Junk-Art, Pop-Art, Fotorealismus* und die *Postmoderne*, im Gegensatz zu dem *Sozialistischen Realismus*, der in der DDR anbefohlen wurde.

Der Westen warf mit Farben, Formen und optischen Ideen, die jeden Rahmen sprengten, nur so um sich.

Die Literatur wandelte sich ebenso wie der Film und das Fernsehen.

In der Literatur begrüßte man ebenfalls alle möglichen Richtungen, die später von klugen Germanistikprofessoren mit allerlei richtigen oder unrichtigen Schildchen versehen wurden. Grass, Böll, Lenz und Kästner wurden millionenfach gelesen, aber auch Ende oder Follett; alte Genres erlebten gleichfalls eine Renaissance, wie der historische Roman, der Krimi oder das Kinderbuch. Weiss, immer wieder Enzensberger, aber auch die Schweizer Frisch und Dürrenmatt trafen den Ton der Zeit. Die Rebellen tintenklecksten kommunistische, sozialistische, nachdenkliche oder realistische Inhalte, sie scherten sich den Teufel darum, was »Autoritäten« erlaubten und was nicht, solange es nur aufrührerisch und provokativ war und man dem Establishment damit ordentlich auf die Zehen treten konnte. TV-Anstalten gewannen mehr und mehr Einfluss, Filmexperimente wurden gewagt und

Regisseure gerieten zu neuen Helden. Auch an den bundesdeutschen Theatern probierte man alles Mögliche aus, die unbekleidete Schauspielerin feierte ebenso Triumphe wie die unbekleidete (= obszöne) Vokabel.

Die Welt geriet zu einem Dorf. Aus aller Herren Länder gab es Anregungen, die in Deutschland Eingang fanden, vor allem aus Großbritannien und aus den USA, aus denen Science-Fiction- und Fantasy-Autoren und -Filme en masse importiert wurden. Es handelte sich um eine Aufbruchsstimmung ohnegleichen.

Doch was war eigentlich passiert?

Die Auslöser

Alles begann in den USA mit der Bürgerrechtsbewegung. Die Afroamerikaner, mit Martin Luther King an der Spitze, initiierten Boykotte, Märsche und Proteste, um gegen die Schikanen der Rassentrennung mobil zu machen. 1963 protestierten mehr als eine Viertelmillion Menschen in Washington D.C. King hielt seine unvergessliche Rede »I have a Dream«, worin er ein besseres Zusammenleben der Weißen mit den Schwarzen beschwor. In der Folge machte die Politik mit Gesetzen gegen soziale und rechtliche Diskriminierung mobil. King erhielt 1964 den Friedensnobelpreis. 1968 wurde er ermordet. Sein Traum hingegen lebte weiter und wurde jetzt erst richtig lebendig.

Diese Bürgerrechtsbewegung fand ihre Fortsetzung im Protest gegen den Vietnamkrieg. Es ist nicht zu weit hergeholt, den Vietnamkrieg, der in Fernost tobte, als zweiten Auslöser für die generelle Protestbewegung zu bezeichnen. Reflektieren wir deshalb auf einige konkrete Zahlen: Der Vietnamkrieg tobte von 1955 bis 1975. Im Grunde war er nichts anderes als ein Stellvertreterkrieg zwischen den UdSSR und den USA, wie auch der Koreakrieg.

Schon in dem vorangegangen Koreakrieg (1950–1953) bekleckerten sich weder die Sowjetunion noch die Vereinigten Staaten von Amerika mit Ruhm. Das (sowjetisch indoktrinierte, kommunistische) Nordkorea, das später auch von China unterstützt wurde, kämpfte gegen Südkorea, dem die Vereinten Nationen und die Vereinigten Staaten von Amerika zur Seite standen. Die freie Welt kämpfte gegen die Diktatur. Rund 1 Million Soldaten und etwa 3 Millionen Zivilisten verloren ihr Leben im Koreakrieg, der schließlich in einem Patt mündete. Nord- und Südkorea sind bis heute geteilt, in Nordkorea herrscht eine unvorstellbar unterdrückerische Diktatur mit Konzentrationslagern und Hungersnöten, Südkorea ist in wirtschaftlicher Hinsicht dagegen außerordentlich erfolgreich und die Menschen leben in Freiheit. Die Zeit hat also längst ihr Urteil gefällt, was diese beiden unterschiedlichen Systeme angeht.

Dennoch wurde auch im »Westen« Kritik laut. Sie setzte sich fort, als der unselige Vietnamkrieg ausbrach.

Der Vietnamkrieg war beinahe eine Art Fortsetzung des Koreakrieges. Auch hier standen sich ein kommunistisches Nordvietnam (später mit der Sowjetunion und China im Bunde) und ein antikommunistisches Südvietnam gegenüber, im Grunde genommen handelte es sich wieder nur um einen Stellvertreterkrieg der beiden Supermächte USA und UdSSR. Schließlich ließ US-Präsident Lyndon B. Johnson Nordvietnam brutal bombardieren. Der Krieg griff in der Folge auch auf andere Länder über. US-Präsident Richard Nixon zog die US-Truppen jedoch letztendlich schrittweise aus Südvietnam ab. Schließlich steckten sich die nordvietnamesischen Truppen auch Südvietnam in die Tasche.

Der Krieg war vergebens geführt worden.

Das Ergebnis? Rund 5 Millionen Tote. Ungezählte Flüchtlinge. Verstümmelungen. Schreckliche Folgeschäden durch ein Mittel namens *Agent Orange*.

Agent Orange? *Agent Orange* war ursprünglich ein chemisches, hochgiftiges Entlaubungsmittel. Verantwortlich für seine Verwendung im Krieg waren die CIA, US-Militärs und US-Chemiker. Als es von den Amerikanern über den Landschaften Vietnams versprüht wurde, erkrankten nicht nur Hunderttausende von »Feinden«, sondern auch rund 200 000 US-Soldaten. Das Resultat waren körperliche Fehlbildungen bei Kindern und Krebserkrankungen. Rund 1 Million Vietnamesen erkrankte an gesundheitlichen Spätfolgen.

Obwohl die USA versucht hatten, Vietnam vor dem Kommunismus zu retten, waren die Gräuel, die sie mit ihren Bomben und ihren Giften anrichteten, entsetzlich.

Noch einmal: 5 Millionen Menschen starben umsonst, denn der Kommunismus verschlang beide Vietnams zu guter Letzt mit Haut und Haaren.

Addiert man die Toten des Korea- und Vietnamkrieges, so ergibt sich als Summe 9 Millionen Tote. Zum Vergleich: Der *gesamte* Erste Weltkrieg schlug mit 10 Millionen Toten zu Buche. Der Korea- und Vietnamkrieg forderte damit fast ebenso viele Todesopfer wie der gesamte Erste Weltkrieg!

Und so entstand zunächst in den USA eine Gegenbewegung, die sich gewaschen hatte. Die Gräuel des Krieges, die auch auf Geheimdienstler auf beiden Seiten zurückzuführen waren, wurden von großen Teilen der US-Bevölkerung nicht mehr als »selbstverständlich« oder »notwendig« hingenommen. Der Protest griff in rasender Geschwindigkeit auch auf andere Länder über.

Protestwellen

Überall flammen mit einem Mal Proteste auf. In Frankreich, Großbritannien, in den Niederlanden, in Italien, Japan, Deutschland und Mexiko. Auch Australien, Neuseeland und Kanada werden von dem Fieber erfasst. Gleichzeitig gärt es »im Osten«, in der Tschechoslowakei, in Ungarn, Polen und China sowie auf Kuba.

Es ist beinahe unvorstellbar, ein ganzer Planet gerät in Aufruhr.

1967 stirbt der Demonstrant Benno Ohnesorg in Deutschland. In der Tschechoslowakei gerät 1968 alles aus den Fugen. In Polen verbünden sich Studenten mit Arbeitern und Priestern. 1968 findet das Attentat auf Martin Luther King statt, im gleichen Jahr das Attentat auf Rudi Dutschke. In Paris brechen 1968 Unruhen aus, gespeist von Studenten und Arbeitern. Sogar in der zahmen Schweiz und im glücklichen Österreich gärt es.

Die Akteure kommen aus ganz unterschiedlichen Ecken, auch die Anlässe sowie die unmittelbaren Ursachen sind verschieden. Mit den Protesten geht (selten) eine sexuelle Revolution einher, (gelegentlich) eine zweite Welle der Frauenbewegung und (öfter) ein Kampf gegen die autoritäre Ausbildung. Fast immer wird jedoch gegen den Krieg mobil gemacht, Hand in Hand mit Friedensbewegungen, die unterschiedlich akzentuiert sind. Auch für mehr Gerechtigkeit und mehr Freiheit wird überall eine Lanze gebrochen.

Die Nachfolger Martin Luther Kings protestieren weiter gegen Rassismus, Militarismus und Materialismus. Sogar spirituelle Komponenten gibt es in all diesen Bewegungen.

1967 demonstrieren in New York 300 000 Menschen gegen die amerikanischen Bombenangriffe auf Nordvietnam. Die Proteste strahlen aus auf Paris, Amsterdam, Kopenhagen, Berlin und Tokio.

Die Hippiebewegung geht in den USA Hand in Hand mit den Protesten. Man zieht sich einen Joint nach dem anderen in den Schlund, plädiert für die freie Liebe und verbreitet den Slogan *Make Love not War.*

In Deutschland skandiert man:

Wer zweimal mit derselben pennt,
gehört schon zum Establishment.

Die Schwerpunkte sind wie gesagt unterschiedlich: Oft spielt die ethnische Benachteiligung eine Rolle, wie in den USA. In Japan schießt man sich mehr auf Antikriegs-Demonstrationen ein und bekämpft das autoritäre Erziehungs- und Bildungssystem. In Frankreich kämpft man für eine bessere Entlohnung und kürzere Arbeitszeiten. Zehn Millionen Menschen treten hier 1968 in den Warnstreik.

In Großbritannien macht man gegen die atomare Hochrüstung mobil, die antimilitaristischen Proteste erreichen sogar Australien, Neuseeland und Kanada. In Italien bekämpft man das Erziehungssystem, das noch immer faschistisch geprägt ist. In den Niederlanden rückt man den Kapitalismus ins Abseits mithilfe von Happenings und Künstlern. In Polen protestiert man gegen den wirtschaftlichen Niedergang und die Zensur und plädiert für freie Gewerkschaften.

Der Vietnamkrieg jedoch ist überall verhasst.

Die Mode, die Kleidung, die Malerei und die Kunst überhaupt leisten Schützenhilfe, besonders die Rock- und die Popmusik. Die Tschechoslowaken bemängeln, dass der Stalinismus noch immer in den Knochen der Herrschenden sitzt, Alexander Dubcek gerät vorübergehend zur Leitfigur. Aber in Osteuropa werden die Aufstände brutal von der UdSSR niedergeschlagen, auch in Polen, Ungarn, Jugoslawien und Rumänien. In Polen packen viele

Juden, Intellektuelle und Künstler ihre Siebensachen und wandern aus. Gerade wurden die Nazis zum Teufel gejagt, jetzt will man sich nicht auch noch mit den Kommunisten herumschlagen.

Der Protest in der DDR

Schon im Jahre 1953 beantwortet die DDR-Regierung Proteste mit brutaler Gewalt. Mit dem Mauerbau verabschiedet man sich endgültig vom Westen. Aber ach, eine Mauer ist eine mittelalterliche Erscheinung und im 20. oder gar im 21. Jahrhundert fehl am Platz. Die Proteste verstummen zu keinem einzigen Zeitpunkt. Heimlich hört man in der DDR Beatmusik und »auf dem Klo Westradio«, wie das später der deutsche Rocker Udo Lindenberg ausdrücken sollte. 1965 erlaubt man die Publikation der ersten Langspielplatte der Beatles in der DDR. Aber die Musik wiegelt die Bevölkerung auf, besonders die Jugend – behauptet jedenfalls die Stasi und die unterdrückerische kommunistische Mischpoke. Also schwärmt die Stasi aus, verprügelt, verhört und verhaftet. Gegen die Rolling Stones wendet sich der Staatsratsvorsitzende Walter Ulbricht persönlich, man muss sich das vorstellen! Welch eine Bankrotterklärung der »Politik« gegenüber der Kunst! Die Töne einer Bassgitarre verfügen auf einmal über mehr Macht als die Worte des ersten Mannes im Staat. Das Ergebnis? Die Jugend lauscht weiter hingerissen den Stones.

Der Grund? Die Lüge ist immer schwächer als die Wahrheit und die Kunst immer stärker als die politische Parole.

Die Demokratisierungswelle ist im Grunde schon zu diesem Zeitpunkt nicht mehr aufzuhalten. Es handelt sich um den Vorläufer der Revolution von 1989, die endgültig die DDR hinwegfegen wird. Pfarrer und Schriftsteller, Künstler und Studenten verlieren den Glauben an die Reformierbarkeit des »Realen Sozialismus«. Ungesehen gärt es überall. Alternative Radiostationen entstehen im Untergrund der DDR, neue Publikationsformen drängen an die Oberfläche. Niemand kann mehr die Kommunikation verhindern, die sich einfach gewaltsam Bahn bricht.

Der Protest in der BRD

In der BRD liest man Marcuse, Horkheimer und Adorno, aber auch Jean Paul Sartre aus dem benachbarten Frankreich.

Zur Zeit Kiesingers, zur Zeit der großen Koalition, brennt es auch in der BRD lichterloh.

Die APO, die außerparlamentarische Opposition, so genannt, weil sie auf der Straße operiert und außerhalb des Parlamentes, mischt zusammen mit den linken Studentenvereinigungen das Land ordentlich auf. Professoren werden gezwungen, in ihren Seminaren über linke Forderungen zu diskutieren. Wir haben diese Zeit persönlich miterlebt. Es entstehen »ultralinke« universitäre Hochburgen, wie in Frankfurt oder Marburg etwa. Vorlesungen werden verhindert und Räume besetzt, ja manchmal sogar Büroräume zerstört. Straßenschlachten zwischen Demonstranten und der Polizei finden statt. Die Presse berichtet begeistert, besonders wenn Blut fließt oder Sachgüter zerstört werden. Allenthalben wirft man alte Tugenden wie Fleiß, Pflichterfüllungen und Gehorsam über Bord, während neue Tugenden wie die Freiheitsliebe und der Sinn für Gerechtigkeit aufs Podest gehoben werden. Das Image der Polizei, der Armee und des Staates leidet, das Image von Rebellen, Revoluzzern und Künstlern steigt.

Auch Geheimdienste spielen bei vielen Protesten eine Rolle, wer will es leugnen? Während das BKA in der BRD mehr und mehr Pannen verzeichnet, gewinnen an vielen Fronten die Stasi-Spitzel der DDR. Sie ziehen hinter den Kulissen die Fäden und sorgen manchmal aktiv für Proteste, Unruhe und Chaos in der BRD, es ist ihr ureigenstes Metier.

Aber die Wahrheit und nichts als die Wahrheit ist, dass die »Kommunisten« mindestens ebenso schuldig zu sprechen sind wie die »Kapitalisten«, was die Kriege in Korea und Vietnam angeht. Die Kommunisten versklavten die Völker reihenweise und hinterließen nichts als furchtbares Elend.

Genau dieser Umstand, systematisch für Unruhe und Chaos zu sorgen, schlägt jedoch eines Tages auf die Kommunisten zurück. Denn das Chaos im »Osten« und die Unzufriedenheit mit den eigenen Politikern übertrifft schließlich das Chaos im »Westen« bei weitem. Die kommunistischen Geheimdienstler schießen sich selbst ins Knie.

Das Spiel kehrt sich um, es schlägt furchtbar auf den KGB und die Stasi zurück.

Und so sehen sich eines Tages sowohl die »kapitalistischen« als auch die »kommunistischen« Länder diesem Freiheitsdrang und Freiheitstrieb ausgesetzt, der einfach nicht mehr unter Kontrolle gehalten werden kann. Die Proteste verselbständigen sich, die Rebellionen entwickeln eine Eigendynamik, nicht anders als während der Französischen Revolution.

Wahrscheinlich gibt es keinen lauteren Ruf in der Geschichte als den Ruf nach Freiheit.

Was richtig war und was falsch

Ach, wie herrlich ist es, sich mit dem besserwisserischen Vorsprung von einem halben Jahrhundert zufrieden zurückzulehnen und über all diese Anstrengungen und Bewegungen gewissermaßen von der hohen Kanzel herab zu urteilen.

Trotz der entsetzlichen Gräuel, die mit diesen furchtbaren Kriegen einhergingen, gab es dennoch auch eine gute Nachricht. Sie bestand darin, dass plötzlich Unrecht nicht mehr unbesehen hingenommen wurde. Das Gewissen der Menschheit war erwacht. Informationen schwappten auf einmal schneller über die Grenzen. Planet Erde wurde kleiner und überschaubarer. Das Fernsehen und andere elektronische Medien begründeten eine erste Informationsrevolution. Es war mehr als begrüßenswert, dass sich Menschen auf der einen Seite des Globus mit Menschen auf der anderen Seite solidarisierten. Sie kümmerten sich nicht nur um die Not und die Ungerechtigkeiten im eigenen Land, sondern sie blickten auch über den Tellerrand. Es handelte sich bei Licht betrachtet um ein erstaunliches Phänomen.

Was also war begrüßenswert, was war »richtig«?

Nun, »richtig« waren die Bürgerrechtsbewegungen – speziell, wenn sie die Rassendiskriminierung aufs Korn nahmen und Menschenrechte einforderten.

Damit einher ging das generelle Gebot der Toleranz gegenüber allen möglichen Religionen. In den USA verlor man plötzlich vor dem Kadi jeden

Prozess, in dem nachgewiesen werden konnte, dass ein Afroamerikaner oder eine Frau oder ein Mensch aufgrund seiner Religionszugehörigkeit diskriminiert worden war.

Frauenrechte konnten nicht mehr mit einer verächtlichen Handbewegung beiseite gewischt werden. Andersgläubige, gleich welcher Religion oder Sekte, durften aufatmen. Afroamerikaner, die man vorher noch als »Neger« beschimpft hatte, machten allein schon gegen ein herabsetzendes Vokabular mobil – und gewannen.

Heute spricht man in US-Fernsehanstalten nur noch vorsichtig vom »N-Word«. Diskriminierungen wurden jetzt mit schwersten Strafen geahndet, manchmal wechselten Millionenbeträge den Besitzer. Die Ewiggestrigen, die das Gebot der Toleranz nie verinnerlicht hatten, gerieten ins Hintertreffen. Sie verstanden die Welt nicht mehr und verkrochen sich in ihre Mauselöcher.

Dieses neue Denken schwappte zu einem gewissen Grad auch nach Deutschland über, wo jahrzehntelang Juden, »Zigeuner«, Zeugen Jehovas, Freimaurer, schwarz- und braunhäutige Menschen sowie andere Glaubensbekenntnisse und Sekten verteufelt worden waren. Auch das Ansehen der Frauen stieg, welche die Nazis nur als Gebärmaschinen betrachtet hatten – gerade gut genug dafür, für frische Leiber und neue Soldaten zu sorgen. Noch in den 1930er-Jahren waren Frauen von Psychiatern in Lehrbüchern und in aller Offenheit als Menschen zweiter oder dritter Klasse bezeichnet worden![10]

Der Freiheits- und der Toleranzgedanke erhielten frischen Auftrieb. Das neue Credo lautete: Man durfte Militaristen und Unterdrückern der Religion, der Rasse oder des Geschlechts nicht das Heft des Handelns überlassen.

Gegen Kriege mobil zu machen, gleichgültig aus welcher Ecke der Protest kam, war richtig.

Aber nicht alles, was im Schlepptau dieser »Kulturrevolution« mitgeführt wurde, bestand den Test der Zeit.

Falsch war es, Drogen und Rauschgifte als Ausdruck des Protestes zu benutzen.

Drogen verursachen nachweislich eine höhere Kriminalitätsrate.[11] Sie rauben Menschen die Seele. Besonders Psychodrogen üben eine verheerende Wirkung aus. Hierbei handelt es sich um eine Sackgasse; Rauschgifte zerstören eine Person. Die »Freiheit« besaß also auch ihre Achillesferse, denn einige Dummköpfe verstanden unter »Freiheit« auch das »Recht«, sich wahllos mit Drogen und Rauschmitteln vollzustopfen.

Desgleichen war die »freie Liebe« zumindest ein zweischneidiges Schwert.

Während es richtig war, einige alte Zöpfe abzuschneiden, war es falsch, das Kind mit dem Bade auszuschütten. Untersuchungen heute beweisen ohne Wenn und Aber, dass Menschen glücklicher und länger leben, wenn sie einen festen (Ehe-)Partner haben.[12] Den Wert einer Familie für Kinder eigens herauszustreichen, erübrigt sich fast.

Aber von diesen beiden Irrwegen abgesehen, war der Aufbruch erstaunlich. Er kennzeichnete beinahe so etwas wie eine moralische Kehrtwende.

Die Welt war jedenfalls nach all diesen Protesten und Bewegungen, die mit unterschiedlichen Vokabeln belegt wurden, nicht mehr dieselbe; sie hatte sich verändert und verbessert.

So weit, so gut!

Kehren wir nun mit diesem Wissen im Hinterkopf zu unserem ursprünglichen Thema zurück und fragen wir uns: Was geschah und kam nach Kurt Georg Kiesinger?

VII. DER AUFSTIEG DER SPD

1. Der Machtwechsel oder: Willy Brandt

Die SPD besaß während der Ära Adenauer kaum eine Chance, den Kanzler zu stellen und die Regierungsverantwortung zu übernehmen, denn der »Alte« war stets gerissen genug, der Sozialdemokratischen Partei Deutschlands den Wind aus den Segeln zu nehmen.

Geschickt hatte er die SPD in die Nähe des Kommunismus gerückt und sie entsprechend »rot« angemalt. Besonders im Wahlkampf war es opportun, die »Sozis« als Marxisten zu verunglimpfen. Die SPD rückte umgekehrt publizistisch die »Schwarzen« (= die Anhänger der CDU/CSU) gern in die Nähe der Nazis oder wies auf die »Gefahr von rechts« hin. Natürlich hatten beide Seiten zu hundert Prozent Unrecht, wenn beide Vor-Urteile auch auf einige Gestalten zutreffen mochten.

Aber im Krieg und in der Liebe waren offenbar alle Mittel erlaubt und man befand sich schließlich pausenlos im Krieg. Außerdem war es höchst befriedigend, auf den Gegner ordentlich einzudreschen, ihm eins zu verpassen und sich in selbstgerechten Tiraden zu verlieren. Ah, das tat gut! Hierin bestand die »Freude« der Demokratie – in Wahrheit handelte es sich um ihre Achillesferse. Vieles war Theater, aber wenn es gut dargeboten wurde, war der Applaus laut und der Preis hoch, denn man gelangte an die Futtertöpfe.

Die SPD hatte Stück für Stück aufgeholt. Befand man sich in der Opposition, bestand der Vorteil darin, dass man rund um die Uhr Intrigen aushecken konnte, man besaß ja alle Zeit der Welt, während die Regierungspartei damit beschäftigt war, sich mit den tatsächlichen Problemen im politischen Raum herumzuschlagen.

Gleichzeitig hatte die SPD im Rahmen der großen Koalition unter Kiesinger bereits in die Regierungsarbeit hineingeschnuppert, der verführerische Duft der Macht war ihr längst in die Nase gestiegen. Und es war ihr gelungen, die FDP, die Freien Demokraten, die das Zünglein an der Waage spielten, zu spalten und in deren Führungsriege Anhänger zu gewinnen. Die FDP-Strippenzieher lachten sich ins Fäustchen: Ohne sie lief nichts mehr in der Republik. Waren sie nicht die eigentlichen »Königsmacher«?

Die CDU/CSU dagegen hatte geschlafen und sich auf ihren Lorbeeren ausgeruht, zudem gab es ein Machtgerangel in ihren eigenen Reihen. Da zusätzlich eine Art »kulturelle Revolution« stattgefunden hatte, die die »Linken« oder die »Roten« favorisierte, standen die Zeichen auf Sturm.

Der Mann, der das alles scharf wie ein Adler beobachtete, der gefährlichste Mann der SPD hieß Willy Brandt.

Biografische Notizen

Um wen handelt es sich bei »Willy«, der später zur Ikone der SPD hochstilisiert wird?

Willy Brandt heißt eigentlich Herbert Frahm. Bei der Geburt im Jahre 1913 ist kein Vater zur Stelle, er ist »unehelich« – ein Makel, den später die CDU dazu benutzen wird, um ihm einen Nadelstich nach dem anderen zu versetzen. Brandt lernt seinen Vater nie kennen, aber auch die Mutter kümmert sich kaum um ihn. Er selbst bezeichnet seine Familienverhältnisse als »chaotisch«.[1] Er wächst bei einem Stiefgroßvater in Lübeck auf, der in ihm früh die Liebe zur Politik weckt und an »sozialistisches« Gedankengut heranführt.

Die Schule absolviert Brandt mit links, er ist gescheit und lernt schnell. Ohne Probleme baut er das Abitur. Danach hospitiert er bei einer Reederei und Spedition. Aber die Politik hat ihn längst in ihren Bann geschlagen. Schon 1929 tritt er der SAJ bei, der *Sozialistischen Arbeiter-Jugend*, in der er einen radikalen sozialistisch-marxistischen Kurs vertritt.

Bereits 1931 wird er Bezirksvorsitzender der SAJ für die Region Lübeck-Mecklenburg. Er beginnt Reden zu halten und lernt, auch schriftlich mit dem Wort gekonnt zu jonglieren. 1930 tritt er in die SPD ein. Enttäuscht von der Ineffizienz der SPD während der Weimarer Republik schließt er sich einer Abspaltung der SPD an, der SAPD, der *Sozialistischen Arbeiterpartei Deutschlands*, tatsächlich ist er Gründungs- und Vorstandsmitglied des Lübecker Ortsverbandes.

Als Hitler 1933 die Macht an sich reißt, steht von einem Moment auf den anderen nichts weniger als sein Leben auf dem Spiel. Die SAPD wird verboten, alle »Kommunisten« und »Linken« werden gejagt wie die Hasen. Brandt und Genossen beschließen, in den Untergrund abzutauchen. Plötzlich befindet er sich in der Illegalität, er ist ein Krimineller, vom Gesichtspunkt der Staatsmacht aus gesehen. Noch im gleichen Jahr erhält Brandt den Auftrag, ein SAPD-Mitglied, einen Kameraden, nach Oslo, in die Hauptstadt Norwegens, zu schmuggeln. Aber sein Kumpel wird entdeckt, geschnappt und gefangengesetzt. Brandt übernimmt ohne lange nachzudenken dessen Aufgabe, die darin besteht, in Norwegen eine Zweigniederlassung oder Zelle der SAPD aufzubauen.

Damit man ihm nicht auf die Schliche kommt, benutzt er ab jetzt den Tarnnamen Willy Brandt. Er stiehlt sich über Dänemark nach Norwegen und schlägt allen Zöllnern und Grenzwächtern ein Schnippchen. In Oslo krempelt er sofort die Ärmel auf. Er erlernt blitzschnell die Sprache. Früh schon leitet er die Zentrale des SAPD-Jugendverbandes.

Im Rahmen der Sozialistischen Arbeiterpartei ist man gut untereinander vernetzt, über Ländergrenzen hinweg. Die Kontakte reichen von Frankreich bis nach Deutschland, von Norwegen und Schweden bis in den Süden Europas, ja bis nach Spanien. Papiere, die auf den Tarnnamen Willy Brandt lauten, werden organsiert. Wenig später nimmt er einen neuen Decknamen an: Gunnar Gaasland. Der echte Gaasland existiert tatsächlich, aber er bleibt in Norwegen und stellt Brandt nur seinen Namen zur Verfügung. 1936 schleicht sich Brandt als Gunnar Gaasland zurück nach Deutschland. Jetzt dient er seiner Partei als Kurier. Heimlich nimmt er wieder Kontakt mit der SAPD in Nazi-Deutschland auf, mit den Genossen im Untergrund, die unter dem Hitlerregime leiden. Der Widerstand wird organisiert. Die verdammten Nazis müssen unter allen Umständen ausgebremst werden. Offiziell ist Frahm/Brandt/Gaasland als Journalist in Berlin tätig. Brandt lernt, zwei oder drei Personen gleichzeitig zu sein. Aber der Boden in Deutschland wird immer heißer, die Gestapo schläft nicht.

Brandt setzt sich ab nach Spanien. Dort tobt gerade der Spanische Bürgerkrieg, General Franco versucht, die Macht an sich zu reißen. Brandt schlägt sich auch hier auf die Seite der Linkssozialisten, der faschistische General ist seiner Meinung nach eine ebenso widerwärtige Figur wie Hitler. Und er hat recht. Auch Franco wird später Konzentrationslager errichten.

Das Leben ist aufregend und gefährlich. Ständig muss er sich verstecken und Haken schlagen. Unaufhörlich riskiert er seinen Hals. 1938 wird er zudem offiziell von den Deutschen ausgebürgert. Plötzlich ist Brandt staaten- und heimatlos. Offenbar sind ihm die Nazis auf die Spur gekommen. Stehenden Fußes kehrt er zurück nach Norwegen.

Dort bemüht er sich um die Staatsbürgerschaft, er muss seinen Häschern immer einen Schritt voraus sein. Aber der verfluchte Hitler siegt auch im Norden Europas, er ist nicht aufzuhalten, die Nazis besetzen Norwegen. 1940 geschieht das Undenkbare: Brandt gerät in Gefangenschaft, die Nazis werden seiner habhaft. Da er aber eine norwegische Uniform trägt, wird er nicht enttarnt. Im letzten Moment entgeht er dem Strick oder einem Erschießungskommando. Man lässt ihn laufen. Sofort nimmt er die Beine unter den Arm und flieht nach Schweden. Dort gründet er mit anderen Journalisten eine Presseagentur und agitiert weiter.

Jetzt geht es nur noch um das nackte Überleben. Ganz Europa brennt.

1940 erhält er endlich die norwegische Staatsbürgerschaft, um die er sich so verzweifelt bemüht hat. Inzwischen nähert sich die SAPD wieder der SPD an, schließlich hat man einen gemeinsamen Feind. Es gilt der Satz: Im Krieg ist der Feind deines Feindes dein Freund. Offenbar ist die SPD doch noch aus ihrem Dornröschenschlaf aufgewacht.

Zu guter Letzt manövrieren sich die Nazis selbst ins Abseits. Hitler, der Wahnsinnige, kämpft am Schluss schier gegen die ganze Welt. Die Nazis verlieren den Zweiten Weltkrieg in Bausch und Bogen.

1945 kehrt Brandt nach Deutschland zurück, als alles in Schutt und Asche liegt. Offiziell tritt er als Korrespondent für eine skandinavische Zeitung auf. Als Journalist berichtet er über die Nürnberger Prozesse. Mit Gefühlen, die kaum zu beschreiben sind, sieht er endlich die Führer der alten

Nazi-Riege hängen oder ins Gefängnis wandern. Der Spuk ist endgültig vorbei.

Brandt erhält 1948 wieder die deutsche Staatsbürgerschaft. Den Tarnnamen Willy Brandt legalisiert er. Er lässt ihn 1949 im Polizeipräsidium Berlin eintragen und bestätigen.

Eine neue Zeit bricht an, die Sonne scheint wieder. Willy Brandt beschließt, an vorderster Front mitzumischen. Er kann es kaum abwarten, wieder politisch aktiv zu werden. Was er nicht weiß, ist der Umstand, dass mit seinen ersten großen Erfolgen ein Spion auf ihn persönlich angesetzt wird.

Der Griff nach der Macht

Der weitere Weg Willy Brandts braucht kaum nachgezeichnet zu werden, er ist allgemein bekannt. Brandt steigt innerhalb der SPD-Hierarchie höher und höher, schließlich ist er ein Mann der ersten Stunde und hat durch seinen heroischen Widerstand gegen die Nazis bewiesen, dass man mit ihm rechnen muss. Mut ist ihm sicherlich nicht abzusprechen.

Er wird Regierender Bürgermeister von Berlin. In den höchsten Zirkeln der SPD wird man auf ihn aufmerksam. Man staunt. Der Mauerbau erhöht seine Popularität, obwohl er nichts dagegen ausrichten kann. Was ihn jedoch von anderen unterscheidet, ist der Umstand, dass Brandt Wahlen gewinnen kann, und das ist, mit einer Spur Zynismus gesagt, die bedeutsamste Fähigkeit innerhalb einer Demokratie. Brandt wird als junges, gutaussehendes, dynamisches Gegenmodell zu Adenauer aufgebaut, dem vertrockneten, faltigen, alten Knochengerüst. Er verfügt über graublaue Augen, eine kühne Stirnlocke, die besonders der weiblichen Wählerschaft ins Auge fällt, Grübchen um die Mundwinkel und ein Lächeln, mit dem er verzaubert. Und er kann reden, manchmal schreit er sich die Kehle heiser. Brandt lernt, vor der gesamten Nation als »Staatsmann« aufzutreten, doch er kann auch in Altenheimen oder Festzelten mit ihrer Bierseligkeit Punkte sammeln.

Längst weiß er, dass Politik, illusionslos betrachtet, in erster Linie nichts als »Public Relations« ist. Es kommt auf die richtige Kleidung an, die eindrucksvollen Hand- und Armbewegungen und die nachdrückliche

Betonung der zugkräftigsten Vokabeln. Das gesamte Repertoire der Rhetorik ist gefragt. Zündende Parolen sowie eingängige Ausdrücke, die in Sekundenschnelle Emotionen auslösen und die Flammen der Leidenschaft bis zum Himmel aufzüngeln lassen, sind wichtig.

Man muss auf die Realität des Publikums eingehen und die Menge packen. Man muss, so nötig, wie die frömmste Nonne Hosianna singen und ab und an auch wie ein Gassenbub in die Niederungen der Sprache hinabsteigen können, wie das niemand besser vermag als Franz Josef Strauß, der ebenfalls bereits auf der politischen Bühne Deutschlands herumturnt.

Später wird das Geschäft der Public Relations rund um den Beruf des »Politikers« noch weiter ausgefeilt und ausgeschmirgelt. Alles wird dem äußeren Schein untergeordnet und der Fähigkeit, vor laufenden Kameras einen hervorragenden Eindruck zu hinterlassen. Es gilt, das Wahlvolk unendlich zu beeindrucken. Dabei muss man verschiedene Zielgruppen geschickt in Rechnung stellen und sich verwandeln können wie ein Chamäleon.

Brandt ist ein Instinktpolitiker. Vor dem Mikrofon und vor der Kamera blüht er auf wie ein Theatermann auf der Bühne. Er weiß um all die gut gehüteten Geheimnisse, wie man sich der Öffentlichkeit am besten präsentiert. Er kennt die Reizwörter, bestimmte nachdrückliche Handbewegungen sowie die Ausdrücke, bei denen das Wahlvolk in Jubel ausbricht. Er weiß um die Macht der Emotion, die der Macht des Verstandes immer überlegen ist, jedenfalls wenn es darum geht, zündende Reden zu halten. Die *Telekratie* und die *Videokratie* werden gerade geboren, sprich, die richtigen Bilder sind alles. Im Grunde genommen ist man ein Schauspieler in diesem Business, in dem man sich ernst und staatsmännisch geben muss, dabei gleichzeitig auch sympathisch und liebenswert.

Die alten Dichter hatten recht: Die ganze Welt ist eine Bühne, sie ist nur Theater.

Der Wahlkrimi

Am 28. September 1969 schlägt Brandts große Stunde. Es ist Wahlabend. Er hat alles gegeben, alles aus sich herausgeholt. Aber er ist ausgepumpt. Die ersten Hochrechnungen treffen ein. Es sieht schlecht aus. Häuptling Silberzunge scheint das Rennen gewonnen zu haben. Die Zahlen sprechen gegen die SPD. Schon beginnen die Christlichen Demokraten zu feiern. Die ersten Bierflaschen werden geköpft. Kurt Georg Kiesinger hat ihn offenbar auf den letzten Metern überholt. Im Lager der SPD macht sich Frustration breit.

Da passiert es. Die Computer spucken neue Zahlen aus. Brandt selbst verfolgt ungläubig am Fernsehschirm, wie sich die Zahlen mehr und mehr zu seinen Gunsten ändern. Dabei hat er die Flinte schon ins Korn geworfen. Doch die Zahlen werden besser und besser.

Schließlich steht das Ergebnis fest: Zusammen mit der FDP, die jetzt auf Brandts Seite steht, verfügt die SPD über die Mehrheit. Er schluckt. Das ist die beste Nachricht, die er seit Langem gehört hat. Eine unsägliche Aufregung ergreift ihn. Plötzlich überschwemmen ihn Glücksgefühle. Alle gratulieren ihm. Er ist der wichtigste Politiker in der Bundesrepublik Deutschland, von einem Augenblick auf den andern. Brandt reibt sich die Augen. Nein, er träumt nicht. An dem Ergebnis ist nicht zu rütteln: Die SPD ist der Wahlsieger, jedenfalls hat sie zugelegt. Sie verfügt über 42,7 Prozent der Stimmen, die CDU über 46,1 Prozent, die aber mit diesem Ergebnis im Verhältnis zur letzten Wahl verloren und eine Niederlage eingesteckt hat. Mit den 5,8 Prozent der FDP kann er regieren.

Brandt verhandelt in Hochgeschwindigkeit mit der FDP. Mit Walther Scheel, dem fröhlichen, stets gut gelaunten FDP-Chef, wird er sich schnell einig. Brandt sorgt dafür, dass er rasch alles in trockene Tücher bekommt.

Helmut Schmidt und Herbert Wehner wollen die große Koalition fortsetzen. Nicht mit ihm! Eine sozialliberale Koalition wird aus der Taufe gehoben. Zusammen mit der FDP besitzt die SPD 12 Sitze Vorsprung.

Am 21. Oktober 1969 wird Willy Brandt zum Bundeskanzler gewählt. Er befindet sich ganz oben auf dem Siegertreppchen. Er, und niemand anders, regiert die Bundesrepublik Deutschland.

Die neue Politik

Brandt läuft zur Hochform auf. Jetzt gilt es, rasch die eigenen Visionen umzusetzen. Er hebt die »Neue Ostpolitik« aus der Taufe, wie sie genannt werden wird. Er gibt auch gleich die Losung aus: »Wandel durch Annäherung« heißt das Motto.

Was ist darunter zu verstehen? Seiner Meinung nach kann es nicht angehen, dass man die Russen und den gesamten Ostblock ewig verteufelt. Man muss ins Gespräch kommen! Man muss sich die Hand reichen, selbst wenn man politisch unterschiedlicher Auffassung ist. Das universale Schmiermittel für alle Probleme heißt *Kommunikation.* Selbst mit Schurken kann man sprechen. Vielleicht kann er echte Erleichterungen für das deutsche Volk herauspokern, für beide Seiten. Was die Reiseerlaubnis angeht, liegt einiges im Argen, auch beim Briefverkehr. Ja, auf diesen Sektoren könnte er Land gewinnen. Das wäre ein erster Schritt. Vielleicht kann man die Mauer porös machen.

Wen muss er treffen? Der Gesprächspartner auf der anderen Seite heißt Willi Stoph, also Willi, wie er selbst, nur ohne Ypsilon. Brandt lässt sich eine Akte zukommen und studiert sein künftiges Gegenüber. Stoph ist streng, diszipliniert und ein Kommunist bis in die Knochen, liest er. Sein Spitzname lautet »der rote Preuße«. Aber vielleicht kann er ihn trotzdem für sich gewinnen. Brandt studiert die Akte weiter: Stoph (1914–1999) ist ein General von Haus aus. Aha, ein Kommisskopp! Er ist der Vorsitzende des Ministerrates der DDR. In der Hierarchie ist er ständig die Stufen nach oben gefallen. Aber stets blieb er dabei Militär. Er hat seine Finger in der Kernforschung, aber auch mit der Stasi ist er gut vernetzt.

Bereits 1970 trifft sich Brandt mit Stoph – zunächst in Erfurt, später in Kassel. Die Gespräche plätschern zwar nur an der Oberfläche dahin, aber sie verlaufen positiv.

Es ist ein Wunder, dass man überhaupt miteinander reden kann. Das DDR-Volk jubelt ihm zu. Ihm, dem Willy mit Ypsilon. Ah, nichts fühlt sich besser an als ein Bad in der Menge.

Aber der wahre Entscheider sitzt natürlich in Moskau. Hier ist Leonid Iljitsch Breschnew (1905–1982) der neue starke Mann. Der BND stellt ihm auch in dieser Beziehung die entsprechende Akte zur Verfügung. Breschnew ist ebenfalls ein Kommunist mit Haut und Haaren, daran ist nicht zu rütteln. Einige schreckt er mit seinen riesigen, buschigen, pechschwarzen Augenbrauen. Noch ist kein Gorbatschow in Sicht. Aber man muss die Menschen nehmen, wie sie sind, man kann sie sich nicht zurechtwünschen. Was muss er noch lernen? Breschnew machte in der kommunistischen Partei rasch Karriere, weil Ingenieure und Techniker besonders gefördert wurden. Breschnew kennt sich aus in der Rüstungsindustrie und er ist ein Fuchs in Sachen Propaganda. Aha, das wird man sich merken müssen: Sowohl in der DDR als auch in der UdSSR kommt man am Militär *und* an den Geheimdiensten nicht vorbei. Die »Propaganda« dort ist längst eine eigenständige Abteilung innerhalb des KGB, man spricht dort von »Information« oder »Desinformation«. Nichts als Wortklauberei! Immer geht es nur um darum, wie man sich der Öffentlichkeit verkauft. Der Russe ist sicher ein harter Brocken, aber vielleicht kann er ihn mit seinem Charme ebenfalls bezirzen. Immerhin vertritt Breschnew einigermaßen gemäßigte Positionen. Er neigt zur Entspannung, liest Brandt, ein wohliger Gegensatz zu dem Massenmörder Stalin und dem Brandstifter Chruschtschow. Aber er steht auch für Verkrustung und Stagnation. Jedenfalls ist er ein besserer Gesprächspartner als alle vorherigen Sowjetführer zusammengenommen.

Brandt, gut vorbereitet, packt seine Siebensachen, reist nach Moskau und führt die notwendigen Gespräche.

Schon 1970 unterzeichnet er im Kreml den *Moskauer Vertrag*. Die Nachkriegsgrenzen werden offiziell anerkannt. Zumindest ist man jetzt deutlich sichtbar miteinander im Gespräch. Ein neuer Wind weht durch die Ost-West-Beziehungen, für viele Ohren ist es ein wohliges Rauschen im Blätterwald der internationalen Politik.

Brandt fährt fort, er gibt keine Ruhe. Voller Eifer besucht er Polen. Ebenfalls 1970 unterzeichnet er den *Warschauer Vertrag*, in dem ebenfalls die Grenzen nach dem Krieg offiziell anerkannt werden. Brandt punktet erneut in der Presse, als er vor einem polnischen Mahnmal niederkniet, mit dem des Ghetto-Aufstandes von 1943 gedacht wird. Die Schuld der Nazis, die in diesem Aufstand Juden hinschlachteten, wird damit anerkannt. Deutschland entschuldigt sich damit vor der gesamten Weltöffentlichkeit. Überall applaudiert man Brandt.

Das Jahr 1971 sieht die ersten Erleichterungen. Die Zugangswege von und nach West-Berlin erfahren eine neue, bessere Regelung. Auf beiden Seiten atmet man auf, zumindest ein wenig.

Brandt erhält 1971 für seine Bemühungen den Friedensnobelpreis. Und zu Recht.

1972 wird gar ein *Grundlagenvertrag* mit der DDR unterzeichnet. Man verpflichtet sich zu »gutnachbarlichen Beziehungen«, verzichtet auf Gewalt, verspricht die Achtung der momentanen Grenzen, bekennt sich zur Abrüstung und dazu, wechselseitig die Unabhängigkeit zu respektieren. Man stellt gar in Aussicht, in Wirtschaft und Wissenschaft, im Post- und Fernmeldewesen und in Sachen Kultur und Sport zusammenzuarbeiten.

Mit der Tschechoslowakei kommt man ebenfalls ins Reine. Und Brandt setzt weiter auf Entspannung und Kommunikation.

Später werden einige linke Historiker verkünden, dass der Zusammenbruch des Kommunismus mit Brandts Ostpolitik eingeläutet wurde. Rechte Historiker werden protestieren und analysieren, dass Brandt lediglich eine Aufwertung und Stabilisierung des Kommunismus »gelungen« sei.

Wir werden die Wahrheit schon im nächsten Kapitel nachtragen.

Ha, Wissenschaft! Selbst sie steht unter dem Diktat der Gegenwartspolitik, auch im Westen, denn auch »Wissenschaftler« gelangen nur an gewisse Fleischtöpfe, wenn sie den »richtigen« Politikern zujubeln.

Keine Vokabel ist prestigeträchtiger als das Wörtchen »Wissenschaft«, und kein Wort wird mehr missbraucht.

Reformen im Innern

Brandt ist auch daran gelegen, im Innern Zeichen zu setzten. Das Bundesausbildungsförderungsgesetz (Bafög) erblickt das Licht der Welt. Eine so lange Worte-Wurst wie *Bundesausbildungsförderungsgesetz* können nur die Deutschen erfinden. Studenten aus einkommensschwachen Familien werden bestimmte finanzielle Zuschüsse zugestanden. Andere Reformvorhaben landen auf Brandts Schreibtisch. Aber ach! Der vierte Bundeskanzler der Republik hat vergessen, dass Geschenke und Reformen finanziert werden müssen. Der Bundeshaushalt droht zu knallen. Gleich zwei Wirtschaftsminister, Alex Möller und Karl Schiller, werfen in der SPD nacheinander das Handtuch. Die ersten dunklen Wolken ziehen am Horizont auf.

Umsturzversuch

Der Vorsprung der SPD/FDP wird immer dünner. Einige Abgeordnete der SPD und der FDP wechseln die Seiten und treten zur Union über.

Überflüssig ist es, festzuhalten, dass sie von der CDU/CSU umworben und umschmeichelt wurden – oder entsprechend »bearbeitet«. Die Mehrheit Brandts schrumpft zusammen, die Luft zum Atmen wird dünner. Der CDU/CSU-Fraktionsvorsitzende Rainer Barzel versucht, Willy Brandt 1972 zu stürzen. Alles wird hinter den Kulissen sorgfältig ausbaldowert. Ein Misstrauensvotum wird gestellt.

Auf beiden Seiten wird Stimmung gemacht.

> »Strauß und Barzel üben fleißig,
> für ein neues Dreiunddreißig«,

skandieren die Linken, auf Hitlers Machtergreifung 1933 anspielend. Sie sprechen von einem Staatsstreich. Der »Frieden« wird angeblich hingemordet.

Die SPD mobilisiert ihre Mannen. Das Ergebnis: Massenhaft treten Bürger in die SPD ein.

Aber bei der endgültigen Abstimmung – die CDU/CSU glaubt bereits, den Sieg in der Tasche zu haben – fehlen der CDU/CSU zwei Stimmen. Der Putsch, der legale Putsch, der Umsturzversuch, der demokratische Genickschuss ist missglückt. Später stellt sich heraus, dass mindestens zwei Abgeordnete der CDU/CSU vom Ministerium für Staatsicherheit (MfS), sprich von der Stasi, mit jeweils 50 000 D-Mark bestochen wurden. Andere Quellen beschuldigen in einem Fall die SPD.[2]

So oder so, wieder wird deutlich, in welchem Umfang die Geheimdienste hinter den Kulissen die Strippen ziehen. Dort wird mit härtesten Bandagen gekämpft, das ist nichts mehr für einen jungfräulichen Nonnenverein. Die

Stasi schläft nicht. Man will den CDU-Mannen, die den Kommunismus wie den Leibhaftigen darstellen, eins auswischen. Man will mit allen Mitteln verhindern, dass die CDU wieder ans Ruder kommt.

Geheimdienste spielen auf beiden Seiten eine größere Rolle, als dies bislang in der Geschichtswissenschaft zugegeben wird. Man spioniert sich wechselseitig aus, wobei die Stasi längst die Oberhand über den BND besitzt. Ha, die dummen Westdeutschen wissen nicht, dass sich längst Spitzel der DDR in den Zentren der Macht innerhalb der BRD befinden. Sowohl in der Führungsriege des BND als auch in der Nähe des Bundeskanzlers Willy Brandt wird spioniert. Mein Gott, sind die Westdeutschen naiv!

Jedenfalls hat man zunächst Brandt, der kommunistenfreundlicher zu sein scheint, davor bewahrt, seinen Hut zu nehmen.

Die Welt jedoch erfährt, wie bestechlich Politiker sind.

Brandt stellt geschickt die Vertrauensfrage. Seine wahre Absicht besteht darin, den Bundestag aufzulösen und Neuwahlen anzuberaumen. Der Streich gelingt.

Der Wahlkampf 1972 wird mit einer Leidenschaft geführt wie nie zu vor. Die Beliebtheit Brandts erreicht ihren Zenit. Ein Brandt-Kult entsteht. Er ist der neue Messias. VIPs schlagen sich auf seine Seite, sprich Künstler und Schriftsteller wie Grass oder Lenz, Fernsehmoderatoren wie Kulenkampff oder Frankenfeld, und Schauspieler wie Lowitz oder Tappert. »Christus würde Willy wählen«[3], weiß ein Aufkleber auf einem Autobus.

Rekordverdächtige 91 Prozent der Westdeutschen pilgern schließlich zu den Urnen.

Die Wahlen enden mit einem überwältigenden Sieg der Regierung Brandt. Die SPD erhält 45,8 Prozent der Stimmen und überflügelt die CDU. Brandt schwebt auf Wolke sieben. Das Leben sieht herrlich aus.

Er weiß jedoch nicht, dass nichts so trügerisch und vergänglich ist wie die Gunst der Götter, poetisch gesprochen. »Willy Wolke«, wie einer seiner Spitznamen lautet, weil er über allen zu schweben scheint, ist ohne Grund übermütig. Er sieht nicht, dass ein Sturm in der Ferne aufzieht.

Der Spion

Obwohl oder weil die DDR in Brandt den »besseren« Kanzler sieht, hat sie in seiner Nähe längst einen Spion platziert: Günter Guillaume.

Von Haus aus ist Guillaume eher ein schlichtes Gemüt, aber er fühlt sich zu Höherem berufen. Die Stasi bildet ihn gründlich aus. Dann wird er über die DDR-Grenze in die BRD geschleust. Offiziell gilt er als »Flüchtling«. Gemäß Weisung seitens der Stasi tritt er in die SPD ein. Er bringt es bis zum Stadtverordneten in Frankfurt. In der Folge dient er sich einem hohen SPD-Tier als Wahlkampfhelfer an. Zum Dank verschafft man ihm einen Posten im Bundeskanzleramt.

Die Sicherheitsorgane in der BRD, der Bundesverfassungsschutz und der BND, die Schlapphüte, schlafen. Guillaume gerät zum Hilfsreferent im Bundeskanzleramt. Er ist aufgeregt bis unter die Haarspitzen. Er kann es selbst kaum glauben: Er befindet sich im Allerheiligsten der Macht. Geschickt gibt er sich farblos, bieder und langweilig, aber auch diensteifrig und kumpelhaft. Er schleimt sich an Brandt heran, kocht für ihn, sorgt für Speise und Trank und ist eine Art Mädchen für alles. Er trägt ihm den Koffer, kümmert sich um den Terminkalender seines Bosses und umsorgt ihn sogar im Urlaub. Er ist eine Kriecher- und Dienernatur. Auf diese Weise gewinnt er Einblick in Brandts Privatsphäre. Später wird er beschuldigt, dem Kanzler sogar Damen zugeführt und selbst einige vernascht zu haben – die Brotkrumen, die vom Tisch abfallen. Zusätzlich teilt er mit verschiedenen SPD-Sekretärinnen das Kopfkissen, von denen er sich ebenfalls Auskünfte erhofft. Die Ergebnisse seiner Spitzeltätigkeit funkt er des Nachts in die DDR zu seinen Vorgesetzen, die alles sorgfältig in Augenschein nehmen. Guillaume führt ein aufregendes Doppelleben. Er hält sich für den wichtigsten Mann der Welt.

Durch Zufall wird er enttarnt. Dem Verfassungsschutz fällt 1973 der Name Guillaume auf. Verschlüsselte Glückwunschtelegramme, Funksprüche aus Ostberlin, die schon früher abgefangen und decodiert wurden, verraten ihn. Auch in der Stasi, die sich für so clever hält, gibt es Esel.

Günther Nollau, der Präsident des Verfassungsschutzes, wird informiert. Sofort erkennt er die Brisanz. Genscher, damals Innenminister, wird ebenfalls in Kenntnis gesetzt. Auch »Genschman«, so sein späterer Spitzname, reagiert wie elektrisiert.

Die Wogen schlagen hoch, das ist heißes Material. Vorsichtig wird Brandt in Kenntnis gesetzt. Zunächst will man Guillaume beschatten lassen, um noch mehr Beweise zu sammeln. Der Verdacht erhärtet sich. Und eines Tages stehen ein paar Männer und eine Frau vor der Tür der Privatwohnung des Günter Guillaume. Sie halten ihm einen Verhaftungsbefehl des Bundestaatsanwaltes unter die Nase. Guillaume gesteht sofort. Er wird abgeführt.

Die Presse jault auf. Wie in jedem demokratischen Land der Erde gibt es genügend Verbindungen zwischen Politik und Presse, in den USA spricht man von »leaks«, von Lecks oder undichten Stellen.

Wehner klärt Brandt süffisant über den Skandal auf, der sich da gerade anbahnt, zumal Guillaume auch in die privatesten Angelegenheiten seines Chefs Einblick hatte. Willy Brandt glaubt anfangs noch, er könne das durchstehen. Aber er ist angeschlagen.

Das Tief und der Rücktritt

Schon nach der Wahl geht es Brandt grottenschlecht, denn er hat sich körperlich und mental bis zum Letzten verausgabt. Eine Operation am Kehlkopf, wo eine Geschwulst droht, gibt ihm den Rest. Seine geliebten Zigaretten werden ihm verboten. Die Koalitionsverhandlungen muss er anderen überlassen, er muss das Bett hüten. Einige springen eilfertig in die Lücke. Brandt weiß, selbst den eigenen »Freunden« und »Genossen« kann er nicht trauen.

Er genest und stürzt sich erneut in das Politbusiness. Die täglichen Nachrichten fallen wie Bomben auf ihn nieder. 1973 steht die Ölkrise ins Haus. Die Ölpreise wachsen in den Himmel und bedrohen die deutsche Wirtschaft. Die Regierung sucht Abhilfe zu schaffen, indem sie Fahrverbote für Kraftfahrzeuge an vier Sonntagen verordnet. Die Wirtschaft beginnt zu lahmen und zu hinken. Und die Arbeitslosenzahlen steigen. Als zudem noch der öffentliche Dienst streikt und eine weitaus bessere Bezahlung verlangt, brennt es an allen Ecken lichterloh.

Zu allem Überfluss wendet sich auch noch Wehner offen gegen ihn mit dem berühmten Ausspruch: »Der Herr badet gerne lau«, der so herrlich vieldeutig interpretierbar und mehr als ironisch ist.

Er sei entrückt und abgeschlafft, wirft man ihm vor. »Das Monument bröckelt«, titelt der *Spiegel.* Man munkelt von Depressionen und innerparteilichen Intrigen. Gerüchte über Alkoholprobleme machen die Runde.

Der Spionagefall Guillaume gibt Brandt den Rest. Im Zirkel der Macht befürchtet man, er könne durch seine Affären erpressbar werden.

Brandt wirft das Handtuch. 1974 verkündet er seinen Rücktritt. Wehner nickt. Schmidt stimmt ebenfalls zu. Die Ära Brandt geht zu Ende.

Noch einmal: der Spion

Guillaume schmort inzwischen längst im Gefängnis. Er nimmt wahr, dass seine Enttarnung in Bonn ein Erdbeben auslöst. Der erste Mann der BRD ist über ihn gestolpert. Die Entscheidungsträger in der BRD versuchen, sich wechselseitig die Schuld in die Schuhe zu schieben. Er wird zu dreizehn Jahren Bau verurteilt. Sein Vergehen: »Landesverrat«.

Er reibt sich trotzdem die Hände. Ein paar Jährchen wird er auf der linken Arschbacke absitzen.

Im Rahmen eines Agentenaustausches lässt man ihn schließlich ein paar Jahre früher laufen. Man schiebt ihn in die DDR ab. Dort feiert man ihn als Held. Er erhält Orden und Auszeichnungen und wird zum Oberst befördert. Nun ist er selbst ein hohes Tier. Bei Agentenschulungen spielt er die VIP. Man verleiht ihm gar den »Doktor der Rechtswissenschaften«, ehrenhalber, was den Wert von akademischen Würden nicht eben hebt. Er hält Vorträge und wird als »Star« gefeiert.

Willy Brandt wird später zum Chef der Sozialistischen Internationalen gewählt, in deren Rahmen er sich für Frieden, Abrüstung, Umweltschutz und soziale Gerechtigkeit einsetzt. Weiter bleibt er noch eine Weile Parteichef. Man stilisiert ihn hoch zur SPD-Ikone, er gerät noch zu Lebzeiten zu seinem eigenen Denkmal.

Aber die Frage bleibt: Wie muss man über Brandt insgesamt urteilen?

Unter dem Vergrößerungsglas

Nun, die »Rechten« werden ihn bis zum Ende des 21. Jahrhunderts verdammen, die »Linken« hochloben. Wenn man um Neutralität bemüht ist, darf man immerhin so viel festhalten: Der »Job« des Bundeskanzlers war (und ist) ein »Mörder-Job«, wie das die Österreicher ausdrücken würden. Die Anzahl der Figuren, die dem Kanzler, kaum dass er auf dem »Thron« Platz genommen hat, von einem Augenblick auf den anderen die Pest an den Hals wünschen, sind Legion. Jeder Kanzler hat mit mindestens fünf Gegenkräften zu rechnen:

1. Fremde (und manchmal sogar die eigenen) Geheimdienste werden alles tun, um die privatesten Details auszuspähen und über Erpressungsmaterial zu verfügen oder zumindest über Informationen mit genügend Zündstoff. Spitzel und Spione, die unbedenklich jedes Gesetz brechen, Kriminelle mit anderen Worten, sitzen dem ersten Mann des Staates im Nacken.
   Das Musterbeispiel hierfür ist der Fall Günter Guillaume.
2. Ferner ist die Opposition pausenlos darauf bedacht, den Kanzler zu stürzen oder ihm das Leben so schwer wie möglich zu machen. Sie fahndet systematisch und oft in bösartiger Weise nach Schwächen und Unsicherheiten, forscht die Vergangenheit aus, verdreht Fakten und jubelt jeden kleinen Fehler hoch. Sie wird aus einer Mücke einen Elefanten machen und bekämpft den Kanzler bis aufs Messer, selbst wenn er eigentlich vernünftige Richtlinien aufstellt und gescheite Entscheidungen trifft. Anders gelangt sie nicht an die Fleischtöpfe. Das System selbst, das zwanghafte Gegeneinander, fordert es ein, ohne Unterlass auf den Kanzler einzudreschen. Die Opposition wird sich jeder Intrige bedienen, der Bestechung, des Rufmords, der Fake News und der schwarzen Propaganda. Bis heute lassen es sich einige der klügsten Gehirne und begabtesten Griffel der Republik angelegen sein, dem Kanzler täglich die Hölle zu bereiten.
   Das gilt nebenbei bemerkt für beide Seiten, für die Linken und die Rechten. Der Beweis hierfür: Die Äußerungen der Opposition in dieser Periode.

3. Am heimtückischsten und gefährlichsten sind »Genossen« aus den eigenen Reihen, die zu den heimlichen Neidern gehören und die vielleicht selbst nach dem höchsten Staatsamt streben. Sie lauern auf jeden Fehler, den der Kanzler begeht, gierig wie ein Krokodil auf seine Beute. Manchmal stellen sie gezielt Fettnäpfchen auf, damit der erste Mann oder die erste Frau des Staates hineintritt – obwohl sie ihm/ihr doch den Rücken freihalten sollten. Oder sie lassen zweideutige Bemerkungen fallen, die in der Folge »zufällig« in der Presse landen. In Wahrheit werden sie geschickt und berechnend lanciert.
   Das Exempel im Falle Brandts: der grummelige, brummbärige, illoyale Herbert Wehner, der Vorsitzende der SPD-Bundestagsfraktion.
4. Hinzu kommen die Medien, die sensationslüstern nach jedem Skandal schielen und mit einer geifernden Freude nach einem möglichen Zwist Ausschau halten. Das gilt erneut für die linke und die rechte Presse gleichermaßen. Die Presse gleicht oftmals einer Bulldogge, die nach allen Seiten wütend um sich beißt. Sie verletzt dabei mitunter sogar »Freunde« und den Hundebesitzer selbst, der eben noch die Bulldogge gefüttert hat.
   Das Musterbeispiel: Die hämische Berichterstattung über Willy Brandt, selbst seitens der Zeitschriften Stern und Spiegel.
5. Die offiziellen »Feinde« existieren gratis. Die verkorksten, verkommenen DDR-Oberen und die kommunistische Mischpoke in Moskau, die dem westlichen Bündnis alles Schlechte an den Hals wünschten und damit auch Willy Brandt, sind hier als Exempel zu nennen. Insgesamt sind solche Feinde jedoch weniger gefährlich als falsche Freunde, denn immerhin weiß man um den Umstand der Gegnerschaft.

»Ein schwacher Feind in der Festung ist fürchterlicher als der stärkste von außen«, wusste schon der Schriftsteller und Bibliothekar Wilhelm Heinse (1746–1803). Und Nietzsche warnte: »Lieber aus ganzem Holz eine Feindschaft als eine geleimte Freundschaft.«

Der Thron des Bundeskanzlers, trotz Gold und Girlanden, bei allem Glamour und Glitzer, ist in Wahrheit ein Pulverfass, das jeden Augenblick in die Luft fliegen kann.

Die grundlegende Absicht

All diese Umstände, all diese Gegnerschaften muss man im Falle Brandts in Rechnung stellen.

Wenn man sorgfältig die Autobiografie Brandts liest[4], kommt man nicht umhin zu erkennen, dass es sich bei ihm um eine ehrenwerte, soziale Persönlichkeit handelte, die sich ehrlich bemühte, für die BRD das Beste zu erreichen. Zugegeben, jede Autobiografie ist geschönt, zumal die eines Politikers, der sie stets dazu benutzt, sich zu rechtfertigen, im Nachhinein das Bild über sich selbst geradezurücken und gekonnt zu lügen. Dennoch verrät die Autobiografie Brandts, dass ihm ernsthaft an den Werten *Frieden* und *Freiheit* gelegen war. Sein Kampf gegen die Nazis war nichts weniger als großartig und verdient Applaus. Nach 1945 mischte er sich sofort wieder in die Politik ein, trotz aller Gefahren und Verleumdungen, um sich für die Bundesrepublik einzusetzen. Er fühlte ehrlich mit den »kleinen Leuten«. Zumindest die grundlegende gute Absicht kann man ihm nicht absprechen.

Brandt scheiterte jedoch an der Überzahl seiner Feinde, vor allem aber an seinen »Freunden«.

Trotz dieser Einschränkung muss es erlaubt sein, auch auf seine Fehler aufmerksam zu machen.

Der Kardinalfehler

Absolut tödlich waren Brandts zahlreiche Affären und Frauengeschichten. Viele Anhänger versuchten, diesen Umstand zu leugnen oder hinwegzureden, aber vergeblich.

Dabei darf man nicht vergessen, dass es lange eine Art stillschweigendes »Gentleman-Agreement« gab, das zwischen Journalisten und Politikern herrschte. Es besagte, dass man die Themen *Sex und Frauen* aus den Nachrichten heraushielt, selbst wenn die Schnüffler, die Journalisten und die Spione darum wussten. Etwa Mitte der Achtzigerjahre, mit Sicherheit jedoch in den Neunzigerjahren des letzten Jahrhunderts, brach jedoch der Damm, das Agreement wurde aufgekündigt. Und heute wird beispielsweise völlig offen über das ausufernde Sexlife des John F. Kennedy geredet, der keinen Unterrock an sich vorübergehen lassen konnte und der manisch promiskuitiv war. Viele andere Politiker wurden ebenfalls entzaubert. Aber schon in der Ära Brandt kam es in dieser Beziehung zu ersten Tabubrüchen. Auch aus diesem Grunde war es ein enormer Fehler Willy Brandts, auf einem so brisanten Posten wie dem des Bundeskanzlers den Casanova zu spielen.

»Ich bin gewiss kein Säulenheiliger und habe auch nicht behauptet, frei von menschlichen Schwächen zu sein«[5], gestand selbst Brandt ein – als es schon zu spät war.[6]

Wehner wurde deutlicher, als er Willy Brandt kritisierte und verkündete: »Der Herr badet gerne lau«, wie bereits zitiert. Die gesamte Presse überschlug sich daraufhin. Wehner wies Willy Brandt, den »Bruder Leichtfuß«, zudem auf ein Dossier des Bundeskriminalamtes hin, in dem Brandts Damenbekanntschaften sorgfältig aufgelistet waren – nachdem Guillaume aufgeflogen war. Auch Schmidt wusste um die »Frauengeschichten« Brandts, drängte ihn aber, deswegen nicht zurückzutreten.

Für die Presse war es ein gefundenes Fressen. Sie nahm kein Blatt vor den Mund.

»Macht der Spion auch Porno-Fotos?«, lautete die Headline einer Zeitung süffisant. Dann fuhr der »Enthüllungs-Journalist« fort: »Der Salonwagen [den Willy Brandt benutzte], [ist] zum Séparée für nächtliche Amüsements umfunktioniert worden.«[7] Auch Damen von weniger guter Reputation vernaschte Brandt angeblich. Der Spion Guillaume habe sich der überzähligen Verehrerinnen angenommen, »wusste« der Journalist.

Das BKA und der Verfassungsschutz fürchteten halböffentlich, Brandt könne durch seine Affären erpressbar geworden sein. Und so stürzte Willy Brandt, er stürzte in letzter Konsequenz sich selbst, weil er seine erotischen Dämonen nicht kontrollieren konnte und weil er die Geschichte nicht kannte oder sie vielleicht einfach ignorierte.

Die Historie beweist wieder und wieder, dass man auf dem Gipfel der Macht hundertmal anständiger, ehrlicher, integrer und unangreifbarer sein muss als auf einem mittleren Polit-Management-Posten. Alles andere ist politischer Selbstmord.

Als Geschichtswissenschaftler weiß man, dass »Macht« in rund 10 bis 25 Prozent aller Fälle riskiert oder sogar verspielt wird, allein aufgrund des Sexus.

Man wird nicht nur angreifbar und erpressbar, sondern man gibt auch ein schlechtes Vorbild ab. Es zeugte vonseiten Brandts jedenfalls von Torheit, sich auf dieses »Spiel« einzulassen.

Der Rücktritt Brandts war dennoch bei Licht betrachtet vielleicht nicht notwendig. Er hätte ihn politisch überleben können. Aber als deutlich wurde, dass all seine sexuellen Verfehlungen unter Umständen ans Licht der Welt gezerrt werden würden, war er von einem Augenblick auf den anderen politisch-publizistisch tot. Sein gesamtes mühsam aufgebautes »Image«, dieses Fantasiegebilde aus Charme und Charisma, wäre zusammengebrochen wie ein Kartenhaus.

Wie dick die »Akte Willy Brandt« im Lager der Stasi war, aber auch im BND und bei der CIA, kann man nur vermuten. Es ist nicht auszuschließen, dass er längst erpressbar war.

Brandt ahnte, dass er im gnadenlosen Scheinwerferlicht der Medien nicht überleben *konnte*. Also trat er zurück, um sich selbst und seine Partei vor größerem Schaden zu bewahren.

Weitere Fehler

Sein zweiter persönlicher Fehler bestand darin, falsche Freunde nicht rechtzeitig zu entlarven und zu feuern.

Sein dritter Fehler war das Manko aller »Gutmenschen« und »Sozialisten«: zu viel Geld auszugeben, das Loch in der Staatskasse weiter zu vergrößern und nicht für einen gesunden Haushalt zu sorgen. Es war falsch, unbedenklich Geschenke zu verteilen.

Die intelligentesten Herrscher der Geschichte – von Augustus bis hin zu Thomas Jefferson, von Königin Elisabeth I. bis hin zu den klügsten Preußenkönigen – kultivierten stets diese Richtlinie: SPAREN, SPAREN, SPAREN!

Genau mit dieser Politik gewannen sie haushoch.

Brandts vierter Fehler bestand darin, kommunistischen Diktatoren zu vertrauen.

Und während die Ostverträge richtig waren, während es nicht falsch war, auf Entspannung zu setzen und während Kommunikation immer besser ist als Konfrontation, hätte er niemals davon ausgehen dürfen, dass ein unterdrückerisches System oder seine Vertreter ihm persönlich mit Wohlwollen gegenüberstehen würden.

Genau jene Kommunisten, denen er die Hand reichte, denen er zu einem besseren Image verhalf und die er förderte, hintergingen ihn nach Strich und Faden. Mit dem Spion Guillaume legten sie ihm ein Ei ins Nest, das er nicht mehr ausbrüten konnte.

Der Vorgang hat fast etwas von großer, griechischer Tragödie an sich: Genau die Personen, denen er am meisten half, verrieten ihn am elendesten.

Seine »Freunde«, die DDR-Oberen, schliffen den Dolch, mit dem er zuletzt erstochen wurde.

Das, und nichts anders, ist die wahre Geschichte des Willy Brandt.

2. Geheimdienste in der Ära Brandt

Wir haben noch einen kleinen Nachtrag zu leisten, was Gehlen angeht, den Präsidenten des BND, denn in den Sechziger- und Siebzigerjahren erschüttert ein Skandal eigener Güte die Bundesrepublik Deutschland. Gleichzeitig dreht sich der Wind: Brandt regiert von 1969 bis 1974, wie wir bereits gehört haben, doch schon vorher, 1966, ist er Außenminister und sitzt im Regierungskabinett. Es ist selbstverständlich, dass die SPD auch den alten Geheimdienst-Seilschaften der CDU nicht grün ist.

Fragen wir uns zunächst: Was ist eigentlich passiert?

Noch einmal: Gehlen

Erinnern wir uns: Zunächst schlägt sich Gehlen gewandt auf die Seite Adenauers, Erhards und Kiesingers, kurz der CDU, denn der Wendehals weiß, in welche Richtung er sein Fähnchen drehen muss. Obwohl ihm die Nazi-Denkweise noch tief in den Knochen steckt, kann er offenbar gut damit leben, jetzt gegen »die Russen« zu spionieren, gegen den Kommunismus, im Verbund mit der CIA – schließlich hat Hitler ebenfalls die Kommunisten abgrundtief gehasst. Setzen die Amerikaner und die CIA, ohne es zu ahnen, lediglich die Politik Hitlers fort? Diese und ähnliche Gedanken durchzucken vielleicht das Gehirn Gehlens, der auch intellektuell mit der neuen Situation fertig werden muss. Was ihn freut: Selbst im Bundesamt für Verfassungsschutz, der Konkurrenzbehörde, sitzen alte Nazis. Unter Nachrichtenleuten ist das ein offenes Geheimnis. Dennoch intrigiert er mit allen Mitteln gegen den Verfassungsschutz, der gefälligst dem BND nicht die Butter vom Brot nehmen soll. Gleichzeitig muss er die SPD scharf im Auge behalten, vor allen diesen Willy Brandt, der offenbar ebenfalls einen guten Riecher für Machtverhältnisse besitzt.

Was er nicht weiß, ist der Umstand, dass er längst eine Schlange an seinem Busen nährt.

Die Gegenspieler

Die DDR hat sich inzwischen gemausert. Dort gibt es mittlerweile ein aktives und reges *Ministerium für Staatssicherheit* (MfS), das noch rabiater als der BND vorgeht, wenn Spitzeleien gefragt sind. Unterstützt vom KGB, dem russischen Geheimdienst, steht im MfS die rigorose Bekämpfung der Spione aus dem Westen auf dem Programm.

Das MfS tritt an gegen den BND. Dem MfS gelingt es nicht nur, die eigenen militärischen Streitkräfte (und Geheimnisse) zu schützen, man kann auch die BRD zu einem Ausmaß infiltrieren, das atemnehmend ist. Die Anzahl der DDR-Horcher steigt ständig an. Mischa Wolf lässt grüßen. Alles und jeder wird belauert und ausgespäht: die Kirchen, die Parteien, die Administration, die Wirtschaft.

Da passiert es. Gehlens Spione in der DDR werden zu Hunderten enttarnt. Eine Lawine wird losgetreten. Überall kommt man dem BND und seinen Spitzeln auf die Spur. Der BND selbst wird infiltriert. Gehlen-Spione werden von der Stasi sogar animiert, mit wehenden Fahnen zur DDR überzulaufen.

In der Folge infiltriert man sich wechselseitig, aber Gehlen kann den Schaden nicht mehr rückgängig machen. Westdeutsche Spione werden in der DDR kurzerhand zum Tode verurteilt, wenn sie nicht umgedreht werden können. Im kommunistischen Teil Deutschlands kennt man kein Pardon. Wertvollste Späher sterben unter dem Fallbeil.

Die große Zeit Gehlens im Osten ist vorbei. Der Meisterspion Hitlers wird in die zweite und dritte Reihe zurückgedrängt, er verliert an Reputation.

Gehlen versucht verzweifelt, Land zu gewinnen, indem er den BND auf ein höheres Niveau hebt durch die elektronische Spionage, durch Satelliten und raffinierte Aufklärungsmethoden, bei denen Flugzeuge und Schiffe zum Einsatz kommen, ferner durch völlig neue Abhörgeräte. Ganze Antennenwälder entstehen, die praktisch jeden Bürger belauschen können.

Außerdem weitet er sein Geschäftsfeld aus. Die ganze Welt gerät ins Visier seiner Späher, speziell die Krisengebiete sind interessant. Gehlen sucht Verbündete und neue Einsatzfelder. Er findet sie unter anderem in Südamerika, wo viele alte Nazis untergekrochen sind, in Argentinien, Brasilien und Chile etwa. Er arbeitet zudem im Nahen Osten. Der BND macht sich in Ägypten und Israel breit, in Indonesien und in Afrika. Leibwachen zweifelhafter Potentaten werden vom BND ausgebildet, geschult und aufgerüstet. So manche Palastwache besteht auf einmal aus Deutschen. Auch in Saudi-Arabien befindet sich der BND, ja fast in jedem NATO-Staat. Der Etat für den BND steigt und steigt. Überall sucht Gehlen Spitzel.

Als die CDU zu wackeln und die SPD zu erstarken beginnt, reagiert Gehlen nach altbewährter Manier. Schnell ändert der Wetterhahn seine Windrichtung. Plötzlich sucht er die Nähe zu den Sozis, die er gestern noch verteufelt und ausspioniert hat. Der Wendehals dreht sich erneut, er ist mehr als gelenkig, er kann seinen Hals um 360 Grad drehen. Jetzt sucht er sogar die Nähe zu dem anfänglich verhassten *Spiegel*, der es nie ausgelassen hat, der CDU eins überzubraten und die SPD zu streicheln. Mit dem *Spiegel* verbindet ihn mehr, als es sich Gehlen anfänglich selbst eingesteht: Auch im Rahmen dieses Blattes verfügt man über seine Zuträger. Vorsichtig klopft Gehlen an. Und siehe da, die Tür öffnet sich, ihm wird aufgetan.

Gehlen findet beim *Spiegel* schnell Gleichgesinnte. Selbst ehemalige Angehörige der deutschen Wehrmacht befinden sich dort. Nachdem die CDU abgedankt hat, scheint Willy Brandt der neue starke Mann zu sein. Innerlich triumphiert Gehlen. Oh, jetzt hat er sie alle in der Tasche, die Rechten und die Linken. Aber eine Person hat Gehlen, der Meisterspion, völlig außer Acht gelassen: einen Spitzel in seinen eigenen Reihen.

Gehlen, der Verlierer

Der BND-Chef, der sich so viel darauf einbildet, über allen Spionageorganisationen zu thronen und sie alle nur zu benutzen, er, der sich mit Geheimnissen umwoben hat wie andere mit Kränzen, stolpert über einen Spitzel in seinen eigenen Reihen. Heinz Felfe, ein ehemaliger SS-Mann, jetzt ein BND-Kämpe, entpuppt sich als Doppelspion, der auf der Gehaltsliste des KGB steht. Gehlen weiß bis zum letzten Augenblick nicht, dass Felfe in Wahrheit dem sowjetischen Geheimdienst verpflichtet ist, er hält ihn für einen engen Freund und Verbündeten.

In der Folge erleidet der BND die furchtbarste Niederlage, die in Geheimdienstkreisen vorstellbar ist. Alles fliegt auf. Felfe verrät den Russen Namen, Adressen und Funktionen von hochrangigen BND-Angehörigen. Er überstellt dem KGB ganze Listen von BND-Residenzen im Ausland, eine Deckadresse nach der anderen, geheime Telefonlisten und vieles mehr. Tarnnamen fliegen auf, 46 führende BND-Mitarbeiter werden demaskiert, Kodeschlüssel verraten, tote Briefkästen, Kurierwege und noch einiges mehr.[8]

Heinz Felfe, der ehemalige deutsche SS-Obersturmführer, ein Früchtchen ganz eigener Sorte, war nach seiner britischen Kriegsgefangenschaft von 1947 bis 1950 zunächst für den britischen Geheimdienst MI6 tätig, wurde aber schon früh auch vom KGB angeworben, dies unter dem Decknamen »Paul«. 1951 trat er in die Organisation Gehlen ein. Dort konnte er sich zum engen Vertrauten Gehlens hocharbeiten, aufgrund scheinbar bedeutender Erfolge. Felfe machte Gehlen weis, er führe einen Agentenring in Moskau – was besonders die CIA zu Begeisterungsstürmen hinriss.

Angeblich geheime Protokolle über Gespräche mit Walter Ulbricht verschaffte er ebenso leicht wie Pläne des KGB-Hauptquartiers in Berlin. Der Witz der Weltgeschichte: Auf diese Art stieg er auf zum Leiter des *Referats Gegenspionage* innerhalb des BND.

Der Bock wurde zum Gärtner gemacht. Als später eine Untersuchung über Maulwürfe in den Reihen des BND ansteht, wird ausgerechnet er mit der Aufdeckung seines eigenen Falles betraut. Wieder handelt es sich um reine Komödie.

Als Felfe endlich auffliegt, ist der Schaden unübersehbar. Es stellt sich heraus, dass Felfe allein rund 100 CIA-Agenten verbrannt hat.[9]

Aber speziell der Schaden innerhalb des BND ist fast nicht abzuschätzen. Es handelt sich um einen Verrat von katastrophalen Ausmaßen. Wir erinnern uns: *Felfe ist ein KGB-Agent, der mit der Spionageabwehr innerhalb des BND beauftragt war!* Das höhnische Gelächter schallt durch die Gänge aller Geheimdienste. Es ist bis Moskau und Washington zu hören. Die Blamage ist vollkommen.

Im Jahre 1961 wird Felfe als Spion des KGB enttarnt. Als er geschnappt wird, erhält er vierzehn Jahre Zuchthaus. Aber er gelangt bereits nach sechs Jahren wieder auf freien Fuß – er wird ausgetauscht gegen Agenten aus dem Westen.

Gehlens Ruf aber ist nachhaltig geschädigt. Er reißt den BND mit sich in tiefste Tiefen. Felfe, sein »Freund«, hat sein gesamtes Lebenswerk ruiniert – so sieht es der Meisterspion Hitlers. Die Wahrheit indes ist: Im Rahmen der Geheimdienste gibt es selten oder nie echte Loyalitäten. Wenn man sich in eine Schlangengrube begibt, darf man sich nicht wundern, wenn man von einer Schlange gebissen wird. Und wenn man selbst eine Natter ist, wie Gehlen, muss man immer darauf gefasst sein, von einer noch größeren und giftigeren Natter gebissen zu werden.

Gehlen, der Versager

Die Siege des MfS, der Verrat Felfes, die Vetternwirtschaft und das Missmanagement innerhalb des BND brechen Gehlen das Genick.

Das Image des gesamten BND ist dahin, der Putz bröckelt ab. Gehlen, inzwischen müde, interessiert sich jetzt nur noch für seinen persönlichen Machterhalt. Er weiß im tiefsten Innern, dass er versagt hat, obwohl er das nie zugeben würde. Ständig hat er seine Gesinnung gewechselt. Und den Stallgeruch des Nazis ist er nie losgeworden. Unzweifelhaft steht fest, dass er nicht nur alten Nationalsozialisten zu neuen, lukrativen Posten verholfen hat, sondern außerdem Schwerverbrechern, hochrangigen Nazis, persönlich zur Flucht. Er weiß, er ist nicht zu halten. Nach ein paar Jahren setzt er sich zur Ruhe. Genauer gesagt wird er abserviert.

Der BND langt auf einem Image-Tiefpunkt an. Dazu trägt auch das Misstrauen vieler bundesdeutscher Politiker bei: Bundeskanzler Ludwig Erhard, der für den wirtschaftlichen Aufschwung in der BRD hauptverantwortlich war, verachtete und misstraute Nachrichtenleuten generell und Gehlen speziell. Erhard duldete die Gehlen-Mafia nicht. Er wies sogar den Verbindungsstab des BND aus dem Kanzleramt. »Ich will mit diesen Leuten nicht unter einem Dach sitzen!«, teilte er öffentlich mit.[10] Wir haben bereits darauf hingewiesen.

Auch die SPD ist den Spionen nicht grün, weil sie selbst zu lange auf der »Shitliste« der Schlapphüte stand.

Zudem sind Mythen des Kalten Krieges inzwischen kaum mehr gefragt, es droht die Entspannung. Gehlen gehört auf einmal zu den Ewig-Gestrigen, zu einer vergangenen Epoche. 1968, ein Jahr bevor Brandt an die Macht kommt, dessen Aufstieg er längst vorausahnt, verlässt er den BND. Er zieht sich zurück und stirbt am 8. Juni 1979. Gehlen, der Meisterspion Hitlers, der Massenmörder, der General, der Wendehals, der Generaldirektor, der Präsident, der Verlierer, der Versager, ist tot.

Die Mitschuldigen

Es gehört nicht viel Urteilskraft dazu, um über Reinhard Gehlen den Stab zu brechen, die Fakten sprechen ihre eigene Sprache. Aber es ist notwendig, noch einmal darauf aufmerksam zu machen, dass sowohl Teile der CIA als auch prominente Politiker im Nachkriegsdeutschland völlig versagten, als sie einem ausgewiesenen Nazi-Spion und Hitler-Schergen, der zumindest indirekt für die entsetzlichen Massenmorde in Polen und Russland verantwortlich war, erlaubten, wieder so hoch aufzusteigen. Nicht alle US-amerikanischen Geheimdienstler, muss man einschränken, waren mit der Beförderung Gehlens zum Chef des BND einverstanden, bei einigen gab es Widerstand. Aber die gewissenlosen Stimmen innerhalb der CIA setzten sich schließlich durch, vielleicht nicht ahnend, dass sie dadurch das eigene Nest beschmutzten. Denn wer mit Massenmördern und Figuren wie Gehlen im Gleichschritt marschiert, macht sich immer mitschuldig.

Ähnlich muss man über verschiedene bundesrepublikanische Politiker urteilen, die nicht deutlichen Abstand von Gehlen nahmen, Erhard war eine rühmliche Ausnahme. Wenn man mit Killern und Massenmördern kooperiert, wird auch die eigene Weste beschmutzt. Als die entsetzlichen Morde an sechs Millionen Juden bekannt wurden sowie die Vernichtung von Abermillionen Polen und Russen, hätte man es diesem Spionagechef nie und nimmer erlauben dürfen, nach dem Krieg wieder einen so bedeutsamen Posten zu bekleiden. Schande also auch über alle Verantwortlichen, die Gehlen nach 1945 ungeschoren davonkommen ließen, ja sich sogar noch mit ihm verbündeten. Der Pakt mit dem Teufel ist immer ein Fehler.[11]

Wenn Geheimdienste bis heute die Kooperation mit Mörderorganisationen oder Killern gutheißen, disqualifizieren sie sich immer auch gleichzeitig selbst. Und so nimmt es nicht Wunder, warum das Image vieler Nachrichtendienste oftmals so beschädigt ist.

Nicht nur die CDU (oder einige ihrer Vertreter) sind schuldig zu sprechen, sondern auch die SPD (oder einige ihrer Vertreter), die es lange versäumten, gründlich im BND aufzuräumen und ebenfalls dafür stimmten, dass sich die Budgets der Nachrichtendienste ständig erhöhten.

Brandt und die Geheimdienst-Szene

Es wäre falsch, Brandt nur durch das Schicksal des BND zu charakterisieren.

Wir haben bereits gehört, dass niemand anders als das *Ministerium für Staatssicherheit* in der DDR dafür verantwortlich war, als er im Jahre 1972 nicht gestürzt wurde. Also auch kommunistische DDR-Spione mischten in der Politik der BRD mit – selbst an der Spitze.

Erinnern wir uns deshalb etwas genauer: 1972 wackelte bereits der Thron Brandts. Die BRD stand am Rand einer Regierungskrise. Die neue Ostpolitik Brandts, eigentlich darauf gerichtet, für Entspannung zwischen Ost und West zu sorgen, war nach Ansicht der Opposition der Versuch eines »Ausverkaufs deutscher Interessen«. Einige SPD- und FDP-Abgeordnete liefen deshalb damals mit wehenden Fahnen zur CDU über.

Konkret versuchte Rainer Barzel, der Oppositionsführer der CDU, Willy Brandt zu stürzen. Ein Misstrauensantrag gegen ihn erblickte das Licht der Politwelt. Tausende Protestler gingen daraufhin auf die Straße, um für Brandt Stimmung zu machen. Die Wellen der Emotionen schlugen so hoch wie nie.

Als über den Misstrauensantrag schließlich abgestimmt wurde, hielt man in Deutschland schier den Atem an. Schließlich scheiterte der Antrag an zwei gekauften Stimmen. Zwei Stimmen, mit denen die CDU/CSU fest gerechnet hatten, fehlten, um Brandt zu stürzen.

Das schmutzige Geheimnis wurde erst nach 1989, nach der Wende, bekannt. Spionagechef Markus Wolf hatte den CDU-Abgeordneten Steiner bestochen, wie bereits ausgeführt. Der Grund: Die Stasi wollte Brandt im Amt halten und die Ostverträge sichern, die auch vorteilhaft für sie selbst waren. Noch viel später erfuhr die Öffentlichkeit, dass auch der CSU-Abgeordnete Leo Wagner als inoffizieller Mitarbeiter der Stasi geführt worden war – mit hoher Wahrscheinlichkeit nach die zweite Stimme, die Brandt die Kanzlerschaft sichern half.[13]

Dabei ist das noch nicht einmal alles. Machen wir auch auf einen weiteren Einfluss der Geheimdienstszene aufmerksam: Erwähnt werden muss ferner der Umstand, dass Brandt gleichzeitig auf der Gehaltsliste der CIA stand. Archivfunde belegten jedenfalls später, dass die US-Regierung, vertreten durch die CIA, heimlich Geld an Willy Brandt zahlte, das sie von dem Marshallplan abzweigte. Die CIA glaubte also ebenfalls, Brandt in der Tasche zu haben. Der Grund für die Unterstützung: Brandt vertrat die Politik der Westintegration der BRD, die den Amerikanern wichtig war. Die Quelle hierfür sind Recherchen des Historikers Scott Krause, der behauptete, die finanzielle »Hilfe« sei als Kauf von Zeitungssonderbeilagen getarnt worden, dessen Chefredakteur Brandt damals war. Geld sei mehr als einmal geflossen.[13]

Erneut erkennen wir, wie eng verquickt selbst die hehre, hohe Politik mit der Geheimdienstszene ist.

Und schließlich erkennen wir, wie tief der Sturz selbst von Ikonen und scheinbar unantastbaren Persönlichkeiten sein kann, wenn die volle Wahrheit über ihr Privatleben und über Zahlungszuwendungen bekannt wird.

Selbst der beliebte Willy Brandt versuchte offenbar, zwei Herren zu dienen. Er jonglierte höchst geschickt zwischen den beiden Polen CIA und KGB. Die CIA glaubte möglicherweise, ihn in der Tasche zu haben, weil er Gelder von ihnen angenommen hatte, und der KGB besaß aller Wahrscheinlichkeit nach genügend Erpressungsmaterial über ihn, um ebenfalls anzunehmen, ihn nach seinen Wünschen manipulieren zu können. Brandt jonglierte auf einem Drahtseil, das zu hoch über dem Boden aufgespannt war. Als ehemaliges Mitglied einer Untergrundbewegung hatte er zwar gelernt, sich zu verstellen, zu verstecken und sich in Floskeln und Ausreden zu flüchten. Dennoch war der Absturz vorhersehbar. Der Grund? Es gibt einige Messlatten, die weit über allen Geheimdiensten angesiedelt sind. Zu ihnen zählt mit Sicherheit die persönliche Integrität. Wird sie in den Augen der Öffentlichkeit verspielt, kann auch die genialste Propagandapolitik eine Person kaum mehr in das rechte Licht rücken.

3. Appeasement-Politik oder: Vom richtigen Umgang mit Schurkenstaaten

Gönnen wir uns noch einmal eine objektive Beurteilung der Entspannungspolitik Brandts, abseits aller Einflussnahmen der Geheimdienste.

Wir haben es bereits angedeutet: Selbst Historiker sind sich bis heute nicht einig, wie die außenpolitischen Aktivitäten Willy Brandts zu beurteilen sind. Soll man sich mit »Schurkenstaaten« arrangieren und diplomatische Beziehungen aufnehmen? Oder soll man sie schneiden, mit Verachtung strafen, alle möglichen Sanktionen über sie verhängen und mehr und mehr ins Abseits drängen?

Grundsätzlich gibt es zwei Schulen, zwei unterschiedliche politische Glaubensbekenntnisse.

Die »Hardliner«, die kompromisslos dem Konfrontationskurs den Vorzug geben, zitieren stets die *Appeasement-Politik* Chamberlains, wenn sie ihrer Schule historischen Rückenwind geben wollen. Worum handelt es sich hierbei?

Appeasement-Politik

Unter *Appeasement* versteht man eine nachgebende, beschwichtigende Haltung in der (Außen-)Politik, speziell gegenüber totalitären, autoritären Staaten.

Man kommt also Aggressoren/Diktatoren entgegen und sucht sie zu »beschwichtigen« und zu »beruhigen«, um Konflikte zu vermeiden. Man gibt in Streitfragen in wichtigen Punkten nach, um den Frieden zu erhalten.

Das Wort *peace* ist in dem Begriff *Appeasement* versteckt – *Frieden.*

Im Speziellen bezieht sich der Ausdruck *Appeasement* auf die Haltung Neville Chamberlains, der von 1937 bis 1940 als Premierminister die Geschicke Großbritanniens lenkte. Chamberlain sah sich dem wilden, nicht vorausberechenbaren, verbrecherischen Verhalten des Diktators Adolf Hitler ausgesetzt.

Chamberlain machte Hitler ständig Zugeständnisse, um den Frieden in Europa zu erhalten. Den unverschämten Forderungen Hitlers gegenüber reagierte er nur »beschwichtigend«. Er tolerierte, dass Hitler Österreich »heim ins Reich« holte und später gewaltsam Tschechien annektierte und so fort, statt Hitler umgehend in seine Schranken zu weisen und ihm den Krieg zu erklären. Im Gegenzug verlangte Chamberlain lediglich, dass sich Deutschland künftig an gewisse internationale Verträge halten müsse. In München wurde ein entsprechendes Abkommen mit Hitler getroffen. Chamberlain nahm irrigerweise an, *peace for our time* gesichert zu haben durch seine Appeasement-Politik. Aber der Krieg gegen Hitler war lediglich aufgeschoben, nicht aufgehoben.

Erst als Hitler 1939 Polen überfiel, erklärten Großbritannien und Frankreich Hitler den Krieg. Der neue Premierminister, Winston Churchill, beendete die Politik des Appeasements vollständig und stimmte die Briten auf den unnachgiebigen Widerstand gegen Hitler ein.

Im Falle Hitlers war die *Appeasement-Politik* also falsch.[14]

Wann Appeasement funktioniert

Als die Sowjetunion 1989 zusammenbrach, staunte die gesamte Welt. Gorbatschow, der neue Chef der UdSSR, war aus ganz anderem Holz geschnitzt als Stalin, Chruschtschow, Breschnew, Andropov und wie sie alle hießen. Es handelte sich um einen hochintelligenten Mann, der den Westen besucht hatte und sich nichts vormachte. Er wusste, die westliche Politphilosophie hatte den Kommunismus im Grunde genommen besiegt. Nur Menschen, die in Freiheit leben, laufen zur Hochform auf.

Zahlreiche Gespräche fanden mit »Gorbi« statt. Und schließlich fiel das Sowjetimperium wie ein Kartenhaus in sich zusammen. Es handelte sich kurz gesagt um ein erstaunliches Phänomen.

Als 1989/1990 auch die DDR-Kommunisten das Handtuch warfen, da Gorbatschow und die UdSSR nicht mehr hinter Politgangstern wie Honecker & Co. standen, fand ebenfalls eine unblutige Revolution statt.

Auch in diesem Fall war es also richtig gewesen, auf *Kommunikation* zu setzen. Die Beispiele, wo die *Appeasement-Politik* funktioniert, ließen sich beliebig mehren.

Pro und Contra

Historiker zerbrachen sich wieder und wieder die Köpfe, um herauszufinden, ob eine Politik des Appeasements funktioniert im Falle von totalitären Staaten. Bis heute widersprechen sich Politiker und Historiker in dieser Frage. Dabei liegt die Antwort auf der Hand.

Im Falle Hitlers war die Politik des Appeasements natürlich falsch. Man kann eine vollständig destruktive Persönlichkeit im politischen Raum nicht mit ein paar Zugeständnissen und ein paar Verträgen zähmen. Die destruktive Persönlichkeit im politischen Raum, gewöhnlich ein Diktator, wird Verträge stets brechen.

Immerhin verschaffte Chamberlain mit seiner Politik des Appeasements Großbritannien Zeit, aufzurüsten, sodass sein Land später Hitler effektiver entgegentreten konnte.

Es wäre also grundfalsch, die Politik des Appeasements prinzipiell zu verdammen, wie das heute manchmal geschieht. Es handelt sich um *eine* Methode, den Frieden aufrechtzuerhalten. Dennoch setzte die Geschichte selbst Chamberlain schlussendlich ins Unrecht.

Doch wie steht es um unseren konkreten Fall, wie haben wir Willy Brandts Außenpolitik zu beurteilen?

Als die Brandt-SPD gegenüber der Sowjetunion Ende des letzten Jahrhunderts einer Politik des *Appeasements* den Vorzug gab, handelte es sich unseres Erachtens um eine richtige Aktion. Breschnew selbst signalisierte, dass er der friedlichen Koexistenz nicht mehr ablehnend gegenüberstand, im Gegensatz zu Stalin.

Gespräche und Kommunikation waren also angezeigt. Als schließlich Gorbatschow ans Ruder kam, war es nun seitens der CDU richtig, weiter auf Gespräche zu setzen und die Politik des Appeasements fortzusetzen.

Es gibt also durchaus Beispiele in der Geschichte, wo die Politik des Appeasements funktioniert. Sie sind aufregend, begeisternd und machen Mut.

Die Gretchenfrage lautet immer: Hat man es mit einer *vollständig* destruktiven Persönlichkeit im politischen Raum zu tun oder nicht? Einer durch und durch destruktiven Persönlichkeit wird man mit einer Politik des Appeasements nicht beikommen; sie ist in diesem Falle fehl am Platz.

Aber wenn auch nur eine halbwegs konstruktive Persönlichkeit ans Ruder kommt, was selbst manchmal (wenn auch selten) in totalitären Staaten geschieht, kann eine Politik des Appeasements durchaus angezeigt sein. Weiter »erkauft« man sich dadurch oftmals wertvolle Zeit.

Es gibt also kurz gesagt keinen Ersatz für eigenständiges Denken. Man muss die reale, spezifische Situation, der man sich gegenübersieht, bewerten – und vor allem den Mann an der Spitze. Daraufhin gilt es, zu entscheiden, ob eine Politik des Appeasements angezeigt ist oder nicht.

Grundsätzlich ist diese Politik ein begrüßenswertes Instrument, das von Fall zu Fall durchaus benutzt werden sollte. Willy Brandt hatte zumindest in dieser Beziehung recht.

4. Helmut Schmidt, Anspruch und Wirklichkeit

Schon beim Sturz Willy Brandts stand fest, dass Helmut Schmidt, der »Lotse«, wie er gern von Verehrern genannt wurde, das Steuerrad in die Hand nehmen würde.

Helmut Schmidt, die »Schmidt-Schnauze«, wie ihn Freunde und Feinde gleichermaßen bezeichneten – die einen bestätigend, die anderen abwertend –, war ohne Zweifel ein Genie der Öffentlichkeitsarbeit; er konnte überzeugen, blendend argumentieren und reden. Er sah gut aus und vermittelte durch den Scheitel, der schnurgerade auf seinem Haupt verlief und wie mit einem Lineal gezogen war, den optischen Eindruck von Gradlinigkeit und Präzision.

Auf der anderen Seite warfen ihm seine Feinde Arroganz vor, Abhängigkeit von den Medien, Eitelkeit und großsprecherisches Public-Relations-Gehabe. Sie warfen ihm weiter vor, Fehler bei der Rente, der Staatsverschuldung und dem Sozialstaat zu machen und grundsätzlich ein Versagen in puncto Wirtschaft. Wieder drifteten die Meinungen meilenweit auseinander, zwischen »links« und »rechts«.

Wie sollten wir urteilen? Nun, wenn man sich dem inneren Kern einer Figur nähern will, befragt man am besten die Person selbst oder liest zumindest, was sie zu sagen hat. In seinem letzten Buch *Was ich noch sagen wollte*[15] wurde der fünfte Bundeskanzler der Republik sehr persönlich – bezüglich seiner Vorbilder, seiner intellektuellen und emotionalen Einflüsse und seines »Glaubensbekenntnisses«. Helmut Schmidt gestattete einen Blick in seine Seele.

Marc Aurel

Ein Vorbild für den fünften Bundeskanzler war nach eigenem Bekenntnis der römische Kaiser Marc Aurel (121–180), der einst die halbe bekannte Welt regiert hatte. Marc Aurel hatte herrlich tiefsinnige, philosophische Erkenntnisse von sich gegeben, wie etwa:

> »Es kommt nicht darauf an, über die notwendigen Eigenschaften eines guten Mannes zu reden – vielmehr ein solcher zu sein.«[16]

Oder:

> »So oft du an der Unverschämtheit einer Person Anstoß nimmst, frage dich sogleich: Ist es auch möglich, dass es in der Welt keine unverschämten Leute gibt? Das ist nicht möglich. Verlange also nicht das Unmögliche.«[17]

Und:

> »Rührt ein Übel von dir selbst her, warum tust du's? Kommt es von einem andern, wem machst du Vorwürfe? Etwa den Atomen oder den Göttern? Beides ist unsinnig. Hier ist niemand anzuklagen. Denn, kannst du, so bessere den Urheber; kannst du das aber nicht, so bessere wenigstens die Sache selbst; kannst du aber auch das nicht, wozu frommt dir das Anklagen? Denn ohne Zweck soll man nichts tun.«[18]

Weise Einsichten!

Gönnen wir uns einen kleinen historischen Ausflug und schweifen wir einen Augenblick von unserem eigentlichen Thema ab. Marc Aurel war im Grunde seiner Seele ein Philosoph, der sich geradezu versehentlich auf den römischen Kaiserthron verirrt hatte. Und zugegeben, dieser Herrscher war wirklich eine erstaunliche Gestalt. Er bekannte sich zu Tugenden wie Anständigkeit, Geduld, Mannhaftigkeit, Enthaltsamkeit, Frömmigkeit und Güte, außerdem war er bekannt für eine bescheidene, einfache Lebensweise.[19] Obwohl er die Zügel fest in der Hand hielt, war ihm an der Freiheit seiner Untertanen gelegen. Er selbst gab sich beherrscht und zeichnete sich durch Milde und Würde aus. Marc Aurel sorgte für ein besseres Recht, entschied unparteiisch in Streitfällen, kümmerte sich um mittellose Bürger und suchte die Stellung von Frauen, Sklaven und Kindern zu verbessern.

Aber ach! Die zahlreichen guten Vorsätze, die Marc Aurel gefasst hatte, und die guten Eigenschaften, die man ihm nicht absprechen kann, wurden durch die Zeitläufte zunichte gemacht. Das römische Weltreich befand sich damals in der Niedergangsphase, es bröckelte an allen Ecken und Enden. Aufstände und Angriffe, Einfälle und Überfälle von Barbaren, Räubern und Feinden schüttelten nahezu ununterbrochen das Reich durch, im hohen Norden und an der Süd-, Ost- und Westgrenze. Der Kaiser mit den hehren Grundsätzen war gezwungen, schreckliche Kriege zu führen. Wie viele Hunderttausende von Menschen abgeschlachtet, niedergemetzelt und verstümmelt wurden, kann man nur erraten, die Geschichtswissenschaft gibt keine genauen Auskünfte. Pest und Hungersnot suchten zudem das Reich heim. Die edlen philosophischen Absichten und Ansichten waren in diesen furchtbaren Kriegen kaum aufrechtzuerhalten. Der Kaiser, der vorgeblich den Krieg hasste, geriet zu einem furchtbaren Kriegsherrn.

Ein Historiker urteilte später über Marc Aurel so: »Er war kein bedeutender Staatsmann; er gab zu viele Bargeschenke aus Staatsgeldern an das Volk und das Heer, schenkte jedem Mitglied der Prätorianergarde 920 000 Sesterzen, erhöhte die Anzahl der Teilnahmeberechtigten an der Kornspende, sorgte häufig und unter großem Kostenaufwand für Spiele und erließ Summen an unbezahlten Steuern und Tributen; es war eine Freigiebigkeit, [...] die aber in einer Zeit nicht angebracht war, da Aufstand und Krieg in mehreren Provinzen und an abgelegenen Grenzen drohten oder schon ausgebrochen waren.«[20]

Von Marc Aurel lernte Helmut Schmidt, laut eigenem Bekunden, dennoch die Gelassenheit, die Einstellung, die Pflicht über alles zu stellen, das Empfinden für Humanität und Gerechtigkeit – aber vielleicht hatte der fünfte Bundeskanzler nicht das gesamte Leben dieses Kaisers studiert. Die zahlreichen Kriege, die letztlich nur dazu dienten, ein verfallendes Reich aufrechtzuerhalten – vergeblich letztendlich –, die übermäßigen, ausufernden

Ausgaben für die Soldaten und die allzu großzügigen Geschenke ließen den Staatsschatz zusammenschrumpfen.

Man sollte also vorsichtig sein, wen man sich zum Vorbild wählt. Gute Absichten allein sind nicht genug. Um Marc Aurel mit seinen eigenen Worten zu widerlegen:

> »Es kommt nicht darauf an, über die notwendigen Eigenschaften eines guten Mannes zu reden – vielmehr ein solcher zu sein.«

Marc Aurel war außerdem einer der ärgsten Christenverfolger. Wer sich öffentlich zum Christentum bekannte, wurde zum Tode verurteilt. Von »Toleranz« und »Freiheit« also keine Spur! Viele Aussprüche dieses hochgepriesenen Kaisers waren nur Lippenbekenntnisse, Public Relations, nichts weiter.

Weitere Vorbilder

Nageln wir Helmut Schmidt nicht auf Marc Aurel fest. Schmidt liebte auch Cicero, vor allem dessen Glaubensbekenntnis: *Salus populi suprema lex esto.* Auf gut Deutsch: *Das Wohl des Volkes sei das höchste Gesetz.* Perikles verehrte er ebenso wie Winston Churchill.

Andere Vorbilder, die Schmidt in seinem Büchlein zitierte, waren Kant, Weber und Popper. Von Kant lernte Schmidt den eigenen Verstand zu gebrauchen und sich zu bemühen, »sich an die Stelle jedes anderen zu denken«[21], sprich andere Gesichtspunkte einzunehmen, weiter die Pflicht über das Eigeninteresse zu stellen und »sittliche«, das heißt moralisch-ethische Ziele in der Politik zu verfolgen. Das Gewissen war laut Kant »das Bewusstsein eines inneren Gerichtshofes im Menschen«.[22] Schmidt stimmte zu und lernte.

Von Weber übernahm Schmidt die Erkenntnis, dass die »Verantwortungsethik« weit über der bloßen »Gesinnungsethik« steht, die sich nur in schöngedrechselten Formulierungen ergeht, ohne etwas zu bewegen.

Popper belehrte Schmidt, sich von Hegel und Marx zu distanzieren, da sie »falsche Propheten« waren.[23] Darüber hinaus bekannte sich Schmidt zu zahlreichen weiteren Vorbildern, wie Thomas Jefferson, den er deshalb liebte, weil er nicht nur als Theoretiker, sondern auch in der Praxis Erstaunliches leistete.

In den Künsten fand dieser Bundeskanzler ebenfalls Inspiration. Schmidt liebte und bewunderte Maler wie Ernst Barlach oder El Greco, Musiker wie Johann Sebastian Bach, Theaterprofis wie Ida Ehre, Verleger wie Ernst Rowohlt und Schriftsteller wie Siegfried Lenz, mit dem er ein freundschaftliches Verhältnis pflegte.

Er reflektierte auf viele gute Lehrer, sein Elternhaus, seine Ehefrau Loki und seine acht Jahre als Soldat während der Nazi-Zeit. Er brachte es bis zum Offizier, während er heimlich darauf hoffte, dass die Nazis nie seinen Stammbaum inspizierten: Sein Vater war ein halber Jude. Generell urteilte Schmidt über die Nazis: »Ich gehörte einer Generation an, die im Dritten Reich aufwuchs und nicht merkte, was das Dritte Reich wirklich war. Hätte ich mir deshalb später Vorwürfe machen sollen? Die Heutigen wissen alles viel besser. Ich hatte einfach nur Angst, vor allem Angst, wegen meines halbjüdischen Vaters in Schwierigkeiten zu kommen.«[24]

Schmidt pries ferner Papst Johannes XXIII. wegen dessen Toleranz und sogar Konfuzius, besonders aufgrund der uralten »Goldenen Regel«, die da lautet: *Was du nicht willst, das man dir tu, das füg auch keinem andern zu.* Dieser Lehrsatz oder diese Regel ist tatsächlich bei verschiedenen Weisheitslehrern und in vielen Religionen zu finden.

Weiter verehrte er den Ägypter Sadat, den Chinesen Deng Xiaoping und den Franzosen Giscard d'Estaing sowie verschiedene SPD-Größen.

Bei all diesen noblen Lehrern, bei diesem künstlerischen, intellektuellen und philosophischen Hintergrund konnte man erwarten, dass Helmut Schmidt im politischen Raum zu ganz besondere Leistungen fähig sein würde.

Der Aufstieg

Helmut Schmidt wird 1918 in Hamburg-Barmbek geboren, in der unteren Mittelschicht, wie das die Herren Soziologen ausdrücken. Der Vater ist das uneheliche Kind eines jüdischen Bankiers, der sich jedoch nicht um seinen

»Fehltritt« kümmert. 1937 meldet sich Schmidt vorzeitig zum Soldatendienst, später will er Architektur studieren. Aber der Krieg macht ihm einen Strich durch die Rechnung. Er interessiert sich für die Luftwaffe und wird Flakartillerist. Rasch steigt er auf bis zum Oberstleutnant. 1945 gerät er in britische Gefangenschaft. Hier lernt er Professor Hans Bohnenkamp kennen, der ihn in Richtung SPD inspiriert. Heimgekehrt studiert Schmidt Nationalökonomie. 1946 tritt er in die SPD ein. Im Bundestag befindet er sich bereits 1953. Er opponiert früh gegen Franz Josef Strauß, dem er öffentlich die Leviten liest. 1961 gerät er zum Innensenator Hamburgs. Bei einer Flutkatastrophe unterstellt er die Bundeswehr und den Grenzschutz seinem Kommando – und meistert die Krise bravourös. Er steigt 1967 auf zum Fraktionsvorsitzenden der SPD. Bereits 1969 ist er Verteidigungsminister. Das Jahr 1972 sieht ihn als »Superminister«, sprich als Wirtschafts- und Finanzminister in Personalunion. Als Brandt abtritt, wird er Bundeskanzler.

Nun schreibt er Geschichte.

Der Job oder: Der Sieger

Zunächst lässt sich das Spiel gut an, denn Schmidt ist voller Elan. Er will allen zeigen, was in ihm steckt. Und er will beweisen, dass er den Job des Bundeskanzlers besser erledigen kann als jeder andere. Nach seinem eigenen Selbstverständnis ist er der Lotse, der das Schiff ins richtige Fahrwasser zu bringen vermag. Problemlos schließt er sich mit den »Großen der Welt« kurz. Eine *Konferenz für Sicherheit und Zusammenarbeit* (KSZE) wird 1975 in Helsinki, Finnland, anberaumt. Es gilt zu verhindern, dass sich der Ost-West-Konflikt weiter zuspitzt. Schmidt setzt wie Brandt weiter auf Entspannung. Diplomaten aus ganz Europa sind zugegen, aus den USA, der UdSSR und Kanada. Schmidt zeigt sich telegen an der Seite mit Leonid Breschnew und Gerald Ford, dem US-amerikanischen Präsidenten. Keine Bilder könnten eindrucksvoller sein. Man kommt überein, bestehende Grenzen zu respektieren, nichts gewaltsam zu verändern und wirtschaftlich zusammenzuarbeiten. Der *Kalte Krieg* wird lauwarm.

Mit den bedeutendsten Führern der Welt verhandelt Schmidt auf Augenhöhe. Er liebt das Medium Fernsehen, lächelt gewinnend in jede Kamera und bleibt doch stets Staatsmann. Weiter trifft er sich auch mit Honecker, erkennt aber sehr rasch, dass dieser wenig zu bieten hat. Die wahre Schlüsselfigur ist Breschnew. Die DDR wird nach wie vor am Gängelband des KGB geführt. Jedenfalls heimst Schmidt einen ersten großen PR-Erfolg in Helsinki ein, wenn auch die tatsächlichen Ergebnisse bescheiden sind.

Im Falle Polens, seiner nächsten Station, sind die Resultate handfester. Er erreicht, dass 125 000 Deutsche aus Polen ausreisen dürfen – später noch mehr. Im Gegenzug erhalten die Polen einen Milliardenkredit zu einem Zinssatz von 2,5 Prozent. Bonn kopiert die Politik der USA, die viele politische Probleme mit ihren Dollars allein lösen. Im Klartext bedeutet das, dass 10 000 D-Mark »Kopfgeld« pro deutschen Aussiedler bezahlt werden, damit sie das polnisch-kommunistische Regime ziehen lässt. Es handelt sich um einen zweiten PR-Erfolg.

Schmidt gibt sich als »Macher«. Endlich kann er die Fäden so ziehen, wie er es für richtig hält.

Und wieder schlägt er zu. Die Wirtschaftsflaute, die sich abzeichnet, bekämpft er, indem er zusammen mit Frankreich einen neuen Weltwirtschaftsgipfel aus der Taufe hebt. Die USA, Frankreich, Großbritannien, Italien, Japan und die BRD treffen sich nun regelmäßig – genauer gesagt die Chefs dieser Länder. Später kommt Kanada hinzu.

Schmidt glänzt als Drahtzieher, 1975 trifft man sich in Paris. Die Bilder verraten, dass Deutschland, in der Person seines Kanzlers Helmut Schmidt, in den Kreis der wichtigsten Staaten der Welt aufgenommen worden ist. Verschiedene Vereinbarungen erblicken das Licht der Welt. Das Europäische Währungssystem (EWS), in dem die Wechselkurse der meisten westeuropäischen Währungen innerhalb eines genau definierten Umtauschsystems festgeschrieben werden, verspricht wirtschaftliche Stabilität.

Wieder kann Schmidt in der öffentlichen Arena punkten. Schmidt bemüht sich, sich als Wirtschaftsfachmann und Friedensstifter zu positionieren. Nie verzichtet er darauf, im Ost-West-Konflikt zwischen den UdSSR und den USA zu vermitteln, als eine Art »ehrlicher Makler«.

Dass in Niedersachsen ein Unionskandidat, Ernst Albrecht, 1976 zum Ministerpräsidenten gewählt wird, inmitten all dieser weltpolitischen Entwicklungen, schmerzt und ist ärgerlich, tut aber seinem Image keinen Abbruch. Schmidt befindet sich weit, weit über jeder Landespolitik, er ist ein Virtuose der Weltpolitik. So sieht jedenfalls die öffentliche Wahrnehmung aus. Und so sieht er es auch selbst.

Bei der Bundestagewahl 1976 siegt wieder die SPD zusammen mit der FDP. Die SPD kann 42,6 Prozent herausholen, die FDP 7,9 Prozent. Das reicht zur Regierungsbildung.

Dass Herausforderer Helmut Kohl mit 48,6 Prozent gefährlich aufholt, sucht Schmidt zu ignorieren. Auf den Kanzler kommt es an, lautet der Slogan. Er bleibt jedenfalls der erste Mann im Staate. Mit einer einzigen Stimme Vorsprung wird er erneut in das Kanzleramt katapultiert.

Trotzdem bemerkt Schmidt, dass ihm der Wind nun um die Ohren pfeift. Die Mehrheit ist verflixt knapp. Die Opposition bläst zum Halili. Schmidt zeigt nach außen hin dennoch stets sein überlegenes Lächeln. Hat er nicht gerade eben der CDU/CSU, mit dem Aufsteiger Kohl und dem gefährlicheren Strauß an der Spitze, eine lange Nase gezeigt?

Doch da dreht sich der Wind scharf und weht unversehens aus einer anderen Richtung.

Der Job oder: Der Kämpfer

Die Probleme werden ihm mit einem Schlag nachgeworfen wie faule Äpfel. Der Job des Bundeskanzlers gleicht einer Achterbahnfahrt. Die Talfahrt beginnt mit dem Rentendebakel. Vor der Wahl verspricht Schmidt hochherzig, die Rentenbezüge zu erhöhen. Jedoch: Die Rentenkassen sind leer. Er kann sein Wahlversprechen nicht einhalten. Die Opposition drischt schonungslos auf ihn ein und nennt ihn einen Lügner.

Auch der Job als Makler zwischen den USA und der UdSSR klappt nicht mehr so, wie er es wünscht. Der eigensinnige Jimmy Carter mahnt die Menschenrechte ein, er wettert gegen die Menschenrechtsverletzungen in der UdSSR. Schmidt fürchtet um seinen »guten Draht« zu Breschnew.

In Wahrheit scheren sich die Sowjets inklusive Breschnew keinen Deut um Schmidt.

In zahlreichen Ländern in Afrika und auf anderen Kontinenten unterstützen die Sowjets sozialistisch-kommunistische Bewegungen, selbst Guerillaaktionen. Nach wie vor verfolgen sie ihr Ziel, die ganze Welt zu beherrschen. Noch immer wollen sie allen Völkern die »Segnungen« des Kommunismus bringen, der in Wahrheit die Armut und den Tod im Schlepptau mit sich führt.

Schmidt ist außenpolitisch eine Weile paralysiert. Innenpolitisch kann er erst recht keinen Stich mehr machen. Er ist irritiert. Wohin soll er den Kopf zuerst wenden? Um weiter zumindest im Fernsehen zu punkten, flüchtet er sich erneut in die Weltpolitik. Er schaltet sich in den Rüstungswettlauf zwischen der UdSSR und der USA ein, der wieder an Fahrt aufnimmt.

Beide Supermächte sehen ihre Existenz und Vorherrschaft bedroht. Schmidt sucht zu vermitteln und auf beide Seiten beruhigend einzuwirken. Nach wie vor tritt er regelmäßig im Fernsehen auf. Mit Carter fährt Schmidt gemeinsam im offenen Wagen durch Berlin. Auf dem Weg jubeln ihnen 150 000 Berliner zu. Das Fernsehen ist sein bester Verbündeter.

Wenig später steht erneut ein Weltwirtschaftsgipfel auf dem Plan. Schmidt zeigt sich erneut telegen Seite an Seite mit den »Großen der Welt«. Politik verkommt zu einer Public-Relations-Inszenierung, mit der man einerseits das eigene Volk beeindrucken und Wahlen gewinnen kann und andererseits den Militärs und Geheimdienstlern der Gegenseite propagandistisch die Zähne zeigt. Die jubelnden Menschenmengen sind Kulisse, nichts mehr. Es handelt sich um »Welttheater« mit Schauspielern und Regisseuren. Und er, Helmut Schmidt, ist der erste Staatsschauspieler.

Man kommt zu einigen Vereinbarungen auf diesem neuen Gipfel, aber wichtiger ist der Beschluss, nachzurüsten. Der Westen will dem Osten, der inzwischen über SS-20-Raketen verfügt, ebenfalls neue Waffen entgegensetzen.

SS-20-Raketen? Sie verfügen über drei Atomsprengköpfe (statt nur über einen wie bisher) und sie haben eine Reichweite von 5 000 Kilometern.

Carter will als Gegengewicht moderne Mittelstreckenraketen stationieren – sogenannte *Pershing-Raketen* und *Cruise Missiles* – Marschflugkörper, die ebenfalls weiter reichen. Er plant, die Abschussrampen auf deutschem Boden zu installieren. Schmidt plädiert dafür, sie überall in Europa aufzustellen. Gleichzeitig will er diese »Nachrüstung« mit einem Verhandlungsangebot in Richtung der Russen verknüpfen.

Schmidt bewegt sich jetzt nur noch auf dem Parkett der Weltpolitik, denn im Innern kann er kaum mehr die Kastanien aus dem Feuer holen. Es ist seine Methode, publizistisch den Problemen auszuweichen.

Er stimmt früh für eine neue Atompolitik, um die Energielücke zu schließen, die sich in Deutschland inzwischen aufgetan hat. Atomkraftwerke sollen zumindest übergangsweise errichtet werden. Mit steigenden Ölpreisen kann Deutschland noch immer erpresst werden, nicht anders als zu Brandts Zeiten.

In seinen eigenen Reihen erhebt sich jedoch plötzlich Protest. Eine Anti-Atomkraftbewegung erblickt das Licht der Welt. Eine neue Partei entsteht: *die Grünen*. Sie ist ökologisch und pazifistisch ausgerichtet. 1980 gründen sich die Grünen bundesweit.

Das gesamte so schön geordnete Parteiengefüge der BRD gerät aus den Fugen. Unversehens gibt es Friedensbewegungen, die gegen die Nachrüstung, die Schmidt gerade mit Jimmy Carter ausgeheckt hat, protestieren.

Die Ultralinken in der SPD sehen in den Grünen eine neue Heimat und verlassen das Schiff des Lotsen Helmut Schmidt scharenweise. An allen Ecken und Enden tauchen Probleme auf.

Die Sowjets versuchen, die Nachrüstung des Westens zu verhindern.

Schmidt springt jetzt wie ein Hase zwischen all den verschiedenen Problemfeldern hin und her. Er versucht, die Linken in der eigenen Partei zu bändigen, aber es gelingt ihm bestenfalls vorübergehend.

Als die Sowjets blitzartig Afghanistan besetzen, fällt Schmidt aus allen Wolken. Von Entspannung kann jetzt keine Rede mehr sein. Selbst Breschnew fällt ihm in den Rücken, aus Schmidts Perspektive gesehen, obwohl er ihn doch so hofiert hat. Carter kündigt als Antwort ein Embargo gegen die Sowjetunion an und beschließt, die Olympischen Sommerspiele, die 1980 in Moskau stattfinden, zu boykottieren. Der Kalte Krieg bewegt sich wieder auf eine Eiszeit zu. Carter holt Schmidt mit ins Boot der USA.

Inmitten all dieser mittleren Katastrophen steht der nächste Wahlkampf vor der Tür. Schmidt ist mehr als angeschlagen, er ist angeschossen, er kränkelt.

Die Feinde kann er kaum mehr zählen. Die CDU/CSU schießt aus allen Rohren gegen ihn, mit dem brandgefährlichen Franz Josef Strauß und dem ehrgeizigen Helmut Kohl an der Spitze. Die Linken in der eigenen Partei machen ihm das Leben schwer, die Grünen sowieso, die sich abzugrenzen versuchen. Carter hat ihm einen härteren Kurs aufgezwungen und damit im Regen stehen lassen, ebenfalls Breschnew mit seinem Überfall auf Afghanistan.

Die CDU/CSU verunglimpft ihn als »Rentenbetrüger« und als »Schuldenkanzler«.

Schmidt versucht sich wieder in die Außenpolitik zu retten und das zu tun, was er am besten kann: im Fernsehen auftreten und strahlen.

Wieder und wieder wird er gezeigt, wie er sich als »Staatsmann« souverän auf dem internationalen Parkett bewegt. Nach wie vor verhandelt er über die Raketenfrage und über die Abrüstung. Schmidt versucht, den Wahlkampf zu einer Abstimmung über Krieg und Frieden umzufunktionieren. Vergebens.

Alle Ablenkungsmanöver nutzen nichts. Als die Zahlen eintrudeln, schluckt er schwer. Das Ergebnis: Die CDU/CSU erreicht 44,5 Prozent, die SPD 42,9 Prozent, die FDP 10,6 Prozent der Stimmen.

Der Job oder: Der Verlierer

Schmidt kommt mit einem blauen Auge davon. Aber noch immer ist *er* Bundeskanzler, niemand anders. Die Verschnaufpause, die er sich gönnen will, ist jedoch nur von kurzer Dauer. Er kann unmöglich die Innenpolitik weiter ignorieren.

Aus heiterem Himmel eskaliert der Streit mit der FDP. Damit steht Schmidt unerwartet ein neuer mächtiger Gegner ins Haus. Als ob er nicht bereits genug Feinde hätte!

Die FDP, mit Genscher und Graf Lambsdorff, wissen, dass sie nur deshalb Stimmen hinzugewonnen haben, weil »die Wirtschaft« hinter ihnen steht.

Also müssen sie eine entsprechende Politik vertreten. Die FDP ist gegen die Mitbestimmung in der Stahl- und Bergbauindustrie – entgegen der

SPD. Die FDP ist gegen Steuervergünstigungen im Falle des Hausbaus – entgegen der SPD. Die FDP will den Mieterschutz einschränken – entgegen der SPD.

Im Gebälk der Koalition knirscht es nicht nur, es ächzt. Risse entstehen.

Schmidt sieht sich zahlreichen Problemen gegenüber. Die Stahl- und Bergbauindustrie schrumpft. Zahlreiche Firmen melden Konkurs an. Die Arbeitslosenzahl erhöht sich erneut. Und die Sozialausgaben steigen.

Schmidt weiß nicht mehr, wo ihm der Kopf steht. Es brennt an allen Ecken gleichzeitig. Überall soll er das Feuer löschen. Das Staatsschiff schlingert und droht, auf Grund zu laufen. Aber der Lotse verfügt über keine Mannschaft mehr, die loyal hinter ihm steht.

Zusätzlich fällt ihm Willy Brandt in den Rücken, denn er schlägt sich auf die Seite der Friedensbewegung. Späte Rache für den eigenen Sturz? Die Union drischt weiter pausenlos auf ihn ein. Der SPD droht die Abspaltung der eigenen Jugendorganisation. Friedensdemonstrationen 1981 in Bonn mit rund 300 Menschen beweisen, dass das Land in Aufruhr geraten ist.

Schmidt geht die Puste aus. Sein Herz spielt nicht mehr mit. Er geht in die Knie. Ein Arzt informiert ihn, dass er unter Herzrhythmusstörungen leidet. Rasch wird ein Herzschrittmacher eingesetzt.

Kaum halbwegs genesen, fast panikartig, setzt Schmidt weiter auf die Entspannungspolitik. Das ist das einzige Feld, das ihm noch geblieben ist. Er reist in die DDR und besucht Honecker, den er im Grunde seines Herzens verachtet. Doch er muss außenpolitisch Pluspunkte sammeln. Er muss, er muss. Außerdem sollte er im Fernsehen weiter den souveränen Staatsmann spielen. Die Show ist alles, »the show must go on«.

Aber die FDP mit Genscher wird immer aufmüpfiger. Genscher will das Arbeitslosengeld kürzen und Abstriche machen bei der Lohnfortzahlung im Krankheitsfall. Aber das ist mit der SPD nicht durchzusetzen, dann könnte er, Schmidt, sich gleich erschießen. Es würde alle SPD-Wähler verprellen.

Gleichzeitig machen ihm jetzt aufgrund der steigenden Arbeitslosenzahlen die Gewerkschaften das Leben schwer.

Ein einzelner Mann soll das alles allein stemmen? Unmöglich! Schmidt schlägt vor, die Mehrwertsteuer zu erhöhen, damit man das finanzieren kann, was nicht mehr finanzierbar ist. Die FDP legt sich quer.

Hektisch bildet Schmidt das Kabinett um. Die Krise spitzt sich zu. Umfragen lassen erkennen, dass die SPD ständig an Boden verliert. Strauß und Kohl jubeln und schlagen noch ärger auf ihn ein, sie stechen in die schwärende Wunde.

Der Besuch Ronald Reagans bringt nur vorübergehend Erleichterung. Immerhin kann sich Schmidt noch einmal kurzzeitig als »Staatsmann« präsentieren. Die Abrüstungsverhandlungen nehmen ihren Fortgang. Wenn die Sowjets zurückstecken, ist auch der Westen bereit, abzurüsten. Ein Kompromiss deutet sich an.

Aber für ihn persönlich ist bereits zu spät. Die Abrüstung und die Entspannung sind nur noch Nebenkriegsschauplätze. Die Innenpolitik bestimmt die Nachrichten.

Mit der FDP ist jedoch kein Staat mehr zu machen. Die Überzahl der Feinde überwältigen Schmidt: 1. die Ultralinken in der eigenen Partei, 2. die Gewerkschaften, 3. die CDU/CSU, 4. die FDP, 5. die Grünen und 6. Breschnew und Konsorten, auf die ohnehin kein Verlass ist.

Er stimmt einigen Einschnitten im Sozialbereich zu, aber es handelt sich um einen faulen Kompromiss mit der FDP.

Zwei Politphilosophien prallen unnachgiebig aufeinander.

Die FDP ist wirtschaftsfreundlich, die SPD will und kann es sich mit den Arbeitern nicht verderben. Die FDP will sparen, die SPD Geld ausgeben. Die FDP will niedrige Steuern, die SPD höhere Steuern und neuen Abgaben. Die SPD will die Sozialleistungen aufrechterhalten, die FDP fordert weitere Einschnitte.

Schmidt kämpft jetzt pausenlos gegen die FDP. Er weiß, innerlich haben Genscher und Lambsdorff längst die Seiten gewechselt. Die SPD/FDP- Koalition bricht auseinander.

Schmidt ist längst insgeheim zermürbt. Er entlässt die FDP-Minister, als ob das noch etwas nützen würde. Er erwägt eine Minderheitsregierung ins Leben zu rufen, während er längst weiß, dass er Abschied von seinem geliebten Job nehmen muss, dem Amt des Bundeskanzlers.

Genscher und Kohl stürzen Schmidt. Der Deutsche Bundestag spricht Schmidt das Misstrauen aus. Zum Nachfolger wird Kohl gewählt.

Helmut Schmidt schreibt keine Geschichte mehr.

5. Die Schuldenfalle

Gehen wir nun noch einmal auf einen Vorwurf ein, der Helmut Schmidt immer wieder gemacht wurde – die unzureichende Fürsorge um die Wirtschaft. Besteht dieser Vorwurf zu Recht?

In diesem Zusammenhang könnte man ganz unschuldig die Frage stellen, was denn eigentlich »faul im Staate Deutschland« war, was eben »die Wirtschaft« anging?

Bis ans Ende aller Tage wird man aus den verschiedenen politischen Lagern unterschiedliche Antworten hören. Eine Antwort wird man jedoch immer wieder vernehmen: die Staatsverschuldung.

Betrachten wir die Entwicklung von 1950 bis 2020 mittels einer genauen Grafik. Greifen wir getrost ein wenig vor und beziehen wir auch die Zukunft mit ein:

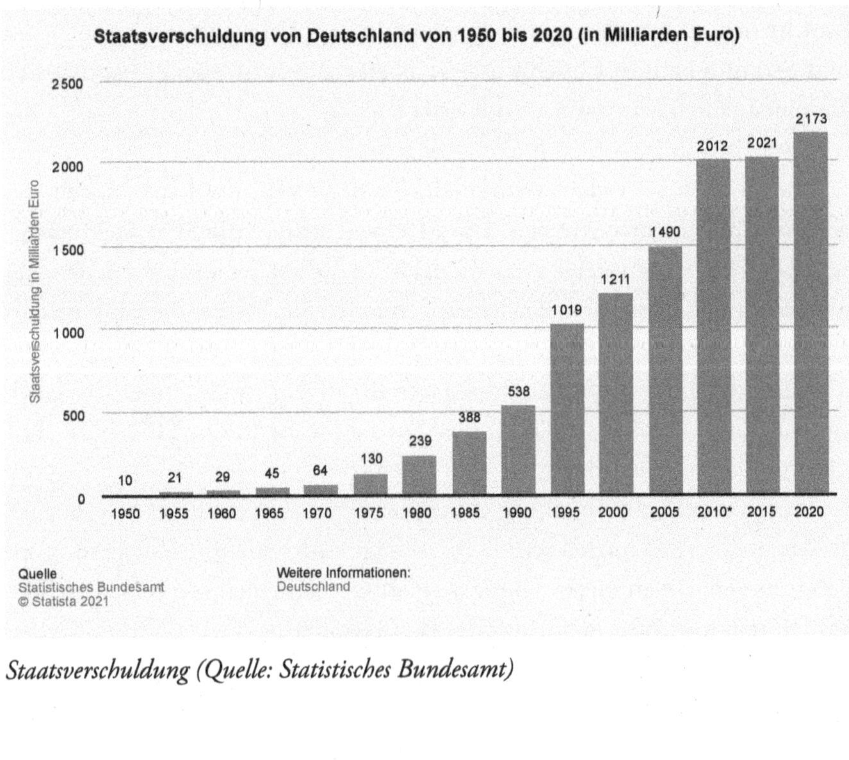

Staatsverschuldung (Quelle: Statistisches Bundesamt)

Man erkennt sehr rasch, dass inzwischen rund zwei Billionen Euro Schulden nahezu eine völlige finanziell-politische Unbeweglichkeit verursachen. Deutschland befindet sich längst in der Schuldenfalle. Unser Land ist an einem *Point of no Return* angelangt, sprich an einem Punkt, da eine radikale Umkehr kaum mehr möglich ist.

Bis ans Ende aller Tage könnte man lamentieren und sich fragen, WER für diesen Schuldenberg verantwortlich ist? Schnell wird die CDU/CSU mit dem Finger auf die SPD zeigen und umgekehrt die SPD auf die CDU/CSU. Befragt man die Geschichte selbst, erkennt man schnell, dass beide großen Parteien verantwortlich waren und sind.

Die Grafik offenbart (zumindest indirekt) eine weitere Achillesferse der Demokratie: Je mehr man dem Volk verspricht, umso leichter ist es, Wählerstimmen einzufangen. Unpopulär dagegen ist es, »den Gürtel enger zu schnallen«, wie das Ludwig Erhard ausdrückte, ein Volk auf einen Sparkurs einzustimmen und die »Segnungen« des Staates herunterzufahren.

Der Demagoge wird dem Volk stets das Paradies vorgaukeln und *Brot und Spiele* zum Nulltarif versprechen, *panem et circenses*, wie das ehemals im alten Rom hieß. Er wird publikumswirksam fordern, dass gefälligst die Rentenausschüttungen zum Beispiel erhöht werden sollen und verlangen, dass der Staat Geschenke kostenfrei verteilen müsse, das sei notwendig und »gerecht«. Er wird den Hass gegen die »Kapitalisten« schüren und den Neid wachkitzeln.

Der verantwortliche Politiker wird auf die leeren Kassen verweisen und ein rigoroses Sparprogramm einfordern – woraufhin es denkbar ist, dass er die Wahl oder gleich mehrere Wahlen verliert.

Sowohl die Geschichte des alten Roms als auch die Historie des alten Griechenlands stellen eigentlich genügend Anschauungsmaterial zur Verfügung, was »richtig« wäre: *Sparen!* Als Zeugen mögen hierfür die ehemals blühende griechische Insel Rhodos und für das alte Rom die guten, vernünftigen Kaiser Augustus, Nerva, Hadrian und Trajan aufgerufen werden. Die konstruktive, funktionierende Regierungsrichtlinie hieß immer *Sparen*.

Auch das europäische Mittelalter stellt genügend Beispiele zur Verfügung, wie destruktiv Verschwendung und wie konstruktiv es ist, den Staatsbeutel nicht überzustrapazieren. Der Staat sollte nicht ständig die Spendierhosen anhaben und mit Geldern nur so um sich werfen.

Das, und nichts anderes, ist faul im Staate Deutschland.

Bemerkenswerte Details

Einige Zahlen sind enthüllend:

- Bis 1970, grob gesprochen von Adenauer bis Kiesinger, waren die Schulden der BRD verhältnismäßig moderat.
- Ab der Ära Brandt, 1971, betrug die Neuverschuldung der Bundesrepublik umgerechnet bereits rund 3 Milliarden Euro.
- 1972 wurden zusätzlich 5 Milliarden Euro aufgenommen – insgesamt betrug die Schuldenlast 91 Milliarden Euro.
- 1974, immer noch halb unter Brandt, halb unter Schmidt, knallte es. Mit einem Mal betrug die Neuverschuldung 33,5 Milliarden Euro.
- 1974 bis 1982 war Helmut Schmidt am Ruder. Greifen wir ein einziges Jahr heraus. 1978, unter Schmidt also, betrug die Neuverschuldung 56 Milliarden Euro – nur die *Neu*verschuldung! Schmidt ist also nicht ganz unschuldig.
- Unter der Ägide Kohl, 1989, mussten bereits 428 Milliarden Euro hinzugepumpt werden – die »Wiedervereinigung« lässt grüßen.
- Unter Schröder setzte sich das Spektakel fort, und unter Merkel erreichte es den Höhepunkt mit 600 Milliarden Euro *Neu*verschuldung, ein paar Jahre nach Schröder –innerhalb eines Jahres wohlgemerkt!

Aber die *Neu*verschuldung gibt nicht das Gesamtbild wieder, nicht die *absolute* Schuldenhöhe.

Was ist hierzu anzumerken? Nun, schauen Sie sich noch einmal die obige Grafik an. Schon 2012 wurde die 2-Billionen-Grenze überschritten. Das beweist, wie schnell einem Staat die Schulden über den Kopf wachsen können. Der Grund? Die Zinsen.

Das gilt für »rechte« und für »linke« Kanzler, für die CDU/CSU und die SPD.

Es nutzt wenig, freudestrahlend darauf hinzuweisen, dass 2017 die Zwei-Billionen-Marke wieder unterschritten wurde. Der Schuldenberg war immer noch unerträglich hoch.

Hinzufügen darf man, dass in bestimmten Bundesländern oder Städten besonders gern Geld mit beiden Händen ausgegeben wird, wie in Bremen etwa, während in anderen Bundesländern eine bessere Spardisziplin herrscht, wie in Sachsen oder Bayern.

Das Bemühen, eine zulässige Obergrenze von 60 Prozent des Bruttoinlandsprodukts (BIP) des Staates für den Schuldenberg festzusetzen, wie dies den Mitgliedsstaaten der Europäischen Union eigentlich auferlegt wurde, ist ein kleiner Schritt in die richtige Richtung – aber unseres Erachtens ist es immer noch nicht genug. Ein Staat sollte *keine* Schulden haben.

Selbst eine geringe Rückläufigkeit der Schulden in Deutschland hilft dem Dilemma nicht ab. Eine gute Konjunktur, Nullzinsen oder niedrigen Zinsen sind nicht gottgegeben. Wie lange wird die Konjunktur brummen und wie lange werden die Zinsen auf diesem Niveau bleiben?

Mit dem riesigen Schuldenberg werden künftige Generationen belastet, weiter gerät der gesamte »Staat« in Gefahr und mit ihm die Renten und die Sozialleistungen.

Es scheint überflüssig zu sein, eine Lanze dafür zu brechen, wie weise es ist, keine Schulden zu machen, jeder Dummkopf sieht das eigentlich ein. Und doch gibt es einige Neunmalkluge, die der Schuldenmacherei das Wort reden. Dabei weiß jeder Unternehmer und jede Privatperson, dass übermäßige Schulden eine Art finanzielles Harakiri sind.

Allzu gern wird in diesem Zusammenhang der Hass gegen die »Reichen« geschürt oder gegen den »Kapitalismus«. Es wird argumentiert, dass auch der »kleine Mann« etwas von dem großen Kuchen abbekommen sollte – und nicht nur die Millionäre und Milliardäre.

Gehen wir auch dieser Argumentation einmal auf den Grund.

Der Denkfehler des Karl Marx oder: Der Kapitalismus

Das Wort *Kapitalismus* begreift drei völlig unterschiedliche Definitionen in sich ein:

1. Man versteht darunter etwas Positives, nämlich eine *freie Marktwirtschaft*, die nicht geknebelt wird. Das freie Unternehmertum ist gut angesehen. Unternehmer dürfen Gewinne machen, weil sie Arbeitsplätze schaffen und den Wohlstand eines Volkes/Staates mehren. Privateigentum ist erlaubt, begrüßenswert und gut.
2. Man versteht unter *Kapitalismus* etwas Negatives, wenn ein »Kapitalist« nur noch an die eigene Profitmaximierung denkt und nicht mehr an die Menschen, die in seinem Unternehmen arbeiten. Interessengegensätze zwischen dem »Kapitalisten« und den »Ausgebeuteten« entstehen. Der Raffzahn ist hier anzusiedeln, der geld- und besitzgeile Superreiche, für den Anstand und Ethik Fremdwörter sind. *Kapitalismus* ist in diesem Fall ein Schimpfwort. Dementsprechend spricht man auch von Raubtier-Kapitalismus, Killer-Kapitalismus oder Wildwest-Kapitalismus.
3. Gelegentlich versteht man unter *Kapitalismus* auch eine geschichtliche Epoche, wobei verschiedene Autoren diese Epochen völlig unterschiedlich definieren.

Was helfen uns diese Differenzierungen? Befragen wir noch einmal die Historie selbst.

Die Geschichte hält für die Definition 1 und Definition 2 des Wortes *Kapitalismus* verschiedene Beispiele bereit.

Zu Definition 1

Die Wahrheit ist, dass man Geld und Wirtschaft nie verteufeln darf, wenn man ein blühendes Staatswesen schaffen will. Die Erfindung des »Kapitals« führte in der Geschichte unendliche Blüten herbei – denken wir nur an Venedig im 13. Jahrhundert oder an Holland im 16./17. Jahrhundert.

Auch Großbritannien im 18. und 19. Jahrhundert bietet hierfür reiches Anschauungsmaterial.

Es gilt mittlerweile als unumstritten, dass das freie Unternehmertum für den Wohlstand des gesamten Staates hochwichtig ist. Der Unternehmer schafft die meisten Arbeitsplätze, zahlt die meisten Steuern und bildet die meisten Menschen aus. Besonders der Mittelstand kann in seiner Bedeutung kaum überschätzt werden.

Auch die Erkenntnis, den Unternehmer nicht durch zu viele Gesetze, Verordnungen und Regeln zu knebeln, ist richtig, denn ansonsten kann er nicht handeln. Eine *freie Marktwirtschaft*, in der ein freies Spiel der Kräfte herrscht, die jedoch nicht durch Monopole behindert sein darf, funktioniert am besten.

Schließlich hat Geschichte zweifelsfrei etabliert, dass Menschen *Eigentum* besitzen sollten. Das stärkt die Verantwortung. Etwas, das »allen« gehört – darum kümmert sich normalerweise niemand. Der Kapitalismus in diesem Sinne ist also nur zu begrüßen.

Zu Defintion 2

Auf der anderen Seite sind aber auch die Auswüchse des Kapitalismus unumstritten: Wenn der Lohn so niedrig ist, dass eine Person kaum überleben kann oder wenn Kinder sechzehn Stunden am Tag in einem Kohlebergwerk schuften müssen, wie das noch im 19. Jahrhundert in Großbritannien der Fall war, kann man den Kapitalismus nur verdammen.

Die Wahrheit ist ferner, dass die völlig einseitige Betonung des Geldes/ des Besitzes/des Kapitals zu vielen hoch kriminellen Akten in der Geschichte führte. Denken wir nur an die hemmungslose Ausbeutung der Kolonien.

Denken wir weiter an die Zerstörung von Geld/Kapital durch Weltwirtschaftskrisen (1929 und 2008 etwa), die durch verantwortungslose Bankiers und Politiker herbeigeführt oder/und unterstützt und toleriert wurden.

Denken wir weiter an international operierende Bankiers und Geldhaie, die nur durch die Manipulation von Aktien und Gütern schwerreich wurden, oft durch unlautere Machenschaften.

Grundsätzlich ist der Kapitalismus in diesem Sinne keine edle Philosophie. Er redet der Raffgier das Wort.

Die Kapitalismus-Befürworter und die Kapitalismus-Gegner haben also beide recht. Wenn es sich um Definition 1 handelt, sollte man den Kapitalismus unterstützen. Wenn es sich um Definition 2 handelt, sollte man den Kapitalismus bekämpfen.

Man muss also Vorsicht walten lassen, wenn jemand den »Kapitalismus« angreift. Zunächst gilt es, in Erfahrung zu bringen, wer damit ins Zielvisier genommen wird.

Speziell kommunistische Geheimdienste versuchen mittels ihrer Trompeter und mithilfe ihrer Propagandasprachrohre den fundamentalen Unterschied zwischen Kapitalismus-Definition 1 und Definition 2 zu verwischen. Das Ziel besteht darin, die kommunistische Überlegenheit gegenüber dem kapitalistischen Westen herauszustreichen. In der Folge werden geschickt der Neid angesprochen, das Mitleid und der Zorn. Aber die unparteiischste aller Richterinnen, die Geschichte, hat längst über kommunistische Experimente den Stab gebrochen – sei es in Russland, der Tschechoslowakei, Ungarn, Polen, in Osteuropa überhaupt, auf Kuba, in Venezuela, selbst China und sogar schon im alten Rom, wo unter dem Kaiser Diokletian (ca. 241–312 n. Chr.) kommunistisch-sozialistische Ideen angeordnet und getestet wurden. All diese Experimente scheiterten kläglich, ausnahmslos.

Noch einmal: der Schuldenberg

Wie die Zahlen beweisen, waren für den Schuldenberg nicht nur Brandt, Schmidt und Schröder »schuldig«, sondern auch Kohl und Merkel. Richtig wäre es gewesen, und richtig wäre es nach wie vor, radikal den Rotstift anzusetzen und Schulden zurückzuführen.

Sowohl bei den (1) *Sozialausgaben* als auch bei den Ausgaben für das (2) *Militär* müssten radikale Einschnitte gemacht werden. Weiter müsste sich (3) der *Staat verschlanken.*

Drei Ansätze. Drei Lösungen! Die Lösungen sind gut sichtbar. Politiker, die dies in die Wege leiten könnten, sind es nicht.

Aber verweilen wir noch einen Augenblick bei Helmut Schmidt und den Finanzen.

6. Die (un-)sichere Rente

Hat auch die »Rente« etwas mit dem Thema »Geheimdienst« zu tun?

Indirekt ja. Die »Rente« in kommunistisch-sozialistischen Ländern existiert praktisch nicht, ihre Trompeter, die Geheimdienstler, lügen also, wenn sie von einer gerechteren kommunistischen Gesellschaft sprechen.

- Venezuela liegt völlig am Boden, nicht einmal eine Krankenversorgung existiert dort im Moment; viele Menschen sterben hungers.
- In den osteuropäischen Ländern wurden die Menschen lange Zeit mit der Illusion geködert, dass Vater Staat den Rundumversorger spielen würde. Keines dieser Versprechen wurde eingehalten.
- Die »Rente« in der ehemaligen DDR ist heute nur deshalb halbwegs gesichert, weil die BRD schließlich für sie finanziell geradestand.
- In Nordkorea sterben die Menschen wie die Fliegen aufgrund der kommunistischen Unterdrückung. Von »Rente« keine Rede.
- Auch der *Russische Rentenfonds* ist ein Witz im Vergleich zu Westeuropa. Die Durchschnittsrente liegt bei etwa 150 Euro pro Monat – nicht einmal genug, um anständig zu sterben.
- In China liegt die Grundrente umgerechnet bei 80 bis 90 Euro pro Monat.

Und so könnte man fortfahren und fortfahren.

Doch es muss erlaubt sein, auch auf die Schwachstellen der »Rente« im Westen und vor allem in Deutschland zu verweisen. Was ist hier Sache? Funktioniert unsere sogenannte *Gesetzliche Rentenversicherung*?

Um es abzukürzen: Die *Gesetzliche Rentenversicherung* war auch bei uns von Anfang an eine höchst unsichere Angelegenheit. Sie war ein Politkniff. Schon zu Bismarcks Zeiten war die Rente nur deshalb ins Leben gerufen worden, um den Linken eins auszuwischen, damit diese bei den Wahlen nicht mit ihrer Vorstellung von einer Rente (plus verschiedenen Versicherungen) die »Lockpfeife« blasen konnten.[25] Die Rente war ursprünglich ein Coup im politischen Raum, um den Linken den Wind aus den Segeln zu nehmen.

Wenn man überhaupt eine einzelne Figur verantwortlich machen will, was die Rente nach 1945 angeht, so muss man auf Konrad Adenauer weisen.

Adenauer drückte seinerzeit eine sehr spezielle Rente oder Altersversicherung durch, obwohl ihn Ludwig Erhard wiederholt davor gewarnt hatte. Es handelte sich dabei um eine »dynamische Rente«, sprich um eine Rente, die sich ständig automatisch steigerte. Diese Art Rente sollte sich so finanzieren: Die Jungen sollten die Alten bezahlen durch ihre neuen Einzahlungen. Wenn die Jungen selbst alt wurden, gäbe es dann, so Adenauers Vorstellungen, wieder genug Junge, die dann ihrerseits Geld in den Rententopf fließen lassen würden. Man sprach von einem »Generationenvertrag«.

»Kinder kriegen die Leute immer«, tönte Adenauer – wobei er nicht den Pillenknick voraussah, verursacht durch die Anti-Baby-Pille, die einen starken Geburtenrückgang verursachte. Die arbeitende Generation, die die Rentenkasse eigentlich füllen sollte, nahm ab. Immer weniger Erwerbstätige mussten also in der Folge immer mehr Senioren unterstützen.

Ludwig Erhard und andere Wirtschaftsfachleute innerhalb der CDU warnten Adenauer wie gesagt vor diesem System, auch die FDP schüttelte den Kopf. Nur die SPD hatte sogar eine noch allumfassendere Rentenversicherung im Sinn.

Die SPD stimmte schließlich für ein entsprechendes Rentengesetz, alle Adenauer-Anhänger ebenfalls und zähneknirschend viele CDU-Recken. Lediglich die FDP stimmte dagegen.

Zunächst funktionierte der Spaß jedoch ganz gut, aufgrund des »Wirtschaftswunders«. Wenn Gelder fehlten, schoss man aus dem Bundeshaushalt die fehlende Summe einfach zu.[26] Als sich aber das erste Wölkchen am Horizont zeigte, stellte es sich heraus, dass dieses System eine Schnapsidee war, die einfach nicht funktionieren konnte.

Warum?

Mathematische Logik

Wenn etwas *nicht* sicher war und ist, so ist es die vorgeblich sichere Rente. Es gibt mindestens fünf Fakten, die man sich vor Augen halten muss, wenn es um die Gesetzliche Rentenversicherung geht.

Fakt 1

Grundsätzlich besitzt der Bürger bei der Gesetzlichen Rentenversicherung kein *verbrieftes Anrecht* auf eine bestimmte Summe am Schluss. Die wenigstens wissen, dass es sich bei der Gesetzlichen Rentenversicherung lediglich um einen sogenannten »Generationenvertrag« handelt, wie gerade ausgeführt. Noch einmal: Die junge Generation soll die älteren Semester, eben die Rentner, durch ihre Einzahlungen finanzieren. Aber die Höhe der Summe, die bei der Gesetzlichen Rentenversicherung zugestanden wird, schwankt ständig. Sie ist abhängig davon, wie viele neue junge Bundesbürger und Erwerbstätige tatsächlich in diesen Renten-Topf einzahlen. Je weniger Leute dies tun, umso unsicherer ist das Ergebnis, sprich umso niedriger fällt die Rente der Senioren aus. Juristisch kann diese Art von Rente nie eingeklagt werden. Eine bestimmte Summe wird nicht garantiert. Tatsächlich sinkt auch deshalb die Rente ständig ab.

Fakt 2

Es gibt in Deutschland inzwischen immer weniger Menschen, die in diesen Topf einzahlen. Die Geburtenrate ist rückläufig. Bürger weigern sich zunehmend, zugunsten von Kindern auf ihre Karriere zu verzichten. Was bedeutet das konkret? Nun, immer weniger Erwerbstätige müssen für immer mehr Rentner Sorge tragen. Es mangelt an Babys.

Der Spaß sah 1910 noch ganz anderes aus. Zahlreiche Beitragszahler sorgten für einen Rentner. Diese Last war leicht zu buckeln: 100 junge Menschen hatten für ein paar Rentner Sorge zu tragen, das konnte man sich gefallen lassen.

1980 entfielen auf 100 Erwerbstätige jedoch bereits 46 Rentner, im Jahr 2000 waren es bereits 57.

Und 2020, so schätzen einige Experten zumindest, werden 100 Erwerbstätige 70 Rentner ernähren müssen. Das Jahr 2022 wandert gerade seiner Katastrophe entgegen.

Im Jahre 2035, so erneut die Schätzung, kommen auf 100 Erwerbstätige 97 Rentner. Das Verhältnis verschlechtert sich zusehends. Wenn jedoch am Ende ein Erwerbstätiger einen Rentner finanzieren muss, so funktioniert der Generationenvertrag ganz einfach nicht mehr.

Fakt 3

Während immer weniger Kinder das Licht der Welt in Deutschland erblicken, wächst die Zahl der Alten und damit die Zahl der Rentner. Zugegeben, es ist begrüßenswert, dass wir statistisch gesehen immer länger leben. Aber das heißt auf der anderen Seite auch, dass mehr Rentner finanziert werden müssen. Im Klartext: Der Topf der Gesetzlichen Rentenversicherung leert sich weitaus schneller als vorhergesehen.

Auf der einen Seite gibt es weniger Einzahler, auf der anderen Seite mehr Empfänger, die zudem noch länger leben.

Die Zeitdauer des Rentenbezugs steigt inzwischen dramatisch an; tatsächlich erhöht sich in den Industrieländern die Lebensdauer der Menschen stets. In Deutschland wird man momentan durchschnittlich 80 Jahre alt, einige Statistiker sprechen sogar von 82 Jahren.

Man braucht kein mathematisches Genie zu sein, um zu erkennen, dass die ursprüngliche Rechnung nicht mehr aufgeht. Der Dumme ist der Zeitgenosse, der fleißig in die Gesetzliche Rentenversicherung einzahlt und auf eine schöne Rente im Alter hofft.

Fakt 4

Hinzu kommt, dass bei steigender Arbeitslosigkeit ebenfalls immer weniger Menschen in den Topf der Gesetzlichen Rentenversicherung einzahlen. Wenn also in Deutschland die Wirtschaft lahmt, stehen weniger Arbeitsplätze zur Verfügung und damit weniger Einzahler.

Dies wiederum hat zur Konsequenz, dass der künftige Rentner mit einem noch größeren Loch in der Rentenkasse rechnen muss, denn Zeiten der Arbeitslosigkeit treten immer wieder auf. Das beweist die Geschichte.

Fakt 5

Es ist ein gut gehütetes Geheimnis, dass die Herren Politiker aus dem Topf der Gesetzlichen Rentenversicherung ständig Geld stibitzten oder zweckentfremdet einsetzten. Wir wollen nicht sagen, aus diesem Topf würde Geld gestohlen, das klänge zu unfein. Aber während dieses Rentengeld eigentlich nur Rentnern vorbehalten bleiben sollte, griffen Politiker aller Parteien schamlos in eben diesen (Renten-)Topf, um verschiedenerlei damit zu finanzieren.

Das *Kölner Institut für Wirtschaft* stellte fest, dass allein von 1991 bis 1993 die Rentenkasse um rund 49 Milliarden D-Mark oder 25 Millionen Euro erleichtert wurde[27]. Geldlöcher bei der *Bundesanstalt für Arbeit* wurden damit gestopft, aber auch ein Teil der Folgekosten der Deutschen Einheit finanziert. Pikant: Die Kosten hätten gemäß Grundgesetz nicht nur von Arbeitnehmern und Arbeitgebern getragen werden müssen, sondern auch von Beamten, was jedoch nicht geschah. Doch auch für Vorruhestandsgelder, Geldspritzen für billigere Krankenversicherungen und anderes mehr mussten unerlaubterweise Rentengelder herhalten.

Politiker sind selten oder nie verantwortungsvoll, wenn es darum geht, Geld zu sparen, sie geben es im Gegenteil gern mit beiden Händen aus und versprechen dem Wahlvolk alles Mögliche. Außerdem stopfen sie Löcher mit Geldern, die eigentlich einem anderen Verwendungszweck dienen sollten.

Und so könnten wir genüsslich einen Skandal nach dem anderen an dieser Stelle abhandeln, aber die Tatsachen waren und sind eindeutig: Rentengelder wurden zweckentfremdet eingesetzt.

Die logische Schlussfolgerung

Nun, unsere Renten müssen entweder

- gesenkt werden oder
- die Einzahlungsbeiträge müssen erhöht oder
- das Rentenalter muss heraufgesetzt werden.

Alternativ werden alle drei Lösungen gleichzeitig bemüht.

All das passierte natürlich in der Folge. Und so war der Dumme immer der brave Beitragszahler. Er wurde (und wird) unaufhörlich betrogen und um einen Teil seiner schönen Rente gebracht.

Im Moment jagt eine Korrektur der Gesetzlichen Rentenversicherung die nächste, sie wird, plastisch ausgedrückt, wie eine Sau durch die Gassen gehetzt.

Da die negativen Trends bestehen bleiben, heißt das genau genommen, dass es ein ziemlich schlechtes Geschäft ist, wenn man auf die Gesetzliche Rentenversicherung baut. Außerdem gibt es bereits Proteste junger Beitragszahler, die sich dagegen sträuben, dass ihnen mehr und mehr Geld aus der Tasche gezogen wird. Vielleicht kommt es eines Tages zu einem Generationen-Verteilungskampf.

Fest steht auf jeden Fall so viel: *Die sichere Rente ist nicht sicher.* Es handelt sich um nichts als um einen dummen Politslogan. Und so gab (und gibt) es inzwischen ein böses Erwachen. Man spricht bereits von einer neuen Altersarmut. Das Problem wird sich künftig sogar noch verschärfen.

Stellt man zudem noch die Inflation in Rechnung, die aller Voraussicht nach rund die Hälfte bis drei Viertel der Einzahlungen in die Gesetzliche Rentenversicherung *zusätzlich* stehlen wird, kann man nur noch still staunen.

Die politische Fehlkalkulation

Bleiben wir bei unserem eigentlichen Thema: Helmut Schmidt. Unser fünfter Bundeskanzler befand sich in einer furchtbaren Zwangslage. Einerseits wollte er den »kleinen Leuten« helfen, andererseits sah er, dass die Kassen leer waren. Die SPD konnte er mit Mühe und Not hinter sich scharen, aber die FDP und die CDU/CSU schossen quer.

Selbst wenn Schmidt die Rentenbezüge erhöht hätte, wäre der Preis dafür hoch gewesen. Der Schuldenberg wäre noch dramatischer angestiegen, was letztlich nur durch höhere Steuern und Abgaben hätte ausbalanciert werden können. Die perfekte Fallgrube!

So aber spielte sich in der Folge in Deutschland dieses Drama ab: Beide große Parteien, die SPD und die CDU, versuchten Wählerstimmen zu gewinnen – konkret die Stimmen der Senioren –, indem sie wolkige Versprechungen hinsichtlich der Rente machten.

Das Reizthema »Rente« verkam zu einem Spielball, den mal die Linken, mal die Rechten in das gegnerische Tor kickten. Schmidt konnte also mit dem Thema Rente nur verlieren.

Die »Rentenlüge« nur Helmut Schmidt anzulasten, war schlicht und ergreifend falsch, obwohl man auch erwähnen muss, dass er dieses Problem nicht löste, welches unserer Ansicht nach grundsätzlich unlösbar ist – es sei denn, man erklärt sich bereit, die Bundesbürger hinten und vorne zu schröpfen, zu betrügen und überall Abstriche zu machen.

Beinahe 30 Prozent der Ausgaben des Bundes werden inzwischen allein für die Zuschüsse zu den Renten verwendet.[28] Das bedeutet, es stehen uns künftig erneut höhere Steuern ins Haus, als ob sie nicht bereits jeden vernünftigen Rahmen sprengen würden. Der Posten für die gesamten Sozialausgaben ist inzwischen astronomisch hoch. Die Rente und alle anderen Sozialausgaben belasten den Bundeshaushalt unerträglich.

Wiederholen wir: Schmidt gelang es nicht, das Thema »Rente« zu lösen – doch dies gelang auch keinem anderen Kanzler. Warum?

Das System der Gesetzlichen Rentenversicherung beruhte von Anfang an auf einer Idee, die von falschen Voraussetzungen ausging und deshalb nicht funktionieren konnte.

Es hört sich ach so fürsorglich und großzügig an, Menschen eine gute Rente zu versprechen und sie mit dieser Idee zu ködern. Versprechungen sind billig. Damit lassen sich Wahlen gewinnen. Aber die Idee selbst funktionierte schlicht und ergreifend nicht.

Auch das lernt man, wenn man »Die Geschichte Deutschlands« genauer untersucht. Ludwig Erhard hatte recht, als er gegen diese Art von Rente Stellung bezog, Konrad Adenauer hatte unrecht. Mit Adenauer befanden sich auch Kiesinger, Brandt und Schmidt auf dem falschen Dampfer – und später Kohl, Schröder und Merkel. Soweit so gut.

Aber wie haben wir nun endgültig über Helmut Schmidt zu urteilen?

7. Der Lotse im Urteil der Geschichte

Der Leser könnte der Ansicht zuneigen, dass wir versuchen, Helmut Schmidt reinzuwaschen. Nichts liegt uns ferner. Aber es muss erlaubt sein, Vorwürfe, die unhaltbar waren, oder Fehler, die auf frühere Kanzler zurückzuführen sind, von berechtigten Kritiken zu unterscheiden.

Tatsächlich gab es genügend Punkte, in denen Schmidt die Ziellinie nicht erreichte. Listen wir sie der Reihe nach auf:

1. Es war falsch, 1977 eine zehnprozentige Rentenerhöhung zu versprechen.
   Schmidt, der sich so viel darauf einbildete, ein Wirtschaftsfachmann zu sein, hätte wissen müssen, dass das die Kassen nicht hergaben.
   Zumindest hätte er sich schlau machen müssen, was die Einnahmen der Gesetzlichen Rentenversicherung anging. Sie fielen höchst mager aus, in den Rentenkassen fehlte es hinten und vorne an Geld. Und so kam es zu dem »Rentendebakel« und den Vorwürfen der Opposition, die nicht völlig aus der Luft gegriffen waren, obwohl die CDU/CSU mit Adenauer das System zu einem früheren Zeitpunkt selbst etabliert hatte.
   Aber die Fehleinschätzung, was den Zustand der Kassen anging, muss man dennoch Schmidt anlasten.

2. Der ärgste Fehler Schmidts bestand darin, die Wirtschaft nicht ordentlich anzukurbeln. Es gab lediglich zwei Prozent Wachstum, die Wirtschaft stagnierte mehr oder weniger.
Schnell hatte Schmidt Rechtfertigungen bei der Hand – er verwies auf die Ölkrise und die Weltwirtschaft und damit auf »andere«, externe Quellen, auf die er angeblich keinen Einfluss hatte, was jedoch nicht weiterhalf.
Jedes Wirtschaftswachstum wird aktiv verursacht und jede Rezession ebenfalls. Das lehrt die Historie selbst. In dieser Beziehung stahl sich die freche, vorlaute »Schmidt-Schnauze« fix aus der Verantwortung. Hätte er die Steuern massiv gesenkt, wie es die FDP einforderte, und hätte er einige Regelungen rigoros zusammengestrichen, die die Wirtschaft behinderten, wäre unweigerlich ein neuer Boom auf dem Fuß gefolgt. So aber kämpfte er nur darum, das soziale Sicherheitsnetz aufrechtzuerhalten, ja es noch weiter zu spannen – was ein Fehler war.
3. Schmidt selbst dachte immer wieder daran zu sparen – eine richtige Aktion – und gab zu, dass man in Deutschland lange über die Verhältnisse gelebt hatte. Aber er war nicht bereit, die entsprechenden Konsequenzen zu ziehen. Er hatte insofern recht, als er die überdimensionalen Boni und Gehälter von Bank- und Konzernvorständen kritisierte, hatte jedoch unrecht, als er glaubte, alle möglichen Segnungen über den »kleinen Mann« ausschütten zu müssen.
Das war sein politisches Glaubensbekenntnis:
»Nur eine sozial gebändigte kapitalistische Marktwirtschaft – Privateigentum und Markt auf der einen Seite und auf der anderen Seite soziale Sicherheit für die kleinen Leute plus deren angemessene Beteiligung am Wachstum plus Betriebsrat und Mitbestimmung – sichert auf Dauer den inneren Frieden.«[29]
Dieses Glaubensbekenntnis war nicht einmal falsch, wenn man es so grundsätzlich formuliert. Doch es fehlte ein wichtiger Zusatz, auf den Ludwig Erhard aufmerksam gemacht hatte: Die ursprüngliche Erfolgsformel Erhards lautete, nur solche sozialen Vergünstigungen zu gewähren, die *finanzierbar* waren.

Während es leicht ist, den Gutmenschen zu spielen und sich lautstark für den kleinen Mann einzusetzen, ist es schwer, dafür auch das Geld aufzubringen.

4. Nicht wegwischen kann man ferner die Tatsache, dass die Arbeitslosigkeit unter Schmidt von 3 Prozent auf 5 Prozent anstieg, konkret von rund 900 000 im Jahre 1980 auf 1,27 Millionen im Jahre 1981. Auch die Anzahl der Firmenzusammenbrüche erhöhte sich. Die Wirtschaft lahmte mehr und mehr die Stahlindustrie ging in die Knie.

Alle diese Zahlen zeigen jedoch nur die »Oberfläche« der wirtschaftlichen Entwicklung, sie sind äußerliche Indikatoren. Der Arbeitslosigkeit begegnet man, indem man diejenigen fördert, die Arbeit schaffen. Das ist insbesondere der Mittelstand sowie die kleinen und mittleren Selbstständigen und Unternehmer. Gewährt man ihnen Steuervergünstigungen und streicht unnütze Regelungen, ist ein wirtschaftlicher Aufschwung unweigerlich die Folge.

Das Dilemma des Helmut Schmidt

All dies wusste Schmidt nicht oder wollte es nicht wissen, denn der »Philosoph« oder der »Gutmensch« in ihm waren stärker als alle Erkenntnisse der Volkswirtschaft. Zudem hatte er pausenlos gegen den ultralinken Flügel in der eigenen Partei zu kämpfen und gegen die Gewerkschaften, die ihn dazu zwingen wollten, den Sozialisten zu spielen.

Auf der anderen Seite attackierten ihn unablässig die CDU und die FDP.

Ununterbrochen stand das eigene politische Überleben auf dem Spiel. Er befand sich in einem entsetzlichen Zangengriff. Die existierenden unterschiedlichen ökonomischen Ansichten konnten unmöglich unter einen Hut gebracht werden.

Er zerrieb sich zwischen diesen beiden Polen, er *konnte* sein Spiel nicht gewinnen. Und so flüchtete er sich in die Außenpolitik, um zumindest auf diesem Feld zu reüssieren. Dass 1987 Mittelstreckenwaffen vernichtet und Atomwaffen verschrottet wurden, aufgrund seines Einsatzes, muss man ihm als großes Plus anrechnen, selbst wenn es nach seiner Amtszeit geschah. Und dass er ständig versuchte, zwischen Ost und West zu vermitteln und das Schlimmste zu verhindern, war gleichfalls eine reife Leistung. Seine Friedensbemühungen verdienen höchstes Lob.

Aber man darf auch nicht vergessen, dass sich die USA mit Jimmy Carter und die UdSSR mit Leonid Breschnew im Grunde genommen den Teufel um Helmut Schmidt scherten. Sie alle besaßen ihre eigene politische Agenda.

Einige Historiker urteilten deshalb, dass Helmut Schmidt »keine historischen Großtaten« vollbrachte.[30]

Schmidt und die Geheimdienste

Halten wir auch eine kleine Nachlese zu unserem eigentlichen Thema.

Wie stand es um das Verhältnis Schmidts zu den Geheimdiensten? Was Schmidt auszeichnete, war der Umstand, dass sein Leben praktisch frei von Skandalen war. Keine Bestechungsskandale verunstalteten seinen Lebenslauf. Er lebte relativ bescheiden in einem Reihenwohnhaus bei Hamburg-Langenhorn, selbst als er das höchste Staatsamt innehielt. Dadurch war er nicht anfällig für Korruption oder Erpressung.

Von Geheimdiensten insgesamt hielt Schmidt wenig, er hielt sich von ihnen sogar fern, selbst vom BND, dem er zwar vier Besuche abstattete, doch den er innerlich ablehnte. Einmal schmähte er den Bundesnachrichtendienst sogar öffentlich als »Dilettantenverein«. Er lese lieber die »Neue Züricher Zeitung«, als sich von den Schlapphüten informieren zu lassen, ließ er verbreiten.

Ein andermal urteilte er: »[Geheimdienste] sind arme Schweine. Die leiden unter zwei psychischen Krankheiten: Die eine Krankheit beruht darauf, dass sie für das, was sie tatsächlich leisten, niemals öffentliche Anerkennung bekommen. Es ist unvermeidlich so, sie müssen ja im Verborgenen arbeiten. Das deformiert die Seele. Die andere Krankheit beruht darauf, dass sie tendenziell dazu neigen zu glauben, sie verstünden die nationalen Interessen des eigenen Landes viel besser als die eigene Regierung. Diese letztere Krankheit ist der Grund dafür, dass ich ihnen nicht traue.«[31]

Aber Schmidt mokierte sich auch über die Stasi, die bei seinen Besuchen in der DDR alles getan hatte, um den kommunistischen Staat in einem falschen, hellen Licht erstrahlen zu lassen. Regelrechte Potemkin'sche Dörfer wurden errichtet, um ihm eine »blühende« DDR vorzugaukeln. Schmidt lächelte nur. Darüber hinaus hielt er wenig von Honecker, dem ersten Mann der DDR. »Honecker glaubte an den internationalen Kommunismus; er ist in seiner gesamten Regierungszeit ein typischer kommunistischer Funktionär geblieben, dem es nicht nur am eigenen Urteil mangelte.«[32]

Die Krim-Annexion

Dennoch beging Schmidt zu einem späteren Zeitpunkt den Fehler, einen ehemaligen KGB-Agenten zu loben, Wladimir Putin, ja er nahm sogar seine aggressive Politik in Schutz, als der russische Präsident 2014/15 die Krim überfiel und der Russischen Föderation einverleibte. Im Amt hatte Schmidt Putin heftig kritisiert, jetzt knickte er vor ihm ein.[33] Schmidt zeigte »Verständnis« für die gewaltsame Annexion der Krim, obwohl der russische Staatschef eindeutig internationales Recht verletzt hatte. Der Internationale Strafgerichtshof in Den Haag untersuchte den Fall minutiös und stellte zahlreiche Verstöße fest: Kriegsverbrechen waren begangen worden, Morde und Entführungen ebenfalls. Die Liste der Straftaten seitens Putins war lang: Es gab Misshandlungen, erzwungenen Dienst im russischen Militär, und die Versammlungs-, Vereinigungs- und Meinungsfreiheit auf der Krim wurden empfindlich eingeschränkt oder verboten. Menschenrechtsverletzungen wie Haft, Folter und Killeraktionen hatten stattgefunden. Krim-Gefangene wurden illegal in russische Gefängnisse überführt, wo die Verhältnisse haarsträubend waren. Enteignungen waren geradezu an der Tagesordnung, sorgfältige internationale, gerichtliche Untersuchungen sprachen von Enteignungen im Wert von 1,3 Milliarden Dollar.[34]

Aber was ist Geld schon im Verhältnis zu Menschenleben und dem Gut der Freiheit!

Natürlich wurden die westlichen Geheimdienste mehr als hellhörig, als sie die unterschiedlichen Reaktionen auf die Krim-Annexion vernahmen. WER stellte sich auf die Seite des Usurpators, auf die Seite Putins? Linksgerichtete

Politiker, selbst in der SPD, begrüßten eilfertig die Äußerungen Schmidts. Und so erkennen wir sehr rasch, dass der Kalte Krieg noch immer tobt, wenn auch unter der Decke. Das Fazit? Schmidt selbst pendelte wahrscheinlich, wie Brandt, zumindest innerlich ständig zwischen der CIA und dem KGB hin und her, zwischen der UdSSR und der USA. Er versuchte mit anderen Worten zu vermeiden, dass Deutschland zwischen den beiden Weltmächten zerrieben wurde. Vielfach instrumentalisierten die beiden Superpower-Mächte Deutschland nur für ihre eigenen Zwecke. Bei allen Irrungen und Wirrungen standen auf der einen Seite jedoch die Freiheit und die Demokratie, auf der anderen Seite die Unfreiheit und Diktatur. Sich letztlich auf die Seite der Freiheit zu schlagen, ist ein Verdienst, das man Schmidt nicht absprechen kann.

In punkto Krim verletzte er jedoch diese Haltung.

Helmut Schmidt, der Staatsschauspieler

In diesem Sinne haben auch die Kritiker nicht ganz unrecht, die Schmidt einen Showman nannten und sein Techtelmechtel mit dem Medium Fernsehen nicht gern sahen. All dies war ihrer Meinung nach nichts anders als ein Ausreißversuch vor den wirklichen Problemen.

Schmidt flüchtete sich in die »Weltpolitik«, um der Innenpolitik zu entkommen.

Die Medien dienten ihm dabei, aber man könnte auch umgekehrt von der Gefallsucht Schmidts gegenüber den Medien sprechen. Vier Methoden setzte er ein, um sich lieb Kind bei der Presse zu machen:

1. Ständig suchte er die Öffentlichkeit, nur zu gern trat er im TV auf.
2. Dort präsentierte er sich als Staatsmann, der publikumswirksame Statements abgab.
3. Mit Begeisterung zeigte er sich an der Seite der »Großen«, weil das sein Image mehr als alles andere aufmöbelte und er damit seine Paraderolle, seine Lieblingsrolle, die Rolle des »großen Politikers auf der Weltbühne«, spielen konnte.
4. Bei Katastrophen präsentierte er sich telegen als »Macher«.

Der Ökonom Schmidt war drittklassig, der PR-Mann Schmidt erstklassig. Die PR jedoch ist inzwischen eine lupenreine Domäne der Geheimdienste, auch in demokratischen Staaten. Das bedeutet nicht, dass Schmidt ein Geheimdienstler war, im Gegenteil. Aber auch er »lernte« offenbar von ihnen.

Und so gelang es ihm, Katastrophen in Deutschland wie die Flut in Hamburg oder die Geiselentführungen zum Thema Nummer eins aufzublähen und geschickt zu nutzen. Natürlich unterstützten ihn die Medien dabei, die grundsätzlich Katastrophen und Blutpfützen lieben. Auf diese Art und Weise verkam das Amt des Bundeskanzlers jedoch zu einem Public-Relations-Job, während ein echter Macher notwendig gewesen wäre, der sich der weitaus wichtigeren Probleme im Innern angenommen hätte.

Vieles war nur Theater, Telepopulismus und »Fernsehkratie«.

Die Vita Schmidts bewies darüber hinaus in erschreckender Deutlichkeit, dass sich die politische Kultur in Deutschland langsam aber sicher zu verändern begann. Sie degenerierte, zeigte erste Verfallserscheinungen und sank auf ein immer niedrigeres Niveau. Mehr und mehr lief alles auf törichte Äußerlichkeiten hinaus.

Gleichzeitig schätzte Schmidt sein Umfeld grundlegend falsch ein. Er täuschte sich sowohl in Genscher und in Brandt, die ihm in den Rücken fielen, als auch in Wehner, der ihn nur zähneknirschend regieren ließ. Zudem urteilte er falsch über Jimmy Carter und erst recht über Leonid Breschnew.

Schmidt etablierte weiter keine funktionierende Organisation mit hochkompetenten Mitarbeitern und Ministern. Und er operierte nicht mit unangreifbaren Statistiken, an denen niemand rütteln konnte. So schaufelte er sich aufgrund dieser Versäumnisse sein eigenes Grab.

Und selbst wenn wir gestehen müssen, dass uns Schmidt persönlich sympathisch war, sehr sympathisch sogar, so müssen wir doch festhalten, dass er auf vielen Feldern versagte.

Da er fast hundert Jahre alt wurde und mit einer der großen, einflussreichen Zeitungen Deutschlands, der renommierten *ZEIT*, in einem Boot saß und darüber hinaus ständig Bücher publizierte, blieb sein Image jahrzehntelang unangetastet.

Seine Bedeutung war jedoch in Wahrheit kleiner, als uns Rückblicke im TV noch heute suggerieren, seine Fehler dafür umso größer.

Er nutzte geschickt die »Medienrealität« und versuchte, diese von der tatsächlichen Realität abzukoppeln, vor allem von der ökonomischen Realität. Ständig verteidigte er später in seinen Büchern seine Fehlentscheidungen und probierte gleichzeitig, an seinem eigenen Standbild zu feilen und zu schmirgeln – nicht anders als es vor ihm schon viele Staatenlenker getan hatten.

Schmidt spielte Theater. Er entpuppte sich als exzellenter Staatsschauspieler, aber kaum als begabter Staatenlenker. Wie Brandt scheiterte er am Ende an der Überzahl seiner Feinde.

So beging er den gleichen Fehler wie sein großes Vorbild Marc Aurel, der von den besten Vorsätzen beseelt war – und zu guter Letzt als furchtbarer Kriegsherr endete, der schließlich sogar noch seinen Sohn Commodus auf den Kaiserthron hob, einen der schlechtesten und grausamsten Herrscher, den Rom je sah – Marc Aurels größte, unverzeihliche Fehlentscheidung.

Deshalb gilt eine philosophische Erkenntnis Marc Aurels auch für Helmut Schmidt, eine Erkenntnis, die da lautet:

> »Es kommt nicht darauf an, über die notwendigen Eigenschaften eines guten Mannes zu reden – vielmehr ein solcher zu sein.«

VIII. STARS DER CDU/CSU: STRAUß UND KOHL

1. Das Phänomen: Franz Josef Strauß

Aus Gründen der Übersichtlichkeit haben wir darauf verzichtet, ein Urgestein im politischen Raum bereits früher vorzustellen – Franz Josef Strauß. Aber es ist unmöglich, eine Geschichte Deutschlands ab 1945 zu schreiben, ohne ihm Reverenz zu erweisen, denn er bewegte zu viel und stand im Mittelpunkt zahlreicher hitziger Debatten.

Holen wir also unser Versäumnis nach, auch wenn wir dazu ein wenig die Chronologie vergewaltigen und nochmals auf den Anfang der BRD reflektieren müssen. Doch es lohnt sich. Franz Josef Strauß (FJS) erklärt allein durch seine schiere Existenz zahlreiche Gegebenheiten im heutigen politischen Raum, ohne die man im Grunde Deutschland nicht verstehen kann.

Zunächst ein paar Takte zu dem Typus: Strauß war ein Ausnahmepolitiker, der jedes normale Maß und jede Messlatte sprengte, denn er führte ein »Leben im Übermaß«, wie das der Politologe Peter Siebenmorgen in seiner Biografie ausdrückte.[11] Er war mit einer schneidenden Intelligenz begabt, konnte unglaublich viele Fakten abspeichern, besaß ein fast fotografisches Gedächtnis und platzte schier vor Kraft und Energie. Hinter und vor den Kulissen zog er außergewöhnlich geschickt die Strippen. Zusätzlich war er rhetorisch hochbegabt: Wenn er eine seiner Reden vom Stapel ließ, ob im Wahlkampf in Hintertupfingen oder im internationalen Bonn, lauschten Freunde wie Feinde hingerissen, denn keiner konnte so kernig, kämpferisch und originell formulieren, keiner war so vorlaut, frech und »political incorrect« wie er – was die Massen liebten und die Menschen zu Begeisterungsstürmen hinriss. Er konnte wüten und schnauben wie ein Stier in einer Arena und herrlich bissige Formulierungen aus dem Ärmel zaubern, für die andere Politiker wochenlang brauchten, bis sie sie ersonnen und zurechtgeschmirgelt hatten. In der Schule war er stets Primus, ja er baute schließlich sogar das beste Abitur seines Jahrgangs in ganz Bayern. In intellektueller Hinsicht vermochte ihm kaum jemand das Wasser zu reichen und erst recht nicht in Bezug auf die Fähigkeit, das Meer der Emotionen aufzuwühlen, bis die Wellen beinahe den Himmel berührten. Er war genial, brillant und scheute nie einen geistigen Zweikampf. In einem früheren Jahrhundert hätte er sich zahllose Male duelliert und ohne Bedenken ein paar Widersacher über den Haufen geschossen. Zudem erschien er rastlos, ununterbrochen aktiv und von einer Energie besessen, die für zehn Leben ausgereicht hätte. Im Handumdrehen gewann er Wahlen, weil er auf dem Klavier der Gefühle virtuos wie ein Pianist spielen konnte.

Auf der anderen Seite agierte er unvorsichtig, vorlaut und wie ein Trampeltier. Er benahm sich besserwisserisch bis zum Erbrechen und versäumte es nie, jeden und alle ständig auf seinen Wissensvorsprung und seine hohe Intelligenz hinzuweisen, wodurch er sich am laufenden Band Feinde schuf – was ein Zeichen von ausgemachter Dummheit ist. Er war brutal und hinterhältig, ein Karrierist sondergleichen und in dieser Beziehung widerlich.

Er polarisierte, beschimpfte Gegner flegelhaft und stieg bedenkenlos in die unterste Schublade der Sprache hinab, in die Gossensprache, wenn es ihm richtig dünkte. Bei allem akademischen Gehabe und allen Intellektuellen Großartigkeiten war er im Grunde seines Herzens ein kleiner Prolet. Als Sohn eines Metzgers verlor er nie ganz den Geruch dieses Milieus. Er sprach zu eifrig dem Alkohol zu und benahm sich unflätig, sogar manchmal vor Fernsehkameras. Gleichzeitig war er ein Intrigant vor dem Herrn und ein Großkotz, der sich zwanghaft ins Rampenlicht stellen musste. Immer und immer wieder drosch er voller Wut verbal auf seine Gegner ein, oft mit einem beißenden Humor. Einige kleine Kostproben:

> »So, wie ein Hund unfähig ist, sich einen Wurstvorrat anzulegen, sind die Sozialdemokraten unfähig, Geldvorräte anzulegen.«

»Selbst dann, wenn man eine rosarote Brille aufsetzt, werden Eisbären nicht zu Himbeeren.«
»Man muss einfach reden, aber kompliziert denken, nicht umgekehrt.«[2]

Kurz gesagt konnte man FJS nur lieben oder hassen.

Was sollten wir heute von ihm denken? Nehmen wir also eine Laterne in die Hand und leuchten ein wenig in seine Seele.

Strauß, die Vita

Geboren wird er 1915 als zweites Kind des Metzgers Franz Josef Strauß sen. und dessen Frau Walburga. Die Familie ist erzkatholisch, monarchistisch gepolt und fühlt mehr bayerisch als deutsch. Strauß, noch rank und schlank, wächst heran, zeichnet sich in der Schule ständig aus und baut bayernweit das beste Abitur, wie schon beschrieben. Da er blitzgescheit und »hochbegabt« ist, erhält er ein Stipendium – der Staat fördert ihn. Die ersten Kröten verdient er sich durch Nachhilfeunterricht und er hört später nie auf, den Lehrer und Korrektor zu spielen. Zugegeben: In Latein und Griechisch ist er ein kleines Genie; weiter interessieren ihn brennend Geschichte, Germanistik und die Staatswissenschaften – lies die Politik –; Fächer, die er später studiert.

1939 wird er zur Wehrmacht eingezogen und wenig später zum Unteroffizier befördert. Als Intelligenzbestie erlaubt man es ihm, in der Heimat mit dem Studium fortzufahren, nachdem er Frankreich und Belgien in Hitlers »Blitzkriegen« kennengelernt hat.

1941 wird er wieder eingezogen. Hitler, der Größenwahnsinnige, bricht den Krieg gegen die Sowjetunion vom Zaun. Strauß erlebt einige furchtbare Massaker, die die Deutschen an den Juden verüben.[3] Er lernt die Ukraine, die Krim und Russland kennen. Erfrierungen an beiden Füßen retten ihm vielleicht das Leben, denn er wird zurückbeordert ins »Reich«. 1943 ernennt man ihn bereits zum Studienrat, 1944 zum Oberstleutnant.

Obwohl er, um weiterstudieren zu können, in das Nazi-Kraftfahrerkorps eintreten muss, hat er mit den braunen Krakeelern nichts am Hut. Er reißt im Gegenteil das Maul himmelweit auf. Jeder kann sich seiner Meinung nach an fünf Fingern abzählen, dass der Krieg längst verloren ist. Hitler ist ein Esel und schießt einen Bock nach dem andern, weiß FJS. Aber der junge Strauß muss aufpassen, dass ihm seine große Klappe nicht im letzten Moment zum Verhängnis wird.[4] Trotzdem schimpft er weiter wie ein Rohrspatz. Ihm kommt der Taufkaffee hoch, wenn er nur an Hitlers Dummheit denkt. Insgeheim verachtet er die Nazis und hasst den Krieg. Nazis sind kapitale Dummköpfe, warum kapiert das denn keiner!

Über einige Umwege kommt er 1944 zumindest indirekt mit Figuren in Berührung, die ein Attentat auf Hitler planen. Als das Attentat misslingt, befindet sich FJS glücklicherweise zu weit entfernt von dem inneren Kreis der Verschwörer, als dass man ihm ans Leder könnte. Er kann es kaum abwarten, dass der verdammte Krieg endlich vorbei ist. Längst steht er in den Startlöchern. Seine Stunde wird kommen, sie wird kommen!

Der sagenhafte Aufstieg

Nach 1945 gerät FJS kurzfristig in Gefangenschaft, wird aber schnell entlassen, er ist »politisch unbelastet«. Aufgrund seiner Englischkenntnisse wird er von den Amis für notwendige Übersetzungen herangezogen. Die Kontakte sind Gold wert. Er steigt auf, zunächst zum stellvertretenden Landrat eines bayerischen Landkreises. 1946 mischt er mit bei der Gründung eines Kreisverbandes der CSU. Strauß wittert Morgenluft. 1949 wird er gar zum ersten Generalsekretär der CSU ernannt. Himmelherrgott! Das Leben ist hochspannend. Im gleichen Jahr ist er bereits Mitglied des Bundestags. In den Jahren, die folgen, ist er dort für die Jugendfürsorge zuständig, ab 1952 gar für den Ausschuss, der sich mit Fragen der europäischen Sicherheit auseinandersetzt. Er sieht die Möglichkeit, hoch, ganz hoch aufzusteigen, und pendelt nun zwischen München und Bonn hin und her. Er hat seine Finger in der Politik in Bayern und im Bund und tanzt gekonnt auf zwei Hochzeiten. Als er 1952 zum stellvertretenden Vorsitzenden der CSU gewählt wird, weiß er, dass ohne ihn in der CSU künftig nichts mehr laufen wird. Der verführerische Duft der Macht steigt ihm in die Nase.

Er feilt und schmirgelt an seinen rhetorischen Techniken und wird immer kühner, frecher, pampiger und draufgängerischer in seinen Reden. Selbst mit den Größten der Großen legt er sich an. »Ehrfurcht« vor der Macht empfindet er nicht, das ist eines seiner Erfolgsgeheimnisse – und gleichzeitig seine verwundbare Stelle.

1953 beruft ihn Adenauer zum »Bundesminister für besondere Aufgaben«. Da das nichts und alles zugleich bedeutet, mosert FJS ununterbrochen in Richtung des »Alten«, bis ihm dieser endlich das neu gegründete *Bundesministerium für Atomfragen* übergibt. Es geht um die zivile Nutzung der Kernenergie. Strauß stürzt sich mit Feuereifer in die Materie und macht sich sachkundig. Der ganz große Sprung nach vorn gelingt ihm, als er 1965 zum Verteidigungsminister gekürt wird. Kruzitürken, das Leben ist geil! Welch eine Machtposition! Kein anderer als *er* ist es, der die Pläne für den Aufbau und die Wiederbewaffnung der Bundeswehr ausheckt. Weiter setzt er sich für die militärische Nutzung von Atomwaffen ein – schließlich kann er hier mit seinem Wissensvorsprung auftrumpfen, den er als Atomminister gesammelt hat.

Die Opposition schreit auf und mit ihr bedeutende, weltbekannte Physiker, denen noch Hiroshima und Nagasaki in den Knochen stecken.

Aber als die CDU/CSU in der nächsten Bundestagswahl die absolute Mehrheit holt und Strauß erneut zum Verteidigungsminister bestellt wird, führt an der atomaren Aufrüstung der Bundeswehr kein Weg mehr vorbei. *Er*, Strauß, bestimmt, was Sache ist und damit basta!

Ein hübscher Nebeneffekt besteht darin, dass er auch das letzte Wort hat, wenn es darum geht, Waffen und Ausrüstungen einzukaufen, bei denen es um Milliarden von Dollars geht. Sowohl mit den Franzosen als auch mit den Amerikanern ist er im Gespräch. Er feilscht wie ein armenischer Teppichhändler und knüpft die unglaublichsten Kontakte. Nebenbei erfährt er, wie es hinter den Kulissen zugeht, was die ganz großen Geschäfte angeht. Da wird plötzlich der Vorwurf der Bestechung laut. Im Mittelpunkt steht der Einkauf einiger *Starfighter* der US-Firma Lockheed. Fest steht, die Hersteller salben nachweislich anderen Entscheidern in verschiedenen NATO-Staaten die Hände.[5] Auch Strauß? FJS gerät immer heftiger ins Kreuzfeuer der Kritik. Er schießt aus allen rhetorischen Kanonen zurück. Zehn Millionen

US-Dollar Schmiergelder seien an die CSU geflossen, behaupten seine Feinde. Aber die Bestechungsvorwürfe können nicht hieb- und stichfest bewiesen werden, Aussage steht gegen Aussage. Später seien *Lockheed-Akten* vernichtet worden, werfen ihm seine Gegner vor. Aber dieser Vorwurf entpuppt sich als eine Schmierenkampagne der Stasi und versinkt zurück in den Sumpf, aus dem er gekrochen ist.

Jedenfalls wird mit harten und härtesten Bandagen gekämpft, es geht um die *Macht* in der BRD. Auf beiden Seiten werden die schmutzigsten Intrigen gestrickt und aus der Trickkiste geholt.

Selbst dieser Skandal ist nichts im Vergleich zu der ominösen *Spiegel*-Affäre.

Die Spiegel-Affäre

Nichts erschüttert die frühe Bundesrepublik mehr als die sogenannte *Spiegel*-Affäre, die 1962 die Gemüter erregt. Geheimdienste auf allen Seiten horchen auf. Nichts ist gefährlicher für einen Geheimdienst, als wenn plötzlich Daten und Fakten das Licht der Öffentlichkeit erblicken, die eigentlich sorgfältig unter Verschluss gehalten werden sollen. Gleich zwei Geheimdienste sind in die Affäre verwickelt. Dazu gleich mehr.

Der Spiegel hat sich längst zu einem Leitmedium in Sachen Politik in der BRD gemausert. Die Magazinmacher verfügen über eine ungeheure Macht. Doch das Blatt steht »links«, alles »rechte« Gedankengut ist ihm verhasst oder zumindest verdächtig, auch das Gedankengut der CDU/CSU. Und die widerwärtigste Figur, weil sie stets das Maul himmelweit aufreißt, ist Franz Josef Strauß. So denkt jedenfalls *Spiegel*-Gründer und Herausgeber Rudolf Augstein. Er hasst FJS wie die Pest, umgekehrt ist es nicht anders.

Doch da passiert es. 1962 erscheint ein Artikel im *Spiegel*, unter anderem verfasst von Conrad Ahlers. Der Titel lautet: »Bedingt abwehrbereit«. Da über einige Interna der Bundeswehr berichtet wird, glaubt Strauß, endlich über einen Hebel zu verfügen, wie er dem Nachrichtenmagazin eins überbraten kann. Er initiiert ein Ermittlungsverfahren wegen »Landesverrat«, das der Bundesanwalt in die Wege leitet. Haftbefehle gegen Mitarbeiter des Magazins, selbst gegen Augstein, werden ausgestellt. Ahlers, der sich gerade in

Spanien befindet, wird über gewisse Drähte, bei denen Interpol und der BND eine Rolle spielen, aufgespürt, gefangen gesetzt und in die BRD überstellt. Die *Spiegel*-Redaktionsräume besetzt die Polizei. Augstein kommt in Untersuchungshaft – und schmort über 103 Tage in einer Zelle.

Strauß triumphiert. Er reibt sich die Hände. Endlich hat er zurückgeschlagen. Beim heiligen Sebastian! Das geschieht dem *Spiegel* und seinen Schmierfinken, diesem Ungeziefer, ganz recht! Es wird Zeit, dieser Bagage zu zeigen, wo der Bartel den Most holt. Himmelherrgott, wie verabscheut er diese Zeitschrift und das ganze Gesocks! Mit Kübeln voller Schmutz haben sie Bayern, Deutschland und ihn selbst mit ihrer Berichterstattung übergossen. TV, Radio, Zeitschriften und Zeitungen sind nichts als ein Abfallhaufen, sie sind längst zu einer Kloake verkommen – speziell die linke Presse, und hier noch einmal insbesondere der *Spiegel*. So Strauß. Alle versuchen, sich zu überbieten, was Mord, Totschlag, Blut, Skandale, Sex und Kontroversen angeht. Und er ist immer das Opfer und die Zielscheibe. Dabei wird gelogen, dass sich die Balken biegen, es wird übertrieben, Fakten werden ausgelassen, verändert oder sogar erfunden. Wie Hunde hecheln Sensationsjournalisten jedem Skandal hinterher, alles wird aufgebauscht. Wenn er in München einen Furz lässt, riecht man das bis nach Hamburg, wo der *Spiegel* residiert, beschwert er sich insgeheim. Das Magazin strotzt nur so von Vorwürfen, Verdächtigungen und Anklagen sowie von Bemühungen, der CSU/CDU eins auszuwischen und Schmutz auszugraben. Und *er* steht auf der Shitliste immer ganz oben. Ha, der Tag der Rache ist gekommen!

Auf der anderen Seite, auf Seiten des *Spiegels*, der mit der SPD eng liiert ist, schwört man bitterliche Rache. Oh, Strauß, der Hundsfott, weiß nicht, mit wem er sich hier anlegt! Niemand ist mächtiger als ein Journalist, der mit der Feder gut umgehen kann und über eine entsprechende Plattform verfügt. Schließlich befindet man sich nicht mehr im Dritten Reich.

Es dauert eine Weile, bis man den Drahtzieher ausgemacht hat – aber von Anfang an wird Franz Josef Strauß verdächtigt. Die FDP schlägt sich schnell auf Seiten der Linken – zu mächtig ist das Presseorgan in Hamburg. Der Kampf eskaliert. Schließlich schlägt der *Spiegel* zurück, ebenso erbarmungslos.

Anhörungen im Bundestag folgen. Strauß wird gegrillt wie ein Brathähnchen. Er sucht sich herauszuwinden. Aber schließlich kann selbst er mit seinem losen Mundwerk und seinen gedrechselten Formulierungen die Täterschaft nicht mehr leugnen. Es hilft ihm nichts, dass ihm selbst Adenauer anfänglich zur Seite steht. Die gefährlichsten Griffel schreiben ihn nieder, mit einer Wut, die unvergleichlich ist.

Aus den Federn der Todesschreiber des Magazins tropft Blut. Nach außen hin sieht man die Pressefreiheit in Gefahr. In Wahrheit geht es nur um Strauß.

Die FDP fordert seinen Rücktritt als Verteidigungsminister. Adenauer zaudert. Als die FDP-Minister geschlossen der Koalition mit der CDU den Rücken kehren, sind Adenauer die Hände gebunden. Er winkt in Richtung des Bayern. Zähneknirschend hängt FJS den Job des Verteidigungsministers an den Nagel.

1965 stellt es sich heraus, dass es keinen Beweis für einen Landesverrat seitens des *Spiegels* gibt. Augstein wurde zu Unrecht ins Gefängnis geworfen. Ahlers hätte nicht in Spanien verhaftet werden dürfen. Natürlich gibt es »Konnexionen« zwischen Militärs, Geheimdienstlern, Politikern und Magazinmachern, die eigentlich nicht existieren dürften. Wer etwas anderes erwartet, ist nicht von dieser Welt. Dem *Spiegel* selbst wird darüber hinaus nicht zum ersten Mal nachgesagt, dass er selbst eine Art »Geheimdienst« unterhält, in fremden Papierkörben schnüffelt und in Schreibtischen wühlt. Trotzdem kann man nicht von einem »Verrat« sprechen.

Der Twist

Soweit die äußerlichen Fakten. Die Oberfläche. Doch was ist die Wahrheit? Nun, es gibt einen absolut unvorhersehbaren Twist, den so niemand hätte erwarten können. Allerdings wurde er recht spät publik.

Doch bleiben wir zunächst der Chronologie treu. Die SPD feiert den für sie günstigen Ausgang als überwältigenden Sieg. Keine Beweise für einen wissentlichen Verrat lägen vor, urteilt schließlich auch der Bundesgerichtshof. Gegnerische Geheimdienste hätten aus dem fraglichen Artikel keinen Nutzen ziehen können, außerdem seien die Fakten auch anderweitig bekannt gewesen. Der Whistleblower Oberst Martin, der dem *Spiegel* die Informationen zugespielt hat, wird trotzdem in den Ruhestand versetzt. Zwei Staatssekretäre werden entlassen. Ein Urteil aufgrund eines Verstoßes gegen die Pressefreiheit können die SPD und der *Spiegel* jedoch trotz aller Bemühungen nicht gerichtlich durchpauken. Die Öffentlichkeit wird dennoch in genau diese Richtung hin »aufgeklärt«. Bis heute feiert man den »Sieg« des *Spiegels* als einen Sieg der Pressefreiheit.

Das dicke Ende, der wahre Twist dieser Story, lässt jedoch lange auf sich warten.

Relativ unbedeutend ist der Umstand, als eines Tages bekannt wird, dass der *BND* den *Spiegel* jahrelang bespitzelte. Er war der erste Geheimdienst, der bei dieser Affäre mit von der Partie war. Es ist nicht auszuschließen, dass der Bundesnachrichtendienst die CDU, Strauß und die CSU über den Fall informierte. Wirklich bedeutend dagegen ist der Umstand, dass später verschiedene KGB-Offiziere und ein Geheimdienstoffizier aus der Tschechoslowakei in den Westen überlaufen und aus dem Nähkästchen plaudern. Sie reden auch über die *Spiegel*-Affäre. Fassungslos erfährt die Öffentlichkeit, allerdings mit einer beträchtlichen Verzögerung, konkret im Jahre 1984, dass die *Spiegel*-Affäre innerhalb des KGB ausgebrütet worden war, um FJS zu diskreditieren und ins publizistische Abseits zu rücken. Das heißt, ein zweiter Geheimdienst, der *KGB*, arbeitete systematisch darauf hin, Strauß aufgrund seiner antikommunistischen Einstellung aus dem Sattel zu schießen.

Der *Spiegel* erhebt natürlich sofort Einspruch gegen diese Version. Er verklagt den britischen Geschäftsmann, der diese Information verbreitet – einen Milliardär namens James Goldsmith. Dieser aber legt dem Gericht die Berichte von *mehreren* KGB-Überläufern vor, die seine Aussage bestätigen. Der Twist, auch wenn er Jahrzehnte später stattfindet, ist ungeheuerlich. Die *Spiegel*-Affäre war das Ergebnis einer Geheimdienstinitiative des KGB! Selbst die Anwälte des *Spiegels* müssen schließlich die Möglichkeit einräumen, »unbewusst« von sowjetischer Seite benutzt worden zu sein.

Dass der *Spiegel* jedoch *regelmäßig* mit dem KGB zusammenarbeitet und nur als sein verlängerter Arm dient, kann nicht gerichtlich bestätigt werden. Aber das Image des *Spiegels* ist angekratzt. Das bestätigt auch Thomas Rid in seinem Buch *Active Measures, The Secret History of Disinformation*, das jedoch erst 2020 in New York erscheint.

So lange währt es manchmal, bis die Wahrheit über eine Geheimdienstaktion das Licht der Welt erblickt.

Der PR-Krieg

Spätestens seit der *Spiegel*-Affäre sind sich Augstein/der *Spiegel* und Strauß/die CSU spinnefeind.

Der *Spiegel* drischt in den Folgejahren immer wieder auf Strauß ein. In den Augen der Redakteure gerät FJS zum Staatsfeind Nummer eins. Ein Skandal nach dem anderen wird hochgekocht. Bestechungen werden FJS vorgeworfen. Man sorgt sogar für einen Untersuchungsausschuss wider Strauß im deutschen Bundestag. Schmiergeldzahlungen an FJS können jedoch nicht nachgewiesen werden. Aber bleibt nicht immer etwas hängen?

Eine Briefkastenfirma wird schließlich entdeckt, in der FJS seine Finger drin hat – die »Eureco«. Es handelt sich um ein *Büro für Wirtschaftsberatung*, eine GmbH & Co. KG. Der Finanzberater der Familie Strauß führt sie offiziell, aber Strauß ist Mitgesellschafter. Eureco erhält durch Unternehmen wie BMW, Bertelsmann, Daimler-Benz und Dornier Gelder, auch Friedrich Karl Flick, einer der reichsten Deutschen, und Leo Kirch, der Medienmogul, spenden eifrig. Dabei gibt es kaum erkennbare Gegenleistungen seitens der Firma Eureco, obwohl große Summen gezahlt werden und über den Tisch wandern. Zwischen 1964 und 1968 gehen rund 500 000 D-Mark auf die Konten dieser Firma.[6]

Also doch? Wechselten Schmiergelder den Besitzer? Die *Spiegel*-Redakteure tippen sich die Fingerkuppen blutig vor Begeisterung. Das Bild vom korrupten Strauß entsteht.

Das vorläufige Ergebnis

Zu seiner Zeit triumphiert zu guter Letzt der *Spiegel* und mit ihm Augstein.

Strauß wird abgeschossen. Er muss sich aus der Bundespolitik zurückziehen und steckt eine Niederlage ein, die sich gewaschen hat. Er robbt zurück nach Bayern, verkriecht sich dort, leckt seine Wunden und schmollt. Ein Lebensabschnitt geht zu Ende.

Was niemand zu diesem Zeitpunkt ahnt, ist der Umstand, dass er später wiederauferstehen und unbarmherzig zurückschlagen wird.

2. Die Wiederauferstehung oder: Das zweite Leben des Franz Josef Strauß

Nachdem FJS in Bayern gewissermaßen von den Toten wiederaufersteht, sondiert er sofort erneut das Gelände. Eine verlorene Schlacht ist noch lange kein verlorener Krieg. Eine Trophäe lockt in der Ferne, ein sternhohes Ziel: der Job des Bundeskanzlers. Bei seiner überragenden Intelligenz wäre er zweifellos der beste Bundeskanzler, den man sich vorstellen kann.

Aber zunächst muss er die Burg Bayern befestigen. Im Vergleich zur Bundespolitik ist das ein Spaziergang. Die Bayern lieben ihn, hier ist er der ungekrönte König. Niemand kann ihm in seinem Bundesland auch nur ansatzweise das Wasser reichen.

FJS befestigt seine Mauern, bessert die Schießscharten aus und versorgt sich und seine Mannen mit neuen Waffen.

Und siehe da, schon 1966 eröffnet sich eine weitere Karrierechance, selbst auf Bundesebene: Unter Kiesinger wird er zum Bundesminister der Finanzen gekürt. Wider Erwarten arbeitet er mit dem SPD-Wirtschaftsminister Karl Schiller hervorragend zusammen. Sie erhalten die Spitznamen *Plüsch* und *Plum*, gemäß einer hübschen, liebevollen Hundegeschichte von Wilhelm Busch. Sie sind die heimlichen Stars der Regierung. Die kleine Rezession wird von beiden fast lässig gemeistert. Die Arbeitslosen, inzwischen 650 000 an der Zahl, und das Haushaltsdefizit von mehreren hundert Millionen D-Mark haben Plüsch und Plum offenbar im Griff. Ein Konjunkturprogramm, zusammen mit einer Erhöhung der Mehrwertsteuer und der Einkommenssteuer, im Gleichschritt mit einigen Kürzungen bei den Renten, zaubert fast überall wieder frohe Gesichter.

Aber als Kiesinger stürzt und eine sozialliberale Koalition ans Ruder kommt, als die FDP sich in ein Boot mit der SPD setzt, wird Strauß auf die harte Oppositionsbank verbannt. Aber auch das ist kein Beinbruch. Fast fröhlich drischt er auf Brandts Ost- und Entspannungspolitik ein. Und er nimmt die inzwischen perspektivlose Wirtschaftspolitik der Linken aufs Korn. Insgeheim, in kleinem Kreis, rät er dazu, die SPD, die Idioten, die nichts von Wirtschaft verstehen, gegen die Wand fahren zu lassen. Seine intrigante Strategie wird bekannt und der Schuss geht nach hinten los. Immerhin stimmt so viel: Die Arbeitslosenzahlen steigen weiter, die Wirtschaft hinkt erneut und die Renten können kaum mehr bezahlt werden.

Aber selbst er, bei all seiner Brillanz, kann die sozialliberale Koalition mit Brandt an der Spitze nicht aus dem Sattel heben. Zornig plant er kurzfristig, die CSU auf das Gebiet der gesamten Bundesrepublik auszudehnen, aber das ist mit der CDU nicht zu machen. Da erscheint endlich, endlich ein Licht am Horizont, und Fortuna, die Glücksgöttin, lächelt ihm huldvoll zu.

Der Kanzlerkandidat

Strauß gelingt es 1979, zum Kanzlerkandidaten der CDU/CSU gekürt zu werden. Alle Lebensgeister erwachen in ihm. Das große Ziel, das ihn stets elektrisiert hat, rückt auf einmal in greifbare Nähe. Er weiß, er hat nur einen, einen einzigen Schuss frei. Vielleicht kann er doch noch auf dem Thron des Bundeskanzlers Platz nehmen.

Der Wahlkampf gegen Schmidt und die SPD wird auf beiden Seiten mit unvorstellbarer Härte geführt. Strauß mobilisiert alle Kräfte. Bei jeder Gelegenheit tritt er auf. Je nach Zielpublikum poltert er los und wirft mit Verbalinjurien nur so um sich. Aber er kann auch flöten und zarte Hosianna-Töne singen, wenn es die Zuhörer einfordern. Er ist ein Kämpfer, der über verschiedene Waffen verfügt. Dabei muss er sich gegen zahlreiche Gegner gleichzeitig zur Wehr setzen. Gegenwind kommt nicht nur von der SPD und FDP, sondern auch aus den Reihen der CDU. Der Sozialflügel der CDU etwa, von dem salbungsvoll daherschwafelnden Knirps Norbert Blüm angeführt, versucht ihm die Suppe zu versalzen – obwohl man »eigentlich« das gleiche Ziel verfolgt: die SPD auszuhebeln und abzulösen. Auch Helmut Kohl steht innerlich nicht auf seiner Seite, man ist sich in herzlicher

Feindschaft verbunden. Bei vielen Wahlkampfveranstaltungen kommt es zu Tumulten. Strauß schreit und brüllt – und wird niedergebrüllt und niedergeschrien. Natürlich setzt ihn die Linke wieder mit Hitler gleich, keine Reizvokabel zieht besser. Gegner werfen rohe Eier, aber die Beleidigungen schmerzen mehr. Die Medien sind ein einziger Hexenkessel. Journalisten vergiften ihre Federkiele und stechen damit zu. Die *Frankfurter Rundschau*, der *Spiegel*, die Zeitschrift *Stern*, die Fernsehanstalten, unter anderen der HR, WDR und NDR, der *Hessische Rundfunk*, der *Westdeutsche* und der *Norddeutsche Rundfunk*, alle, alle zeichnen ihn als Beelzebub, sie malen den Teufel an die Wand. Die Linke inszeniert Protestmärsche, man trägt Plakate mit der Aufschrift »Stoppt Strauß«.

In seinem treuen Bayern dagegen wählt man ihn mit 98 Prozent zum CSU-Parteivorsitzenden wieder. Die Nation ist gespalten. Er weiß, er polarisiert. Die Wogen der Emotionen schlagen so hoch wie nie. Er beißt und kratzt und tritt um sich. Nie wird ein Wahlkampf unversöhnlicher geführt.

Strauß ist mitten in seinem Element, aber der Wahlkampf zehrt auch an seinen Kräften. Die halbe Welt scheint sich gegen ihn verschworen zu haben. Bis zu sieben Wahlreden hält er am Tag. Der Zulauf ist gewaltig, die Hallen können kaum die Mengen fassen. Bezahlte oder ideologisch fanatisierte Krakeeler und Störenfriede suchen jedoch seine Massenveranstaltungen zu torpedieren, wann und wo immer es geht. Die Polizei tritt auf den Plan, das Chaos ist perfekt.

Auf Seiten der SPD reibt man sich insgeheim die Hände. Schmidt spielt den »Staatsmann«, der beruhigend und rational wirkt, überlegen und vernünftig. Der Kontrast zu Strauß könnte nicht deutlicher sein.

FJS wirft noch einmal alles in die Waagschale. Langsam verbessern sich die Umfragewerte.

Schließlich schlägt die Stunde der Wahrheit. Die Wähler eilen zu den Urnen.

Doch Franz Josef Strauß verliert das große Spiel. Die Union büßt mehr als vier Prozentpunkte ein.

44,5 Prozent kann er für die CDU/CSU herausholen, gegenüber 48,6 Prozent bei der letzten Wahl. Die FDP dagegen gewinnt und trägt zufrieden 10,6 Prozent nach Hause.

Strauß muss zähneknirschend zugeben: Er ist gescheitert.

Der endgültige Fall

Diesmal stürzt FJS noch tiefer. Diesen Sturz kann er nicht mehr abfedern, das spürt er im Urin. Er kann jetzt nur noch als Landespolitiker ein paar Lorbeeren ernten. 1978 lässt er sich zum bayerischen Ministerpräsidenten wählen. Er gerät zu einer Art »König von Bayern«. In seinem »Musterland« setzt er auf Innovation und Technologie und betreibt eine vernünftige Finanzpolitik. Er sorgt dafür, dass die Arbeit am Main-Donau-Kanal wieder aufgenommen wird und setzt sich für eine friedliche Nutzung der Kernenergie ein. Allen beweist er, wie man »richtig« regiert.

Aber außenpolitisch macht er keinen Stich mehr. Er versucht zwar auch auf diesem Feld wieder zu punkten, aber vergebens. Die Wahl seiner Gesprächspartner ist mehr als unglücklich. Er besucht Diktatoren in Chile, in Paraguay und in China. In Südafrika trifft er sich mit Apartheitspolitikern. Der kommunistischen DDR-Mischpoke, die er doch ständig bekämpft hat, gewährt er einen Milliardenkredit, genauer gesagt fädelt er ihn ein.

Gerüchte, dass er wieder Schmiergelder kassiert, machen erneut die Runde. Strauß ficht das alles nicht mehr an. Er hält Kontakt zu einem Diktator in Togo und zu einem prominenten Steuerflüchtling. Der Zug ist ohnehin abgefahren, der Traum vom Bundeskanzlerjob ausgeträumt.

Da passiert es. 1988 fliegt er mit einem Hubschrauber von München nach Regensburg, um an einer Hirschjagd, inszeniert von Johannes von Thurn und Taxis, einem der Superreichen der Republik, teilzunehmen. Unversehens bricht er bewusstlos zusammen und übergibt sich dabei. Eine Rippe legt sich bei einem Rettungsversuch quer und perforiert die Lunge. Eilig wird er ins nächste Krankenhaus geschafft. Eine Notoperation wird anberaumt. Zu spät. Strauß erlangt das Bewusstsein nicht wieder. Er stirbt, an »Multiorganversagen«, wie die offizielle Todesursache lautet.

Das Ableben des Franz Josef Strauß erschüttert die gesamte Bundesrepublik. Rasch wird der Leichnam von Regensburg nach München überführt. Überall trauert man. »Bayern weint.« Lange trägt man schwarz in München.

»Der Titan ist tot. Das Urgestein, der Vollblutpolitiker, der Machtmensch, Bayerns Monarch Franz Josef Strauß ...[ist dahingegangen]. Einer wie er wird nicht mehr auf Bayerns Thron sitzen«, resümiert die *Abendzeitung*.[7]

Josef Karl Ratzinger, der spätere Papst Benedikt XVI., hält die Grab- und Trauerrede.

Der schillerndste und unterhaltsamste, der beliebteste und verhassteste Politiker Deutschlands hat das Spielfeld verlassen.

3. Strauß und kein Ende

Es ist freudvoll, aus der Distanz über einen Politiker zu urteilen, der zu seinen Lebzeiten alles besser wusste und sich für den klügsten Mann auf Gottes Erdboden hielt.

Wenn man versucht, gerecht zu sein, muss man zugestehen, dass FJS vieles richtig machte.

- An erster Stelle ist die Wirtschaft zu nennen, die in Bayern blühte und gedieh, im Gegensatz zu vielen anderen Bundesländern. Strauß setzte auf Innovation und neue Technologien. Massiv förderte er Unternehmen generell und die Infrastruktur speziell.
- Als Finanzminister wirkte er zusammen mit Schiller darauf hin, dass die Kosten für die Sozialsysteme heruntergefahren wurden. Dass er die Steuern erhöhte (die Mehrwertsteuer und die Einkommenssteuer), war dagegen falsch.
- Die friedliche Nutzung der Kernenergie kann man – mit einigen Einschränkungen – ebenfalls auf der Plusseite verbuchen. Es sei jedoch nicht darauf zu verzichten, auch auf Tschernobyl (Russland) und Fukushima (Japan) zu verweisen. Weiter hätte die Forschung in Richtung sauberer, ungefährlicher Energiequellen weitaus massiver vorangetrieben werden müssen. Die friedliche Nutzung der Kernenergie hätte man darüber hinaus von Anfang an zeitlich begrenzen sollen.

Die Fehler

Aber es muss auf der anderen Seite auch erlaubt sein, auf das Versagen des FJS aufmerksam zu machen:

1. Zuallererst muss man auf die Stichworte »Wiederbewaffnung« und »Bundeswehr« hinweisen.
   Greifen wir ein wenig in der Zeit vor: Die *Weizsäcker-Kommission*, benannt nach Richard von Weizsäcker (1920–2015), vormals Regierender Bürgermeister von Berlin und der sechste Bundespräsident der BRD, wurde im Jahre 2000 von Gerhard Schröder beauftragt, die Bundeswehr zu durchleuchten und Verbesserungsvorschläge zu unterbreiten. Linke und rechte Politiker befanden sich in der Weizsäcker-Kommission – ein kluger Schachzug.
2. Was hier spät, zu spät ans Tageslicht kam, war ungeheuerlich. Tatsache war, dass die Bundeswehr inzwischen gänzlich andere Aufgaben wahrnahm als ursprünglich angedacht. Ihre Einsätze waren mehr und mehr internationaler, »nicht-soldatischer« Natur, es ging längst nicht mehr vorrangig darum, den Russen die Zähne zu zeigen oder »Deutschland zu verteidigen«.
3. Wirklich skandalös war darüber hinaus die Geldverschwendung. Die Weizsäcker-Kommission fand heraus, dass die Bundeswehr ein aufgeblähter Apparat war und dass die Ausbildung innerhalb der Truppe mehr als zu wünschen übrigließ. Zudem war die Ausrüstung fragwürdig und veraltet. Auch die Frage, ob die Wehrpflicht nur ein Überbleibsel aus der Steinzeit war, wurde in den Raum gestellt. Die Finanzen waren jedenfalls vollständig aus dem Ruder gelaufen.
   Das Ergebnis der Weizsäcker-Untersuchung sandte Schockwellen durch Deutschland. Die Bundeswehr im Jahre 2000 war »zu groß, falsch zusammengesetzt und zunehmend unmodern«, lautete das vernichtende Urteil.[8] Eine Bankrotterklärung! Betriebswirtschaftliches Denken existierte nicht, viele Bundeswehr-Standorte waren überflüssig und einige Dienstleistungen hätte man besser privatisiert.

Die alte Erkenntnis griff wieder einmal: Mit dem Staat ist kein Staat zu machen. Unsummen an Geldern wurden verplempert, niemand sparte, weil sich niemand verantwortlich fühlte.

Die Kommission unterbreitete schließlich kluge Vorschläge, zum Beispiel, dass es künftig nur noch 35 000 Soldatinnen und Soldaten geben sollte, die für unmittelbare Operationen »mit hoher Intensität« bereitstehen sollten. Demgegenüber empfahl sie, rund 70 000 Soldatinnen und Soldaten für »friedensstabilisierende Maßnahmen« abzustellen. »Unterstützungskräfte« forderte die Kommission ebenfalls ein. Mit anderen Worten: Die Bundeswehr musste ordentlich abgespeckt werden, personell und finanziell. Weizsäcker empfahl, sie zu verkleinern und die Zahl der Armeeangehörigen zusammenzustreichen, dass es nur so rauchte.

Erst 2010/2011wurde die Wehrpflicht tatsächlich abgeschafft.

4. Zugegeben! Die schlimmsten Verfallserscheinungen innerhalb der Bundeswehr wurden erst *nach* Strauß sichtbar, aber es gab längst auch schon unter ihm deutliche Indikatoren, die ihn hätten aufhorchen lassen müssen.

   Die astronomischen Kosten der Bundeswehr sind jedenfalls *auch* FJS anzulasten. Strauß stand als Verteidigungsminister mehrmals in der Verantwortung.

   Zu den Korruptionsvorwürfen des Herrn FJS wollen wir nicht noch einmal Stellung beziehen. Jeder wird sich sein eigenes Urteil bilden können. Fest steht, dass es zahlreiche Skandale gab, was die Beschaffung von »Waffen« anging, auch in den Folgejahren. Allein die Anzahl der Vorwürfe sowie die Existenz der Firma Eureco sprechen Bände.
5. Sich überhaupt auf das Feld der »Wiederbewaffnung« zu begeben, war vielleicht nicht zu vermeiden angesichts der Forderungen der USA und der CIA. Aber wirkliche Intelligenz hätte darin bestanden, zumindest die finanziellen Ausgaben zu begrenzen und keine Bundeswehr zuzulassen, die den Bundeshaushalt so stark belastete.
6. Die Trennung zwischen Soldaten und der Bundeswehr-Verwaltung (= Beschaffung, Planung) war richtig, aber es war falsch, die Beschaffungsvorhaben (= Stichworte: Waffensysteme, Schiffe, Flugzeuge)

> den Verwaltungsbeamten und Politikern in die Hand zu geben – ohne entsprechende Kontrollmechanismen. Das öffnete der Korruption Tür und Tor.
> Ein Überwachungssystem fehlte. Und so füllten sich später sogar Bundeskanzler und Politiker wie Kohl oder Schäuble die Taschen mit Schmiergeldern, die bei Waffenverkäufen abzugreifen waren – genauer gesagt füllten sie die Taschen ihrer Partei. Das Versäumnis bestand also darin, nicht für ein Kontrollsystem zu sorgen, das jede Korruption von Anfang an verhinderte.

Es ist richtig, dass auch noch nach 1945, nach dem Zweiten Weltkrieg also, zahlreiche Kriege stattfanden. Auffallend und höchst bemerkenswert bei all diesen Kriegen war jedoch der Umstand, dass es sich meist um *Bürgerkriege* handelte, es wurde also gegen unhaltbare Zustände innerhalb des eigenen Landes protestiert. Es handelte sich nicht mehr um furchtbare Weltkriege, sondern um lokal eng begrenzte innerstaatliche Aufstände.

Die meisten Länder auf Planet Erde erfreuten sich nach 1945 einer erstaunlich friedlichen Zeit. Wir dürfen nie vergessen, dass wir noch vor nur 150 Jahren kaum von Kriegen Kenntnis nahmen, die sich nicht in unserer unmittelbaren Umgebung abspielten. Deshalb geht die Tatsache meist unter, dass wir im Augenblick in einer verhältnismäßig *friedlichen* Epoche leben, bei allem Säbelrasseln.

Die Anzahl der Kriege hat kurz gesagt abgenommen, aber die Militärausgaben nicht, im Gegenteil. Diesen Umständen hatten Strauß, später auch Schmidt, Kohl, Schröder und Merkel Rechnung tragen müssen. Besonders die Atompolitik des FJS war umstritten.

Gönnen wir uns zu diesem Thema ein eigenes Kapitel.

4. Die militärische Entwicklung in Deutschland

Grundsätzlich ändert die Existenz der Atombombe die gesamte militärische Denkweise, in allen Ländern der Erde. Man muss es sich wirklich vor Augen halten: Mit der furchtbaren Bombe werden alle früheren Berechnungen auf einen Schlag zunichte gemacht; sie veralten. Nicht mehr die Anzahl der Panzer, der Flugzeuge oder der Schiffe entscheidet über Sieg und Niederlage. Ein einziger Atomphysiker ist plötzlich gefährlicher als 100 000 Soldaten. Die ehemaligen Strategielehrbücher veralten. Das Militär steht vor einem Dilemma. Eine völlig neue Art der Denke ist gefragt.

Was geschieht in der Folge?

Alle Staaten, die versuchen, an der Spitze der »Weltmächte« mitzumischen, wollen in den Besitz der Atombombe gelangen. Als die Vereinigten Staaten von Amerika der BRD die »Wiederbewaffnung« erlauben, stehen auch nukleare Waffen zur Diskussion.

Ein heftiger Befürworter der Atomwaffen ist Franz Josef Strauß.

Nur er und bestenfalls einige wenige Insider wissen, dass es insgeheim längst Truppen in der BRD gibt, die zu allem bereit sind. Es handelt sich um die sogenannte »Schnez-Truppe«, benannt nach Albert Schnez (1911–2007). Tatsächlich ist es eines der bestgehüteten militärischen Geheimnisse der damaligen Zeit. Schnez ist ein deutscher Offizier, der erst der Reichswehr und dann der Wehrmacht unter den Nazis angehörte. Mit Wehrmachts-Veteranen und der furchtbaren Waffen-SS baut er schon 1949 eine militärische Geheimorganisation in der BRD auf. Mit von der Partie sind 2000 ehemalige Offiziere. Schnez ist ein Vertrauter von FJS. Im Rahmen der Schnez-Truppe bereitet man sich nicht nur darauf vor, gegen die Kommunisten zu kämpfen, man spioniert auch linke Politiker aus.

Angeblich erfährt Adenauer erst 1951 von dieser Truppe und beauftragt Gehlen mit ihrer Betreuung und Überwachung. Aber kann der Wolf den Wolf beaufsichtigen?

Schließlich entsteht 1952 die EVG, die *Europäische Verteidigungsgemeinschaft*, wie wir bereits wissen. Wenig später wird die NATO aus der Taufe gehoben. Die BRD wird 1955 integriert. Die *Bundeswehr* erblickt das Licht der Welt. Nun verfügt man wieder über eigene Soldaten.

Die Schnez-Truppe ist nicht mehr gefragt und wird unwichtig, sie geht in der Bundeswehr auf.

Die hohen Militärs werden jedoch förmlich hypnotisiert durch die Atomwaffen.

Was selten vollumfänglich an die Öffentlichkeit dringt: Die Yankees verkaufen der NATO und der Bundeswehr Waffen, was Milliarden und Milliarden in die amerikanischen Kassen spült. Das Geschäft ist für die Amis unvorstellbar lukrativ. Kein Coup könnte für die ehemalige Besatzungsmacht einträglicher sein, als in der BRD eine Bundeswehr zuzulassen. U$A!

Was ebenfalls schamhaft verschwiegen wird: Noch 1959 sind rund 12 000 der etwa 15 000 Offiziere der Bundeswehr Überbleibsel aus der Zeit der Weimarer Republik und der Nazis.

Vier Fünftel!

Selbst Offiziere der Waffen-SS finden wieder Unterschlupf in der Bundeswehr. Wen dieser Umstand nicht im Geringsten stört: den Verteidigungsminister Franz Josef Strauß.

Die BRD und die Atombombe

Selbst Strauß muss sich neu orientieren. Die Atombombe ist die moderne Wunderwaffe. Durch sie werden die Karten im Mächtepoker neu gemischt.

»Offiziell« streitet man sich eine Weile, ob man die Raketen der NATO mit atomaren Sprengköpfen ausrüsten soll oder nicht. Proteste entflammen. Atomphysiker wie Otto Hahn, Carl Friedrich von Weizsäcker und Werner Heisenberg machen ebenso gegen die Nuklearwaffen mobil wie Martin Niemöller, ein mutiger Geistlicher.

Aber wie sieht das Ergebnis aus? »1958 beschließt der Bundestag, die Bundeswehr mit Trägersystemen für Nuklearwaffen auszurüsten.«[9] Der Zug ist abgefahren. Deutschland ist Atommacht. Die BRD produziert die Waffen jedoch nicht selbst, darf sie jedoch im Ernstfall einsetzen – mit Erlaubnis der Westmächte, allen voran der USA.

Die Drahtzieher hinter den Kulissen auf deutscher Seite sind Adenauer und Strauß. FJS ist der Hauptverantwortliche. Keiner setzt sich mehr für die Nuklearwaffen ein als er.

Hat er damit auch recht, im Angesicht der Geschichte? Handelt es sich bei allen Waffensystemen nicht um eine Endlos-Spirale, die darin besteht, ständig nach noch effektiveren Waffen Ausschau zu halten? Könnten wir inzwischen mit all den existierenden Atomwaffen nicht den gesamten Planeten Erde mehrfach vernichten?

- Unter einem historischen Gesichtspunkt, der es sich angelegen sein lässt, auch die Zukunft hochzurechnen, ist die atomare Bewaffnung unsinnig.
- Unter einem militärischen Gesichtspunkt ist sie ebenfalls überflüssig, denn wer wagt es heute schon, Atomwaffen einzusetzen?
- Unter einem finanziellen Gesichtspunkt ist die atomare Bewaffnung pekuniärer Selbstmord.
- Und unter einem humanen-ethischen Gesichtspunkt ist sie Wahnsinn.

Hinzu kommt, dass auch die konventionellen Waffen unaufhörlich verbessert werden. Ständig gibt es neue Generationen von Panzern etwa. Milliarden und Milliarden werden hierbei verpulvert und die Budgets der Nationen dieser Welt aufgefressen.

Kurz gesagt war es also der größte Fehler des FJS, die BRD mit atomaren Waffen zu versorgen. So aber ließ sich FJS feiern, weil er die Welt durch Raketen mit atomaren Sprengköpfen angeblich »sicherer« gemacht hatte. Später ließen sich Politiker wiederum feiern, weil sie auf die Abrüstung setzten. Jedes Mal wurden Milliarden von Dollars oder Euros zum Fenster hinausgeblasen. Und jedes Mal wurde mit der Angst der Bevölkerung manipulativ umgegangen, nebenbei bemerkt auf beiden Seiten, also in Ost und West.

Es hätte völlig ausgereicht, die BRD und Europa durch starke Bündnisse abzusichern, kombiniert mit begrenzten Zahlungen und einer sehr kleinen Bundeswehr auf Seiten der Bundesrepublik. So aber wurden ständig »gute Gründe« angeführt, warum in eine neue oder alte Waffengattung erneut Milliarden von Dollars oder Euros investiert werden mussten.

Das Spiel findet nebenbei bemerkt noch immer statt. Unter der Decke geht es stets um Milliarden von Dollars, die Rüstungsfirmen verdienen können, sowie um Millionen von Dollars an Schmiergeldern. Wer an andere Wahrheiten glaubt, ist unheilbar naiv.

Wie viel FJS selbst dabei verdiente oder seine CSU, ist bis heute eine Frage, die nie zufriedenstellend beantwortet werden wird. Die Rechte und die Linke werden sich bis ans Ende aller Tage streiten, was die Wahrheit ist.

5. Was über die Medien verschwiegen wird

Auch in Bezug auf die Medien lag FJS falsch. Es war ein Kapitalfehler, mit einer derartigen Aggression gegen die Presse vorzugehen. Die *Spiegel*-Affäre versetzte ihm einen Dämpfer, von dem er sich im Grunde nie wieder erholte. Scheinbar triumphierte die Pressefreiheit.

Geheimdienst und Presse-Konnexionen sind jedoch manchmal austauschbare Vokabeln. Also muss es erlaubt sein, auch auf die andere Seite der Medaille aufmerksam zu machen.

Machtkonstellationen

Die wahren Machtverhältnisse innerhalb der Medien werden nach wie vor selten der Öffentlichkeit preisgegeben. Viele Details sind unbekannt. Auf dem internationalen Medienmarkt sorgten die Aktivitäten der Giganten Robert Maxwell (Großbritannien), Rupert Murdoch (Australien) und Silvio Berlusconi (Italien) für Wirbel.

Maxwell gehören Druckereien in Großbritannien und in den USA, der *Daily Mirror* sowie zahlreiche Zeitungs- und Buchverlage. Murdoch ist Eigentümer der *Londoner Times*, der *New York Post* und zahlreicher anderer Zeitungen sowie verschiedener Fernseh- und Hörfunkanstalten in den USA, in Großbritannien, in Australien und Fernost.

Als weltgrößter Medienkonzern gilt die »Bertelsmann AG« (Gütersloh), zu der Buch- und Zeitschriftenverlage und Druckereien gehören; die Bertelsmann AG ist in nahezu allen Medienbereichen präsent.

Deutschland

Betrachten wir das Mediengefüge in Deutschland. Grundsätzlich muss man zwischen Zeitschriften und Zeitungsmärkten einerseits und Radio- und Fernsehanstalten andererseits differenzieren. Vier Konzerne teilen sich beispielsweise nahezu die Hälfte des gesamten Zeitschriftenmarktes, obwohl sie auch im Zeitungsgeschäft tätig sind.

Zu dem »Bauer-Imperium« zählen etwa: *Auf einen Blick, Fernsehwoche, Bravo, Alles für die Frau, Auto-Zeitung, Cosmospolitan* und *TV-Hören und Sehen.* Bauer besitzt weiter in Neuseeland zahlreiche Zeitschriften, ist auf dem britischen und US-amerikanischen Markt präsent, in Osteuropa und Australien. Das Unternehmen verfügt über Beteiligungen an 600 Zeitschriften und 24 Hörfunksendern.

Zu »Burda« gehören etwa: *Freizeit Revue, Bunte, Burda Style, Superillu und Focus.* Auch Hörfunk- und TV-Sender, Online-Dienste (wie Xing) und Websites existieren. Insgesamt gibt es 262 Gesellschaften. In Deutschland sind es mehr als 600 Medienprodukte.

Das »Springer-Empire« besteht (plus einigen Zeitungen) aus *Bild* und *Die Welt, Bild am Sonntag, Welt am Sonntag, Bild der Frau, Auto-Bild, Sport-Bild*, dem *Tennismagazin* und *B.Z.-Berlin.* Darüber hinaus gibt es Beteiligungen in Spanien, Frankreich, in der Schweiz, Polen, Tschechien, Ungarn und Russland, von 70 Online-Angeboten ganz abgesehen.

Bertelsmann verfügt über *Stern, Brigitte, Frau im Spiegel, Eltern, Capital, Geo, Die Zeit.* Nicht erwähnt sind hierbei das Buchgeschäft sowie die TV-, Radio- und Musikproduktionen. Die »RTL Group« zählt zu Bertelsmann, »Penguin Random House«, »Gruner und Jahr« sowie »Arvato«. Auch in den USA, in Mittel- und Osteuropa, in China, Indien und Brasilien ist Bertelsmann präsent. Zu Penguin Random House gehören rund 250 Verlage auf fünf Kontinenten.

Fast die Hälfte des gesamten deutschen Marktes ist von diesen vier Konzernen besetzt. Im Zeitungsmarkt steht an der Spitze der »Axel Springer-Verlag« (*Bild-Zeitung, Welt, Hamburger Abendblatt*), wodurch rund 27 Prozent des Marktes beherrscht werden, gefolgt von der Zeitungsgruppe WAZ (*WAZ, Essen, Westfälische Rundschau, Westfalenpost, Hagen* und so fort).

Als sogenannte Leitmedien innerhalb der Magazine und Zeitungen gelten: der *Spiegel*, die *Frankfurter Allgemeine Zeitung*, die *Zeit*, die *Süddeutsche Zeitung* und *Bild*.

Grundsätzlich gibt es in Deutschland einerseits die privat organisierten Verlage, welche die Tageszeitungen, Wochenzeitungen und Magazine herausbringen, und auf der anderen Seite die öffentlich-rechtlichen Fernsehanstalten. Längst haben sich auch private Fernsehanstalten auf dem Markt etabliert, wie etwa Bloomberg Deutschland, CNN, Comedy Central, Das Vierte, Disney Channel, Eurosport, Fashion TV, MTV, N-TV, Pro Sieben, Pro Sieben Sat 1, RTL mit verschiedenen Sendern und Redaktionen, VOX, RTL plus und SAT 1, die aber wiederum von den Verlagen finanziert werden. Zu den öffentlich-rechtlichen Fernsehanstalten zählen alle Anstalten der ARD sowie das ZDF. ARD und ZDF finanzieren sich zum einen aus der Werbung, zum anderen aus den Fernseh- beziehungsweise Rundfunkgebühren, die regelmäßig in die Diskussion geraten und seit Januar 2013 in neuer Verpackung den Namen »Rundfunkbeitrag« tragen. Die Höhe dieser Gebühren wird jeweils von den Länderparlamenten verabschiedet und in regelmäßigen Abständen immer wieder angehoben, was im Klartext bedeutet, dass diese Anstalten eigentlich kaum einer Konkurrenz unterliegen. Der einzige Maßstab, der gelegentlich angelegt wird, sind die so genannten *Ratings*, welche die prozentuale Zahl der Zuschauerbeteiligung widerspiegeln.

Die öffentlich-rechtlichen Anstalten in Deutschland sind weitgehend politisch kontrolliert. An der Spitze des ZDF etwa, der immer noch größten europäischen Fernsehanstalt, stehen in der Regel konservative Manager, im Mittelmanagement dagegen findet man üblicherweise sozial- bis linksliberale Redakteure. Da das Top-Management allein das Programm nicht gestalten kann, bedeutet dies, dass man es häufig mit »linksorientierten« Fernsehjournalisten zu tun hat. Insider behaupten, das Verhältnis links/rechts in allen deutschen TV-Anstalten, ja in der gesamten Presselandschaft, betrage 70:30 zugunsten der Linken.

Die Medienlandschaft in den USA

Die Medienlandschaft in den USA gibt ebenfalls zu denken.

Was das Fernsehen anbelangt, so gibt es nach wie vor die drei alt gedienten Riesen ABC, NBC und CBS, die die Zuschauer zu 80 Prozent mit »Unterhaltung« versorgen. Daneben existieren 50 bis 60 Kabelgesellschaften mit unterschiedlichem Gewicht.

CNN und MSNBC, die stramm »links« stehen, bringen rund um die Uhr Nachrichten und spielen so die vielleicht wichtigste Rolle bei der Bildung der öffentlichen Meinung in puncto Politik, inzwischen zusammen mit FOX, die »die Rechte« vertritt. Grundsätzlich zu unterscheiden von den nationalen TV-Networks sind die zahlreichen lokalen TV-Stationen, die zwar oft mit den national operierenden TV-Giganten verbunden sind, aber ihre eigenen lokalen »Helden« besitzen. Im Allgemeinen ist ihr Gewicht gering.

Radiostationen gibt es in den USA buchstäblich Hunderte. Einige wenige sind in allen Bundesstaaten präsent, meist existieren jedoch nur kleine, lokale Radiosender. Auf dem Zeitungsmarkt sind von überragender Bedeutung die *New York Times*, das *Wall Street Journal*, *USA Today* und der *Christian Science Monitor*. Zahllose kleine und kleinste Zeitungen ergänzen das Bild.

New York ist die unbestrittene Hauptstadt der Medienwelt. Insgesamt sind die USA in 225 Media-Markets unterteilt. Pressekonzentrationen existieren auch in den USA. Bekannt ist die Hearst-Gruppe, die zahlreiche Zeitungen besitzt, oder der New-York-Times-Clan, der ebenfalls viele Zeitungen sein Eigen nennt.

Globale Trends

Davon abgesehen zeichneten sich speziell in den letzten Jahren neue Trends ab. Finanzstarke Unternehmen engagierten sich im Medienwesen, und Computerriesen gingen abenteuerliche geschäftliche Ehen mit TV-Riesen ein. Ganze Aktienpakete wechselten den Besitzer, Firmen wurden aufgelöst, verschachert und/oder formierten sich neu.

Das Internet definierte völlig neue Trends, das Handy ebenfalls. Eine Medienrevolution ist in vollem Gange.

An dem Umstand, dass nur wenige Drahtzieher die Macht in den Händen behielten, änderte sich jedoch wenig. International gesehen nimmt die USA auch hinsichtlich der Medien eine führende Rolle ein.

Wie schon an früherer Stelle ausgeführt: Hinter den Kulissen bestimmen oft Geheimdienste die Inhalte. Wir persönlich halten die CIA und den Nachfolger des KGB für die wichtigsten Meinungsmacher der heutigen Welt. Unsichtbar sind sie in zahlreichen Redaktionen vertreten.

Soweit einige offene Worte zu dieser Thematik.

Kehren wir nun zu unserem eigentlichen Thema zurück und betrachten wir ein weiteres Mal den Krieg des Franz Josef Strauß mit dem *Spiegel*.

Kleines Fazit über die Medienwelt und den Fall Franz Josef Strauß

Die *Spiegel-Affäre* zeigte erstmals in aller Deutlichkeit, über welch ungeheure Macht die Medien verfügten. Im Fall des FJS schlug das Magazin erbarmungslos zurück. Ob es notwendig war, Franz Josef Strauß bis ans Ende seiner Tage mit allen möglichen Skandalgeschichten zu verfolgen, steht auf einem anderen Blatt.

Letztlich verhinderte die Medienwelt einen Bundeskanzler Franz Josef Strauß – im Verbund mit neidischen CDU-Kämpen. Aber auch Strauß selbst kann man nicht von jeder Schuld freisprechen: Durch seine rabiate, aggressive Art trug er selbst nicht eben wenig dazu bei, dass sich die *Spiegel*-Redakteure auf ihn einschossen.

Um neutral zu bleiben, muss man jedoch auch zugeben, dass sich heute unter dem Schutzschild der »freien Presse« und der »freien Meinungsäußerung« manchmal Geschmacksverirrungen befinden, die man nicht mehr gutheißen kann. Freiheit des Wortes und Freiheit der Presse bedeuten nicht, dass man Menschen verleumden darf.

Wie muss man nun über FJS in seinem Verhältnis zu den verschiedenen Geheimdiensten urteilen?

Strauß und die Geheimdienste

Theoretisch könnte man annehmen, dass Strauß und der BND ständig Hand in Hand miteinander marschierten. Schließlich lag die Zentrale des Bundesnachrichtendienstes damals vor der Haustür, in der Nähe Münchens, wo der bayerische Politiker zeitweise wie ein König regierte. Wiewohl man sicherlich nicht abstreiten kann, dass es gut geschmierte Seilschaften gab, steht auf der anderen Seite fest, dass der BND Strauß gelegentlich sogar in den Rücken fiel.

Obwohl der BND in erster Linie die Sozialdemokraten bespitzelte, speziell als sich die Macht noch fest zementiert in den Händen der CDU/CSU befand, überraschte Adenauer Strauß einmal mit der Frage: »Musste es denn ausgerechnet eine Mulattin sein?«[10]

Strauß war kein Kind der Traurigkeit. Offenbar besuchte er gelegentlich gewisse Etablissements; in einem beglückte ihn einmal dem Vernehmen nach eine farbige Dame, eben eine Mulattin (im damaligen Sprachgebrauch). Adenauer wusste darum. Offenbar war Strauß vom BND ausgespäht worden, der die Nachricht sofort an den »Alten« weitergegeben hatte.

Überhaupt nahm es Strauß mit der ehelichen Treue nicht so genau, was immer wieder durchsickerte. Doch wer heftete sich ständig an seine Fersen? Mit Sicherheit der BND, aber auch die Stasi.

Alle möglichen Informationen über Strauß tauchten jedenfalls immer wieder auf. Das geschah, obwohl jahrelang, wie schon angedeutet, enge »CSU-Seilschaften« zum BND existierten. Von diesen profitierte umgekehrt Strauß. Ein Geheimdienstler gründete sogar in Pullach einen »Freundeskreis zur Durchsetzung der CSU-Interessen« – konkret der Strauß-Spezi Kurt Weiss, Deckname Winterstein. Strauß wurde von ihm mit Informationen über seine Gegner versorgt, allen voran Wehner und Brandt, später auch die SPD-Größen Bahr und Ehmke. Vertrauliche BND-Expertisen gelangten auf diese Weise in seine Hände, die interessanterweise jedoch manchmal gleichzeitig in die Hände der Stasi fielen, konkret in die Hände eines Mannes mit dem Decknamen Schwarz. Dieser Umstand wurde jedoch erst nach der Wende bekannt.[11]

Die Welt der Geheimdienste ist bunt und vielfarbig, in erster Linie dienen viele Agenten sich selbst, nur die Höhe des Schecks muss stimmen.

Überhaupt spähte der BND alles und jeden aus, tatsächlich zahlreiche deutsche Politiker, selbst die eigenen Wirtschaftsfürsten, oft im Auftrag und im Verbund mit der CIA/NSA.[12] Ja, der Bundesnachrichtendienst spähte sogar das Bundesamt für Verfassungsschutz aus, das als Konkurrenzunternehmen empfunden wurde, sowie Fernsehanstalten und einiges mehr. Überall, wo »Meinung« gemacht wurde und sich »Macht« zentrierte, war man mit von der Partie. Der BND kochte also weitgehend sein eigenes Süppchen, im Grunde genommen spähte er alles aus, was sich verwerten ließ und ihm selbst Vorteile verschaffte.

Nicht immer waren die Informationen des BND jedoch korrekt. Manchmal grenzten gewisse »Informationen« an Rufmord, was ein zusätzliches dunkles Licht auf den BND wirft, ja auf Nachrichtendienste überhaupt.

Doch wiederholen wir noch einmal: Bemerkenswerterweise wurde auch Strauß selbst ausgespäht. Kein Geheimdossier war umfangreicher als die Akte Strauß.

Zu einem späteren Zeitpunkt, nach seinem Tod, wurde Strauß sogar verdächtigt, ein Geheimagent der CIA gewesen zu sein, konkret des Vorläufers der CIA im Zweiten Weltkrieg, des OSS, Office of Strategic Services. Auf der anderen Seite versuchte die Stasi verzweifelt, dem Zielobjekt Strauß Kriegsverbrechen nachzuweisen, die man propagandistisch ausschlachten konnte. Hinter der Stasi stand wie üblich der KGB, der ebenfalls eifrig half, Informationen über Strauß zusammenzutragen. Strauß war ein begehrtes Objekt für die Spitzel aller möglichen Couleur.

All diese Quellen, all diese »Informationen«, die zusammengetragen wurden, sind jedoch mit Vorsicht zu genießen. Man vergesse nie: Geheimdienste sind auch Genies darin, falsche Informationen und Desinformationen zu verbreiten.

Aber was ist nun mit den Strauß-Kontakten zur CIA? Nun, zum US-amerikanischen Militärnachrichtendienst, nicht zur CIA, gab es offenbar tatsächlich gute Kontakte. Ein gewisser Ernest F. Hauser, der sich im engeren Dunstkreis von FJS aufhielt, war Mitarbeiter eben dieses Nachrichtendienstes. Hauser arbeitete jedoch auch für den BND, unter dem Decknamen »Leder«.[13] Über ihn seien Verbindungen zum Lockheed-Konzern geschaffen worden, behaupten einige Strauß-Gegner.

Greifen wir auch das Thema Strauß und die Waffengeschäfte noch einmal auf. War die Familie Strauß darin verwickelt? Der *Spiegel*, aber auch die *Süddeutsche Zeitung* berichteten 1999, dass der Waffenhändler Karlheinz Schreiber dem Strauß-Sohn, Max Strauß, 5,2 Millionen D-Mark zugeschanzt habe.

Kohl und Schäuble besaßen ebenfalls keine weiße Weste in dieser Beziehung.

Noch sind nicht alle Akten und Informationen über Strauß von Historikern endgültig ausgewertet.[14] Alle möglichen und unmöglichen Informationen, Desinformationen und Gerüchte kursieren. Unterlagen und Akten können jedoch auch gefälscht werden. Zudem sind Aussagen von Figuren, die selbst einen zweifelhaften Ruf besitzen, mit Vorsicht zu genießen.

OSS-Akten, die später freigegeben und von Geschichtswissenschaftlern penibel untersucht wurden, ergaben keinen Hinweis auf eine FJS-Teilnahme am Office of Strategic Services, wie die Historiker Jürgen Heidking, Christoph Mauch und Neal H. Petersen betonen. Lediglich seine Verbindung zum BND steht unumstößlich fest, weiter seine Neigung zur Kooperation mit den USA.

Mehr lässt sich zum gegenwärtigen Zeitpunkt nicht behaupten. Vielleicht sind einige Anhaltspunkte jedoch bereits Beweis genug. Grundsätzlich bleibt indes festzuhalten: Wir müssen Historikern mehr vertrauen als allen Journalisten, Politikern oder gar Geheimdienstlern zusammengenommen.

So oder so, das letzte Wort über die »Akte Strauß« ist noch nicht gesprochen. Doch selbst die geballte Medienmacht kann nicht beliebig jeden Politiker stürzen oder auf den Schild heben. Das beweist auch die weitere Geschichte Deutschlands: Eines Tages verlor die SPD mit Helmut Schmidt das große Spiel. Ein Christdemokrat übernahm wieder das Ruder.

6. Die Ablösung oder: Helmut Kohl

Wir haben auf den Coup bereits aufmerksam gemacht: Helmut Kohl konnte Genscher hinter dem Rücken Schmidts auf seine Seite ziehen, trieb dadurch einen Keil in die sozialliberale Koalition und stürzte den fünften Kanzler der Bundesrepublik Deutschland.

Der Skandal war perfekt, aber an dem Ergebnis war nicht mehr zu rütteln. Auch Strauß, prinzipiell brandgefährlich, stellte keine Gefahr mehr dar. Da sich FJS bei der letzten Bundestagswahl selbst ins Abseits geschossen hatte, musste ein neuer Hoffnungsträger her. Helmut Kohl.

Um wen handelte es sich bei dem »schwarzen Riesen«, wie er auch genannt wurde?

Kohl, die Vita

1930 wird er in Ludwigshafen (Rheinland-Pfalz) geboren – in einer Stadt, in der die Chemie zu Hause ist, unter anderem mit den Firmen *BASF, DyStar, Raschig* und *Abbott*. Aber der Gigant ist die BASF mit 390 Produktionsstandorten weltweit, der Hauptsitz befindet sich in seiner Geburtsstadt. Man beschäftigt über 100 000 Mitarbeiter. Die BASF ist mit 65 Milliarden Euro Umsatz der größte Chemiekonzern der Welt. Böse Zungen behaupten später, dass zwischen Kohl und der Chemie »die Chemie stimmt« – jeder versteht, was damit angedeutet werden soll.

Kohl wächst in einer konservativ-katholischen Familie auf, absolviert die Oberrealschule, macht Abitur und studiert in Frankfurt am Main Rechtswissenschaft und Geschichte, später in Heidelberg Staatswissenschaften und Geschichte. Als krönenden Abschluss baut er seinen Doktor. 1959 bis 1969 ist er Referent beim *Verband der Chemischen Industrie* (VCI). Der VCI wiederum ist ein Mitglied im *Bundesverband der Deutschen Industrie*, wo man Lobbyarbeit in Richtung Politik treibt und versucht, Meinungsführer in den Medien und Politiker zu beeinflussen. Kohl riecht den Zusammenhang zwischen dem ganz großen Geld und der Politik, der verführerische Duft steigt ihm in die Nase. Und so treibt er mit einer ungeheuren Zielstrebigkeit seine politische Karriere voran. Schon 1959 wird er Vorsitzender des CDU-Kreisverbandes Ludwigshafen, 1969 gar stellvertretender Bundesvorsitzender der CDU. Im gleichen Jahr wählt man ihn zum Ministerpräsidenten von Rheinland-Pfalz.

Eine atemberaubende Karriere! Gerade mal vierzig Jahre alt hält er bereits eine Power-Position in der BRD inne, die sich sehen lassen kann. Doch er will höher hinaus. Er äugt nach dem Amt des Bundeskanzlers. Das ist die Trophäe, die Goldmedaille! Eilig knüpft er weitere Kontakte innerhalb und außerhalb der CDU. Seine eigentliche Befähigung besteht darin, ein einzigartiges Beziehungsnetz aufzubauen, das manchmal nach außen hin gut sichtbar ist, manchmal nicht.

1973 ist er bereits Parteivorsitzender der CDU. Besondere Erfolge verzeichnet er bei der Rekrutierung neuer Mitglieder. 1976 greift er das erste Mal nach der Krone. Als Kanzlerkandidat erzielt Kohl mit 48,6 Prozent für die CDU/CSU ein hervorragendes Wahlergebnis. Aber ein knapp verfehltes Ziel ist dennoch knapp verfehlt. Er kann die SPD nicht beiseiteschieben. Trotzdem verlässt er das provinzielle Mainz und geht als Oppositionsführer in das internationale Bonn. Er schnuppert nach allen Seiten. Wie kann er die SPD und Schmidt vom Thron stoßen? Strauß ist für ihn nur ein unerquickliches Zwischenspiel. 1980 scheitert Strauß – Gottseidank, denkt Kohl, darf es aber nicht laut sagen. Er erkennt, dass der überkluge FJS mit seiner Strategie der Polarisierung falschlag. Also setzt er umgekehrt auf die »Mitte«. Es gelingt ihm, wie bereits berichtet, die FDP auf seine Seite zu ziehen. 1982 stürzt er Schmidt. Kohl platzt fast vor Stolz, als er zum sechsten Bundeskanzler gewählt wird. Aber er zieht Neuwahlen vor, damit niemand an seiner Legitimation herumdeuteln kann. 1983 gehen die Wahlen erneut zu seinen Gunsten aus.

Die Goldmedaille! Die Trophäe! Endlich! Zwischen 1976 und 1998 regiert er. Niemand sitzt solange auf dem Thron wie er.

Aber gehen wir noch einmal einen Schritt zurück – in das Jahr 1983.

Außenpolitik

Kohls Außenpolitik ist von Adenauer und Brandt geprägt. Er setzt die gleichen Akzente – indem er die *Entspannung* und *Europa* in den Mittelpunkt seiner Bemühungen rückt. Speziell setzt er auf die guten Beziehungen zu Frankreich und zu den Vereinigten Staaten von Amerika, wie gehabt.

Damit steht er automatisch auf Seiten der CIA/NSA, die noch immer den BND am Gängelband führt. Doch vom BND hält er nichts, Geheimdienste sind ihm suspekt.

Der DDR gewährt er einen Milliardenkredit – eingefädelt von FJS –, wofür im Gegenzug die Selbstschussanlagen an der innerdeutschen Grenze verschwinden und die DDR-Bürger künftig leichter ausreisen und in die BRD übersiedeln können. Der »Eiserne Vorhang« wird löchrig, das Metall beginnt zu schmelzen.

Auch in Osteuropa und in der Sowjetunion punktet er. Deutschstämmige Aussiedler holt er heim. Fast 400 000 Aussiedler kehren allein im Jahr 1989 zurück. Asylbewerbern aus Afrika und Südasien dagegen ist er nicht grün, er vertritt den Standpunkt, dass Deutschland kein Zuwanderungsland sei. Trotzdem steigt die Bevölkerungszahl, denn die neuen Bundesbürger holen nach und nach ihre gesamten Familien in die BRD.

Kohl weiß zu diesem Zeitpunkt noch nicht, dass die Politik der Öffnung in Richtung der osteuropäischen Länder, der DDR und Russland ungeheuerliche Konsequenzen nach sich ziehen wird.

Innenpolitik

Kleinere Einschnitte in puncto Sozialausgaben werden konterkariert durch CDU-Sozialminister Blüm, der Kohl sogar durch Rücktrittsdrohungen erpresst. Neue Sozialvergünstigungen erblicken im Gegenteil das Licht der Welt. So werden nun etwa die Kindererziehungszeiten bei der *Gesetzlichen Rentenversicherung* angerechnet. Längst ignoriert wird der Umstand, dass diese Rentenversicherung von Haus aus höchst problematisch ist. Natürlich äugt man mit den Korrekturen auf die weibliche Wählerschaft. Neue »soziale Maßnahmen« lassen jedoch die Staatsverschuldung weiter ansteigen.

Die Einkommenssteuer, die unter Schmidt auf einen Höchststand geklettert war, wird zunächst heruntergefahren, aber später werden die Bürger mit neuen Steuern und Abgaben gequält.

Kohl setzt weiter auf Umweltthemen. Abgaskatalysatoren für Pkws werden eingeführt und Rauchgase der Kohlekraftkraftwerke entschwefelt. In Planung befindliche Kernkraftwerke werden zwar in Betrieb genommen, aber der schwarze Riese lässt keine neuen Atommeiler zu.

Doch dann passiert es: In der DDR brodelt es unter der Decke. Der ungarische Ministerpräsident Miklos Németh baut Grenzbefestigungen, die sein Land von Österreich abschirmen sollen, rigoros ab. Die Folge: Tausende von DDR-Bürgern fliehen über Ungarn in den Westen. Alle kleinkarierten politischen Themen werden mit einem Mal denkbar unwichtig. Der Kommunismus beginnt, weltweit zu wanken. Weltpolitik frisst Landespolitik. Ein neues Zeitalter kündigt sich an.

Die Wiedervereinigung

Kein Kapitel der deutschen Geschichte ist so hochemotional wie das der Wiedervereinigung im Jahre 1990 – wobei die Auswertung, die wir gleich vorstellen werden, sich beträchtlich von den gängigen Betrachtungen unterscheidet. Aber zunächst – zur Sache! Den meisten Zeitgenossen ist nicht bewusst, dass der Kommunismus schon *vor* dem Fall der Mauer längst ins Wanken geraten ist. Tatsächlich sind die Verfallserscheinungen überdeutlich; der Kommunismus ist in die Jahre gekommen, es handelt sich gewissermaßen um einen tattrigen Greis, der zudem noch an Grippe erkrankt ist.

Das Politbüro in der Sowjetunion, auf dessen Schultern eben dieser weltweite Kommunismus ruht und wo die Fäden zusammenlaufen, besteht aus Mitgliedern, die hoffnungslos überaltert sind. Die greisen, herrschenden Männer der Sowjetunion wissen sehr wohl, dass die UdSSR letztlich nichts als ein Weltreich ist, das nur durch brutale Gewalt aufrechterhalten wird.

Als sich der Sturz des Kommunismus ankündigt, reagiert die gesamte politische Kaste in der BRD völlig überrascht, auch Kohl. Später wird er den Geheimdiensten, allen voran dem BND, vorwerfen, dass sie den Fall des Kommunismus nicht vorausgesehen haben. Und so viel ist wahr: Der BND schläft den Schlaf des Gerechten. Kein »Geheimer« macht Kohl darauf aufmerksam, was sich im Osten gerade abspielt. Dass die DDR kurz vor dem Bankrott steht, dass kein Stein auf dem anderen bleiben wird, wird von den Agenten völlig übersehen. Allein das beweist, wie erstaunlich kurzsichtig und uninformiert der größte deutsche Geheimdienst ist. Möglicherweise handelt es sich um sein größtes Versagen. Doch was passiert eigentlich?

Im Mai 1989 erlaubt sich Ungarn wie gesagt die Ungeheuerlichkeit, die Grenzanlagen in Richtung Österreich einfach abzubauen und niederzureißen. Das ist ein direkter Schlag ins Gesicht des Kommunismus. In der Folge reisen zahlreiche DDR-Bürger nach Ungarn und flüchten von dort in die BRD. Der verführerische Duft der Freiheit weht plötzlich durch die Straßen der Deutschen Demokratischen Republik. Freiheit! Nichts ist wichtiger für die Menschen. Es handelt sich um einen Schlachtruf, der das Gesicht von Jahrhunderten und Jahrtausenden veränderte, und es ist ein Schlachtruf, der nie verstummen wird.

In der Folge rennen viele DDR-Bürger in die Botschaften der Bundesrepublik Deutschland – in Budapest, Prag, Warschau und in die ständige Vertretung in Ostberlin. Alle, alle scheinen auf einmal ausreisen zu wollen, das Recht auf Bewegungsfreiheit, das Recht auf Reisefreiheit, das Recht auf freie Meinungsäußerung wird ohne Wenn und Aber eingefordert. Schließlich setzt eine Massenflucht nach Österreich ein. Bayern errichtet Notaufnahmelager. Die Politiker auf beiden Seiten stehen Kopf und wissen nicht, wie ihnen geschieht.

Alle haben sie die Entwicklung verschlafen, genauer gesagt ihre Geheimdienste, auch die CIA, auch die NSA, obwohl sie mit Milliarden versorgt werden. Wofür taugen Geheimdienste eigentlich, wenn sie dermaßen uninformiert sind?

Das Volk, das Volk selbst fordert seine Grundrechte ein! Botschaftsflüchtlinge werden in verschlossenen Sonderzügen im Transit über DDR-Gebiet in den Westen gefahren. Während der Durchfahrt müssen Bahnhöfe abgesperrt werden, denn viele Menschen versuchen, auf die Züge aufzuspringen, die in die Freiheit fahren. Die SED-Bosse stehen mit offenem Maul daneben und staunen sich die Augen aus. Den cleversten unter ihnen dämmert, dass eine neue Zeit anbricht. Das faule, privilegierte, satte Schmarotzerleben ist vorbei.

Einige versuchen verzweifelt, an den alten Zöpfen festzuhalten, aber immer wieder kommt es in der DDR zu Massendemonstrationen, besonders in Leipzig. »Wir sind das Volk!«, klären die DDR-Bürger die verhasste kommunistische Mischpoke auf, die auf ihre Kosten vierzig Jahre lang in Saus und Braus gelebt und die Menschen namenlos unterdrückt hat.

Die DDR-Oberen beginnen zu zittern. Honecker sieht alle Felle davonschwimmen und wendet sich an Gorbatschow, den Kopf der Sowjets. »Wer zu spät kommt, den bestraft das Leben!«, erwidert Gorbatschow (angeblich) lakonisch und gibt Honecker zu verstehen, dass von der UdSSR keine Hilfe zu erwarten ist. Honecker und Genossen werden von Panik erfasst. Der Spieß dreht sich um. »Aus gesundheitlichen Gründen« tritt der feige Erich Honecker eilig zurück, charakterlos wie die meisten destruktiven Persönlichkeiten, während die verbleibende Clique versucht zu retten, was zur retten ist.

Im November 1989 wird eilig ein neues Politbüro gegründet, der schleimige Egon Krenz, keinen Deut besser als sein Vorgänger, aber großmäuliger, tritt an, ebenso wie Hans Modrow, der eifrig den sozialistischen Gutmenschen zu spielen versucht.

Doch es ist bereits zu spät, der Druck seitens des Volkes weicht nicht. Ohne große Formalitäten dürfen die DDR-Bürger am 3. November 1989 sogar über die Tschechoslowakei ausreisen. In Berlin kommt es am 4. November 1989 zur größten Demonstration aller Zeiten, als rund eine Million Menschen protestieren.

Die allmächtige Stasi ist machtlos, ebenso wie der KGB. Das zeigt, wie selbst die unterdrückerischsten Geheimdienste auf einmal ohne Hosen dastehen, wenn ihnen das Volk die Zähne zeigt. Man kann eine Million Menschen nicht mehr mit Panzern zusammenschießen.

Das neue DDR-Politbüro und die neue Regierung treten am 7. November ratlos zurück, eine solche Menge kann keine Bombe mehr bändigen.

Am 9. November 1989 verkündet ein hohes DDR-Polittier öffentlich vor laufenden Kameras, dass ab sofort Privatreisen in die Bundesrepublik und nach West-Berlin erlaubt seien, ohne die bisher üblichen Schikanen. Tausende eilen an die Grenzen. Die Grenzsoldaten vergessen ihre Schießbefehle, die ihnen eingetrichtert worden sind und schauen mit offenem Mund zu, wie Heerscharen von Menschen in die Bundesrepublik strömen. Die Übergänge der Berliner Mauer werden geöffnet.

Millionen begeben sich am nächsten Tag in die BRD, vor allem in den Westteil Berlins. Die Menschen tanzen auf den Straßen. Freudentränen fließen, als sich Familien und Freunde wiederfinden, die so lange gewaltsam voneinander ferngehalten wurden. Die Stasi in ihren Löchern und die Politgangster zittern. Alle kommunistischen Geheimdienste ahnen, dass ihr letztes Stündlein geschlagen hat, jedenfalls in der ehemaligen DDR.

In Berlin weint man vor Freude. Die Unterdrückung, die fast ein halbes Jahrhundert währte, ist überwunden. Selbst fremde Menschen fallen sich in die Arme. Aus Hunderten von Ländern verfolgen tausend Kameras ungläubig, was sich da vor ihren Augen abspielt.

Das Volk nimmt die Politik selbst wieder in die Hand. Eilig suchen Helmut Kohl und Willy Brandt die Stimmung für sich und ihre Parteien zu nutzen. Willy Brandt prägte den Satz: »Jetzt wächst zusammen, was zusammengehört.« Kohl läuft zu Höchstformen auf. Er präsentiert dem Deutschen Bundestag ein Zehn-Punkte-Programm, das die DDR und die BRD schrittweise vereinigen soll.

Im Januar 1990 wechselt der Slogan in der DDR. »Wir sind *ein* Volk!«, hört man es allenthalben rufen. Jeder fühlt und spürt, hier und jetzt wird Geschichte gemacht. Demonstranten stürmen die Stasi-Zentrale im Ostteil Berlins, wo sich die alten Spitzel wie die Hasen verkrochen haben und die Welt nicht mehr verstehen.

Jetzt geht es Schlag auf Schlag. Schon am 18. März wird die erste echte Volksvertretung in der DDR gewählt, diesmal wirklich geheim und frei. Das SED-Regime bricht zusammen, das noch kurz zuvor mit Prügeleien und Verhaftungen reagiert hat.

Es entsteht eine große Koalition unter Ministerpräsident Lothar de Maizière, die den Weg zur Wiedervereinigung mit der Bundesrepublik Deutschland vorbereiten hilft. Zunächst wird eine gemeinsame Wirtschafts-, Währungs- und Sozialunion aus der Taufe gehoben, mit der Deutschen Mark als offizielles Zahlungsmittel, auch in der DDR. Der Einigungsvertrag folgt auf dem Fuß am 31. August 1990. Das bundesrepublikanische Grundgesetz gilt nun ebenfalls für den Osten Deutschlands.

Noch müssen die Siegermächte besänftigt werden. Kohl und Genscher reisen rund um den Globus und suchen die Mächtigen dieser Welt zu überzeugen, dass man das Rad der Geschichte nicht zurückdrehen kann. Sie überzeugen schließlich sogar Gorbatschow, dass das neue, geeinigte Deutschland

Mitglied der NATO werden muss. Die militärischen Geheimdienste auf beiden Seiten müssen sich völlig umorientieren.

Brandenburg, Mecklenburg-Vorpommern, Sachsen, Sachsen-Anhalt und Thüringen werden mit einem Schlag bundesrepublikanisch.

US-Präsident George Bush nickt gnädig – und hilft, die zögerlichen Franzosen und Engländer, denen der Nazi-Krieg noch in den Knochen steckt, zu überreden. Schließlich signalisieren auch die Engländer und Franzosen ihre Zustimmung. Das deutsche Volk befindet sich in einem Freudentaumel und schüttet monatelang literweise Bier in sich hinein. Die Wiedervereinigung ist geglückt, Deutschland ist erneut ein »einig Vaterland«, ein suppressives System ist zusammengebrochen.

Man hat die elende Bagage, die es aufbaute und anführte und das Volk so lange belog, endlich zum Teufel gejagt. Die Frage aller Fragen aber ist: WER ist dafür verantwortlich, dass es zu diesem Befreiungsschlag kommen konnte? WER ist für diese unblutige Revolution verantwortlich, die einzigartig in der Geschichte ist?

Eine ungewöhnliche Analyse

Nun, halten wir zunächst so viel fest, dass es nicht die Herren Kohl, Brandt oder Genscher waren, die für das größte und wichtigste Ereignis Deutschlands im 20. Jahrhundert verantwortlich zeichneten. Ja, Brandt hatte die »Entspannungspolitik« eingeleitet, und ja, die Herren Kohl und Genscher hatten, als die Würfel gefallen waren, hektisch versucht, das »Volksbegehren« zu unterstützen. Aber ihnen gebührt ganz gewiss nicht die Siegespalme, wenn auch alle drei geradezu verzweifelt ein Stückchen Unsterblichkeit zu ergattern suchten und immer wieder auf sich selbst und ihre Bedeutung verwiesen. Aber die Wahrheit sah natürlich, wie so oft, gänzlich anders aus.

Listen wir die Persönlichkeiten und die Gründe, die zu der Wiedervereinigung führten, in der Reihenfolge ihrer Bedeutung auf:

1. Michail Sergejewitsch Gorbatschow (geb. 1931) ist an erster Stelle zu nennen, wenn es darum geht, die »Gründe« zu benennen, die zu der

deutschen Wiedervereinigung führten. Erinnern wir uns: Das Sowjetsystem war von innen längst hohl und marode, im Grunde hatte der Kommunismus sich selbst besiegt. Trotz oder wegen all seiner Geheimdienste. Trotz oder wegen des KGB. Aber es bedurfte eines Gorbatschows, dies zu erkennen und die entsprechenden Konsequenzen zu ziehen. Ein Großteil der Wirtschaftsleistung dieses Riesenreiches war in die Rüstung geflossen, Öl und Gas hatten das Militär und die Geheimdienste finanziert, jedoch dabei die Menschen vergessen.

Die UdSSR hatte sich totgerüstet und den Rüstungswettlauf gegen die Vereinigten Staaten von Amerika verloren. Der Dollar hatte den Rubel besiegt, eine freiheitliche US-amerikanische Verfassung eine Diktatur, genauer gesagt. Die Missstände in der ehemaligen UdSSR waren katastrophal, doch da man alles sorgsam unter der Decke versteckt hielt, wurden viele Probleme erst später publik. Niemand hatte die Misere zugegeben, weder der demagogisch begabte Lenin noch der Massenmörder Stalin, weder der hinterlistige Chruschtschow noch der brutale Breschnew, weder der Parteiführer Andropow noch Tschernenko.

Erst Michail Gorbatschow erkannte glasklar, dass das System gerade dabei war, von innen zu verfaulen. Gorbatschow war in jeder Beziehung ein russischer Ausnahmepolitiker. Von Haus aus Jurist und Experte in Sachen Landwirtschaft, war er unter der schützenden Hand Andropows in der Parteihierarchie nach ganz oben gestiegen, bis er 1985 Generalsekretär des Zentralkomitees der kommunistischen Partei der Sowjetunion und 1990 ihr Präsident wurde.

Er hatte sich innerhalb der UdSSR bereits einen Namen gemacht, indem er die größte Anti-Alkohol-Kampagne inszenierte, die das Land je gesehen hatte. Gorbatschow hatte außerdem das Ausland intensiv bereist, auch die BRD, die USA, Großbritannien und Kanada etwa, und die Luft der Freiheit dieser Länder gerochen und ihre Vorteile beobachtet. Als quasi unumschränkter Herrscher befahl er nun die vollständige Umgestaltung seines Riesenreiches.

Er verordnete ihm *Glasnost* (= Offenheit) und *Perestroika* (= Umstrukturierung), was einer Revolution von oben gleichkam und die sowjetische

Diktatur aufweichte. Die kommunistischen Geheimdienstler verstanden plötzlich die Welt nicht mehr. Sie mussten sich umorientieren. Das satte, faule Leben war vorbei. Das Ende des Kalten Krieges wurde eingeläutet. Eine Reihe friedlicher Revolutionen in den osteuropäischen Ländern war die Folge, die sich nun langsam aber sicher von den Sowjets abnabelten, die sie so lange unter ihrer Knute gehalten hatten. Vielerorts flohen die KGBler wie die Hasen. Auch andere Sowjetrepubliken machten sich selbstständig und warfen ihre Fesseln ab.

Gorbatschow erhielt später zu Recht den Friedensnobelpreis. Hätte dieser sowjetische Präsident mithilfe von Panzern und Gewehren regiert, wie seine Vorgänger, wären zahlreiche blutige Revolutionen unvermeidlich gewesen. Die Welt wäre ohne ihn in einem Blutbad ohnegleichen versunken, das wahrscheinlich Millionen von Menschenleben gekostet hätte. So aber nahm die Weltpolitik eine gänzlich andere Wendung, letztlich durch die Einsicht, die Intelligenz, die Friedensliebe und die Unerschrockenheit eines einzigen Mannes.

2. An zweiter Stelle müssen wir all die Freiheitskämpfer in der DDR aufzählen, die sich dem kommunistischen System nie untergeordnet hatten. Zahlreiche Namen wären an dieser Stelle zu nennen, denn sie hatten unter Einsatz ihres Lebens dafür gekämpft, dass die Flamme der Freiheit nie verlöschte.

   Mit anderen Worten: Es waren eben nicht anonyme »Bewegungen«, die die DDR zu Fall brachten, keine »gesellschaftlichen Entwicklungen«, keine »klassenkämpferischen« Schichten, wie das Karl Marx genannt hätte. Es waren unglaublich mutige Einzelpersonen, die sich nicht untergeordnet und ihre Integrität nicht an den Nagel gehängt hatten. Die meisten dieser Einzelkämpfer waren Pfarrer, die evangelische Kirche stellte gewissermaßen eine letzte, halb geduldete Fraktion der Freiheit in der ehemaligen DDR dar.

3. An dritter Stelle ist die Gruppe der Schriftsteller zu nennen, die auf eine Jahrhunderte und Jahrtausende währende Tradition des ideellen Aufbegehrens zurückblicken konnte. Schriftsteller und Künstler überhaupt sind die ewigen Rebellen, einige ihrer herausragenden Exemplare können mit Geld nicht geködert werden und reagieren nicht

auf Druck. Schriftsteller verfochten schon immer Werte wie Frieden, Freiheit und Gerechtigkeit, die Geschichte ist voll von positiven, kämpferischen Beispielen dieser ewigen Idealisten, die sogar ihr Leben in die zweite Reihe stellen, wenn es gilt, der Wahrheit zu ihrem Recht zu verhelfen.

Konkrete Figuren hatten das DDR-Unrecht stets bekämpft, sie alle hatten teilweise ihr Leben, ihr Hab und Gut, ihre Freiheit und ihre Gesundheit aufs Spiel gesetzt. Sie hatten der Stasi gezeigt, dass sie eben doch nicht allmächtig war. Sie waren integer, mutig und entschlossen genug, im Angesicht der Unterdrückung nicht zu Kreuze zu kriechen. Ja, die Ziele dieser Freiheitskämpfer waren völlig unterschiedlich, sie kamen aus allen möglichen Winkeln und Ecken der verschiedensten Weltanschauungen, aber sie alle einte der Wille zum Widerstand.

Die meisten von ihnen hatten mit Überwachung, Repressionen aller Art, beruflichen Nachteilen, Ausbürgerung, Haft und manchmal sogar mit Folter und Tod zu rechnen; die Stasi versuchte, sie kirre zu machen, was jedoch misslang. Jede Figur, auch in der BRD, die gegen die Unterdrückung in der DDR mobil machte, wäre theoretisch weiter zu benennen, wenn die meisten Idealisten in der Bundesrepublik Deutschland auch nicht unter Einsatz ihres Lebens kämpften.

Umgekehrt waren alle sogenannten »Intellektuellen«, die für den unterdrückerischen Kommunismus in der DDR oder der BRD den Trompeter gespielt hatten, arme Gesellen, die sich zumindest vorwerfen lassen müssen, in der Analyse vollständig versagt zu haben, wenn sie nicht sogar den SED- und KGB-Mördern und ihrem Stiefelknecht, der Stasi, das Messer abgesegnet hatten.

4. Neben den Freiheitskämpfern und den zahlreichen Bürgerrechts- und Menschenrechts-Gruppen ist die unendliche Dummheit der DDR-Oberen selbst zu nennen, was den Fall der »Deutschen Demokratischen Republik« angeht. Mörder und Verbrecher sägen sich gewöhnlich selbst den Ast ab, auf dem sie sitzen, dieses Gesetz gilt auch für Politgangster, ebenso für Geheimdienstler.

5. Die wirtschaftliche Schwäche der DDR, die Krise der Planwirtschaft, die Unterversorgung mit Alltagswaren (Ersatzteile, Maschinen, Baumaterial), der elende Zustand der Staatsfinanzen, die Unterdrückung der Meinungs-, Reise- und Demonstrationsfreiheit, die Wahlfälschungen, die Berliner Mauer, die Diktatur, die Todesstrafe – all das und noch sehr viel mehr war dafür verantwortlich, dass sich eine so starke Opposition überhaupt bilden konnte.
6. Nicht anders wie die Sowjetunion sich letztlich selbst vernichtet hatte, nicht anders wie das Römische Reich ehemals an seinen eigenen Sünden zugrunde gegangen war, so wurde auch die DDR aufgrund ihrer eigenen Unzulänglichkeiten und Verbrechen aus der Geschichte hinweggefegt. Aber noch einmal: Es waren konkrete Einzelpersönlichkeiten, die sich für die Freiheit stark gemacht hatten. Nichts, nicht einmal die modernste Waffe, nicht einmal die brutalste, schlagkräftigste Polizei, kein Militär, kein noch so mächtiger Geheimdienst, nichts, nichts kann die Menschen aufhalten, wenn sie erst einmal entschlossen sind, ihre Freiheit und ihre Menschenrechte einzufordern.
7. Insofern bedient sich die konstruktive Persönlichkeit im politischen Raum der stärksten Waffe, die es gibt: der Freiheitsliebe, die durch keinen Panzer und kein Gewehr, durch keinen Spitzel und keine Repressalien auf Dauer unterdrückt werden kann.[15]

Aber wie schrieb sich der Politkrimi fort?

7. Kohls Kämpfe

So schnell die Wiedervereinigung im Jahre 1990 über die Bühne ging, so langsam wurden die konkreten Probleme gelöst, die sich danach auftaten. Wer da geglaubt hatte, dass mit der politischen Wiedervereinigung und einer gemeinsamen neuen Währung alles in trockenen Tüchern war, der irrte gewaltig.[16]

Schon die gemeinsame Währungs-, Wirtschafts- und Sozialunion war nicht unumstritten, denn die DDR-Mark wurde 1:1 mit der bundesrepublikanischen D-Mark ausgetauscht. Der Einfluss auf die Löhne, Gehälter, Mieten und Renten war verheerend.

Ganze Schwärme von zweifelhaften »Anlageberatern« aus den alten Bundesländern stürzten sich außerdem in der Folge in die Neuen Bundesländer und schwatzten ihnen »Finanzprodukte« auf, die teilweise so notwendig waren wie der sprichwörtliche Kühlschrank für einen Eskimo, oder wenn man einem Ertrinkenden anbietet, ihn mit Wasser zu versorgen.

Eigentümerfragen mussten neu geregelt werden, der Immobilienmarkt geriet in Aufruhr und Besitzverhältnisse wurden auf den Kopf gestellt. Unternehmen wurden zerstückelt, verscherbelt oder schlossen die Tore. Schreiendes Unrecht, das viele DDR-Bürger erlitten hatten, musste wiedergutgemacht werden, während sich die alten Kommunisten wegduckten und versuchten, so gut wie möglich in der neuen Zeit anzukommen und zu retten, was zu retten war. Der Hetzjagd gegen die Nazis fügte man die Hetzjagd gegen die Kommunisten und die Stasi hinzu.

Zwei Politphilosophien und Weltsichten, die in den Köpfen herumspukten, prallten mit Wucht aufeinander. Die Politiker wussten nicht mehr, wohin sie den Blick zuerst richten sollten.

Als Erstes bemühte sich Kohl, seine Machtbasis zu erweitern. Rasch wurde der Aufbau einer CDU im Osten betrieben, indem man einige demokratische oder halbdemokratische Bewegungen unter einem Dach zu vereinigen suchte. Eine gewisse Angela Merkel machte auf sich aufmerksam und wurde von Kohl in die Arme geschlossen. Kohl bezeichnete sie miniaturisierend nur als »das Mädchen« – wir werden von ihr noch hören. Aber auch die SPD und die FDP verloren keinen Augenblick, um sich in den neuen Bundesländern den Wählern zu empfehlen.

Kohl rotierte. Um die Polen zu beruhigen, schloss er rasch einen neuen deutsch-polnischen Grenzvertrag ab, der die Oder-Neiße-Grenze endgültig festschrieb. Später entschied er, dass die gemeinsame, neue Hauptstadt aus historischen Gründen erneut Berlin sein müsse, woraufhin Millionen und Millionen Kosten entstanden, was bei den leeren Kassen nicht eben die klügste Regierungsentscheidung war.

Zwar erreichte Kohl bei der ersten gesamtdeutschen Bundestagswahl 1990 eine klare Mehrheit und ließ Oskar Lafontaine, den Spitzenkandidat der SPD, im Regen stehen. Doch schon 1994 war der Trend rückläufig. Und 1998 wurde er von Gerhard Schröder abgelöst.

Ihm verblieb also nicht mehr viel Zeit, die Angelegenheiten zu ordnen.

Die Probleme wurden ihm nachgeworfen wie faule Äpfel. Wie immer drehte sich (fast) alles um den Mammon. Die Arbeitslosenquote stieg von 1 Million in den Jahren 1990/91 auf 1,5 Millionen im Jahr 1998. Die Wirtschaft begann zu lahmen, denn um den »Osten« wieder flott zu kriegen, musste Geld und nochmals Geld in die ehemalige DDR gepumpt werden.

1991 erhöhte Kohl die Steuern – das absolute Gift für die Wirtschaft. Vornehm sprach man jedoch nicht von einer Steuererhöhung, sondern von einem »Solidaritätszuschlag« (= Soli), um Volkes Zorn nicht zu sehr herauszufordern. Aber es handelte sich natürlich nur um die übliche Verschleierungstechnik, es *war* eine Steuer. Genannt wurde der Soli »Ergänzungsabgabe«, die man auf die Einkommens-, Kapitalertrags- und Körperschaftssteuer erhob. Aber wie gesagt: Das hübsche Wortgeklingel änderte nichts am Umstand, dass den Leuten noch mehr Geld aus der Tasche gezogen wurde.

Immerhin wurde die Infrastruktur in der DDR ausgebaut und einigermaßen dafür gesorgt, dass die ehemalige DDR wirtschaftlich wieder auf die Beine kommen konnte. Der Politslogan hieß *Aufbau Ost.*

Immer mehr Geld fehlte jedoch in der Kasse. Hektisch wurde nach Lösungen gesucht. Gleichzeitig drückte die Arbeitslosigkeit zunehmend auf die Gemüter.

Die *Bundesanstalt für Arbeit* versagte völlig darin, die Arbeitslosigkeit herunterzufahren. Die Deutschen schimpften wie die Rohrspatzen und nicht zu Unrecht. Die Anstalt wurde aufgelöst und völlig umstrukturiert. Auch die Post und die Bahn waren unter modernen Management-Gesichtspunkten eine Katastrophe. Also wurden beide Institutionen privatisiert, was wieder einmal bewies, dass eine freie Wirtschaft und ein freies Unternehmertum dem Beamtentum immer überlegen sind.

Hinter den Kulissen wurde in fliegender Eile außerdem an einer neuen Währung gestrickt. 1999 führten diese Anstrengungen zur Gründung der EZB, der Europäischen Zentralbank (Sitz Frankfurt). Die Aktion wurde noch von Helmut Kohl angeschubst. Der Euro, von der Bevölkerung als

Teuro verunglimpft, stieß auf wenig Gegenliebe. Immerhin wurden die Euro-Wechselkurse der nationalen Währungen in Europa damit festgeschrieben, das ewige Auf und Ab fand ein Ende.

Aber eine blühende Wirtschaft schafft man nicht durch eine neue Währung.

Die unangenehme Wahrheit war: Überall fehlte Geld im Säckel. »Gorbi« zahlte man Milliarden, damit dieser der Wiedervereinigung überhaupt zustimmte und das neue »Gesamtdeutschland« Mitglied der NATO werden durfte. Auch Jelzin wurde von Kohl mit einer Milliardenspende ruhiggestellt. Polen, Ungarn und Tschechien traten der NATO bei.

Die Karten wurden völlig neu gemischt – in militärischer Hinsicht, in Bezug auf die Geheimdienste und hinsichtlich der Wirtschaft. Alles wurde umgekrempelt, Deutschland musste sich noch einmal erfinden. Eine neue Zeit brach an.

Das Ende vom Lied oder: Der Vatermord

Wie erfreulich ist es, den Aufstieg einer Person oder eines Landes zu beschreiben und »Erfolgsformeln« nachzujagen, und wie desillusionierend, den Niedergang einer Figur oder eines Staates in Augenschein zu nehmen.

Kohls Lebenskurve, bei aller Betriebsamkeit, neigte sich zunehmend dem Ende entgegen. Spätestens ab dem Jahre 2007 setzte der Niedergang ein. Zu viele Neider sägten gleichzeitig an seinem Ast. Aber auch er selbst war nicht ganz unschuldig an den Attacken, denen er sich plötzlich gegenübersah. Eine Affäre nach der anderen wurde ausgegraben und aufgekocht.

- Es stellte sich heraus, dass er »Parteispenden« jahrelang nicht angegeben und verschwiegen hatte, was gegen das Gesetz verstieß. 2,1 Millionen D-Mark war in den Säckel der CDU geflossen. Kohl lehnte es ab, die Namen der Spender zu nennen und führte als Argument ins Feld, dass er durch sein »Ehrenwort« daran gehindert werde.
- Fragwürdig war weiter der Umstand, dass er nach seiner Kanzlerschaft eine Firma gründete – *die Politik- und Strategieberatung P & S* – de-

ren größter Kunde der Medienkonzern Kirch war. Leo Kirch, ein persönlicher Freund Kohls, hatte während der Kanzlerschaft des schwarzen Riesen im Rahmen der Medienpolitik ordentlich profitiert. Allein von ihm erhielt Kohl 600 000 D-Mark.

- Schon früh war Kohl außerdem im Rahmen der sogenannten *Flick-Affäre* ins Zwielicht geraten. Verdeckte Parteispenden des Flick-Konzerns waren – laut der Aussage des Flick-Managers Eberhard von Brauchitsch – zur »Pflege der politischen Landschaft« genutzt worden.[17] Der Verdacht, dass das Bundeswirtschaftsministerium Entscheidungen zugunsten des Flick-Konzerns und Friedrich Flicks getroffen hatte, wurde nie zur Gänze ausgeräumt.

Um wen handelte es sich bei Friedrich Flick?

Friedrich Flick hatte während des Zweiten Weltkrieges Unmengen von Geld verdient, konkret durch Firmenbeteiligungen und im Rahmen der Rüstungsindustrie. Nach dem Krieg wurde er als Kriegsverbrecher zu sieben Jahren Haft verurteilt. Er saß seine Zeit ab, war aber danach immer noch einer der reichsten Männer des Landes.
Kohl erhielt jedenfalls zwischen 1974 und 1980 satte 565 000 D-Mark, die er mittels der *Staatsbürgerlichen Vereinigung* in die Taschen der CDU schleuste.

- Auch dass Kohl in den Jahren 1999 bis 2000 im internationalen Beirat der »Credit Suisse« saß, wurde ihm angelastet. Die Credit Suisse ist eines der größten Finanzdienstleistungsunternehmen der Welt, der Hauptsitz ist in Zürich. Die Bilanzsumme beträgt rund 800 Milliarden Schweizer Franken, es gibt rund 47 000 Mitarbeiter.

Und so machte sich schließlich eine Angela Merkel daran, dem Mann, der sie im Grunde genommen »entdeckt« und emporgehoben hatte, den Todesstoß zu versetzen. Die Bestsellerautorin Gertrud Höhler sprach von »Vatermord«.

In der *Frankfurter Allgemeinen Zeitung* kritisierte »das Mädchen« 1999 die Parteispendenaffäre öffentlich und damit den CDU-Ehrenvorsitzenden Helmut Kohl. Sie schrieb:

> *»Die Partei muss also laufen lernen, muss sich zutrauen, in Zukunft auch ohne ihr altes Schlachtross, wie Helmut Kohl sich oft selbst genannt hat, den Kampf mit dem politischen Gegner aufzunehmen. Sie muss wie jemand, der sich in der Pubertät von zu Hause löst, eigene Wege gehen.«*[18]

Angela Merkel biss in die Hand, die sie gefüttert hatte.

Mehr und mehr setzte der körperliche Verfall Kohls ein. Er hatte nie auf eine vernünftige Ernährung geachtet, Sport und Bewegung vernachlässigt und zahlte jetzt den Preis. Er nahm unmäßig an Gewicht zu und verfiel. Zuletzt unterzog er sich mehreren Operationen. Als Folge eines Sturzes konnte er zuletzt kaum noch sprechen. Eine Weile klammerte er sich noch im Rollstuhl mit eisernem Willen an das Leben, das ihm so viele Höhen und Tiefen beschert hatte. Aber seine größte Begabung bestand darin, mit allen möglichen Gestalten schnell ins Gespräch zu kommen, Verbindungen zu knüpfen und Sympathien zu schaffen. Die nutzte ihm nun nichts mehr, denn Gevatter Tod konnte er mit diesen Talenten nicht um den Finger wickeln. Im Jahre 2017 starb Helmut Kohl im Alter von 87 Jahren.

Richtig und falsch

Man muss zugeben, dass Kohl vieles richtig machte. Selbst Kohls ärgster Gegner Rudolf Augstein, der Gründer und Chefredakteur des *Spiegels*, der gewiss nicht verdächtigt werden konnte, das Image des schwarzen Riesen aufmöbeln zu wollen, musste zugeben, dass Kohl »der Kanzler der Wiedervereinigung« war. Kohl überzeugte die Führer der Welt, dass es keine Alternative zu der deutschen Wiedervereinigung gab. Aus der Sicht der CDU/CSU sorgte er damit für den »Machterhalt« seiner Partei. Seine außenpolitischen Maßnahmen sind kaum kritisierbar, speziell gegenüber Frankreich und Polen sammelte er Pluspunkte. Auch dass er so vielen Aussiedlern in der

BRD eine neue Chance gab, war lobenswert – Millionen verdanken ihm ein besseres Leben. Und schließlich waren viele Maßnahmen seiner neuen Umweltpolitik zu begrüßen. Es wäre ein Fehler, ihn grundlegend zu verdammen, es entspräche nicht der historischen Wahrheit.

Aber es muss auch erlaubt sein, festzuhalten, dass er in innenpolitischer Hinsicht einen Bock nach dem anderen schoss.

- Kohls bedeutsamster Fehler bestand darin, die einzelnen Schritte der »Wiedervereinigung« nicht besser zu planen. Auf der einen Seite wurden die ehemaligen DDR-Bürger den Schwärmen fragwürdiger »Anlageberater« zum Fraß vorgeworfen. Dabei hätte man die Bürger leicht durch Gesetze oder Verordnungen schützen können.
- Auf der anderen Seite wurden höhere Steuern erhoben, um die »Wiedervereinigung« zu finanzieren. Kohl verhielt sich in dieser Beziehung wie jeder törichte Politiker, der sieht, dass Geld in der Kasse fehlt … und der daraufhin nichts Besseres zu tun weiß, als die Steuerschraube anzuziehen – woraufhin jedoch unweigerlicher die Wirtschaft zu lahmen beginnt und auf Dauer *jeder* geschröpft wird.
- Die Ausgabenpolitik war zweifellos sein größter Fehler, denn sie zog trotz der Steuern eine noch höhere Verschuldung nach sich. Und so fehlte schließlich Geld an allen Ecken und Enden.
- Dass zudem noch neue Sozialvergünstigungen verabschiedet wurden, war ohne Frage der Tropfen, der das Fass zum Überlaufen brachte. Dadurch geriet die *Gesetzliche Rentenversicherung* in eine noch größere Schieflage.
- Der Arbeitslosigkeit wäre wirksamer begegnet worden, wenn man zum Beispiel ausländischen Unternehmen umfangreiche Steuervergünstigungen in der ehemaligen DDR eingeräumt hätte. All dies wurde versäumt.
- Kohls Geld- und Wirtschaftspolitik war also kurz gesagt eine Katastrophe und beweist, wie wenig er wirklich von »Ökonomie« verstand.
- Seine heimlichen Kontakte zu Flick, Kirch und Spitzen des sogenannten »Grauen Kapitalmarktes«, die wir nicht einmal genauer ausgeführt haben, waren ebenfalls zweifelhafter Natur und verursachten

> schließlich, dass er seine Glaubwürdigkeit einbüßte. Letztlich scheiterte er an seinen moralischen Unzulänglichkeiten und der Übertretung verschiedener Gesetze.[19]

Weiter hatte er die Geschichte nicht sorgfältig genug studiert, obwohl er an zwei Universitäten historische Vorlesungen besucht hatte. Denn dann hätte er gewusst, dass es einem klügeren Staatenlenker, Solon von Athen, einst gelungen war, einen sehr viel besseren »Abgang« als Staatenlenker zu finden. Solon von Athen (640–560 v. Chr.) hatte auf der Höhe seiner Macht seiner Vaterstadt den Rücken gekehrt und war zu neuen Ufern aufgebrochen, konkret nach Ägypten.[20]

Aber vielleicht ist es unfair, einen deutschen Bundeskanzler mit einem der größten Staatsmänner der Geschichte zu vergleichen.

Wirklich kluge Männer kleben nicht an ihrem Stuhl. Sie können auf Annehmlichkeiten und Würden verzichten. Sie finden den genau richtigen Zeitpunkt, um das »Spielfeld« zu verlassen.

Dies gelang Kohl nicht. Er versäumte es, auf der Höhe seines Erfolgs, nach der Wiedervereinigung, den Hut zu nehmen und anderen, jüngeren, unverbrauchten Gesellen das Feld zu überlassen. Kohl wäre bis ans Ende aller Tage als Legende gefeiert und als »überlebensgroße Figur« in die Geschichte eingegangen, wenn er sich rechtzeitig verabschiedet hätte. So aber ertrank er in Skandalen, versuchte über alte Seilschaften an Geld zu kommen und wurde von einem »Mädchen« abgeschossen, das er selbst gefördert hatte.

Es liegt eine gewisse Tragik in der Vita Helmut Kohls.

8. Steuern steuern

Bis heute wird im politischen Raum gerätselt, ob es richtig oder falsch ist, Steuern zu erhöhen oder nicht. Fast alle Bundeskanzler und Parteien schlugen sich mit dieser Frage herum. Immerhin hat sie indirekt auch etwas mit Geheimdiensten zu tun.

Nun, die simple Wahrheit ist, dass die Geschichte auf diese Frage längst genaue Antworten gegeben hat. Gönnen wir uns getrost einen kleinen Exkurs und verzichten wir nicht darauf, die Historie sehr intensiv zu befragen.

Römische Regierungskunst

Nach übereinstimmender Meinung fast aller Historiker waren Augustus, Hadrian, Trajan und Nerva die besten Kaiser Roms.

Die schlechtesten waren Caligula, Nero und Commodus, der auf Marc Aurel folgte, den wir bereits kennengelernt haben.

Die »Erfolgsformeln« des Augustus lesen sich so:

- Man hält die Steuern niedrig.
- Man fördert Handel und Industrie in großem Stil.
- Man gibt allen Arbeit und Brot.
- Die Regierung selbst ist sparsam, geht mit gutem Beispiel voran und hält die Finanzen des Staatshaushaltes in Ordnung.[21]

Nerva, Trajan und Hadrian … senkten ebenfalls die Steuern, woraufhin erstaunliche Blüten auf dem Fuß folgten.

Caligula, der Steuerneintreiber

Auf Augustus folgte Tiberius, auf Tiberius Caligula (12–41 n. Chr.). Wenn Augustus nach seiner Machtergreifung ein Beispiel für Integrität, für Ethik und für Anständigkeit darstellt, so ist Caligula ein Exempel für eine boshafte, charakterlose, verkommene Figur. Reiche Männer ließ er aus heiterem Himmel des Verrats anklagen, nur um Zugang zu ihrem Geldsäckel zu erhalten. Viele Römer verurteilte er zum Tode, um ihr Vermögen an sich zu reißen. Des Weiteren war er sich nicht zu schade dafür, persönlich Sklaven und Gladiatoren zu versteigern oder Auktionen marktschreierisch zu veranstalten, um zu Geld zu kommen. Caligula war ein kaiserlicher Narr, jedoch gemeingefährlich in seiner Narrheit, weil er eine Terrorherrschaft errichtete.

Darüber hinaus war er ein perverser Sadist, wie später Nero. Caligula war ein Musterbeispiel dafür, wie man *nicht* regiert. Eine seiner wichtigsten falschen Aktionen: sein Umgang mit Steuern. Eine der ersten Änderungen, die Caligula einführte, bestand darin, dass er alles und jedes mit Steuern belegte. »Er legte eine Umsatzsteuer auf Nahrungsmittel, eine Steuer auf alle Gerichtsprozesse, eine Steuer von 12,5 Prozent auf die Einkommen der Lastträger. … [Sogar] die Dirnen [hatten] pro Tag den Gewinn aus einem Beischlaf abzugeben.«[22] Zu dieser letzten Verfügung wurde sogar noch ein Artikel hinzugefügt, der beinhaltete, dass auch *frühere* Dirnen und Kuppler, also inzwischen verheiratete Personen, genauso steuerlich zu behandeln waren. Durch all diese Maßnahmen machte sich Caligula nicht nur verhasst, er lähmte damit auch das Wirtschaftsleben.

Commodus, das Tier

Commodus (162–192 n. Chr.) war ein heftiger Trinker und Spieler, der sich 300 Frauen und 300 Knaben zu seiner Belustigung hielt, der unglaubliche Grausamkeiten beging, wahllos Menschen niederknüppelte oder Krüppel nur zum Spaß mit Pfeilen niederstreckte. Kurz gesagt terrorisierte er Rom, er ließ gern und oft Menschen zum Tode verurteilen. Er war das genaue Gegenteil von Marc Aurel. Unter Commodus, dem Tier, wie er auch genannt wurde, nahm der Wohlstand des Staates ab und die *Steuern stiegen und stiegen* …

Steuern generell im Römischen Reich

Die besten Männer (Augustus, Nerva, Trajan, Hadrian) redeten immer *niedrigen Steuern* das Wort. Die schlechtesten Herrscher dagegen (Caligula, Commodus sowie der *späte* Nero, der die Staatskassen leerte und Bürger und Priester gleichermaßen bestahl) setzten sich für *hohe Steuern* ein und suchten immer neue Gelder aus dem Volk herauszupressen. Wenn sie nicht von Haus aus ohnehin Verschwender und armselige Gestalten waren, so verstanden sie einfach nicht, dass hohe Steuern das Wirtschaftsleben behindern und zum allgemeinen Niedergang führen.

Die Lehren in puncto Steuern aus dem Römischen Reich, das immerhin rund tausend Jahre Bestand hatte, sind jedenfalls so eindeutig, dass man nur staunen kann.

Nur *sehr selten* gibt es Situationen im politischen Raum, die für eine kurze Zeit hohe Steuern rechtfertigen mögen – wie das etwa unter dem römischen Kaiser Vespasian (9–79 n. Chr.) der Fall war, der einem wirklichen Notstand abhalf.

Tatsächlich aber lehrt uns die Geschichte noch sehr viel mehr.

Aufstieg und Fall einer Weltmacht: Spanien

Richten wir übergangslos den Blick auf eine andere Weltgegend, und zwar auf Spanien. Betrachten wir dazu dieses Land zur Zeit seiner höchsten Machtentfaltung, also im 16./17. Jahrhundert, als Spanien alle anderen Mächte in Europa weit überflügelt hatte – Deutschland, England und Frankreich unter anderem.

Am tödlichsten für Spanien war der ungeheure Reichtum, der durch die Entdeckung der neuen Welt in das Land hereinströmte. Schiffsbäuche voll Silber, Gold und Gewürzen erreichten seine Häfen. Trotzdem herrschte in Spanien paradoxerweise ein chronischer Geldmangel. Unsummen wurden ausgegeben für aufwendige, kostspielige Bauten. Der Hofstaat mit all seinem Prunk verschlang allein ein Vermögen. Rund vierhundert Mann benötigte der König nur für seinen persönlichen Haushalt. Außerdem kostete das Heer Geld. Das ganze spanische königliche Theater wurde bezahlt von dem gestohlenen Gold, hinter dem letztlich Hunderttausende von hingemordeten Indios standen.[23]

Das Königshaus verdiente zusätzlich an den Posten und Pöstchen, die zu vergeben waren. Fast alle Ämter waren käuflich. Vizekönige, Kapitäne, Alkalden (d. h. Richter- und Bürgermeister-Ämter) – all das waren lukrative Pöstchen, für die der König viel Geld einstreichen konnte. Nicht Verdienst und Intelligenz herrschten, sondern nur der Geldbeutel. Weiter existierten damals rund 150 000 Finanzämter in Spanien! Gleichzeitig waren die Steuern unverschämt hoch.

Parallel damit ging eine Explosion des Beamtensystems einher. An jeder Ecke traf man einen nichtsnutzigen Bürokraten, der nur eines im Sinn hatte: seinen eigenen Geldbeutel zu füllen.

Weitere Beispiele

Befragen wir die Geschichte weiter, so erfahren wir, dass selbst die Französische Revolution etwas mit dem Thema »Steuern« zu tun hat.

Grundsätzlich wurde der dritte Stand, lies die Bauern und die Arbeiter oder das einfache Volk, vor der Revolution ausgenommen wie eine Weihnachtsgans. Ludwig XVI. erhob immerzu neue Steuern, denn der Krieg gegen England war gerade verloren worden. Hinzu kam der amerikanische Unabhängigkeitskrieg, der teilweise heimlich von Frankreich finanziert wurde und ebenfalls Unsummen verschlang. Es gab die *Capitation* (= Kopfsteuer; Steuer, die pro Person in gleicher Höhe erhoben wird), die *Corvée* (Frondienststeuer, also die zwangsweise Dienstleistung der Bauern), der *Vingtieme* (der Zwanzigste, eine direkte Steuer für die Gesamtheit der Bevölkerung) und zahlreiche indirekte Steuern, wovon die *Gabelle* (Salzsteuer) und die Steuern auf Alkoholika besonders verhasst waren.

Ludwig XVI., der König, gestand 1789 den Abgeordneten, dass der Staat kurz vor dem Bankrott stehe und *verlangte zusätzliche Steuern*. Er wusste nicht, dass er damit das Fass zum Überlaufen brachte. Ein rhetorisches Scharmützel begann, das tagelang hin- und herwogte, während sich die Gemüter mehr und mehr erhitzten. Kürzen wir die Geschichte ab: Das Ergebnis war eine der blutigsten Revolutionen der gesamten Geschichte.

Das Osmanische Reich

Es wäre verführerisch, den Aufstieg und den Niedergang des Osmanischen Weltreichs an dieser Stelle ausführlich nachzuvollziehen, doch wir müssen uns beschränken. In gebotener Kürze immerhin so viel: Benannt wurde das Osmanische Reich nach dem Sultan *Osman I.* (1288–1326); mit dem Begriff *Osmane* bezeichnet man im westlichen Europa ehemals einfach einen *Türken.* Als eigentliche Begründer des Osmanischen Reiches gelten Murad I. (1359–1389) und Bajasid I. (1389–1402). Unter ihnen stiegen die Osmanen zur führenden Macht in einer Region auf, die weit mehr als die heutige Türkei umfasste. Seine größte Ausdehnung erlangte das Osmanische Reich schließlich unter Bajasid II. (1481–1512), Salim I. (1512–1520) und Sulaiman II. dem Großen (1520–1566).

Ursprünglich entstand das Osmanenreich tatsächlich aus türkischen Söldnerführern, die die Araber aus der politischen Führungsetage verdrängten. Die »Türkei« (genauer gesagt verschiedene Stämme in diesem Raum) verschmolz jedoch zunehmend mit der islamisch-arabischen Zivilisation, sodass man schließlich von dem *Osmanischen Reich* sprach. Im 15. Jahrhundert regierten Sultane dieses Reich, zu dem nun auch arabische und nordafrikanische Länder gehörten. Im Arabischen bedeutet *Sultan* einfach *Herrschaft.*

Doch ab einem gewissen Zeitpunkt ging es bergab. Der Grund: Der Handel wurde unterdrückt. Damit einher gingen *völlig überhöhte und zum Teil unberechenbare Steuern!* Mit anderen Worten: Es griff eine Steuerunsicherheit um sich, eine Steuerwillkür, die überall Angst und Schrecken verbreitete.

Es entstand ein Steuersystem, das sich plötzlich die *Ausbeutung* der unterworfenen Völkerschaften zum Ziel setzte. Die Steuereintreiber handelten völlig willkürlich. Unterdrückt wurden besonders die Bauern, deren Land von Soldaten verwüstet und deren Vieh vom Militär einfach beschlagnahmt werden konnte – wenn man so will eine weitere Art der »Besteuerung«, wahrscheinlich die übelste von allen. Die Untertanen wurden ausgebeutet nach allen Regeln der Kunst.[24]

Mehr als ein Enthüllungsskandal: die Steuergeschichte Deutschlands

Richten wir die Aufmerksamkeit auch auf unser eigenes Land. Halten wir Nabelschau und betrachten wir unsere (Steuer-)Vergangenheit. Tauchen wir dazu in die deutsche Geschichte ein und suchen wir hier nach unzweideutigen Antworten.

Was die Quellenlage angeht, werden wir nicht übermäßig verwöhnt, wenn wir die Steuerpolitik in früheren Jahrhunderten in Deutschland – oder genauer gesagt in dem sich formenden Deutschland im frühen oder im späten Mittelalter – untersuchen. Immerhin wissen wir so viel, dass Karl der Große im 8. und 9. Jahrhundert n. Chr. einfach zahlreiche Völker besiegte und auf diese Weise in den Genuss von zahlreichen Steuern/Tributen kam.

Aber wie erging es dem eigenen Volk? Profitierte es von seinen Beutezügen? Führte Karl der Große nicht einen unendlichen Wohlstand herbei? Machte Karl der Große nicht zumindest seine eigenen Mannen reich?

Nun, einige wenige schon! Adlige Haudegen und Bischöfe, die an seiner Seite mit dem Schwert »Heidenmission« betrieben, wurden mit großen Ländereien belohnt.

Auf der anderen Seite ging es dem gewöhnlichen Volk nicht gut. Viele Jahre lang grassierten die schlimmsten Hungersnöte, die man sich vorstellen kann, selbst in Karls Kernland. Die Adligen und Bischöfe genossen das Leben, aber die meisten »Franken« profitierten nicht von der Politik Karls. Unterernährung im gesamten Reich war an der Tagesordnung, wie uns neutrale Historiker immer wieder versichern.[35]

Zudem wurden die eigenen Mannen besteuert! Aber auf welche Weise?

Zunächst existierte eine »Grundsteuer«, sprich auf Grund und Boden wurde eine Steuer erhoben, denn er warf schließlich Erträge ab. Für die Besitzlosen gab es dagegen eine »Kopfsteuer« – nicht anders als im Römischen Reich. Pro Kopf wurde also eine Steuer eingezogen. Auch die Unfreien wurden steuerlich erfasst, gewöhnlich zahlte für sie der Grundbesitzer die Kopfsteuer. Lediglich die Witwen und Waisen sowie Kranke waren von der Steuer ausgenommen.

Generell wurde die »Kopfsteuer« als Schmach empfunden, während die »Grundsteuer« Zeichen des besitzenden Mannes war. Ursprünglich besaß die Grundsteuer den Charakter einer *freiwilligen* Abgabe. Sprich, der

Franke, frei und stolz, war durchaus damit einverstanden, dass er dem König »Geschenke« machte, denn er liebte »seinen« König und identifizierte sich mit ihm – Steuern waren also *freiwillige Geschenke*.

»Steuern« konnte man ehemals gewissermaßen zustimmen, alles andere hätte die eigene *Ehre* verletzt.

Doch wie hoch waren diese Steuern? Wir besitzen heute keine genauen Informationen mehr.

Steuern wurden selten oder nie systematisch und regelmäßig eingetrieben. Anfänglich gab es deshalb auch keine »Steuerverzeichnisse«. Die fränkischen Könige, wenn sie über die entsprechende Reputation verfügten, zogen Gelder/Waren/Steuern vielmehr von Fall zu Fall ein. Erst seit im Mittelalter zunehmend Städte emporwuchsen, kennen wir auch Steuerverzeichnisse, wobei bemerkenswert ist, dass diese Verzeichnisse oftmals erbost von der Bevölkerung einfach verbrannt wurden.

Woher nahm ein König die Berechtigung, freie Untertanen einfach zu schröpfen?! Außerdem gab es anfänglich keine entsprechenden Rechtsgrundsätze. Die Geistlichen stellten sich deshalb gewöhnlich auf die Seite des Volkes und brandmarkten die Geld- und Besitzgier der Könige als schreiendes Unrecht. Jedenfalls fühlten sich die Könige mehr als einmal gezwungen, ihre Steuerforderungen zurückzunehmen. Des Öfteren mussten sie versprechen, wieder zu der unregelmäßigen Art der Besteuerung zurückzukehren, die vorher gang und gäbe gewesen war.

Das heißt, unsere stolzen Vorfahren, die noch Mumm besaßen und Saft in den Knochen, ließen sich nicht das Fell über die Ohren ziehen.

Dennoch schlich sich die regelmäßige »Steuer« im Laufe der Jahrhunderte mehr und mehr ein, sozusagen durch die Hintertür. Man gewöhnte sich gewissermaßen an sie. Die Bemessungsgrundlage war die Größe des Grundbesitzes, will heißen, wer über viel Land verfügte, hatte auch entsprechend viel abzudrücken. Immerhin wissen wir heute, dass sich diese pachtähnlichen Zahlungen durchschnittlich auf zehn Prozent des Ertrages beliefen, den das Land abwarf.

Doch wie verhielt es sich mit dem Kirchenzehnten? Nun, im frühen Mittelalter waren Kirche und Staat so eng miteinander verquickt, dass der Kirchenzehnte in die Taschen des Staates floss, eine Unterscheidung wurde kaum getroffen. König und Adel betrachteten die Kirchen auf ihrem Grund und Boden anfänglich als ihr persönliches Eigentum.

Man liegt also nicht falsch, wenn man schätzt, dass generell zehn Prozent des Ertrages, den Grund und Boden abwarfen, nach und nach *regelmäßig* abgegeben wurden – eine Prozentzahl, über die man sich heute nicht beklagen würde. Man würde sogar Freudentänze aufführen.

Der Fairness halber muss man indes hinzufügen, dass es auch andere »Steuern« gab. So konnte der König einfach verfügen, dass bestimmte Wege, Brücken oder Gebäude zu errichten waren. Gewöhnlich delegierte er entsprechende Aufgaben an die Mächtigen des Reiches, die ihm gegenüber loyal waren, die wiederum ihre Untertanen diese Aufgaben ausführen ließen. Aber auch hier war immer eine gewisse Freiwilligkeit gegeben, zudem kamen bessere Straßen, Brücken und Gebäude den Betroffenen selbst zugute, ein unmittelbarer Vorteil war sichtbar.

Der König hatte jedenfalls darauf zu achten, den Stolz seiner Untertanen nicht zu verletzen. *Zusammen* wirkte man darauf hin, die Sicherheit des Reiches zu garantieren oder einen gewissen Wohlstand herbeizuführen.

Die grundlegende Idee der »Steuern« war jedenfalls zu Beginn gänzlich anders gestrickt als heute.

Als sich die Kirche mehr und mehr emanzipierte und schließlich die weltliche Macht sogar zu überflügeln begann, gab es auf einmal zwei »Räuber«, die einen Tribut/eine Steuer verlangten. Speziell während der Zeit der Kreuzzüge wurden satte (Kirchen-)Steuern erhoben, schließlich ging es um einen »guten Zweck«. Es galt, die »Ungläubigen« einen Kopf kürzer zu machen. Anfänglich mussten die Kreuzfahrer selbst für ihre Ausstattung aufkommen, aber schon bald wurden »Hilfssteuern« erhoben, um den Kampf gegen die Moslems zu ermöglichen.

Steuern im Spätmittelalter und in der frühen Neuzeit

In gewissem Sinne ist es im Rahmen dieses Buches unmöglich, all die verschiedenen Varianten hinsichtlich der Steuern im 13., 14., 15., 16. und 17. Jahrhundert aufzuzählen, denn es existierten zu viele Spielarten. Hinzu kommt der Umstand, dass es dieses »Deutschland« ja noch immer nicht wirklich gab; weiter drängten ständig neue Kräfte auf den Plan.

Die Zeit der *Lehen* war jedoch endgültig vorbei – die zu der Besteuerung geführt hatten. Wiederholen wir: Seit der Zeit Karls des Großen hatten die Kaiser die Kriegsdienste ihrer treuen Mannen mit eben diesen *Lehen* entlohnt, worunter man königlichen Grund und Boden verstand, der ihnen anfänglich nur »verliehen« worden war, bevor er erblich wurde. Die großen Lehnsherren hatten ihrerseits Teile davon, kleinere Lehen, an ihre Untergebenen »verliehen«, an Grafen, Ritter und so fort.

Daneben hatte sich die Kirche als eine Art zweite Macht etabliert, zu der nicht nur der Papst und die Bischöfe, sondern auch die verschiedenen Orden und Bruderschaften gehörten.

Einige dieser Orden waren entstanden, als die europäischen Heere im Heiligen Land eingefallen waren. Verschiedene Bruderschaften wurden mit der Zeit unendlich reich. Zu ihnen zählten der *Johanniterorden* und der *Templerorden* – aus dem sich später die *Freimaurer* entwickelten (das behaupten zumindest einige Historiker). Der *Ordo Theutonicorum* war dagegen ein lupenrein deutscher Orden, der nach den Kreuzzügen bis ins 15. Jahrhundert hinein in Nordosteuropa, in Polen und dem späteren Preußen etwa eine hochwichtige politische Rolle spielte.

Weiter wetteiferten *Benediktiner* und *Dominikaner*, *Franziskaner* und *Augustiner* darum, möglichst viele Mönche und Nonnen zu einem heiligmäßigen Leben zu veranlassen. Überall jedoch benötigte man Einnahmen, die man getrost ebenfalls als eine Art *Steuer* bezeichnen darf. Die Orden selbst waren dabei von der Steuer befreit, was teilweise böses Blut schuf.

Spätestens im 12. Jahrhundert griffen auch die reichen Kaufleute nach der Macht. In Köln etwa machten sie dem dortigen Erzbischof das Leben schwer und bestanden darauf, auch politisch ein Wörtchen mitreden zu dürfen. Im 13. Jahrhundert kam es zu regelrechten Kämpfen zwischen diesen Kaufleuten und dem Erzbischof, bis dieser klein beigab. Die großen Händlerfamilien regierten jetzt die Stadt Köln – eine Entwicklung und ein Trend, der auch in anderen Städten um sich griff.

»Deutschland« selbst bestand zu dieser Zeit aus zahlreichen Kleinstaaten.

Eine wirkliche »deutsche Nation« existierte längst noch nicht. Das Land war eine völlig zerrissene Nation in dieser Periode. Sieben Kurfürsten konnten dem Kaiser Paroli bieten und ihn zum Narren halten. Wenn es um die Wahl seines Nachfolgers ging, konnten sie den Kaiser erpressen, das heißt, sie ließen sich gewöhnlich hoch bestechen. Es existierten rund 200 weltliche Fürstentümer, 63 kirchliche (römisch-katholische) Potentaten, denen Erzbischöfe, Bischöfe oder Äbte vorstanden, und 55 freie Städte, die nur dem Kaiser untertan waren, jedenfalls der Form nach.

Jeder kochte sein eigenes Süppchen, auch was das Thema *Steuern* anging; man arbeitete miteinander und gegeneinander, wie es die Laune oder die Situation gerade diktierte, und empfand sich trotzdem als ein einziges deutsches Volk.

Hoch besteuert wurden natürlich die Juden, die richtiggehend drangsaliert wurden.

Weiter wurden die Bauern nach wie vor geschröpft, was zu verschiedenen Bauernaufständen führte, die jedoch brutal niedergeschlagen wurden. Der Adel dagegen wurde nicht besteuert, er war nur gelegentlich zur »Hilfe« gegenüber dem Kaiser verpflichtet. Die feine Aristokratie und die Fürsten durften im Gegenteil Steuern in ihren eigenen Territorien erheben.

Die Reichsstädte dagegen zahlten regelmäßig eine festgelegte Steuersumme direkt an den Kaiser. Darüber hinaus suchte das Reichsoberhaupt zusätzlich mehr oder minder regelmäßig Sondersteuern von den Städten einzutreiben, was ihm indes nicht immer gelang. Und so versuchte auch der Kaiser, sich permanent schadlos zu halten, indem er Münzen mit geringerem Gold- oder Silbergehalt prägen ließ, Zollschranken befürwortete oder durch seine Mannen Gericht hielt und unmäßige Gebühren dafür verlangte.

Sondersteuern, die der Kaiser eintrieb, galten jedoch immer als »Notsteuern«, die etwa dann anfielen, wenn die Türken Deutschland heimsuchten, die Franzosen eine Gefahr darstellten oder ein Nachbar Heere aussandte. Im Allgemeinen stimmte man damit überein, dass die »Ungläubigen« geschlagen werden mussten – und dafür brauchte man Geld und also Steuern. Regelrechte Steuerkommissionen entstanden zu dieser Zeit.

Und so wurde schließlich der sogenannte »Gemeine Pfennig« eingezogen. Der Begriff »gemein« leitet sich von dem Wort »allgemein« her. Es handelte sich hierbei um eine Kombination aus Kopf-, Vermögens- und Einkommenssteuer, die alle Reichsangehörigen betraf. Die Begründung hierfür? Nun, schließlich musste der Kaiser den Reichstag regelmäßig einberufen, was Geld kostete, er musste Gerichte organisieren und abhalten (lassen) und Soldaten entlohnen. Wie viel kostete dieses zerrissene Deutschland dem Kaiser? Und was kostete es den einzelnen Deutschen?

> »Die Belastung des Einzelnen war im Vergleich zu den territorialen und städtischen Abgaben verhältnismäßig niedrig, ausgenommen bei den Juden und bei den Ärmsten.«[26]

Wie aber reagierte das Volk auf diese Steuer?

Nun, der *Gemeine Pfennig*, auch *Reichspfennig* genannt, der Kaiser Maximilian I. für seine Kriege gegen Frankreich und die Türken zur Verfügung gestellt werden sollte, stieß auf beträchtlichen Widerstand, diese Steuer konnte sich nicht wirklich durchsetzen. Im Jahre 1505 wurde sie wieder ausgesetzt. Nachfolger des Gemeinen Pfennigs war der *Kammerzieler*, dem ein besseres Schicksal beschieden war.

Der Kammerzieler (Zieler = ein veralteter Plural für *Ziel*, im Sinne eines Termins, an dem Abgaben zu errichten waren) diente schließlich dazu, ab 1507 das Reichskammergericht zu finanzieren. Augsburg, Frankfurt am Main, Leipzig, Nürnberg und Regensburg waren dafür verantwortlich, den *Kammerzieler* einzutreiben.

Nach und nach wurde das »Reich« in den Köpfen der (deutschsprachigen) Menschen mehr und mehr als eine Einheit wahrgenommen, als ein eigenständiges Gebilde, das auch Steuern einfordern durfte. Kommissionen, Kommissare und Schatzmeister trieben den Gemeinen Pfennig ein, später wie gesagt den Kammerzieler. Die Rechtsgrundlage hierfür bildete der uralte Romzug des Königs zum Erwerb der Kaiserkrone, für den man »schon immer« gelöhnt hatte. Eine Reichssteuerbehörde entstand also, kurz gesagt wurde es immer teurer, diesem Verbund, diesem Reich, anzugehören; denn im Laufe der Zeit verselbständigte sich diese Reichssteuerbehörde und verlangte von den Untertanen immer mehr Geld.

Und so lernen wir dies:

Steuern besitzen die fatale Eigenschaft, dass sie sich gewissermaßen verselbstständigen und automatisch erhöhen. Nur ein freies, stolzes Volk lehnt sich gegen überhöhte Steuerforderungen auf und hinterfragt den Sinn der Steuern.

Hoch interessant ist überdies der tatsächliche Aufwand, der anfänglich betrieben wurde, um diesen Gemeinen Pfennig allen abzuknöpfen. Einem gewissen Zacharias Geizkofler (welch hübscher Name!), der von 1598 bis 1604 als führender Steuerbeamter tätig war, standen nur 30 Beamte und 300 Federkiele zur Verfügung. Trotzdem trieb er 88 Prozent der gesamten Reichssteuern ein.[27] Man vergleiche das mit dem ungeheuren Aufwand, der heute betrieben wird – mit unserem aufgeblähten System der Finanzverwaltungen!

Und so lernen wir weiter:

Bürokratien haben die Eigenschaft, sich aufzublähen. Nur kluge Staatenlenker schieben der Bürokratie einen Riegel vor und achten darauf, den Verwaltungsaufwand klein zu halten; sie beschränken die Bürokratie und stutzen sie auf das absolut notwendige Maß zurück. Törichte Staatenlenker weiten Bürokratien unendlich aus oder lassen es zu, dass sie sich ständig selbst potenzieren.

Auf gut Deutsch gesagt: Bürokraten haben die Tendenz, sich wie Karnickel zu vermehren. Auf das Thema *Steuern* trifft das Gleiche zu.

Kurfürst Friedrich Wilhelm

Alles änderte sich in deutschen Landen, als im Jahre 1640 der junge Kurfürst Friedrich Wilhelm, der gerade zwanzig Lenze zählte, die Zügel übernahm.

Friedrich Wilhelm hatte zuvor am holländischen Königshof vier Jahre lang die Kunst der hohen Politik gelernt. Er hatte die Nase in den Wind gehalten, die Tugend kultiviert, auch über den eigenen Tellerrand hinauszuschauen und zu lernen, zu lernen und nochmals zu lernen.

Frühzeitig erkannte er, dass der einzige Reichtum, den ein Land besitzt, *Menschen* sind, vorzugsweise gut ausgebildete, fleißige Leute. Land und Steine für sich genommen werfen keinen Ertrag ab, sie sind tot. Nur Menschen verwandeln Besitz in wirklichen Besitz, sie können Besitz bewirtschaften, können ihn mehren und können aus Nichts Etwas zaubern. Menschen sind das einzig bedeutsame und wirkliche Kapital.

Friedrich Wilhelms erster Geniestreich bestand darin, emsige und gewitzte Menschen nach Preußen zu holen – zu Beginn nur Holländer, deren Mentalität, Fleiß und Intelligenz er kannte. Er achtete darauf, dass beide Seiten bei dem Geschäft gewannen und bot den holländischen Siedlern kostenlos Land sowie *sechs Jahre Steuerfreiheit* (!) an. Das Ziel, das er ihnen vorgab: Musterbetriebe für Tierhaltung, Milchwirtschaft, Obstplantagen und Gemüsezucht anzulegen.

Ein paar Jahre später nahm die Landwirtschaft in dem sich formenden Preußen einen erstaunlichen Aufstieg, den andere Fürsten nur mit Unglauben und Neid verfolgen konnten.

Aber nicht nur Holländer wanderten in das neue Preußen ein. Als Ludwig XIV., der berühmte Sonnenkönig, die *Hugenotten* (Hugenotten nannte man die französischen Protestanten) gewaltsam bekehren wollte – was ihm natürlich nicht gelang –, nahm sie der kluge Kurfürst Friedrich Wilhelm mit offenen Armen auf, denn die Hugenotten brachten wertvolles Know-how mit, sie waren gescheit und gut ausgebildet, fleißig und ehrgeizig – absolut ideal für einen Staat.

Er erließ das Edikt von Potsdam, das allen religiöse Freiheit garantierte und gestattete jedem, nach seiner Fasson selig zu werden. Mit anderen Worten: Der Protestantismus in seinen verschiedenen Varianten war genauso gut wie der Katholizismus oder der Judaismus.

Die Hugenotten jubelten, brachen ihre Zelte in Frankreich ab und wanderten aus. 20 000 Hugenotten zogen nach Berlin-Brandenburg-Preußen, ausgezeichnete Handwerker, pfiffige Unternehmer und technisch glänzend begabte Leute, ein Schatz! Unternehmen schossen nun wie Pilze aus dem Boden. Es verbesserten sich also jetzt nicht nur die Ackerbaumethoden, darüber hinaus entwickelte sich eine blühende Seidenindustrie und viele andere Wirtschaftszweige. Der Entwaldung trat der kluge Fürst entgegen, indem er jedem Bauern befahl, vor seiner Hochzeit zwölf Bäume zu pflanzen.

Gleichzeitig kümmerte er sich um die Infrastruktur, wie man heute sagen würde, sprich um Straßen, Kanäle und die Energieversorgung.

Wiederholen wir die drei entscheidenden Punkte:

1. Fleißige, gut ausbildete Menschen, die nicht mit Steuern traktiert werden,
2. religiöse Toleranz und
3. eine exzellente Infrastruktur führen zu einer unendlichen Blüte.

Damit führte der Kurfürst seine Ländereien, die später alle *Preußen* heißen sollten, nach oben.

Tatsächlich blieb sogar so viel Geld in der Kasse, dass sich Kurfürst Friedrich Wilhelm früh ein Heer leisten konnte, ohne es klugerweise je in einem Aggressionskrieg einzusetzen – womit er seinen Bürgern Sicherheit garantierte, die erste Pflicht eines Staates.

Um ein Heer aus dem Boden zu stampfen, nahm er den Adel von der direkten Besteuerung aus, verlangte aber, dass er ihm seine Söhne zur Verfügung stellte. Er gab den Adelssöhnen glänzende Uniformen, beeindruckende Titel und ein paar goldene Knöpfe, hauchte ihnen Stolz, Ehrgeiz und Bedeutung ein und gewann auf diese Weise sogar die Aristokraten.

Die Preußenkönige

Nicht alle waren so geschickt wie der Große Kurfürst, der den Grundstock zu dem unaufhaltsamen Aufstieg Preußens legte. Ja, einige seiner Erfolgsformeln wurden übernommen, andere hingegen nicht. Will man die Fehler der Folgejahre auf einen gemeinsamen Nenner bringen, so lautet er ganz einfach, dass zum einen die Steuern unerträglich erhöht wurden und zum anderen rund 80 Prozent der Steuereinnahmen in den Aufbau eines Heeres flossen. Die Preußenkönige waren mit anderen Worten nicht so, wie sie manchmal in einigen Geschichtsbüchern gezeichnet werden. Friedrich, der angebliche Große, führte pausenlos Krieg, aber selbst in Friedenszeiten waren die Steuern barbarisch. Außerdem verfielen die Fürsten und Könige in den verschiedenen deutschen Ländern über Nacht in einen infamen Trick: Sie entdeckten die Macht der *indirekten Steuer.* Nie wurde etwas Übleres entwickelt.

Steuern zu Beginn des 20. Jahrhunderts

Machen wir einen großen Sprung in die relative Gegenwart.

Das Steuer-System, unter dem wir heute leiden, war in der ersten Hälfte des 20. Jahrhunderts bereits gut ausgefeilt. Verwaltung und Bürokratisierung sorgten dafür, dass kein Fisch mehr durch die Maschen schlüpfen konnte, die Maschen wurden im Gegenteil immer enger.

Am Vorabend des Ersten Weltkrieges wurden 90 Prozent der »Reichssteuern« für militärische Zwecke ausgegeben. Aber das reichte natürlich nicht hinten und nicht vorne, um die enormen Kriegskosten zu tragen. Der Erste Weltkrieg (1914–1918) wurde also weitgehend durch Kredite finanziert, durch »Kriegsanleihen«. Die heimliche Berechnung war sehr einfach: Man kalkulierte, dass der Besiegte schlussendlich für diese Kredite/Anleihen würde aufkommen müssen – durch satte Reparationszahlungen.

Trotzdem mussten kurzfristig enorme Summen Geld hereingeschaufelt werden. Und so erhöhte man auf geradezu kriminelle Art und Weise auch die Steuern.

Ins Visier gerieten nun vor allem die direkten Steuern. Fein abgestuft zog man den Bürgern mehr und mehr Geld aus der Tasche, abhängig davon, wie viel er verdiente. Die direkten Steuern betrugen in der Spitze bis zu 80 Prozent!

Schon vorher hatte man sich den Trick mit der »progressiven« Steuer einfallen lassen. Sprich, wer mehr verdiente, sollte auch mehr zahlen. Das klang nach Gerechtigkeit, nach Steuergerechtigkeit und war gut zu verkaufen.

Die direkten Steuern wurden jetzt mehr und mehr »gestaffelt«, dem kleinen Mann wurde suggeriert, dass er dadurch ungeschoren davonkam, was natürlich nicht stimmte.

Alle wurden zur Kasse gebeten. Die Einnahmen des Reiches schnellten auf einmal explosionsartig nach oben. Hatte man noch im Jahre 1916 den deutschen Michel »nur« um 2,1 Milliarden D-Mark erleichtert, so zog man ihm im Jahre 1917 bereits 5 Milliarden D-Mark aus der Tasche.

Die *direkte Besteuerung*, so realisierten die Herrschaften ganz oben, war immer noch die beste Methode, hart und schnell Geld abzugreifen. Die »Genie-Idee«, die Steuer progressiv zu gestalten, spülte jedenfalls Unsummen in die Kassen des Reiches.

Diese mehr und mehr »progressiv« ausgestaltete Steuer ist uns ebenfalls geblieben, aus eben dieser Zeit, als man die staatliche Geldgier durch den Krieg rechtfertigen konnte. Wer nicht zahlte, verhielt sich unpatriotisch.

Soweit zu der Vergangenheit in puncto Steuern in deutschen Landen.

Was andere Länder uns vorexerzieren

Theoretisch könnte man argumentieren, dass die Vergangenheit die Vergangenheit ist, die man gefälligst ruhen lassen sollte. Ein Siebengescheiter könnte also behaupten, dass es in der Gegenwart schlicht unumgänglich ist, mit hohen Steuern zu operieren, nur mit hohen Steuern könne man »Staat machen«.

Nun, dass dieses Argument auf tönernen Füssen steht, beweisen zahlreiche Gegenbeispiele.

Tatsächlich vertreten etliche Regierungen außerhalb Deutschlands die Meinung, dass es richtig ist, die Steuern zu senken, *speziell* wenn man die Wirtschaft nach oben bewegen will. Dieser Meinung sind darüber hinaus zahlreiche Ökonomen und Unternehmer.

Die Logik liegt auf der Hand: Sowohl Bürgern als auch Unternehmen steht sehr einfach sehr viel mehr Geld zur Verfügung, wenn Vater Staat nicht zu hart an der Steuerschraube dreht. Geld, das im Säckel der Bürger verbleibt, wird normalerweise vernünftig investiert: Die privaten Haushalte geben es für Konsumgüter aus, und Unternehmen investieren in die Expansion. Beides kurbelt die Nachfrage an, neue Jobs werden geschaffen und die Wirtschaft wächst.

Jenseits der deutschen Grenzen *senkte* man die Steuern – und gewann! Innerhalb der Europäischen Union entbrannte seit den frühen 1990er-Jahren sogar ein regelrechter Wettbewerb um die *niedrigsten* Unternehmenssteuern – zusätzlich entfacht durch die jüngsten EU-Beitritte osteuropäischer Staaten. Gerade die kleinen Länder machten sich einen guten Namen. Hierbei handelte es sich um recht überschaubare Experimente. Das Ziel war so einfach wie klar: Während einheimische Unternehmen von einer Abwanderung abgehalten werden sollten, galt es gleichzeitig, ausländische Unternehmen durch niedrige Steuern anzulocken.

Wie rasant sich die Konjunktur entwickelte, wenn Unternehmen erst einmal auf eine Steueroase aufmerksam geworden waren, konnte man unter anderem auch an Irland beobachten, einem europäischen Paradebeispiel, das sämtliche Kritiker niedriger Steuern Lügen strafte.

Fest steht: Niedrige Steuern lassen die Kassen der Staaten klingeln. Der Steueranteil am jeweiligen Bruttoinlandsprodukt (BIP) – der Maßstab für die Wirtschaftskraft eines Landes – nimmt trotz Steuersenkungen gewöhnlich zu. Zu diesem höchst bemerkenswerten Ergebnis kam unter anderem Clemens Fuest, Wirtschaftsprofessor und Steuerspezialist im englischen Oxford, nach ausführlichen Untersuchungen.

In die gleiche Kerbe hieb auch die Argumentation des amerikanischen Ökonomen Arthur Laffer. Er behauptete ebenfalls, dass sinkende Steuersätze Leistungsanreize freisetzen würden, ja dass das Steueraufkommen in der Folge sogar wachse. [28]

Mit anderen Worten: Eine massive Steuersenkung finanziert sich in der Regel selbst.

Weitere Beispiele

Nun könnte man ohne weiteres noch zwanzig bis dreißig Beispiele in der Gegenwart anführen.

In den USA beispielsweise tobt ein regelrechter Wettbewerb, was Steuern angeht; die Steuern sind nur in Texas, Alaska, Florida, Nevada, South Dakota, Washington und Wyoming niedrig. Über Tennessee und New Hampshire könnte man ebenfalls reden. In einigen Bundesstaaten – welch ein Paradies! – gibt es sogar keine Einkommenssteuer. Diese US-Staaten blühen und gedeihen und verzeichnen den größten Bevölkerungszuwachs.

Weiter könnte man Australien zitieren, das sich in einer bestimmten Periode am eigenen Schopf aus dem Sumpf zog – indem es die Steuern senkte. Die Rechnung ging auf: Ein wahrer Rohstoffboom setzte ein, der das Land 1980 zu einem der größten Exportländer von Eisenerz, Blei, Bauxit (Tonerde), Steinkohle, Wolfram, Zink und Gold werden ließ.[29]

Auch die Schweiz könnte man zitieren, die direkt vor unserer Haustür liegt.

Heute besteht die Schweiz aus 26 Kantonen und verfügt über gut 8,7 Millionen Einwohner. Nach wie vor sind diese Kantone weitgehend selbstständig, was die Regierungsgeschäfte anbelangt. Schlagen die Kantone bei anstehenden Problemen gescheite Lösungen vor, sieht der Bund keinerlei Notwendigkeit einzugreifen. Jeder Kanton besitzt seine eigene Zivil- und Strafprozessordnung. Demnach existieren in der Schweiz 26 verschiedene Rechtsprechungen. Trotzdem entsteht kein Chaos. In der Schweiz geht man davon aus, dass sich die Probleme in den verschiedenen Landstrichen voneinander unterscheiden, die unterschiedlichen Gesetze und die Rechtsprechung sind somit auf die anstehenden, konkreten Problematiken zugeschnitten. Auch Laien können als Richter fungieren. Richter werden in der ersten Instanz tatsächlich vom Volk direkt gewählt – was erneut ein Stück gelebte Demokratie darstellt, echte Demokratie.

Der Bund selbst betreibt in erster Linie Außenpolitik und ist zuständig für die Landesverteidigung, inzwischen auch für bestimmte Gesetze, weiter für die Geld- und Währungspolitik, einen Teil des Verkehrswesens und die Energieversorgung. Alles andere aber ist Sache der Kantone. Anders gesagt: Die meisten Probleme werden lokal, sprich vor Ort, gelöst.

Am intelligentesten freilich und erneut Zeichen einer echten demokratischen Gesinnung ist das Recht auf die *Volksabstimmung*. Die Schweizer haben zwei Möglichkeiten, die Politik *direkt* zu beeinflussen. Mit einer

Volksinitiative kann eine gewünschte Verfassungsänderung gefordert werden. Weiter gibt es das *Referendum.* Es ist ein Volksentscheid, womit die Stimmberechtigten im Nachhinein einen Beschluss des Parlamentes anfechten können.

Nun braucht es nicht sehr viel Fantasie, sich vorzustellen, was passiert, wenn ein Politiker die Steuern erhöhen will. Rasch melden die Bürger Protest an – was leicht zu bewerkstelligen ist. Und schon werden Steuererhöhungen abgebügelt, sie werden vom Tisch gewischt. In Deutschland dagegen kann eine Steuererhöhung leicht durchgepaukt werden, das Volk wird nicht befragt, es wird über seinen Kopf hinweg einfach entschieden. Und so verfügt die Schweiz bis heute über beneidenswert niedrige Steuersätze.

Die beiden wichtigsten Steuern in der Schweiz sind die *Einkommensteuer* und die *Vermögensteuer.* Der Schweizer Bürger erhält jedes Jahr von seinem Steueramt (das an seinem Wohnort gelegen ist) die entsprechenden Unterlagen zur Steuererklärung und füllt sie in der Folge selbst aus. Es gilt das Prinzip: Vertrauen gegen Ehrlichkeit.

Der jährliche Steuerbetrag errechnet sich aus dem steuerbaren Vermögen und dem steuerbaren Einkommen einer Person und wird aufgeteilt in eine *Staatssteuer* und eine *Gemeindesteuer.* Ein kleiner Teil muss an den Bund gezahlt werden *(Bundessteuer)*, wobei der Bund nur insoweit Steuern erheben darf, solange ihm dies die Bundesverfassung erlaubt, was periodisch an der Urne bestätigt werden muss. Für eine Person, die beispielsweise im Kanton Luzern in der Gemeinde Malters angesiedelt ist, geht die Staatssteuer an den Kanton Luzern und die Gemeindesteuer an die Gemeinde Malters. Unter das Vermögen fallen etwa Sparguthaben, Wertschriften, Immobilien und so fort. Abgezogen werden dürfen jedoch zum Beispiel Hypothekarschulden und Kredite. Und sogar Steuerschulden! Die Vermögensteuer ist progressiv gestaffelt, aber insgesamt sehr niedrig. Unter das Einkommen fallen alle Einkünfte einer Person. Nach den klar definierten und erlaubten Abzügen vom Bruttoeinkommen ergibt sich das steuerbare Einkommen. Das Einkommen wird höher besteuert als das Vermögen. Trotzdem sind die anfallenden Steuern für eine Person im internationalen Vergleich erfreulich niedrig.

Wiederholen wir noch einmal den springenden Punkt: Die Steuerhoheit liegt in der Schweiz bei den 26 Kantonen. Unter den Kantonen herrscht ein regelrechter Steuerwettbewerb. Die Eine-Million-Franken-Frage lautet also: Welcher Kanton kann mit den niedrigsten Steuern aufwarten? Gutbetuchte Zeitgenossen werden auf diese Weise dazu verführt, ihren Wohn- und Geschäftssitz in besonders steuergünstigen Kantonen zu nehmen.

Im Kanton *Zug* etwa, ein Umstand, der fast schon sprichwörtlich ist, ist die Steuer so niedrig, dass ausländische Unternehmen allein schon den Kanton gut ernähren.

Das Unternehmerparadies

Bemühen wir nur ein einziges Beispiel: Die vom Schweizer Gewerkschaftsbund geschätzte durchschnittliche Steuerbelastung für Unternehmen im Jahr 2021 beträgt 13,76 Prozent. Werden die Gewinne wieder in den Betrieb investiert, bezahlt im günstigsten Fall der Unternehmer am Ende *gar* nichts.

Die Logik dahinter? Unternehmer schaffen Arbeitslätze, wenn sie reinvestieren – also sollten sie gefördert und in Richtung Expansion motiviert werden.

Die Folge? Eine niedrige Arbeitslosenquote und ein blühendes Land, in dem jeder versucht, Geschäfte zu machen und ein Unternehmen aufzubauen.

In Deutschland dagegen wird ein Großteil der Unternehmer-Gewinne rasch abgegriffen, sprich durch Steuern verschlungen und verpulvert.

Wie töricht kann man mit dem Thema *Steuern* umgehen?!

Kleines Fazit

Und so kann man zusammenfassend nur urteilen, dass es sehr wohl Alternativen zu dem deutschen Steuersystem gibt, dass es ungleich intelligentere Methoden der Besteuerung gibt, die direkt vor unserer Nase liegen und eigentlich nur abgekupfert werden müssten, dass eine Blüte vorprogrammiert ist, wenn die Steuern niedrig gehalten werden und dass sich Probleme wie Arbeitslosigkeit und viele andere Probleme im politischen Raum buchstäblich in Luft auflösen, wenn man das Volk und speziell Unternehmer nicht schröpft.

Steuern und Geheimdienste

Doch was hat das Thema Steuern mit dem Thema Geheimdienste zu tun? Nun, indirekt eine ganze Menge. Agenten kosten Geld, im Zweifelsfall sogar sehr viel Geld. Der BND frisst inzwischen über eine Milliarde Euro pro Jahr auf – und das trotz seiner bescheidenen Ergebnisse, seiner zahlreichen Skandale und seiner teilweise undemokratischen Ausrichtung, wenn Bürger und Politiker des eigenen Landes etwa bespitzelt werden, die sich nichts haben zuschulden kommen lassen. Der militärische Abschirmdienst (MAD) mit seinen über tausend Mitarbeitern verschlingt inzwischen eine dreistellige Millionensumme, sie belief sich konkret auf über 120 Millionen Euro im Jahre 2021. Der Verfassungsschutz (BfV) kostet den braven deutschen Steuerzahler fast eine halbe Milliarde Euro, Gelder, die ebenfalls bisweilen für unnötige und unrechtmäßige Bespitzelungen eingesetzt werden.

Gönnen wir uns ein paar Takte zum Verfassungsschutz, ein Name, der nach Meinung von einigen Beobachtern irreführend ist, da er eigentlich eine Art Inlandsgeheimdienst ist.

Auch der BfV geriet wieder und wieder in die Kritik: Zunächst kamen bei ihm im Jahre seiner Gründung (1950) ebenfalls zahlreiche Nazis unter, die politische Ausrichtung dieses Dienstes war deshalb von Anfang an fragwürdig. Weiter verletzte der Verfassungsschutz nicht nur einmal zu Unrecht das Post- und Fernmeldegeheimnis. Er hörte Bürger ab, die des Terrorismus verdächtigt waren, obwohl sie unschuldig waren, wie etwa 1976 Klaus Traube, woraufhin sogar ein Innenminister zurücktreten musste (Werner Maihofer). Der BfV schwärzte gut beleumundete Bürger bei ihren Arbeitgebern an, obwohl sie eine weiße Weste besaßen. Er gab private Informationen an politische Gegner weiter, was gewiss nicht zu seinem Aufgabenbereich gehört und nur erneut belegt, wie sehr Geheimdienste darauf bedacht sind, ihren eigenen Machtbereich zu vergrößern. Die Dauerüberwachung von völlig unschuldigen Bürgern wurde von Verwaltungsgerichten wiederholt festgestellt. Umgekehrt vernichtete der BfV Akten der Thüringer Neonaziszene, woraufhin der Präsident des BfV, Heinz Fromm, zurücktreten musste. Der Verfassungsschutz wurde generell angeklagt, zu tricksen, zu täuschen und zu vertuschen, und immer wieder wurde der Vorwurf erhoben, rechtsextreme

Strukturen zu unterstützen. Viele V-Leute begingen selbst Straftaten am laufenden Band, monierte man. Dagegen wurde *Die Linke* überwacht, *Bündnis 90/Die Grünen*, Jugendorganisationen der SPD und Jugendreligionen, obwohl in der Verfassung das Gesetz der Religionsfreiheit ausdrücklich verankert ist. In den USA gelang es einem Mormonen um ein Haar, das höchste Amt, das Präsidentenamt, zu erringen (Mitt Romney, 2008). In Deutschland dagegen wurden neue Religionen vom Verfassungsschutz überwacht, ausgespäht, verfolgt und publizistisch fertiggemacht. Welch ein Missbrauch von Macht! Welch eine mittelalterliche Denkweise!

Kritiker forderten deshalb, die Verfassung vor ihren Schützern zu schützen, da sie zu oft allein aufgrund von Verdächtigungen aktiv werde. Sie habe zu Unrecht Personen ausgespäht und erinnere an die Stasi. Sie verschwende in ungeheurem Ausmaß Steuergelder, wie selbst ein Bundesinnenminister feststellte, Hans-Peter Friedrich, ein Mitglied der FDP, der auf die Verkleinerung des Dienstes hinwirken und Steuergelder einsparen wollte.[30]

Mit der letzten Anmerkung, den Steuergeldern, die in die weiten Taschen der Geheimdienste fließen, sind wir unvermittelt wieder bei unserem Thema. Ist es nicht tatsächlich eine Überlegung wert, speziell angesichts der überhöhten Steuern in Deutschland, die Budgets aller unserer »Geheimdienste« massiv zu kürzen, auch in Hinblick auf die Tatsache der astronomischen Schulden, die wir haben, ganz davon abgesehen, dass mit überhöhten Steuern die Wirtschaft abgewürgt wird?

Steuergelder werden von unseren Geheimdiensten laut Kritikern in einem ungeheuerlichen Ausmaß zum Schornstein hinausgeblasen, bei denkbar geringen Resultaten.

In Deutschland füttert man inzwischen über fünf Millionen Beamte, man muss es sich vorstellen. Ein riesiger zum Teil uneffektiver Verwaltungsapparat existiert. Doch was leisten bestimmte Beamte?

Kommen wir also noch einmal auf das Thema Steuern zurück und führen wir uns einige geschichtliche Gesetze bezüglich Steuern zu Gemüte, um einen weiteren Blickwinkel zu erhalten.

Gesetze der Geschichte

Überblickt man rund 2000 Jahre Geschichte und addiert noch die Erfahrung von rund 100 Staaten der Gegenwart hinzu, so gelangt man in puncto Steuern zu verschiedenen Gesetzen oder Axiomen.[31]

Sie lauten wie folgt:

Steueraxiom 1

Niedrige Steuern verursachen, dass ein Land, eine Nation oder eine Weltmacht blüht und gedeiht. Hohe Steuern führen zum Niedergang und sind ein Indiz, dass es mit einem Land, einem Reich oder einer Nation bergab geht; sie beschleunigen den Verfall.

Steueraxiom 2

Das sind die beiden Hauptgründe für zu hohe Steuern, die vorgeschoben werden und dem Volk propagandistisch verkauft werden müssen: der Krieg und der angeblich notwendige Wohlfahrtsstaat.

Steueraxiom 3

Je mehr Gruppierungen/Institutionen zugestanden wird, Steuern zu erheben, umso drückender sind die Steuern und umso schneller geht es mit einem Land, Volk oder Reich bergab.

Steueraxiom 4

Werden Steuern missbraucht und/oder verschwendet, schürt das den Hass des Volkes und führt zu Protesten und manchmal Revolutionen. Allein die Androhung und Ankündigung, Steuern erhöhen zu wollen, kann eine Revolution auslösen.

Beispiele dafür sind die Reformation und die Französische Revolution.

Steueraxiom 5

Steuern besitzen die fatale Eigenschaft, dass sie sich verselbstständigen und automatisch erhöhen; selten oder nie wird die Erhöhung einer Steuer oder eine neue Steuer, die einst aus »guten Gründen« eingeführt wurde, zurückgenommen; sie wird im Gegenteil bei jeder sich bietenden Gelegenheit erhöht.

Steueraxiom 6

Steuern machen Steuerbehörden notwendig. Diese Steuerbehörden haben die Tendenz, sich ebenfalls zu verselbstständigen, ja aufzublähen, sodass riesige Bürokratien entstehen, die unglaubliche Kosten verursachen und von dem Volk als Unterdrückung empfunden werden.

Steueraxiom 7

Einige Methoden, Steuererhöhungen durchzuführen, bestehen darin,

1. neue, »heimliche« Steuern zu definieren und einzuführen, die unsichtbar bleiben,
2. »Abgaben« nicht mit dem Wort »Steuer« zu bezeichnen, obwohl es sich um nichts anderes als eben um *Steuern* handelt,
3. Steuern auf Steuern zu erheben. Irreführende oder verheimlichende Begriffe oder »intelligente« Methoden, Steuern zu erheben, dienen nur dazu, dem Bürger und Verbraucher Sand in die Augen zu streuen. Das Ergebnis: Wirtschaft wird ausgebremst und Blüten werden verhindert.

Steueraxiom 8

Der Staat ist ein Meister darin, Steuervorteile für bestimmte Gruppierungen zu verschleiern und trotz hoher Steuern, mit denen die Allgemeinheit gequält wird, den gerade Herrschenden unanständig hohe steuerliche Vorteile zu gewähren.

Beispiele:

- die Steuervorteile des Adels und der Kirche im Mittelalter
- die Steuervorteile Bismarcks im 19. Jahrhundert
- die Diäten der Abgeordneten in Deutschland heute

Steueraxiom 9

Mittels der »progressiven Besteuerung« wird eine höhere Steuergerechtigkeit suggeriert, aber die Realität beweist, dass dadurch auf Dauer die Mehrzahl der Bürger höhere Steuern zahlen.

Folgesatz:

Um zu vermeiden, in höhere Steuerklassen zu rutschen, verzichten viele Bürger auf Produktion; Arbeit wird aktiv verhindert.

Folgesatz:

Um eine höhere Steuerklasse zu vermeiden, hinterziehen viele Bürger Steuern oder favorisieren die Schwarzarbeit; dadurch werden Bürger kriminalisiert.

Folgesatz:

Durch die Progression schadet sich der Staat selbst, denn auf lange Sicht gesehen verzichtet er damit auf Einnahmen.

Steueraxiom 10

Das ist der Preis, den ein Land für zu hohe Steuern zahlt: Kapitalflucht, Unternehmensauslagerungen, in der Folge eine höhere Arbeitslosigkeit und ein genereller Niedergang der Wirtschaft.[32]

Endgültiges Fazit

Wir brauchen den Erkenntnissen der Geschichte nichts hinzuzufügen. Wiederholen wir: Hohe Steuern führen zum Niedergang, niedrige Steuern zur wirtschaftlichen Blüte.

Jeder Kanzler und jeder Politiker, der hohe Steuern einforderte oder neue Steuern definierte, kannte die Geschichte nicht oder wandte ihre Lehren nicht an und trug zum Niedergang seines Landes bei. Auch im Rahmen von Geheimdiensten wurden Steuern verschwendet.

Alle Kanzler, die zusätzliche oder »heimliche« indirekte Steuern einführten, begingen schwere Fehler – innerhalb der CDU/CSU und innerhalb der SPD – ob sie nun Brandt, Schmidt oder Kohl hießen.

Begeben wir uns mit diesem Wissen im Hinterkopf zu unserem nächsten Bundeskanzler und untersuchen wir, wieder so neutral wie möglich, was hier richtig lief und was falsch.

IX. GERHARD SCHRÖDER

1. Januskopf Gerhard Schröder

Man kann Gerhard Schröder nicht absprechen, ein *Typus* zu sein, ein *character*, wie die Engländer sagen. Vieles an dieser Figur ist sympathisch. Geboren wird er 1944, als der Zweite Weltkrieg noch tobt, Deutschland zerbombt ist und am Boden liegt. Seine Mutter zählt zu den Ärmsten der Armen und trotzdem boxt er sich später nach ganz, ganz oben. Der Vater, ein ab und zu obdachloser Gelegenheitsarbeiter, mehrmals wegen Diebstahl verurteilt[1], fällt im Krieg. Schröder haust mit der Mutter und der achtköpfigen Familie in einer Zweizimmerwohnung. Selbst zählt er sich zu den »Asozialen«[2], so seine eigene Einschätzung und Formulierung. Trotzdem gelangt er in der bundesrepublikanischen Gesellschaft an die absolute Spitze.

Zunächst kämpft er sich aus bitterster Armut empor. Neben einer Lehre absolviert er die Mittlere Reife, auf dem zweiten Bildungsweg baut er das Abitur. Dann studiert er die Rechte. Er wird Volljurist und steigt zum Sozius einer Anwaltskanzlei auf. Ohne aufzuhalten begibt er sich in die brutale, hohe Politik. Er gewinnt eine Wahl nach der anderen, wird 1990 Ministerpräsident Niedersachsens und später Bundeskanzler und erringt damit das höchste politische Amt. In dieser Funktion prägt er eine Weile sogar die Geschichte Deutschlands.

Eine Traumkarriere, wie sie eigentlich nur im Bilderbuch vorkommt. Er verfügt über einen Instinkt für Macht, der beispiellos ist. Auch seine Hartnäckigkeit kann man nur bewundern.

Aber vieles an diesem *character* ist auch unsympathisch: Früh dient er sich dem undurchsichtigen Putin an, einem ehemaligen KGB-Agenten, dem zahlreiche Schandtaten wie Vertragsbruch, Mord, ja Massenmord nachgesagt werden. Schröder verteidigt Putin an allen Ecken und Enden, überhaupt macht er sich als Lobbyist einen schlechten Namen – nachdem er seinen »Job« als Bundeskanzler an den Nagel gehängt hat. Er trifft sich mit höchsten Politikern des üblen Iran-Regimes und befindet sich nicht selten in der Nähe anderer zweifelhafter Figuren, selbst wenn sie Blut an ihren Händen kleben haben.

Die einen loben sein Durchsetzungsvermögen, das Kantige, das Harte, die unbeirrbare Absicht, Wahlen zu gewinnen, seine Liebe zum Fußball, den Einsatz für verschiedene karitative Organisationen, das Pragmatische, sein Engagement für die Wirtschaft und seine rhetorische Begabung. Die anderen halten ihn für einen gnadenlosen Karrieristen, einige glauben sogar, er sei eine Marionette der Russen. Sie werfen ihm seine fünf Ehen vor und behaupten, er kenne nur eine Loyalität – gegenüber sich selbst. Immer wieder kritisieren sie, er habe sich in die Fänge eines raffinierten ehemaligen KGB-Agenten begeben, der nachweislich mit der russischen Mafia kooperiert, Journalisten umbringen lässt, Staaten überfällt und Kriege vom Zaun bricht, ja gar Tyrannen und Massenmördern, wie Baschar al-Assad in Syrien, den Rücken stärkt. Und so viel ist richtig: Assad hätte ohne Putin in Syrien einpacken können. Assad ließ mehr als eine halbe Million Menschen im eigenen Land umbringen, von den Millionen von Flüchtlingen ganz zu schweigen, von denen ein Großteil später in Deutschland Zuflucht suchte.

Wir haben es also mit einer echten Herausforderung zu tun, wenn wir Gerhard Schröder im Licht der Geschichte beurteilen wollen, der sich auf der einen Seite weigert, den unseligen Krieg des George W. Bush im Irak zu unterstützen, wodurch er Weitsicht beweist, und der auf der anderen Seite seine Blindheit demonstriert, indem er einen Putin hofiert, der über Leichen geht.

Aber tun wir zunächst etwas Butter bei die Fische, berichten wir über seine Entscheidungen und Taten so objektiv wie möglich; fällen wir erst am Schluss unser Urteil *sine ira et studio,* wie das Tacitus, der berühmte römische Geschichtsschreiber vor rund 2000 Jahren einforderte, wörtlich übersetzt *ohne Zorn und Eifer*, freier übersetzt *ohne Emotionen und Übereifer*.

Zumindest langweilig ist die Figur Schröder nicht. Man kann ihn nicht ignorieren, denn er verlangt, wie selbstverständlich, dass er »ganz oben« mitmischen darf, an erster Stelle.

Fragen wir uns: Wer ist Schröder *wirklich*?

2. Linke Ideologie

Schröder selbst verheimlicht seine linke Provenienz nie. Schon als Anwalt verteidigt er unter anderem den RAF-Terroristen Horst Mahler.

Mahler, gleichzeitig Neonazi und Linksextremist – ein intellektueller Spagat, den normalerweise nur ein *Agent provocateur* fertigbringt – ist ein Rechtanwalt und Publizist, der von Schröder vertreten wird. Mehr als einmal wird Mahler wegen Volksverhetzung, Terrorismus und Raub verurteilt. Mahler gehört dem *Sozialistischen Deutschen Studentenbund* (SDS) an, weiter ist er Mitbegründer der *Rote Armee Fraktion* (RAF).

Der SDS versteht sich als Teil der internationalen Neuen Linken und als Außerparlamentarische Opposition (APO), er zerfällt später in sich bekriegende kommunistische Einzelgrüppchen. Die RAF ist eine linksextremistische, terroristische Vereinigung, der 33 Morde nachgewiesen werden können, die sie an Top-Managern aus Politik und Wirtschaft verüben, an Polizisten und US-Soldaten. Die RAF macht sich durch Geiselnahmen, Banküberfälle und Sprengstoffattentate einen schlechten Namen.

Dass Schröder als Rechtsanwalt diesen Horst Mahler, der in der RAF an vorderster Stelle operiert, vertritt, heißt noch nicht, dass er auch die politische Philosophie seines Mandanten übernimmt, aber es rückt ihn nolens volens in seine Nähe.

Schröder selbst gehört nicht dem SDS an, sondern ist ein *Juso*, ein Jungsozialist, sprich ein Mitglied der Jugendorganisation der SPD. 1978 wird er gar Bundesvorsitzender der Jusos.

Um wen handelt es sich bei den Jusos? Auch sie stehen teilweise »ultralinks«, ja radikal »links«, nicht wenige sind in der Nähe zum Kommunismus angesiedelt, was sie den »Rechten« in der BRD verdächtig macht.

Einige Mitglieder der Jungsozialisten sind eher pragmatisch orientiert, andere machen sich für radikale Reformen stark und gebrauchen lupenrein marxistisches Vokabular. Die SPD selbst steht der eigenen Jugendorganisation mit gemischten Gefühlen gegenüber, geschweige denn dem SDS oder der APO. Sie hält nichts von Demonstrationen und Märschen und vom Kampf gegen das Establishment. Die Jusos wollen einen »demokratischen Sozialismus« einführen. Aber ach, keine Vokabeln sind so dehnbar wie die Wörter »Demokratie« oder »sozial« und »sozialistisch«. Es handelt sich um Kaugummivokabeln. In China und in der DDR etwa wurde und wird die Vokabel »Demokratie« für lupenreine Diktaturen gebraucht.

Einige Jusos verstehen sich als »Überwinder des Systems«, sie fordern die »klassenlose Gesellschaft«. Diese Position, eine kommunistische Position, vertritt anfänglich auch Gerhard Schröder. Man will den »Staatsmonopolkapitalismus« (= *Stamokap*) überwinden, der angeblich ausschließlich den Monopolen dient, den Wirtschafts-Tycoons – obwohl Ludwig Erhard doch längst den Monopolen in Theorie und Praxis eine Absage erteilt und einen Riegel vorgeschoben hat. Aber einige Jusos fordern trotzdem die »Verstaatlichung der Produktionsmittel« sowie den Kampf gegen den »Imperialismus«, wie die Schlagworte lauten. Karl Marx und Lenin lassen grüßen.

Die gute alte Zeit

Oh, man muss diese Zeit an deutschen Universitäten als Student selbst miterlebt haben, um sie voll zu verstehen. In der »linken« Ecke bildeten sich alle möglichen Spielarten des Kommunismus aus. Da gab es Trotzkisten – Trotzki bot Stalin einst die Stirn –, Stalinisten und reine Buchmarxisten unter anderem, die ständig mit dem Schmöker *Das Kapital* unter dem Arm herumliefen. Es gab Anhänger Che Guevaras, des Comandante der Rebellenarmee in Kuba, ein Guerillaführer, Arzt und Autor, unverschämt gutaussehend, sowie viele andere »sozialistische Sekten« oder kommunistische Glaubensbekenntnisse.

In verschiedenen Kreisen wurde die freie Liebe promotet, Rauschgift geraucht und das Establishment verlacht. Neue Arten von Gitarren jaulten auf, sogar in den heiligen Kunsttempeln der klassischen Musik. Gammler waren auf einmal in. Langhaarige Typen himmelte man an und die antiautoritäre Erziehung verlangte nach einer neuen Pädagogik. Es war eine herrliche Zeit, links zu sein, links war modern und hipp. Wechselseitig suchte man sich mit Schlagworten zu übertrumpfen, heiße Reden flogen hin und her, bevor man sich wohlig erschöpft in die Arme einer linken Schönheit sinken ließ, die freigiebig und »antiautoritär« mit ihrem Körper umging und ihn gerecht und ohne Klassenvorurteile verschiedenen Interessenten zur Verfügung stellte.

Gott, war es geil, jung zu sein und den Alten auf die Köpfe zu spucken.

Es war eine wilde Zeit, voller Enthusiasmus, Begeisterung und Engagement für das »Gute«, und doch, und doch ... blieb davon wenig oder nichts übrig, denn alle diese Spielarten des Kommunismus versagten auf schreckliche Weise, als die Wahrheit ans Licht kam. Die Anzahl der Toten, verschuldet durch den Kommunismus, wurde, wie schon erwähnt, erst später publik; der Kommunismus entpuppte sich als Trugbild, er war noch bösartiger als der Kapitalismus in seinen schlimmsten Ausformungen.

Schröders Kehrtwende

Schröder wuchs in dieser Atmosphäre auf, sie prägte ihn, bewusst oder unbewusst saugte er das alles in sich ein. Alles Linke, die Orientierung Richtung Russland und sogar ein Stück Kommunismus war ein Teil seiner jugendlich-intellektuellen Heimat und blieb es, auch als Mittzwanziger und Dreißigjähriger, wahrscheinlich sehr viel länger.

Aber eines Tages holte die Wirklichkeit viele linke Überzeugungstäter ein. Das nach links schwenkende Weihrauchfass pendelte sich mehr Richtung Mitte ein. Der Überschwang wich der Ernüchterung. Auch der »Kommunist« Schröder wandelte sich im Laufe der Zeit vom Saulus zum Paulus. Einsicht, Nachdenklichkeit und eine starke Strömung innerhalb der Jusos verursachten, dass Schröder und Genossen den Staat zunehmend als eine Art neutrale Instanz begriffen, die im Idealfall zwischen verschiedenen Interessengruppen intelligent vermittelte. Versagte der Staat, den Bürgern Arbeit und Brot zur Verfügung zu stellen – wozu Unternehmer und Wirtschaft den wichtigsten Beitrag leisten –, wurden innerhalb einer Demokratie die Politiker schnell abgewählt. Es war höchst bedauerlich, dass der Staat von den »Kapitalisten« kontrolliert wurde, aber vielleicht, vielleicht war es doch nicht der Staat selbst, den man verteufeln musste. Wenn der Staat Unternehmer unterdrückte, lahmte über kurz oder lang die gesamte Wirtschaft. Also musste man das linke Weltbild ein wenig zurechtrücken. Der »Feind« war nicht der Staat, es waren nur einige »Kapitalisten«, die sich den Staat zur Beute gemacht hatten, wobei man aber die Unternehmer, die Arbeit schufen, nicht in die Ecke drücken durfte. Man musste sich ihrer nur geschickt bedienen.

Ein Teil der Parolen blieb aufrechterhalten, aber das Weltbild der Jusos und der gemäßigten Linken wandelte sich und mit ihm die politische Sichtweise Schröders. Denn fest stand auch, dass die radikal linke Ideologie kontraproduktiv war für die eigene Karriere. Und an ihr konnte und wollte Schröder keine Abstriche machen.

Was er zudem vielleicht nicht wusste, waren die Quellen, aus denen sich der »jugendliche, idealisierte Kommunismus« oder der »romantische Kommunismus«, wie man das nennen könnte, nach 1945 speiste.

Hinter den Kulissen ...

... zogen natürlich die Geheimdienste die Strippen, sprich der KGB und die Stasi. Längst hatten sie ihre Spitzel, Beeinflussungsagenten und Karrierespione in der BRD platziert. Der Fall Guillaume, über den Willy Brandt stolperte, ist nur ein Beweis hierfür. Aber vergessen darf man nie, dass von hundert Spitzeln statistisch gesehen nur vier entlarvt werden.[3] Das heißt, die Skandale und Skandälchen, als es gelang, Spionen auf die Schliche zu kommen, stellten nur die Spitze des Eisbergs dar. Was aber bedeutete das?

Lehren der Geschichte

Schon die Weimarer Republik hatte dies gelehrt: Radikale Kräfte tun alles, um Verwirrung und Chaos hervorzurufen, denn darin besteht ihre einzige Chance, die Macht zu ergreifen.

Weiter konnten wir sehen, in welch unvorstellbarem Ausmaß Geheimdienste »Geschichte« machen, ob sie nun auf der Gehaltsliste der USA stehen oder aufseiten Russlands. Die einflussreichsten Organisationen heute, neben dem Militär und dem »Big Money«, sind ... Geheimdienste.

Generell wird der Einfluss der Geheimdienste völlig unterschätzt.

Kombinierte man diese beiden Schlüsselerkenntnisse, so begreift man sehr rasch, dass die RAF und der Studentenbund SDS zumindest teilweise von Kräften innerhalb der UdSSR/DDR gelenkt und wahrscheinlich sogar finanziert wurden. Und so viel ist ohne Wenn und Aber bewiesen: RAF-Aussteiger wurden später mit offenen Armen in der DDR aufgenommen, konkret in den Jahren 1980 und 1982. Die Stasi verschaffte ihnen neue Identitäten und falsche Ausweispapiere und erlaubte es ihnen, in der »Deutschen Demokratischen Republik« unterzukriechen.[4]

Dieser Skandal wurde nach dem Zusammenbruch der UdSSR aufgedeckt. Nach der Wiedervereinigung wurden RAF-Mitglieder in der vormaligen DDR aufgespürt, vor den Kadi gestellt und verurteilt.

Es ist nicht unwahrscheinlich, dass auch die Jungsozialisten unterwandert waren – ohne es zu wissen. Da die Stasi ständig Spitzel einschleuste, in alle möglichen Institutionen, und da die Nähe zur BRD-SPD größer war als zur BRD-CDU, liegt es nahe, zu vermuten, dass man auf diese Art Einfluss auf die SPD und die Politik in der Bundesrepublik nehmen wollte.

Natürlich wurden solche Aktionen sorgfältig geheim gehalten. Manchmal wussten selbst die Führungskräfte der unterwanderten Institutionen nicht, dass sie ausgespäht wurden. Das einfache Mitglied wusste mit Sicherheit nicht um die Aktionen hinter den Kulissen.

Da sich die DDR in einem ständigen ideologischen und weltanschaulichen Wettbewerb mit der BRD befand, ist es nur logisch, anzunehmen, dass sie ihr sozialistisch-kommunistisches Weltbild auch in die Bundesrepublik einzuschleusen versuchte – um die CIA und die USA zu unterminieren.

Und so braucht man nicht viel Intelligenz, um zwei und zwei zusammenzuzählen.

Viele linke Gruppierungen standen auf der Gehaltsliste des KGB/der Stasi oder wurden zumindest ausgespäht und unauffällig in die »richtige« Richtung geschubst. In allen politisch relevanten Gruppierungen der BRD versuchten Stasi-Agenten mitzumischen, sie unterwanderten nachweislich zahlreiche Institutionen. Dazu gehörte es auch, neue Leute anzuwerben. Da man sich der SPD enger verbunden fühlte als der CDU, lag es nahe, in der Jugendorganisation der SPD entsprechend aktiv zu werden.

Hieb- und stichfest bewiesen wurde die Annahme, dass die Jusos von der Stasi unterwandert waren, jedoch nie. Nur einiges Vokabular ähnelte sich auf verdächtige Weise.

Jedenfalls war die Tatsache, dass sowohl die DDR als auch die Jusos den »Sozialismus« einforderten, wenn er auch unterschiedlich definiert wurde, ein Festtagsbraten für die »Rechte« in der BRD. Sie drosch auf alles ein, was links stand, frei nach dem Motto: »Stecken wir alle in einen Sack und hauen wir ordentlich drauf; es wird immer den Richtigen treffen.«

Schröder und die Jusos

Schröder wird jedenfalls früh darauf eingestimmt, dass mit dem »normalen Weltbild« der BRD etwas nicht in Ordnung ist. Das »normale Weltbild« wird von der CIA und den USA diktiert. Schröder jedoch ist misstrauisch. Gefühlsmäßig nimmt er Abstand zu den Vereinigten Staaten von Amerika, während er zu Russland eine gewisse Nähe empfindet. Es ist nicht auszuschließen, dass seine späteren politischen Entscheidungen als Bundeskanzler sowie speziell seine Karriere danach durch seine Erfahrungen bei den Jusos beeinflusst werden. Auf der anderen Seite distanziert er sich früh von dem »radikalen Sozialismus/Kommunismus«, denn zunächst einmal will er Karriere machen.

Wie geht er hierbei vor? Auf welche Weise gelingt es ihm, ganz oben auf dem Siegertreppchen Platz zu nehmen?

3. Der unaufhaltsame Aufstieg des Gerhard Schröder

Als Schröder die hohe Luft der Politik schnuppert, ist es gewissermaßen um ihn geschehen. Er liebt die Atmosphäre. Außerdem wird hier nicht gekleckert, sondern geklotzt.

Wir brauchen die einzelnen Stationen nicht im Detail nachzuvollziehen. Nur so viel: 1980 bis 1986 ist er Bundestagsabgeordneter. Danach wechselt er zurück in die Landespolitik Niedersachsens. Die SPD wird mit ihm stärkste Fraktion. Schröder ist ein Sieger- und Gewinnertypus. Zunächst gerät er zum Oppositionsführer. Ein weiterer Wahlsieg öffnet ihm Tür und Tor: 1990 wird er zum niedersächsischen Ministerpräsidenten gekürt, er löst die CDU-Regierung ab. Unversehens hat er zwei, drei, vier Stufen auf einmal nach »oben« genommen. Man kann ihn nicht aufhalten. Rot-Grün regiert nun in seinem Bundesland. Er ergattert einige weitere wichtige Posten, erfährt aber scharfen Gegenwind, als er wegen seines Einsatzes für Waffenexporte unter Druck gerät. Aber das ist nur ein Nebenschauplatz und Lappalie für Schröder. Tatsächlich regiert er bis 1998 in Niedersachsen, zuletzt sogar mit absoluter Mehrheit. Wieder hat er in einer Wahl alle hinter sich gelassen. Er ist ein Zugpferd. Er ist die Hoffnung der SPD. In Niedersachsen setzt er ein rigoroses Sparprogramm durch, was angesagt ist, jedoch nicht von allen Genossen gutgeheißen wird. Aber wer Wahlen gewinnen kann, wie Schröder, braucht nicht mehr darüber zu diskutieren, was »richtig« ist und was »falsch«.

Er äugt empor zur absoluten Spitze. Eine Weile bilden Rudolf Scharping, Oskar Lafontaine und Gerhard Schröder eine Art Triumvirat in der SPD. Scharping war von 1991 bis 1994 Ministerpräsident von Rheinland-Pfalz, 1994 Kanzlerkandidat der SPD. Er ist ein Mann, mit dem man rechnen muss. Lafontaine war von 1985 bis 1998 Ministerpräsident des Saarlandes und 1990 Kanzlerkandidat der SPD. Auch er brennt vor Ehrgeiz. Alle drei wissen, es kann nur einen geben, der an der Spitze steht. Hinter den Kulissen brodelt es. Ein Intrigenstadel sondergleichen entspinnt sich.

Ohne dass es jemand vorausgesehen hätte, entmachtet der mit allen Wassern gewaschene Lafontaine Rudolf Scharping als Parteivorsitzenden, er demontiert ihn förmlich in einer Rede auf einem Parteitag. Lafontaine wird zum neuen Parteichef gewählt. Beobachter wissen es: Lafontaine und Schröder – das sind die beiden neuen starken Männer; nichts passiert mehr ohne sie in den oberen Etagen der SPD.

Scharping ist ausgebootet, es gibt kein »Triumvirat« mehr, sondern nur eine »Duarchie«. Beobachter aber urteilen, dass sich die SPD schwer oder überhaupt nicht von zwei Königen regieren lässt. Während Schröder und Lafontaine sich im Rampenlicht umarmen und mit Komplimenten wechselseitig überschütten, werden hinter dem Rücken bereits die Messer gewetzt. Der Presse teilt Lafontaine später den berühmten Satz mit: »Zwischen uns passt kein Blatt.« Eines Tages wird aus dem Blatt ein ganzer Wald werden.

1998 holt Schröder erneut die absolute Mehrheit in Niedersachsen. Jetzt ist er unangreifbar. Er ist der strahlende Wahlsieger. WER entscheidet über den ersten Mann an der Spitze? Der Wahlerfolg. Sofort wird Schröder zum Kanzlerkandidaten der SPD gekürt. Lafontaine schäumt hinter den Kulissen, lächelt aber in jede Kamera und zwingt die Mundwinkel auseinander.

Schröder legt nun einen Wahlkampf aufs Parkett, der sich gewaschen hat, zunächst noch gemeinsam mit Lafontaine. Das Land ist »kohlmüde«. Das Unglaubliche passiert. Gerhard Schröder erhält zusammen mit den Grünen mehr als 50 Prozent der Stimmen in der BRD. Die erste rot-grüne Koalition wird auf Bundesebene gebildet.

Gerhard Schröder ist Bundeskanzler.

Nur ein Wässerchen trübt noch seine Freude: Oskar Lafontaine, sein Superminister in der neuen Regierung, neidet ihm im Grunde genommen das Kanzleramt. Er spuckt ihm ständig in die Suppe. Schröder lässt sich das nicht bieten. Er macht deutlich, dass der Bundeskanzler die Richtlinien der Politik bestimmt, *er* also, niemand sonst. Hinter den Kulissen findet der wüsteste Machtkampf statt, den man sich vorstellen kann. Schließlich wirft Lafontaine das Handtuch. Lafontaine kann es nicht verkraften, in die zweite Reihe gestellt zu werden. Er scheidet aus der Regierung aus und gibt sein Amt als Parteichef auf. Die gesamte SPD steht unter Schock. Schröder greift sich die Krone, die zweite Krone, sodass er nun zusätzlich auch noch Chef der SPD ist.

Schröder ist auf dem absoluten Gipfel der Macht angelangt.

Was er nicht weiß: Mit dem Amt des Bundeskanzlers hat er eine Unmenge neuer Probleme eingekauft, die ihm jetzt täglich nachgeworfen werden wie faules Obst.

Probleme, Probleme

Es ist eine Sache, die Macht zu erringen, aber eine ganz andere Sache, Macht geschickt auszuüben und darüber Bescheid zu wissen, wie man *wirklich* ein Land nach oben führt, abseits aller idealistischen Ideen und Parteivorstellungen. In der Theorie nimmt sich so manche Forderung wunderbar aus und verursacht, dass man Stimmen einheimsen kann, Wahlvieh-Stimmen, respektlos gesagt. Klopft jedoch die Praxis an die Tür, eröffnen sich gänzlich andere Perspektiven.

Ein Problem stellt die Weltpolitik dar. Plötzlich braucht Schröder einen weitaus größeren Blickwinkel. Greifen wir ein wenig vor: Bush II bricht 2003 den Irak-Krieg vom Zaun, weil Saddam Hussein angeblich über Massenvernichtungswaffen verfügt. Wie soll er sich verhalten?

Außerdem wachsen die Schulden Deutschlands in den Himmel. Hierfür ist er nicht direkt verantwortlich, sondern die Herrschaften Brandt, Schmidt und Kohl, alle früheren Bundeskanzler im Grunde, aber jetzt erbt er deren Probleme. Es nutzt nichts, über die Fehler seiner Vorgänger zu lamentieren, Lösungen müssen her.

Eine Rentenreform steht außerdem an, sowie eine Steuerreform. Während auf der einen Seite die »Idealisten« in der SPD Schröder vorbeten wollen, was »sozial« ist, ist auf der anderen Seite der Sack leer. Während die Linken alle Kapitalisten am liebsten zum Teufel jagen oder zumindest ordentlich schröpfen wollen, weiß Schröder: »Man kann nicht gegen die Wirtschaft regieren.«

Mit Mühe orientiert er sich in dem neuen Amt, das Herausforderungen bereithält, die schon größere Geister als ihn in die Knie gezwungen haben. Schieben wir seine Entscheidungen ein wenig auf.

Kaum hat er sich orientiert und den Schreibtisch in die richtige Ecke gestellt, steht auch schon der nächste Bundeswahlkampf vor der Tür.

4. Hinter den Kulissen: die Bundestagswahl 2002

Eine Wahl auf höchster Ebene zu gewinnen, ist eine Sache. Ein zweites Mal die Trophäe zu holen, eine ganz andere. Aufgrund der politischen Probleme sieht es zunächst schlecht für Schröder aus.

Betrachten wir diesen Wahlkampf etwas genauer, denn es handelt sich um ein regelrechtes politisches Theaterstück.[5]

Die Schlüsselfiguren im Wahlkampf des Jahres 2002

Manchmal lassen sich militärische Strategien eins zu eins auf die Politik übertragen, aber die Politik besitzt darüber hinaus ihre eigenen Finessen. Jedenfalls ist die Bundestagswahl des Jahres 2002 ein Lehrstück in Sachen Strategie.

Die Wahl ist an Spannung kaum mehr zu überbieten. Auf der einen Seite will das »blonde Fallbeil«, wie Edmund Stoiber von seinen Feinden genannt wird, in das Bundeskanzleramt einziehen, auf der anderen Seite steht der Politprofi Gerhard Schröder, eine »Mediensau«, wie ihn voller Respekt und respektlos zugleich einige bezeichnen. Es handelt sich ohne Frage um zwei großkalibrige Politgeschütze, die alles, aber auch wirklich alles versuchen, um den Gegner aus dem Rennen zu schlagen. Beide sind sie erfahren in allen Intrigen der Politik, beide haben sie ihre ärgsten Feinde überlebt, beide in einem wichtigen Bundesland die absolute Mehrheit geholt. Schröder ist bereits vier Jahre lang Bundeskanzler und daran gewöhnt, der erste Mann im Staate zu sein und mit den Großen der Welt wie selbstverständlich zu verkehren. Stoiber ist fast so etwas wie der König von Bayern, mit einer starken Hausmacht, ohne ihn läuft im Süden der Republik nichts. Ein Duell erster Güte steht an. Hinter den Kulissen werden die Geschütze in Stellung gebracht.

Der Kandidat der CDU/CSU ist anfänglich nicht unumstritten, denn da gibt es noch diese Angela Merkel, mit der man zumindest rechnen muss. Wichtige CDU-Landesfürsten müssen überzeugt werden, dass gegen einen eiskalten Politprofi wie Schröder nur ein Mann antreten kann, der ebenfalls mit harten Bandagen zu kämpfen versteht. Stoiber hat seine Äquatortaufe bereits bestanden. Er stammt aus dem Stall des Franz Josef Strauß. Der Meister aller Meister lehrte ihn persönlich politische Strategie. Stoiber hat außerdem schon eine steile Karriere hinter sich. 1978 bis 1983 war er unter FJS Generalsekretär der CSU. In dieser Funktion managte er den Bundestagswahlkampf mit Strauß an der Spitze. Strauß machte ihn mit allen Tricks vertraut. FJS selbst überstand zahllose Skandale heil und unbeschadet, die einen Mann von einem kleineren Kaliber buchstäblich umgebracht hätten. Strauß legte sich mit dem *Spiegel* an und mit vielen Spitzenpolitikern, er rieb sich an Brandt, Schmidt, Barzel und Kohl. Er verstand es, seine Gegner zu vernichten und seine Bewunderer zu höchsten Ämtern aufsteigen zu lassen. Er beleidigte fast jeden von Rang und Namen im Bundestag, erschien betrunken zu Fernsehauftritten und zog vor laufenden Kameras wie ein Pferdeknecht vom Leder.

Aus diesem Stall kommt Stoiber. Nach dem Tod von FJS erbt er dessen Thron in Bayern, nachdem 1993 Max Streibl über die sogenannte *Amigo-Affäre* gestolpert ist, einen Bestechungsskandal, der mit dem Kauf von Flugzeugen zu tun hatte. Spielen bei der Bestellung von sündhaft teuren Flugzeugen und bei Waffengeschäften Geheimdienste eine Rolle? *Nichts Genaues weiß man nicht*, hätte der bayerische Komiker Karl Valentin gespottet.

Stoiber erkämpfte jedenfalls mehrmals die absolute Mehrheit für die CSU und ist somit das beste Rennpferd im Stall der Partei. Fraglos ist er ein politisches Schwergewicht, das die CSU in bedingungsloser Nibelungentreue hinter sich weiß. Lediglich ein kleines Problem muss noch ausgeräumt werden: Angela Merkel.

Auf der anderen Seite steht Gerhard Schröder, der es ebenfalls verstand, in Niedersachsen die absolute Mehrheit zu erringen. 1998 schlug er außerdem Oskar Lafontaine aus dem Rennen, wie bereits beschrieben. Er ist der amtierende siebte Bundeskanzler Deutschlands und verfügt damit über den »Kanzlerbonus«. Mögliche Gegner schaltete er aus, wie den ehrgeizigen, zuletzt glücklosen Rudolf Scharping, den er noch kurz vor der Wahl als Bundesverteidigungsminister feuert, weil dieser zu viel mit einer Gräfin herumturtelt und für schlechte Schlagzeilen sorgt. Die SPD besitzt nur noch eine einzige wirkliche Führungsfigur, einen Übervater: Gerhard Schröder.

Er ist ein starker, knorriger, knochiger Kerl, ein Kämpfer, ein Homo politicus sondergleichen. Er kann Faustschläge austeilen, verbale Faustschläge. Er kann als »Genosse der Bosse« mit den Spitzen der Wirtschaft paktieren und eine aufmüpfige SPD mit salbungsvollen Worten wie ein Pfarrer einlullen. Er kann blitzschnell Pakte aufkündigen und neue Machtkonstellationen zu seinen Gunsten aus der Taufe heben. Schröder ist ein begabter Rhetoriker, der, wie ein Jesuit, aus Schwarz Weiß und aus Weiß Schwarz zaubern kann.

Aber es gibt ein mächtiges Problem: Rot-Grün hat abgewirtschaftet, die Umfrageergebnisse sind katastrophal. Schröder weiß, er muss einen Joker aus dem Ärmel ziehen, wenn er diese Wahl noch einmal gewinnen will. Er braucht eine zündende, hochintelligente, einzigartige Idee.

Stoiber und Merkel

Auf der anderen Seite läuft sich Edmund Stoiber inzwischen warm. Die Presse berichtet Gott sei Dank schlecht über Angela Merkel, sie macht sich über ihre Frisur lustig, ihr hausbackenes Wesen, ihre ungelenke Ausdrucksweise und verfolgt schadenfroh jeden Versprecher. Hm, wer wohl hinter dieser Demontage steckt? Die Sterne stehen jedenfalls günstig für Stoiber.

Merkel besitzt keine Hausmacht. Ihr haftet im Gegenteil der Geruch an, aus dem Stall des abgehalfterten Helmut Kohl zu kommen, der völlig in der politischen Versenkung verschwunden ist und an dem die Presse momentan kein gutes Haar lässt. Sie ist offenbar nur ein Emporkömmling und geradezu durch Zufall in hohe und höchste Ränge aufgestiegen. Ist sie nicht eigentlich nur eine Quotenfrau und eine Quotenostlerin? Und außerdem: Kann man gegen eine »Mediensau« wie Gerhard Schröder ein Engelchen wie Angela Merkel überhaupt ins Rennen schicken? Muss da nicht ein alter, altgedienter Haudegen her, der mit dem Krieg auf dem politischen Parkett vertraut ist? Einer, der durch die harte Schule gegangen ist, am besten durch die Schule des großen Franz Josef Strauß? Mit anderen Worten: Muss nicht er selbst an die Front?

Die Stimmung in der CDU schwankt.

Hinter den Kulissen machen beide, Merkel und Stoiber, eifrig Besuche bei den Herzögen, die den König küren werden. Versprechungen werden abgegeben, Sympathien eingekauft und Gunstbeweise in Aussicht gestellt. Die CDU ist nicht unbedingt in den Bayern verliebt, zudem verlor ja einst selbst Strauß die Bundestagswahl. Würde Stoiber nicht ebenso polarisieren? Würde er nicht die politische Mitte vergraulen? Würden Weißwurscht, Bierkrüge und Lederhosen ausreichen, um das deutsche Volk in seiner Gesamtheit zu überzeugen?

Aber die Alternative ist »Kohls Mädchen«, diese etwas blasse Ostlerin, hochintelligent und sympathisch sicherlich, aber kann sie in der Schlangengrube der Tagespolitik überhaupt überleben? Hat sie schon jemals wirklich Kugeln um die Ohren pfeifen hören?

Wieder werden von beiden Kandidaten hinter den Kulissen eifrig Besuche abgestattet. Schließlich schlägt sich Roland Koch, der damalige hessische Ministerpräsident, offen auf die Seite des Bayern, der ihn dafür insgeheim mit einigen Versprechungen ködert, wie man vermuten darf. Koch wiederum steht mit Christian Wulff, seinerzeit niedersächsischer Ministerpräsident, in engem Kontakt. Und so gewinnt Stoiber, fast unsichtbar für Außenstehende, die Vorwahl zur Kanzlerkandidatur, indem er die richtigen Strippen hinter den Kulissen zieht und Angela Merkel langsam aber sicher ins Abseits manövriert. Als feststeht, dass Stoiber die CDU/CSU als Kanzlerkandidat repräsentieren wird, schlägt sein Herz vor Freude im Dreivierteltakt. Er sieht sich bereits auf dem Kanzlerstuhl Platz nehmen und huldvoll sein Ohr dem einen oder anderen Untertanen leihen. Er stellt sich vor, die richtigen Entscheidungen für Deutschland zu treffen und die verhassten Linken weit abgeschlagen hinter sich zu lassen.

Jedoch rechnet er nicht mit dem politischen Boxerinstinkt und dem strategischen Genie eines Gerhard Schröder.

Schröder und Fischer

Schröder auf der Gegenseite besitzt einen Joker, um den ihn so mancher beneidete: Er verfügt über einen hochintelligenten, geradezu charismatisch begabten Außenminister, Joschka Fischer, ebenfalls unglaublich talentiert in Sachen Rhetorik und Strategie.

Fischer kämpfte sich ebenfalls aus dem Abseits nach oben. Noch 1967 war er im Rahmen der außerparlamentarischen Opposition (APO) damit beschäftigt, Adorno und Habermas, Marx und Mao zu studieren. Er warf sogar Molotowcocktails. Die Straßenschlachten mit der Polizei härteten ihn ab.

Trotzdem wählte man ihn 1983 in den Deutschen Bundestag. Langsam aber sicher avancierte er zur Leitfigur und zum Übervater der Grünen. Nie ließ er sich seine große Klappe verbieten, nie nahm er ein Blatt vor den Mund. »Mit Verlaub, Herr Präsident, Sie sind ein Arschloch!«, rief er einst dem Bundestagsvizepräsidenten Richard Stücklen während einer Parlamentsdebatte zu. Nie duckte er sich weg. Fischer war kein »Untertan« im Sinne Heinrich Manns, er war im Gegenteil einer dieser ewigen Rebellen, die die Leute liebten, weil sie es wagten zu sagen, was andere nicht zu sagen wagten. Fischer konnte sein Maul himmelweit aufreißen und besaß die Begabung, treffsicher zu formulieren. Er konnte mit Sentenzen zustoßen wie mit einem Dolch. Durch seine Offenheit wirkte er sympathisch, auch weil er sich ernsthaft für den Frieden einsetzte, für Außenseiter und für eine saubere Umwelt. Mein Gott, wie konnte man einen solchen Mann nicht mögen? Es handelte sich um eine Ausnahmeerscheinung, die ein wenig Abwechslung in die stromlinienförmige, aalglatte Welt der Politik einbrachte. In puncto Redegewandtheit steckte dieser freche, dreiste, laute Grüne alle in die Tasche.

Im Jahre 1985 legte er in Turnschuhen den Eid für ein Ministeramt in Hessen ab. Als erster grüner Staatsminister für Umwelt und Energie leitete er einen Wechsel im gesamten politischen Gefüge Deutschlands ein. Tagelang sprach die Presse von nichts anderem als von diesem ewigen Revoluzzer, der den Langweilern in den teuren Zwirnen das Fürchten lehrte und die Politik ordentlich aufmischte. 1987 übernahm er den Vorsitz der Landtagsfraktion der Grünen in Hessen, unter Hans Eichel wurde er Umweltminister und Stellvertreter des Ministerpräsidenten. Er wandelte sich zum »Realo«, häutete sich und wurde 1998 zum Vizekanzler und Außenminister im Kabinett Schröder ernannt, das zweitwichtigste Amt der Republik. Fischer überlebte zahlreiche Heiraten und Scheidungen, Fressorgien und Abmagerungskuren, ohne dadurch in der Gunst der Wähler zu sinken.

Dieser Publikumsliebling der Politik steht Schröder also zur Seite. Zudem bietet sich auf einmal die Möglichkeit, das Ruder vielleicht doch noch in letzter Minute herumzureißen. Ein Texaner aus den USA in Cowboyhut und Cowboystiefeln, der Präsident der Vereinigten Staaten von Amerika, droht, in den Irak einzumarschieren und Saddam Hussein von seinem Thron zu stoßen. Der Grund? Angeblich gebe es dort Massenvernichtungswaffen, *weapons of mass destructions*. Später stellt es sich heraus, dass die CIA Fehlinformationen aufgesessen ist. Selbst der BND fütterte die CIA zusätzlich mit falschen Fakten, denn »Curveball«, ein BND-Informant, ist mitschuldig an dem Irak-Krieg. Curveball, wie das Pseudonym für Rafid Ahmed Alwan lautet, ist ein deutscher Staatsangehöriger irakischer Herkunft. Nach seiner Ankunft in Deutschland behauptet er, an irakischen Programmen zur Entwicklung von Massenvernichtungswaffen beteiligt gewesen zu sein, unter anderem habe er in einem Bio-Labor Saddam Husseins gearbeitet. Später, zu spät, stellt es sich heraus, dass Curveball lügt wie gedruckt.

Schröder und Fischer gehen mit den Händen hinter dem Rücken spazieren und überlegen angespannt. Ist das ein Wink des Schicksals? Kann man im letzten Augenblick doch noch eine Wahlschlappe vermeiden?

Stoibers Taktik

Auf der anderen Seite ist der rührige Bayer nicht saumselig. Die Umfragewerte sehen fantastisch aus. Eigentlich braucht man im christlichen Lager nur zuzusehen, wie sich Rot-Grün weiter in den Abgrund manövriert. Aber er, Stoiber, braucht noch einen Bonus. Er muss Kompetenz demonstrieren, vor allem Wirtschaftskompetenz. Suchend sieht er sich um. Und da erblickt er eine Figur, der es von Hause aus eigentlich in die Wiege gelegt worden ist, eines Tages selbst Kanzler zu werden: Lothar Späth. Der beliebte Ex-Politiker glänzte nicht nur im Schwabenländle, Späth war es darüber hinaus auch gelungen, marode DDR-Betriebe zu sanieren. Ein Top-Manager und ein Spitzenpolitiker in Personalunion, brillant und intelligent, ein Bündel an Energie und strotzend vor Selbstbewusstsein, kurzum ein Mann mit hervorragenden Führungsqualitäten! Was wäre, wenn … man diesen Lothar

Späth der eigenen Riege einverleibt? Späth wird kontaktiert. Er ziert sich zunächst, wie es sich für eine Jungfrau gehört, die zum zweiten Male heiratet. Schließlich beansprucht Späth beträchtliche Macht, er verlangt, dass das Wirtschaftsministerium mit dem Arbeitsministerium zusammengelegt werden muss und fordert das künftige neue Superministerium, das entstehen soll, für sich. Stoiber zögert einen kurzen Moment. Dann gibt er grünes Licht.

Am nächsten Tag strahlt das »blonde Fallbeil« wie ein Honigkuchenpferd.

Ein echter Coup ist geglückt. Einer der angesehensten Politiker Deutschlands, der vormals über eine läppische Affäre stolperte, mischt mit in der Truppe um Eddie Stoiber, er befindet sich in seiner Truppe. Späth, ein mit allen Wassern gewaschener Hochkaräter, wird sich wacker für ihn schlagen. Er wird ihm helfen, den höchsten aller Throne, der in Deutschland zu vergeben ist, zu besteigen. Der Späth-Bonus wird den Fußballer Schröder ins Abseits manövrieren. Die Welt sieht plötzlich freundlich aus.

Weltpolitik und Hilfe von oben

Aber ach, Stoiber rechnet nicht mit dem Instinktpolitiker Schröder. Eines Tages tut sich schier der Himmel auf. Doch es erscheint nicht etwa Gott in den Wolken, um seinem Sohn Schröder zur Seite zu stehen, sondern es regnet Bindfäden. Wochenlang gießt es in Strömen. Eine Flutkatastrophe sucht Ostdeutschland heim. Schröder jubelt. Er krempelt die Ärmel auf. Das ist ein Fingerzeig. Jetzt kann er seine Kompetenz demonstrieren. Wie ehemals Helmut Schmidt präsentiert er sich als mutiger, zupackender Kanzler, als ein Mann, der jeder Katastrophe Paroli bieten und ins Auge sehen kann. Mehr als einmal lässt er sich telegen im Zusammenhang mit der Flutkatastrophe ablichten. Kurz gesagt kann er die Katastrophe zu seinen Gunsten ausnutzen. Schröder ist ein Meister des politischen Judo, was darauf hinausläuft, die Bewegungen des Gegners zum eigenen Vorteil umzubiegen. Die Flutkatastrophe ist ein solcher Gegner. Schröders Umfragewerte steigen.

Darüber hinaus bietet sich eine zweite Chance. Bush II, der Amerikaner, ist gerade dabei, eine der größten Dummheiten der Weltgeschichte zu inszenieren: den Krieg im Irak. Natürlich verkauft Bush junior seinen Krieg geschickt. Er spricht von Massenvernichtungswaffen (*weapons of mass destruction*), die der Diktator von Bagdad angeblich besitzt. Er stellt einen Bezug zu 9/11 und zu Al-Qaida her. Er bedient sich jedes verlogenen und erfundenen Argumentes, das man ersinnen kann. Tatsächlich wird der aufziehende Krieg von den verschiedenen Fernsehanstalten in Deutschland, in den USA, in Großbritannien, im Irak und in anderen arabischen Ländern, in Russland, Frankreich und so weiter, vollkommen widersprüchlich kommentiert.

Komiker könnten glauben, es handele sich um verschiedene Ereignisse. Die Stimmung im Volke fühlend macht Schröder Opposition gegen diesen Krieg. Frankreich, China und Russland stimmen in den Anti-Kriegs-Tenor mit ein. Es ist gewiss ein unpopulärer Krieg, er ist außerdem nicht durch die UN abgesegnet. Und so kann es Schröder wagen, gegen diesen Krieg lautstark die Stimme zu erheben. Mit anderen Worten: Der Irak-Krieg wird in Deutschland völlig aus der innenpolitischen Perspektive betrachtet. Die alte Vasallentreue zu den übermächtigen USA, normalerweise heiliges Gebot aller Parteien in Deutschland, wird aufgekündigt. Joschka Fischer bläst in das gleiche Horn. Die Presse in Deutschland geht mehr als kritisch mit dem Irak-Krieg ins Gericht. Und man kann es sich leisten: Steht doch schließlich die eigene Regierung dem Krieg skeptisch gegenüber. Friedensdemonstrationen sind an der Tagesordnung. Das ist die Chance! Die Wahl könnte doch noch gewonnen werden.

Und so setzt sich der deutsche Bundeskanzler die Friedenstaube auf die Schulter – fraglos auch eine wahlstrategische Entscheidung.

Das Ergebnis: Die Stimmung kippt endgültig. Die SPD und die Grünen gewinnen an Boden. Die CDU/CSU sieht mit Entsetzen, wie ihr Vorsprung jeden Tag mehr und mehr zusammenschmilzt. Und schließlich schlägt die Stunde der Wahrheit.

Wahlsieg

Rot-Grün gewinnt nicht mit Pauken und Trompeten, aber das Duo Schröder/Fischer hat die Nase vorn. Die beiden können ihr Glück kaum fassen, als sie siegen. Herausforderer Stoiber dagegen versteht die Welt nicht mehr.

Die Sitzverteilung sieht so aus:

SPD	251 Sitze
CDU	190 Sitze
CSU	58 Sitze
Grüne	55 Sitze
FDP	47 Sitze
PDS	2 Sitze

Ja, die SPD steckt herbe Verluste ein, aber Rot-Grün erobert wieder die Mehrheit, wenn auch knapp.

Zielgruppenanalyse

Natürlich geht sofort das große Rätselraten los. Zielgruppen werden genau unter die Lupe genommen. Alles wird akribisch auseinanderklamüsert. Man fahndet wie verrückt nach den Gründen, warum einzelne Berufe so gewählt haben, wie sie gewählt haben. Weiter werden die einzelnen Bundesländer genauestens untersucht und die Power der Landesfürsten durchleuchtet. Die Wahlforschung erlebt ein Hoch. Der Einfluss der Massenmedien wird in Rechnung gestellt, besonders die Fernsehduelle der Kandidaten betrachtet man unter dem Vergrößerungsglas. Ost-West-Unterschiede werden analysiert, internationale Trends erforscht und ein Haufen Unsinn geschwatzt. All diese scheinbar so scharfsinnigen Analysen liefern wenig neue Antworten. Unzweideutig ist hingegen, dass die Wahl entschieden worden ist

1. durch das strategisch hochintelligente (Gegner nannten es: populistische) Verhalten Gerhard Schröders angesichts der Flutkatastrophe und

2. durch die Entscheidung, öffentlich gegen den Irak-Krieg Stellung zu beziehen und ein »No!« in Richtung der USA zu schleudern, genauer gesagt gegen Mr. Bush.

Zwei strategische Entscheidungen gaben den Ausschlag. Aktuelle Gegebenheiten blitzschnell aufgreifen und zum eigenen Vorteil ummünzen zu können, verlangt wahltaktisches und wahlstrategisches Genie.

Insofern gibt es in der Politik keine simple mathematische Formel, wie man Wahlen gewinnt. Die Zukunft lässt sich nicht mit einer hübschen Gleichung hochrechnen. Es ist immer das Individuum, der einzelne gewitzte, strategisch begabte Politiker, der das Ohr am Puls der Zeit hat, der letztlich gewinnt. Schröder im Jahr 2002 ist ein Musterbeispiel dafür, wie allein durch die richtige Strategie eine fast ausweglose Situation wieder umgebogen werden konnte. Fast immer gewinnt der »starke«, zupackende Mann, wenn es sich um Notsituationen handelt. Das Volk sehnt sich nach einer Vaterfigur, nach einem aktiv handelnden Krisenmanager, der energisch eingreift, wenn es hart auf hart kommt.

Was die Entscheidung Schröders hinsichtlich des Irak-Krieges angeht, so handelte es sich freilich um die heikelste aller Fragen und die schwierigste strategische Entscheidung. Es war notwendig, ein Gefühl für die *Geschichte Deutschlands* zu besitzen. Deutschland verlor ehemals zwei Weltkriege. Fünfzig Jahre Frieden bewiesen darüber hinaus, wie klug es war, sich vom Krieg generell fernzuhalten. Die Medien schrieben zudem seit Jahrzehnten gegen das Dritte Reich und gegen die Gräuel des Krieges an. Fingerspitzengefühl für historische Sachverhalte ist unverzichtbar für den Politiker, der Wahlen gewinnen will.

Soweit so gut.

Aber fragen wir uns nun: Wie hat man eigentlich die konkreten Entscheidungen Schröders als Bundeskanzler zu bewerten? Aus einer historischen Perspektive? Es wird noch einmal spannend.

5. Politische Entscheidungen – im Lichte der Geschichte

Mit einem größeren historischen Rückspiegel ausgestattet ist es sehr viel leichter, Entscheidungen im politischen Raum zu beurteilen. Die Tagespolitik verführte mehr als einen Staatenlenker, unrichtige Entscheidungen zu treffen. Halten wir es knapp und untersuchen wir die Richtlinien und Initiativen Schröders im Telegrammstil.

Krieg im Irak

Es war richtig, Bush II einen Korb zu geben, was den Irak-Krieg anging. Schröder wollte von der »amerikanischen Kriegstreiberei«, wie er dies nannte, nichts wissen. Bravo!

Geschichte lehrt an 101 Beispielen, dass Kriege generell die (Wirtschafts-)Statistiken zum Absturz bringen und nicht zum Wohl der Bevölkerung beitragen, inzwischen sogar, wenn sie gewonnen werden. Es gibt nur wenige Ausnahmen, da Kriege nicht zu vermeiden sind, wie absolut notwendige Verteidigungskriege oder der Kampf gegen die Nazis. Generell sind (gefühlte) 95 Prozent aller Kriege unnötig. Ein kluger Staatenlenker vermeidet Krieg mit allen erdenklichen Mitteln.

Was die wichtigste Entscheidung während seiner Regierungszeit anging, lag Schröder richtig.

Schuldenpolitik

Es war auf der einen Seite begrüßenswert, zu versuchen, das Haushaltsloch nicht noch weiter auszufransen. Aber die Gesamtverschuldung stieg unter Schröder, konkret von 1,16 Milliarden Euro auf 1,49 Euro. Das Klassenziel wurde nicht erreicht.

Der Fairness halber muss man jedoch auch diesen Umstand festhalten: Schröder erbte eine riesige Schuldenlast, für die er nicht allein verantwortlich war.

Rentenreform

Eine echte, tiefgreifende Rentenreform hätte noch radikalere Abstriche machen müssen. Aber angesichts des Zwanges, das Wahlvolk nicht zu vergraulen, und angesichts der Strömungen innerhalb der SPD war kaum mehr durchzusetzen.

Immerhin senkte Schröder die Renten, was eine richtige Regierungsentscheidung war, vom Gesichtspunkt des Staatenlenkers aus gesehen. Als die Renten jedoch purzelten, organisierte die CDU genüsslich eine Anti-Schröder-Kampagne, woraufhin die SPD in vielen Landtagswahlen Rückgänge zu verzeichnen hatte.

Schröder befand sich in diesem Dilemma: Entweder konnte er richtige Regierungsentscheidungen treffen und Wahlen verlieren – oder falsche Regierungsentscheidungen treffen und Wahlen gewinnen. Es besaß die Wahl zwischen dem Teufel und dem Beelzebub.

Steuerpolitik

Weiter wäre es korrekt gewesen, die Steuern zu senken. Dies war schon unter seinen Vorgängern versäumt worden. Angesichts der Staatsverschuldung und der eingegangenen Verpflichtungen schien ein solcher Schritt jedoch unmöglich. Weiter verlangte es die »Ideologie« innerhalb der SPD, auf »mehr Staat« und also auf höhere Steuern zu setzen. Der Wind blies Schröder gleich zweimal ins Gesicht.

Halten wir noch einmal fest: Als Historiker kann man flott auf die Fehler anderer verweisen. Als Politiker ist man entsetzlichen Sach- und Personalzwängen ausgesetzt. Schröder versuchte immerhin, den Schaden zu begrenzen. Insgesamt riss er aber das Ruder nicht herum.

Die Agenda 2010

Ähnlich ist über das »Hartz-Konzept« zu urteilen, benannt nach dem Vorsitzenden Peter Hartz. Schröder bewies Mut, als er Abstriche an dem »Sozialstaat« machte, aber der linke Flügel der SPD ging auf die Barrikaden. Schröder erhob sich über diese Kritik und paukte das Projekt durch. Doch auch der Europäische Gerichtshof sowie das Bundesverfassungsgericht machten gegen Teile der Agenda 2010 mobil.

Betrachten wir nur das Ergebnis: Die kurzzeitige Arbeitslosigkeit wurde zurückgefahren, grundsätzlich wurden Arbeitslose besser und intensiver betreut. Auch die Anzahl der Langzeitarbeitslosen ging um 700 000 auf 2,3 Millionen zurück – wenn man seine Regierung im Überblick betrachtet.[6] Kritiker bezweifelten jedoch später solche Zahlen, wie etwa Hermann Scherl, Professor für Sozialpolitik an der Universität Erlangen. Er sprach von einem Rückgang um höchstens 400 000.[7]

So oder so, die Initiative, bei allen Mängeln, muss man als Erfolg werten.

Dennoch muss man gleichzeitig auch den Ansatz kritisieren dürfen. Aus historischer Perspektive geurteilt, geht man das Problem der Arbeitslosigkeit sehr viel effektiver an, wenn man als Staatenlenker aktiv bestimmte Projekte ins Leben ruft.

Die besten Regenten der Geschichte sorgten *persönlich* dafür, dass neue Kooperationen und Möglichkeiten aus dem Boden gestampft wurden. Sie hielten persönlich Rücksprache mit zahlreichen Großhändlern, Wirtschaftsfürsten und Unternehmern und schufen aktiv Arbeit. Sie strömten nur so über von konstruktiven Ideen.

Im alten Griechenland machte sich in dieser Beziehung Solon von Athen, den wir bereits kennengelernt haben, einen guten Namen. Er sorgte für einen unendlichen Aufschwung, indem er die Wirtschaft persönlich ankurbelte.

Im alten Rom war es Augustus, der in persona für einen geradezu sagenhaften Wirtschaftsenthusiasmus sorgte.

In der Neuzeit senkte Donald Trump in den USA nicht nur die Steuern und strich radikal unnötige Verordnungen, sondern er umgab sich zudem systematisch mit Unternehmern, die Arbeit schufen, und rief mehrere Projekte selbst ins Leben. Die Arbeitslosigkeit in den Vereinigten Staaten sank daraufhin auf einen historischen Tiefststand – auch was Frauen, Afroamerikaner und Latinos betraf.

In Texas gingen einige Gouverneure nicht anders vor: Sie kontaktierten persönlich Unternehmen, lockten sie mit niedrigen Steuern in ihr Land und schufen auf diese Weise massenhaft Arbeit.

Wenn man der Arbeitslosigkeit effektiv zu Leibe rücken will, fördert man systematisch diejenigen, die Arbeit schaffen: Selbstständige, Unternehmer, den Mittelstand und die Industrie. Man fördert neue Ideen und neue Technologien und sorgt im Idealfall für eine von Enthusiasmus begleitete, ökonomische Aufbruchsstimmung.

Es war nicht falsch, dass Schröder die Sozialausgaben beschnitt, aber dies führte nicht zu Wachstumsimpulsen. Richtiger wäre es gewesen, wenn der Bundeskanzler selbst die Ärmel aufgekrempelt und der Wirtschaft persönlich Rückenwind gegeben hätte, mit konkreten Projekten und Ideen. Lothar Späth wäre hierfür der ideale Partner gewesen.

So aber führte der »Sozialabbau«, der mit der Agenda 2010 einherging, zu einem Popularitätsverlust Schröders und der SPD und zu vorgezogenen Neuwahlen im Jahre 2005.

Ende und Anfang

Die SPD mit Schröder geriet nach der Wahl nur mehr zur zweitstärksten Partei Deutschlands. Der Bundeskanzler hatte die anstehenden Probleme nicht gelöst, was vom Ansatz her vielleicht kaum möglich war, speziell angesichts der »Wirtschafts-Philosophie« der radikalen Linken, die Unternehmer noch immer verteufeln. Dabei lehrt Geschichte dies:

Unternehmer und der Mittelstand sind der Schlüssel zu einer florierenden Wirtschaft. Die obersten 0,01 Prozent ökonomischer Intelligenz auszubremsen ist schiere politische Dummheit. Dass man auch für eine größere soziale Gerechtigkeit sorgen muss, steht auf einem anderen Blatt und soll nicht in Abrede gestellt werden.

Schröder gelang innerhalb der SPD der Spagat zwischen Sozialismus und Kapitalismus nicht. Und so scheiterte er als Bundeskanzler an der

Ideologie seiner eigenen Partei. Obwohl die SPD nur als zweitstärkste Partei aus dem Wahlkampf hervorgegangen war, erklärte Schröder dennoch trotzig, erneut Bundeskanzler werden zu wollen, mit Angela Merkel als Stellvertreterin und mit der CDU als Koalitionspartner. »Das Merkelchen« könne den Job nicht bewältigen, das vermöge nur ein Schröder. Jedenfalls war Schröder nicht bereit, sich Angela Merkel, der Wahlsiegerin, unterzuordnen.

Aber die CDU-Recken winkten natürlich ab, sie lächelten spöttisch. Endlich hatte man Schröder in seine Schranken gewiesen. Die »Roten« würden verschwinden und die »Schwarzen« wieder herrschen.

Schröder trat ab. Ein bedeutender Abschnitt seines Lebens ging zu Ende. Der ehemalige Bundeskanzler machte auf dem Absatz kehrt und suchte sofort nach einem neuen Anfang.

6. Die wundersame Wandlung oder: Wer ist Putin?

Es ist für Gerhard Schröder nicht leicht, sich völlig neu zu orientieren.

Nun gelten plötzlich nur noch die »Marktgesetze« von Angebot und Nachfrage, keine politischen Strategien sind gefragt. Schröder sucht nach einem neuen Selbstverständnis und einer neuen Aufgabe. Er wird zunächst wieder als Rechtsanwalt tätig, darüber hinaus als Lobbyist.

Unter anderem ergattert er einen Beratervertrag für die »Ringier AG«, ein Medienunternehmen mit rund 7000 Mitarbeitern und etwa 1000 Millionen Schweizer Franken Umsatz. Die Ringier AG hat ihren Hauptsitz in der Schweiz, tätig ist sie im Printbereich, im TV-Business sowie im Radio-, Internet- und Handy-Geschäft.

Soweit nichts Außergewöhnliches. Wirklich ins Gerede bringt ihn jedoch die Kooperation mit der »Nord Stream AG«, die zu 51 Prozent der russischen »Gazprom« gehört. Gazprom? Hierbei handelt es sich um das weltweit größte Erdgasförderungsunternehmen. Die Gazprom schreibt einen Umsatz von rund 90 Milliarden US-Dollar, der Hauptsitz befindet sich in Moskau. Der russische Staat, und damit Putin, kontrolliert 50 Prozent. Jürgen Roth, ein investigativer Journalist, behauptet, Gazprom stehe »für Korruption, für eine gigantische Selbstbereicherung ... der neuen russischen Business-Elite und für kriminelle Strukturen.«[8]

Greenpeace kritisiert vor allem, dass Gazprom auch in der Arktis nach Öl bohrt.

Putin verfügt natürlich in letzter Konsequenz darüber, wer welche Position besetzen darf. Er hebt Schröder auf einen hohen, lukrativen Posten. In der Folge setzt sich jetzt Schröder für eine neue Pipeline ein, die von Russland nach Deutschland führen und Deutschland mit Gas versorgen soll.

Schröder wird Vorsitzender des Aktionärsausschusses bei der Nord Stream AG. Laut dem *Manager Magazin* sackt er 250 000 Euro pro Jahr für seine Dienste ein.[9]

In Deutschland jault man auf. Von allen Seiten wird Schröder kritisiert. Selbst die Grünen, seine ehemaligen Bündnispartner, bezeichnen es als »politische Eselei« und als »unanständig«.[10] Befindet sich Schröder in der Kralle Putins? Ist er ein Lobbyist des Kremls?

Wie hat man Putin eigentlich zu bewerten, wie einzustufen? *Wer ist Putin*? Ist er wirklich so furchtbar, wie man allgemein munkelt? Erlauben wir uns einen Ausflug in die Vita des undurchsichtigsten Mannes der Welt.

Wladimir Wladimirowitsch Putin

Geboren wird Putin 1952 in einer einfachen Arbeiterfamilie, wo Schmalhans Küchenmeister ist. Der Vater ist überzeugter Kommunist, dem Sohn schmeckt diese Politphilosophie zunächst nicht. Er selbst bekennt, dass er sich als Knabe gerne prügelt, später gerät er in verschiedenen Kampfsportarten zu einer kleinen Berühmtheit. Er besitzt den Schwarzen Gürtel im Judo, eine Disziplin, innerhalb der er es bis zum Leningrader Stadtmeister bringt. Aber er kann auch exzellent boxen und beherrscht *Sambo*, eine russisch-sowjetische Kampfsportart, die sich bestimmter Ringer-Techniken bedient, doch auch aus Elementen des Judo und Jui-Jitsu besteht. Bis heute trainiert Putin Judo regelmäßig.

Früh interessiert er sich für das Spionagegeschäft, vielleicht angeregt durch einige Filme, die das Metier idealisieren. In der Folge bewirbt er sich bei dem berüchtigten KGB, dem sowjetischen Geheimdienst, dessen Vergangenheit furchtbar ist.

Er heiratet 1983 eine Deutschlehrerin und beherrscht schon bald Deutsch in Perfektion. Zudem tritt er der russisch-orthodoxen Kirche bei und absolviert ein Jura-Studium.

1975 wird sein Traum wahr: Er steigt auf zum KGB-Offizier. Man ordnet ihn der Abteilung Auslandsspionage zu. Er lernt, andere abzuhören und entwickelt sich zu einem Funkspezialisten. Einer seiner Jobs besteht darin, Dissidenten auszuhorchen und danach mundtot zu machen. Seine Feinde behaupten, dass er das gesamte schmutzige Handwerk des KGB von der Pike auf erlernt – und wir können ihnen nicht widersprechen.

Putin besucht sogar die KGB-Hochschule in Moskau, wo er in die letzten Finessen des Spionage- und Propagandageschäftes eingeweiht wird. 1985 schickt man ihn in die DDR – ein Sprungbrett nach oben, denn die Deutschen sind wichtig in den geopolitischen Auseinandersetzungen zwischen den Amerikanern und den Russen. Putin steigt höher und höher in den KGB-Rängen. Er lernt, wie man geschickt Spitzel anheuert und andere unauffällig überwacht.

Als die Sowjetunion 1990 auseinanderbricht, befehlen ihm seine Vorgesetzten, nach Leningrad, heute St. Petersburg, zurückzukehren. Dort boxt er sich erneut nach oben. 1991 ernennt man ihn zum Leiter des städtischen Komitees für Auslandsbeziehungen. 1992 steigt er gar auf zum Vizebürgermeister. Spätestens hier schnuppert er die Luft der ganz hohen Politik, denn niemand ist in Russland so mächtig wie die beiden Politcliquen in Moskau und in Leningrad.

Doch plötzlich schwebt ein Damoklesschwert über ihm: Putin wird mit einem Bestechungsfall in Zusammenhang gebracht. Und schlimmer: Ihm werden Verbindungen zur russischen Mafia nachgesagt.

Die russische Mafia

Die *Russkaja Mafia*, die russische Mafia, oder auch einfach *Bratwa*, die *Bruderschaft* genannt, gehört zur organisierten Kriminalität. Zu Zeiten der Sowjetunion tyrannisiert sie nur die Menschen im eigenen Land, nach 1990 breitet sie sich in alle Himmelsrichtungen aus. Die beiden wichtigsten Zweige existieren in Moskau, doch auch in St. Petersburg gibt es ein Mafia-Kartell. Selbst in Deutschland ist die russische Mafia aktiv, sie versteht es jedoch exzellent, im Verborgenen zu operieren. Es gibt eigene Mafia-Organisationsstrukturen, die von ganz unten nach ganz oben führen, eine geheime, nur den Eingeweihten verständliche Sprache und sogar bestimmte Verhaltenskodizes – die Ähnlichkeiten zur italienischen Mafia sind frappierend. Zur Ausbreitung der organisierten Kriminalität trägt auch der Zerfall der Sowjetunion bei, denn es hagelt Entlassungen. Es entsteht eine neue Schattenwirtschaft und die Korruption nimmt zu. Natürlich ist im Rahmen der russischen Mafia jede Art von Verbrechen denkbar: Ein »kleiner Mord« gehört selbstverständlich zu ihrem Repertoire, aber auch Schutzgelderpressung, Drogenhandel, Bestechung, Korruption, Glückspiel sowie Waffen- und Menschenhandel, kurz alles, was Bares in die Kasse spült.

Selbst in den obersten Zirkeln, bei den schwerreichen sogenannten *Oligarchen*, ist die *Bratwa*, die Bruderschaft, anzutreffen. Als *Oligarchen* (griech. *oligoi = wenige*, griech. *archon = Herrscher, Führer*) bezeichnet man einige »wenige Herrscher« oder Wirtschaftsführer in Russland, sprich Tycoons, die aufgrund ihrer Reichtümer über ganze Branchen oder Regionen herrschen. Die Oligarchen sind die Milliardäre, die Superreichen Russlands, in ihrem Besitz befinden sich unter anderem Öl- und Gasfirmen. Sie sind reicher als Gott. Selbst die Oligarchen verfügen also über gut geschmierte Seilschaften zur Mafia.

Vielfach sind die neuen Arbeitslosen in der Russkaja Mafia anzutreffen, aber dort finden auch Soldaten und Ex-KGB-Genossen Unterschlupf, die ihre Jobs durch die politischen Umwälzungen verloren haben. Ferner finden sich hier zahlreiche (Kampf-)Sportler, wie Boxer oder Sambo-Kämpfer.

Es ist bis heute unbekannt, wie sich Putin aus den Vorwürfen herauswindet, Drähte zur russischen Mafia zu besitzen. Fest steht nur, er verschwindet aus St. Petersburg. Als sein Gönner, der bislang seine schützende Hand über ihn gehalten und ihm den Aufstieg in der Stadt ermöglicht hat, die (Wieder-)Wahl zum Bürgermeister verliert, tritt auch Putin von allen Ämtern zurück. Blitzschnell orientiert er sich neu. Am Horizont ist längst ein hellerer Stern aufgegangen, der den Namen Boris Jelzin trägt. Der Mann ist dabei, die gesamte Macht in Russland an sich zu reißen. Welch eine Kragenweite! Putin ist fasziniert und riecht eine neue Chance. Er bietet Jelzin an, ihn bei den russischen Präsidentschaftswahlen zu unterstützen.

Fakten, Fakten, Fakten

Putin steigt immer höher, wir brauchen nicht jeden Schritt nachzuvollziehen. Jeder weiß, nach verschiedenen Zwischenschritten fällt ihm als Erben Jelzins ganz Russland in den Schoß.

Bei der »Kreml AG« oder »The Russia Corporation«, der er jetzt vorsteht, handelt es sich jedoch um eine Staatsform, die alles andere als demokratisch ist, auch wenn man sich nach außen hin verzweifelt den entsprechenden Anstrich gibt. Aber Worte sind wohlfeil zu haben, Lippenbekenntnisse sind billig. In Wahrheit kann Putin schalten und walten, wie er will. Die Gerichte sind nicht unabhängig, sie spuren, wenn er nur die Peitsche hebt. Ferner kann das Parlament problemlos manipuliert werden. Und schließlich ist es ein Kinderspiel, mittels ausgekochter Propagandatechniken konkurrierende Parteien ins Abseits zu rücken. Kritiker sprechen denn auch von einer Staatsform, die eine Mischung aus Sultanismus, Telepopulismus, Videokratie und Propagandastaat ist, ja, sie sprechen überdies von einer Kleptokratie (griech. *kleptein = stehlen,* griech. *kratein = herrschen*). Eine *Herrschaft der Plünderer* wäre also eine Kleptokratie oder eine *Herrschaft der Diebe und Langfinger.*[11]

Festhalten braucht man nur so viel: Da der KGB hinter Putin steht oder eine Nachfolgeorganisation, der FSB, sowie die russische Mafia, wagt es niemand, ihm am Zeug zu flicken. Er hat alle Vorteile auf seiner Seite. Mithilfe der Geheimdienste und der Propaganda kann Putin jede Opposition blitzschnell ausschalten, auch im wirtschaftlichen Raum. Niemand hält ihn davon ab, einen dicken Karpfen nach dem anderen an Land zu ziehen.

Zunächst gibt er den allmächtigen Oligarchen ein deutliches Zeichen, wer jetzt das Sagen hat. Stellvertretend für all die anderen Milliardäre, die durch den Fall der Sowjetunion unanständig reich geworden sind, lehrt er den Öltycoon Michail Chodorkowski zunächst das Fürchten. Als Chodorkowski versucht, ihm die Zähne zu zeigen und die politische Opposition unterstützt, fackelt Putin nicht lange. Das Motto lautet: Fressen oder gefressen werden. Er lässt den Oligarchen kurzerhand gefangen setzen. Chodorkowski sitzt viele Jahre in verschiedenen Gefängnissen. Putin ist mit einem Schlag nicht nur einen gefährlichen Gegner los, sondern er kann zudem auch in aller Ruhe über dessen Besitztümer nach Gutdünken verfügen.

Putin wird immer wohlhabender, ja unvorstellbar reich. Er verfügt nach einer Weile über mehrere handverlesene, hochkomfortable Wohnsitze, einige kann man mit Schlössern vergleichen. In aller Herren Länder bunkert er Milliarden von Dollars, über die er nach Belieben und auf Abruf verfügen kann. Er regiert wie ein König, seine Autorität in Russland ist unangefochten. Durch die einseitige Werbung im Fernsehen kann er andere Parteien und Personen problemlos beiseiteschieben. Jede Wahl gerät zu einer Farce. Der Sieger steht immer schon von vornherein fest: Putin.

Der Fall Juschtschenko

Ein Dorn im Auge ist Putin die Ukraine, die staatlich unabhängig sein will und sich am Westen orientiert, in Richtung der Europäischen Union. Von der Unterdrückung durch die Sowjetunion und dem verdammten Kommunismus haben sie die Nase voll.

Die Präsidentschaftswahl im eigenen Land soll im Jahre 2004 alles entscheiden. Das Land fiebert vor Aufregung. Der prowestliche Wiktor Juschtschenko tritt an gegen Wiktor Janokowytsch, der von Russland favorisiert wird. Die Wahlen in der Ukraine werden von beiden Seiten manipuliert. Es kommt zu einer Neuwahl. Die Wellen der Emotionen schlagen so hoch wie nie, es geht um die Zukunft des gesamten Landes.

Da passiert es. Juschtschenko, der wie gesagt dem Westen zuneigt und dem Diktat Putins entgehen will, wird vergiftet. Sein Gesicht ist fast nicht mehr zu erkennen, alles schwillt an. Er übergibt sich ständig. Seine Organe arbeiten kaum noch. Sofort wird er ins Krankenhaus eingeliefert – aber in Wien, in Österreich, weit weg vom Schuss, aus gutem Grund. Er leidet zudem an heftigen Unterleibs- und Rückenschmerzen. Eine Lähmung der Gesichtsmuskeln tritt ein. Eilends lässt er sich von oben bis unten untersuchen.

Die österreichischen Ärzte vermuten eine Vergiftung. Sie erhalten Morddrohungen, weil sie diese Diagnose gestellt haben und beschließen eingeschüchtert, sich nicht zu weit aus dem Fenster hinauszulehnen und künftig den Mund zu halten. Juschtschenko aber ist schachmatt gesetzt.

Trotzdem gewinnt er die Wahl. Innerlich schwört er bitterliche Rache. Er verfolgt die Spuren der Attentäter, die er des versuchten Giftmordes bezichtigt. Die Fährte führt nach Moskau. Öffentlich klagt Juschtschenko die Russen und mit ihnen Putin an. Inzwischen ist die Spur jedoch längst erkaltet. Die mutmaßlichen Täter sind über alle Berge und in der Russischen Föderation untergetaucht. Putin und seine Behörden rühren für Juschtschenko keinen Finger, als er um Hilfe bittet. Er wird im Gegenteil bei seinen Nachforschungen behindert, man versucht, den Vorfall totzuschweigen. Dabei gibt es noch mehr zu berichten.

Der Fall Litwinenko

Alexander Walterowitsch Litwinenko (1962–2006) ist ein russischer Nachrichtenmann und Offizier, zuerst des KGB, später des FSB – nur ein anderes Kürzel. Kurz gesagt ist er deshalb eine Ausnahmeerscheinung, weil er sich mit den Täuschungsmanövern und den Verbrechen Putins nicht einverstanden erklärt.

Er muckt auf, er zeigt dem neuen Präsidenten die Zähne. Er weiß um so manches Geheimnis des furchtbaren, verschwiegenen russischen Geheimdienstes. Seine Spezialgebiete sind der internationale Terror und die Organisierte Kriminalität. Ihm kann man kein X für ein U vormachen. Er ist entjungfert, was die Arbeit innerhalb des KGB/FSB angeht. Niemand ist besser informiert über die zweifelhaften Aktionen des KGB/FSB, denn er ist ein Insider.

Und so tritt er eines Tages an die Öffentlichkeit. Auf einer Pressekonferenz in Moskau enthüllt er – zusammen mit einigen anderen Geheimdienstlern, die alle eine Maske tragen und ihre Identität verbergen –, dass der KGB … für Mord zuständig ist. Er weiß, dass er auf einem verflixt dünnen Seil balanciert. Der KGB, umbenannt in FSB, ist nicht zimperlich. Jedenfalls verrät er der Presse, dass der KGB/FSB des Mordes oder der Anstiftung zum Mord in einem konkreten Fall schuldig zu sprechen ist. Unmissverständlich beschwert er sich über einen speziellen Mordauftrag an einem Russen, den der FSB im Auftrag des Staates erledigen soll.

Ein Aufschrei erfolgt. Im FSB, dem umbenannten KGB, zittert man vor Wut. Putin schäumt. Ein Nestbeschmutzer! Ein Verräter! Ein Exempel muss statuiert werden und zwar rasch. Nichts ist gefährlicher, als wenn ein FSB-Offizier auspackt, der bestens informiert ist und alle Schliche kennt. Litwinenko wird verhaftet. Dann zerrt man ihn vor Gericht. An den Haaren herbeigezogene Anwürfe werden gegen ihn erhoben. Die Richter sprechen ihn jedoch zunächst frei. Doch wenig später wird er erneut verhaftet. Man beschließt, ihn weichzukochen.

Litwinenko wehrt sich. Er behauptet, alle Anschuldigungen gegen ihn seien konstruiert. Er gibt ein weiteres Geheimnis preis und verrät, dass (getürkte, falsche) Vorwürfe nichts als die standardisierte, »normale« Vorgehensweise innerhalb des KGB/FSB sind, um eine Person zu diskreditieren. Erneut wird ein Strafverfahren gegen ihn eröffnet. Parallel dazu bedroht man sein Leben.

Litwinenko kennt jedoch die Tricks. Schnell zieht er die Konsequenzen. Illegal reist er mitsamt seiner Familie aus Russland aus, denn üblicherweise vergehen sich KGB/FSB-Schergen auch an Familienmitglieder, das ist normalerweise herrliches »Erpressungsmaterial«.

Litwinenko flieht nach England. In Großbritannien beantragt er politisches Asyl. Wenig später erhält er die britische Staatsbürgerschaft. Und er packt weiter aus. Er verrät das wahre Geheimnis rund um den Krieg der Russen mit den Tschetschenen: Bislang glaubte die Öffentlichkeit, dass bestimmte Sprengstoffanschläge in Moskau und anderen Städten von tschetschenischen Terroristen ausgeführt wurden. Jetzt gibt Litwinenko preis, dass die Sprengstoffanschläge in Moskau, im Zuge dessen viele Menschen den Tod fanden, *nicht* von tschetschenischen Terroristen verübt worden waren, sondern vom KGB/FSB.

Innerhalb des KGB/FSB rotiert man. Putin zerreißt es fast vor Zorn. Das sind wirkliche Geheimnisse! Das kann er keinesfalls auf sich sitzen lassen.

Was passiert in der Folge? Der Vorsitzende einer Kommission, die die Wahrheit herausfinden soll, wird eines Tages von einem Moment auf den anderen einfach erschossen. Ein anderer Ermittler der gleichen Kommission wird überraschend verhaftet, angeklagt und ebenfalls aus dem Verkehr gezogen. Die Vorwürfe lauten: Verrat von Staatsgeheimnissen und illegaler Besitz von Munition. Natürlich handelt es sich erneut um konstruierte Anklagen, die (verbotene) Munition wurde heimlich eingeschmuggelt und zu seinem Besitz erklärt, ohne sein Wissen. Trotzdem wird er zu Lagerhaft verdonnert. Auch er wird also mundtot gemacht. Ein drittes Kommissionsmitglied stirbt ebenfalls überraschend, es wird vergiftet.

Kurz und gut, alle Zeugen und Ankläger dieser Kommission, die die Behauptungen Litwinenkos fair und unparteiisch untersuchen könnten, werden ausgeschaltet.

Bleibt nur noch Litwinenko. Zieht er den Schwanz ein? Im Gegenteil. Litwinenko wiederholt sogar noch seine Vorwürfe. Im KGB/FSB-Lager bricht die Hölle los. Putin tobt hinter den Kulissen.

Litwinenko ist nicht zu bremsen. Auch andere angebliche »Angriffe« der Tschetschenen führt er glasklar auf den KGB/FSB/Putin zurück. Die russische Öffentlichkeit sollte mit all diesen »Angriffen« zu einem regelrechten Hass gegen die Tschetschenen aufgeputscht werden. Alles wurde getan, um die Tschetschenen ins Abseits zu rücken. Ein Krieg musste herbeigeredet und gerechtfertigt werden.

Selbst jetzt ist Litwinenko noch immer nicht am Ende seiner Enthüllungen angelangt. Er verrät überdies, dass der KGB/FSB sogar hochrangige Al-Qaida-Führer trainierte, um dem Westen eins auszuwischen und das Terrorismusproblem bei den verhassten Feinden bis zum Siedepunkt hochzukochen.

Das schlägt dem Fass den Boden aus! Putin weiß nicht mehr ein noch aus. Das darf wirklich niemand im Westen erfahren. Nach außen hin lässt er stets verlauten, er sei gegen *jeden* Terror. Und nun sieht es so aus, als ob er sich diebisch vergnügt die Hände reibt, wenn der Westen Probleme hat, mit denen er nicht fertig werden kann.

Der Hass auf den »Nestbeschmutzer« und »Verräter« ist in Putins Lager inzwischen unbeschreiblich.

Und Litwinenko ist immer noch nicht fertig. Er verrät, dass auch der Mord an einer Journalistin (Polikowskaja), die gegen Putin anschrieb, seiner Meinung nach auf das Konto des FSB/Putin geht.

Schließlich droht Litwinenko, über die Beziehungen der russischen Regierung zur Mafia auszupacken.

Der Schaden ist fast nicht mehr zu beheben. Der FSB (und mit ihm Putin) muss in atemberaubender Geschwindigkeit handeln. Man jault förmlich auf in Moskau. In den Augen des FSB ist Litwinenko ein Verräter, selbst wenn seine Kritik berechtigt ist und er die Wahrheit spricht. Aber der FSB kann unmöglich vor den Augen der Welt als Mörderclub bezeichnet werden. Das würde dem gesamten Image des Geheimdienstes schaden sowie der russischen Regierung und Putin selbst.

Man wetzt die Messer innerhalb des KGB/FSB. Fest steht, Litwinenko muss verschwinden.

Da geschieht es. Im Jahre 2006 erkrankt Litwinenko furchtbar, kurz nachdem er sich mit zwei Russen getroffen und mit ihnen in einer Hotelbar grünen Tee getrunken hat. Mit einem Mal muss er sich ständig übergeben. Bauchschmerzen und Atembeschwerden kommen hinzu. Sofort wird er in ein Krankenhaus eingeliefert. Sein Zustand verschlechtert sich zunehmend. Die Ärzte jedoch sind ratlos. Fieberhaft werden Untersuchungen angestrengt. Der Patient geht dem sicheren Tod entgegen, wenn nicht schnell etwas passiert.

Schließlich entdecken die Ärzte eine riesige Menge radioaktiven Materials in seinem Urin, *Polonium-210*. Polonium ist ein Element, das mörderisch für den menschlichen Körper ist, wenn es in ihn eindringt; denn die Strahlen, die dieses Element ausströmt, zerstören und schädigen den gesamten Organismus. Die Ärzte wissen, über den Blutstrom erreicht *Polonium-210* die Organe und schädigt sogar die DNA, besonders die Knochenmarks- und Darmzellen.

Wenig später stirbt Litwinenko qualvoll. Er weiß nicht, dass der Krimi gerade erst begonnen hat.[12]

Scotland Yard

Das berühmte Scotland Yard schaltet sich ein, vielleicht die beste Polizeiorganisation der Welt. Der Tod wird als Mord eingestuft. Auch die Tatsache, dass Litwinenko durch Polonium-210 umgebracht wurde, steht fest. Dadurch wird der Verdacht einer vorsätzlichen Vergiftung untermauert. Laut stellen die Kriminalisten die Frage, *wer* Litwinenko aus dem Leben befördert hat.

Alle Spuren führen nach Russland und zu Putin. Doch Putin weist alle Anschuldigungen schnell zurück. Nein, nein, man müsse es ihm abnehmen: Er habe die Ermordung Litwinenkos nicht angeordnet.

Niemand glaubt ihm. Scotland Yard stellt nun die umfangreichsten Ermittlungen an, die man sich vorstellen kann. Hundert Kriminalbeamte und hundert Polizisten werden aufgeboten, um den Mördern auf die Spur zu kommen.

Das Treffen Litwinenkos mit den beiden Russen wird in jedem Detail rekonstruiert. Es stellt sich heraus, dass es sich bei den Russen um zwei KGB/FSB-Mitarbeiter handelte. Sie sind die Hauptverdächtigen. Ihre Namen lauten: Lugowoi und Kowtun.

Die britischen Kriminalbeamten sind einfallsreich. Sie bringen Geräte zum Einsatz, mit deren Hilfe man Spuren des radioaktiven Materials Polonium-210 mit hundertprozentiger Sicherheit nachweisen kann. Den Mördern ist offenbar ein Fehler unterlaufen. Sie infizierten sich vor ihrer Tat an der Oberfläche des Körpers selbst mit Polonium-210, wenn auch nur in ungefährlichen, winzigen Mengen. Scotland Yard findet Spuren des radioaktiven Materials in der Bar, wo das Treffen zwischen Litwinenko und den beiden KGBlern stattfand. Die Zeiger der Messgeräte schlagen aus. Das bringt die Kriminalbeamten auf die Idee, auch an anderen Stellen nachzuforschen. Sie machen das Flugzeug aus, in denen die beiden mutmaßlichen Mörder saßen. Volltreffer! Auch hier zeigen die Geräte an: Polonium-210 kann ohne Wenn und Aber nachgewiesen werden. Umgehend fordern sie die russische Regierung auf, weitere Flugzeuge untersuchen zu dürfen, die mit den beiden Hauptverdächtigen in Zusammenhang stehen.

In Russland winkt man ab. Nein, nein, das sind alles nur Hirngespinste, behauptet man schnell. Eine eigene »Untersuchung« wird in Russland anberaumt. Das Ergebnis dort? Natürlich wird nichts gefunden, keinerlei Spuren des Giftes können angeblich festgestellt werden. Wer hätte etwas anderes erwartet?

Scotland Yard gibt keine Ruhe. Die Kriminalbeamten forschen weiter. Jeder Aufenthaltsort der beiden Verdächtigen wird untersucht – auch das

Hotel, das sie beherbergte. Jeder Zentimeter wird unter die Lupe genommen. Das Bad, der Abfalleimer, der Wäscheraum des Hotels, alles, alles wird gefilzt, untersucht und gemessen. Und bingo! Erneut finden sich überall Spuren des Giftes, das sich noch immer nachweisen lässt, weil es die Täter wahrscheinlich in winzigsten Mengen verschütteten.[13]

Die Beweise sind erschlagend.

Kein Kriminalroman Agatha Christies könnte spannender sein. Die Untersuchungsergebnisse sprechen eine eindeutige Sprache. Videoüberwachungsbänder werden angeschaut, Telefonverbindungen geprüft. Jeder einzelne Schritt der beiden KGB/FSB-Agenten wird nun nachvollzogen. Überall finden sich die radioaktiven Spuren – in Restaurants, in Taxis, die die beiden Verdächtigen benutzten, an Lichtschaltern, Banknoten, Quittungen von Kreditkarten und Flugtickets sogar. Selbst Personen, mit denen die Mörder in Kontakt gekommen sind, werden gemessen: Winzige Polonium-Spuren finden sich auch bei ihnen. Die gescheiten Briten können schließlich sogar den russischen Reaktor identifizieren, aus dem das Polonium-210 stammt.

Nach einer Weile steht das Ergebnis fest. Ein Verfahren wird eingeleitet unter dem Vorsitz des renommierten Richters Sir Robert Owen. Er bittet um die Auslieferung der beiden Hauptverdächtigen.

Russland kommt dem Ansinnen natürlich nicht nach.

Sir Robert Owen verfasst daraufhin auch ohne die Zeugenaussagen der Hauptverdächtigen, die offenbar gedeckt werden, seinen Bericht. Er kommt aufgrund der überwältigenden Anzahl von Beweisen zu dem Resultat, dass der russische Geheimdienst den Mord in Auftrag gegeben hat. Und er schreibt, dass die Operation »wahrscheinlich« von Präsident Putin gebilligt wurde.

»Unter Berücksichtigung aller mir zur Verfügung stehenden Beweise und Analysen stelle ich fest, dass die Operation des FSB, Herrn Litvinenko zu ermorden, wahrscheinlich … auch von Präsident Putin gebilligt wurde.«[14]

Der Mord ist damit einwandfrei nachgewiesen. Putin steht nackt da, ein Kaiser ohne Kleider. Er ist enttarnt als das, was er ist: ein gewissenloser Mörder.

Die Briten weisen sofort vier russische Diplomaten aus. Die Russen fahren die Retourkutsche und befehlen, dass vier britische Diplomaten unmittelbar Moskau verlassen müssen.

Haftbefehle, die von den Briten gegen die mutmaßlichen Mörder ausgestellt werden, verlaufen im Sand.

Die Russen und Putin geraten in Panik. Dann schlägt man nach altbewährter Manier zurück. Putin lässt über einen Sprecher verlauten: »Ich denke, wir haben es mit einer gut organisierten Kampagne oder einem konsequenten Plan zur Diskreditierung Russlands und seiner Führung zu tun.«[15]

Aber das ist natürlich Gewäsch und Geschwätz. Es ist die lahmste und dümmste aller Ausreden, die nur dann bemüht wird, wenn man im Kreml nicht mehr weiterweiß. Jedem Insider ist dagegen klar, dass Putin furchtbare Rache genommen hat. Der Verrat am KGB/FSB und an ihm selbst »musste« mit einem entsetzlichen Mord gekontert werden, um eine abschreckende Wirkung zu erzielen.

Putin will eine namenlose Furcht verbreiten. Das ist die typische Methode, mit der destruktive Persönlichkeiten im politischen Raum operieren. Nur mit Mühe gerät der Fall aus den Schlagzeilen.

Der Fall Bill Browder

Dabei ist das längst nicht alles. Aufsehen erregt auch etwa der Fall Bill Browder.

Worum handelt es sich hierbei?

William Felix »Bill« Browder (geb. 1964) ist ein US-Amerikaner und Chef einer schwerreichen Fondsgesellschaft. Es handelt sich bei ihm um eine Art Finanzgenie. Seine Fondsgesellschaft investiert gezielt in Russland. Die Umwälzungen dort machen hochlukrative Geschäfte möglich. Seine Spezialität besteht darin, in unterbewertete Firmen zu investieren, denn er kann Zahlen lesen. Er kauft in großem Stil russische Aktien ein und gründet hierfür in Moskau mehrere Firmen.

Aber 2005 wird Bill Browder aus heiterem Himmel die Wiedereinreise nach Russland verweigert. 2007 liquidiert man sogar seine russischen Firmen. Er ist wie vor den Kopf geschlagen. Von den russischen Finanzbehörden wird er überdies der Steuerhinterziehung angeklagt. Außerdem wird ihm vorgeworfen, sich auf »gesetzwidrige Weise« Aktien des Unternehmens »Gazprom« angeeignet zu haben.

Bill Browder verliert jedenfalls auf einen Schlag Unsummen von Geld. Offenbar soll er ausgepokert werden. Aber er ist nicht bereit, klein beizugeben, er ist ein anderes Kaliber als ein russischer Oligarch, der von der Gunst Putins abhängt. Bill schaltet seinen Anwalt ein, Sergei Magnitski, der den Ruf eines Kämpfers genießt. Sein Anwalt ist außerdem bekannt dafür, dass er rigoros gegen Ungerechtigkeiten und Korruption vorgeht. Aber genau dieser Umstand ist in Russland brandgefährlich. Da, aus heiterem Himmel, wird Sergei Magnitski von den Russen verhaftet, konkret im Jahre 2008.

Wem sind Bill und Sergei auf die Zehen getreten?

Nun, Magnitski vertritt nicht nur die Seite Bill Browders, er stößt zudem auf einen Korruptionsfall, der alle Dimensionen sprengt. Ihm geraten Unterlagen in die Finger, die verraten, dass Beamte des russischen Innenministeriums klammheimlich 230 Millionen Dollar aus der Staatskasse für sich abgezweigt haben.

Die Wogen der Empörung gehen hoch. Solche Enthüllungen passen Putin und seinen »Freunden« wenig. Also wird Magnitski einfach festgenommen.

Nun befindet sich der mutige Anwalt in der Kralle des KGB/FSB, er ist den Geheimdienstlern auf Gedeih und Verderb ausgeliefert. Man steckt ihn in verschiedene Gefängnisse in Moskau, eines ist furchtbarer als das andere. Offiziell jedoch befindet sich Magnitski »nur« in Untersuchungshaft. Schnell werden verschiedene Vorwürfe gegen ihn konstruiert, nach altbewährter Manier. Auch er wird der Steuerhinterziehung angeklagt – eine Behauptung, welche die Putin-Schergen in auffallender Häufigkeit benutzen. Man dreht den Spieß einfach um.

Magnitski erkrankt im Gefängnis schwer. Man verweigert ihm medizinische Hilfe. Die Verteidiger Magnitskis etablieren ohne Wenn und Aber, dass die Vorwürfe in puncto Steuerhinterziehung fingiert sind und keinerlei Substanz besitzen. Magnitski kämpft derweil wie ein Löwe um seine Gesundheit, aber noch immer erhält er keinerlei medizinische Unterstützung. Er wird trotz seiner geschwächten Konstitution in eine Isolationszelle verfrachtet und mit Handschellen an ein Bett gekettet. Am Schluss prügelt man ihn zu Tode.

Magnitski stirbt 2009 im Gefängnis, offiziell unter »ungeklärten Umständen«.[16] Schuld sind die russischen Richter und Ärzte. Dahinter steht Putin.

Krim-Annexion, Krieg in der Ukraine

Weitaus bedeutsamer sind Putins Operationen auf der Krim und in der Ukraine. Die Krim-Insel steckt er sich widerrechtlich einfach in die Tasche.

Die Ost-Ukraine, die er ebenfalls einsacken will, überzieht er mit Krieg und quält die Bevölkerung mit Unterdrückungs- und Destabilisierungs-Maßnahmen. Dazu gehören Überfälle, Bombenanschläge, Terror, Entführung, Folter und willkürliche Exekutionen. *Amnesty International* zählt noch immer die Toten und die Flüchtlinge, die in die Millionen gehen.[17] Tausende, vielleicht Zehntausende, sterben allein unter der Folter.

Syrien und Iran

Am furchtbarsten ist Putins Unterstützung Syriens. Millionen von Flüchtlingen zeitigt das System des Massenmörders Assad.

Putin unterstützt ihn. Ohne Putin wären der Massenmord und die Flüchtlingswelle nicht denkbar. Putin ist der »starke Mann« im Hintergrund.

Putin unterstützt auch die Mörderclique im Iran – das Land, das den Terror systematisch in alle Welt exportiert.

Was aber bedeutet das alles für Schröder?

7. Schröder im Urteil der Geschichte

Wir stellten den »Fall Putin« deshalb in relativer Ausführlichkeit dar, um im Detail zu demonstrieren, um wen es sich bei dem russischen Präsidenten handelt: einen vielfachen Mörder und Massenmörder und einen gewissenlosen Kriegstreiber. Und um eine Figur, die die Lüge im politischen Raum zur Richtlinie erhob.

Einem solchen Mann diente sich Schröder also an, unmittelbar nach seiner Kanzlerschaft.

Von allen Seiten drosch man in der Folge auf Schröder ein. Alle fragten sich: Befand sich Schröder in der Tasche Putins? War er nur eine Art Beeinflussungsagent im Auftrag des KGB? Ein Lobbyist des Kremls? Ein Vertreter der russischen Interessen in Deutschland? Ein Propagandist Putins, der ihn dafür unverschämt hoch honorierte?

Schröder wurde 2017 gar zum Chef des Aufsichtsrates des russischen Energiekonzerns *Rosneft* gekürt. Bei diesem Konzern handelt es sich nur um ein weiteres russisches Ölunternehmen in Moskau, das von Putin kontrolliert wird.

Seltsam war auf jeden Fall, dass Schröder auch einen Beratervertrag mit der »Libyan Investment Authority« besaß – auf Libyen übten die Russen ebenfalls stets einen großen Einfluss aus. Auch für einen russisch-britischen Ölkonzern war Schröder tätig. Ferner besetzte er das lukrative Pöstchen eines stellvertretenden Vorsitzenden des Aufsichtsrates der »Herrenknecht AG«. Dieses Unternehmen stellt Maschinen her, welche für den Tunnelbau benötigt werden, unter anderem kooperiert man mit dem kommunistischen China.

Was auch immer an diesen Beziehungen fragwürdig ist und was nicht, so viel steht fest: Im Ukraine-Krieg stellte sich Schröder ohne Wenn und Aber auf die Seite Putins.

Die FDP drosch deshalb auf ihn ein, Vertreter der CDU/CSU meldeten Bedenken an und einige Grüne beschimpften ihn. Daniel Cohn-Bendit, ein Blutsbruder Fischers, stellte gar den Antrag, Schröder den Mund zu verbieten, wenn es um das Thema Russland ging.

Aber Schröder riss den Mund noch weiter auf. Bekannt ist, dass er pro Rede zwischen 50 000 und 75 000 Euro kassiert.[18]

Unbeirrt traf er sich mit Mahmud Ahmadinedschad, dem sechsten Präsidenten des Iran, ein Hetzer vor dem Herrn, ebenso wie mit Ajatollah Ali Chamenei, dem Staatsoberhaupt des Iran, dem »Obersten Führer«, dem von Hass zerfressenen Religionsführer, sowie mit anderen Größen des unterdrückerischen Iran-Regimes. Was ist hier ehrenrührig, was nicht? In den USA forderte man 2018, im Verbund mit ukrainischen und deutschen Politikern der CDU sowie der Grünen, gegen Schröder internationale westliche Sanktionen zu erlassen, weil er eine Marionette Putins sei – man muss es sich vorstellen![19]

Schröder scherte sich außerdem nicht weiter um die Verletzung der Demokratiebewegung in China und forderte im Gegenteil sogar die Aufhebung des Waffenembargos gegen das kommunistische China, das bis heute mit Waffengewalt Andersdenkende unterdrückt.

Menschenrechtler kritisierten Schröder am laufenden Band, auch bezüglich seiner Haltung gegenüber Tschetschenien, wo er erneut die russische Position vertrat, trotz Wahlmanipulationen seitens der Russen und obwohl dort nachweislich Menschenrechte verletzt wurden.

Der ganzen Welt versuchte Schröder weiszumachen, Putin sei ein »lupenreiner Demokrat«[20], obwohl das Gegenteil sattsam bewiesen war und momentan täglich bewiesen wird.

Und so fällt eine abschließende Beurteilung Schröders schließlich leicht.

Gerhard Schröder, ungeschminkt

Noch einmal bewundert werden muss die Zielstrebigkeit Schröders, der sich von ganz unten nach ganz oben boxte. Das erforderte Durchhaltevermögen, Intelligenz und Kommunikationstalent, Eigenschaften, die ihm nicht abgesprochen werden können.

Als Bundeskanzler können wir ihm anrechnen, zumindest das Beste versucht zu haben, das Staatsschiff in die richtigen Gewässer zu lotsen. Jedoch scheiterte er an seiner eigenen Partei und der Wirtschaftsfeindlichkeit seiner Genossen.

Und so kann man selbst Schröders Kanzlerschaft nur bedingt applaudieren. In dem wichtigsten Punkt, die Wirtschaft immens anzukurbeln, blieb ihm der Erfolg versagt. Doch immerhin vermied er Kriege, was man ebenfalls nicht vergessen darf.

Den Stab über ihn brechen muss man indessen, wenn man sein Lobbying nach seiner Kanzlerschaft in Augenschein nimmt. Mit Wladimir Putin im Gleichschritt zu marschieren, einem Schurken, Mörder und Massenmörder, verrät keine edle Gesinnung. Es offenbart nur den unbedingten Willen zum »Erfolg«, eine Vokabel, die Schröder inzwischen jedoch nur auf die eigene Person zu beziehen scheint und pekuniär definiert. Der frühere Kommunist wandelte sich zu einem Kapitalisten, was eine hübsche Komödie in sich selbst ist.

Die Fehleinschätzung betreffend Putin und seine Unterordnung unter den Kremlchef ist Schröders ärgstes Versagen. Geschichte selbst beweist viele tausend Male, dass man nicht ungerechten Herren dienen kann, ohne selbst an der eigenen Seele Schaden zu nehmen, poetisch gesprochen. Hätte er den Faktor Integrität höher bewertet als den Faktor Erfolg, wäre er als eine Figur in die Geschichte eingegangen, der man seine Sympathien kaum versagen kann, speziell angesichts seiner rhetorischen Begabung. Wenn eine Person jedoch ihre Integrität in die zweite Reihe stellt, verliert sie auch in persönlicher Hinsicht, denn nichts verzeiht man sich insgeheim weniger als »unethisches« Verhalten, auch wenn man es nicht offiziell zugibt und nicht einmal im Stillen sich selbst eingesteht.

Praktisch jeder von uns verfügt über so etwas wie einen Moralkompass, es gibt nur wenige Ausnahmen hierzu.

Putin, Schröder und die Ukraine

Ein eigenes Kapitel könnte man der Reaktion Schröders auf den russischen Überfall der Ukraine im Februar 2022 widmen.

Noch ist der Politkrimi nicht abgeschlossen; aber so viel steht bereits fest: Wir wissen inzwischen, dass Putin mit der Russischen Mafia kooperiert und ständig den mörderischen KGB/FSB ausbaut, den furchtbarsten

Geheimdienst der Welt. Wir wissen weiter mit unumstößlicher Gewissheit, dass der Kremlchef ein Kleptokrat ist, der sein eigenes Volk bis aufs Blut aussaugt und den Völkermord in Syrien unterstützte. Er drangsalierte darüber hinaus die Georgier und die Tschetschenen. Im Laufe seiner »Karriere« machte er sich ununterbrochen schwerster Menschenrechtsverletzungen schuldig, wie Verschleppung, Folter, Mord und Massenmord. Er befahl den heimtückischen Mord an Politikern, Kritikern und Journalisten. Im Moment ist er für den Massenmord in der Ukraine verantwortlich und die größte Flüchtlingskrise des 21. Jahrhunderts.

Und dennoch gibt es immer noch Verteidiger dieses gewissenlosen Schlächters, zu denen unter anderem auch Schröder gehört.

Doch da Putin auch das Geschäft des »Information-Warfare« – des Informationskriegs – beherrscht, weil er unter anderem über gekaufte, bestochene Schmierfinken im Westen verfügt, werden seine Untaten noch immer teilweise bemäntelt.

Aber er verkalkuliert sich im Moment, er irrt sich in vierfacher Beziehung:

1. Er unterschätzt den Widerstand der Ukrainer, die Putin teils hassen wie die Pest und die sich lieber an dem freiheitlichen Westen orientieren als an dem tyrannischen Russland. Der Widerstand der tapferen Ukrainer wird Putin auf Jahre beschäftigen und sein Image nachhaltig beschädigen – selbst hunderttausend gekaufte Griffel werden ihn nicht reinwaschen können.
2. In Russland selbst stehen Teile der Bevölkerung dem Krieg mit der Ukraine höchst skeptisch gegenüber, denn die Russen bezeichneten die Ukrainer einst selbst als »Brudervolk«. In Russland herrscht Inflation und die Wirtschaft lahmt. Der Krieg mit der Ukraine soll unter anderem ablenken von dem ökonomischen Versagen Putins. Wenn zudem immer mehr tote russische Soldaten in die Heimat zurücktransportiert werden, wird Putin auch im eigenen Land Sympathien einbüßen. Der Krieg wird seine wirtschaftlichen Probleme nicht lösen. Die Sanktionen werden einschneidend sein. Putin riskiert auf lange Sicht sogar einen Aufstand der russischen Bevölkerung. Es ist nicht auszuschließen, dass er Macht verlieren wird und

ja, im Extremfall kostet ihn der Überfall auf die Ukraine sogar Kopf und Kragen.

3. Drei Viertel der Weltbevölkerung werden Putin vermutlich endgültig verabscheuen. Seine Maske ist gefallen und große Teile der Welt wenden sich gegen ihn. Ganze Ökonomien werden sich von Russland abwenden und zwar nicht nur im Zuge von gegenwärtigen finanziellen, wirtschaftlichen und technologischen Sanktionen. Die russische Bevölkerung wird in der Folge schlimmer leiden als ein Hund.
4. Ein Krieg in diesem Ausmaß führt immer zu entsetzlichen Konsequenzen, die zu Beginn meist nicht abzusehen sind. Diese Konsequenzen wird man Putin anlasten. Er scheint zu vergessen, dass er der Welt in Gestalt eines größenwahnsinnigen Diktators entgegentritt, steckengeblieben in der Illusion eines scheinbar allmächtigen Sowjetreichs. In ein paar Jahren wird Putin endgültig vergreisen. Der Tod blickt ihm bereits über die Schulter, Panik plagt ihn ohnehin pausenlos, wie seine übertriebenen Sicherheitsmaßnahmen rund um seine Person beweisen. Viele Diktatoren, die in dieser Größenordnung Schuld auf sich luden, wurden in der Folge von Panik geplagt, wie die Geschichte wieder und wieder beweist.

Doch was bedeutet das alles für Schröder?

Nun, der ehemalige deutsche Bundeskanzler verspielt im Moment selbst bei den ehemaligen Parteigenossen noch die Reste seines ehemals guten Images. Kurz nach dem Überfall äußerte sich auch Schröders Frau, So-Yeon Schröder hierzu, aber ebenfalls reichlich windig, und löschte ihr Statement zum Ukraine-Krieg hurtig wieder, wie der *Stern* am 2. März 2022 zu berichten wusste.

Schröder selbst hängte seine Posten bei den russischen Unternehmen Rosneft und Nord Stream nicht sofort an den Nagel, wie es eigentlich von einem anständigen Zeitgenossen zu erwarten gewesen wäre, trotz der furchtbaren Menschenrechtsverletzungen von russischer Seite. Zu tief steckt er in der Tasche Putins, zu lukrativ sind offenbar die Pöstchen, mit denen er geködert worden war. Während die Bomben auf die Ukraine fielen und Hunderttausende ihre Heimat verloren, während in Berlin und in anderen Städten rund um den Globus Millionen von Menschen gegen Putin protestierten, in über 140 Ländern weltweit, während die Unmenschlichkeiten eines Massenmörders und Kriegsverbrechers weltweit bekannt wurden, klammerte sich Schröder, als der »Vertraute« Putins, an sein Geld und seinen Einfluss. Zwar forderte er Putin in einer Online-Plattform dazu auf, den Krieg in der Ukraine zu beenden, aber er distanzierte sich nicht von ihm. Selbst ehemalige Mitstreiter Schröders wandten sich daraufhin angewidert von ihm ab und kündigten jede Gefolgschaft auf.

Noch ist dieses Kapitel nicht abgeschlossen. Aber schon jetzt sind die Folgen für Schröder verheerend und irreparabel.

Lassen wir es mit diesen Anmerkungen über Schröder genug sein. Begeben wir uns in das nächste Kapitel, rücken wir noch näher an die Gegenwart heran. Untersuchen wir jetzt Angela Merkel, die anfänglich unvorstellbar unterschätzt wurde, bevor sie ihre Widersacher lehrte, dass sie alle, wirklich alle, mit ihr rechnen mussten.

X. DER SPRUNG INS 21. JAHRHUNDERT

1. Quantensprünge: Kunst und Kultur

Grundsätzlich erlebten die Künste einen enormen Aufschwung – die Schriftstellerei, der Film, die Malerei, die Musik, der Tanz und so weiter – was teilweise damit zu tun hatte, dass den Menschen in den Industriestaaten mehr Freizeit zur Verfügung stand, wofür jedoch auch die Globalisierung verantwortlich war, die einen enorm befruchtenden Einfluss ausübte.

Während zu Beginn des 20. Jahrhunderts die künstlerischen Einflüsse auf Deutschland aus anderen Kulturkreisen noch verhältnismäßig bescheiden waren, überschwemmte in der zweiten Hälfte des 20. Jahrhunderts und erst recht im beginnenden 21. Jahrhundert die »Kunst« aus vielen Ländern, Staaten und Kontinenten das schöne Deutschland, das geographisch betrachtet so klein und bescheiden ist und kulturell und wirtschaftlich gesehen so groß.

Es handelte sich um einen neuen Aufbruch. Am bedeutendsten waren die Veränderungen in puncto Film und Fernsehen, wo auf einmal völlig neue Akzente gesetzt wurden.

Die Explosion im Filmbusiness

Im Laufe der Geschichte waren Künstler stets Vorreiter für positive Veränderungen gewesen. Nichts ist verführerischer als Ästhetik und nichts verändert den Lauf der Historie nachhaltiger als völlig neue, konstruktive, begeisternde Ideen.

Der Autor Voltaire hatte im 18. Jahrhundert die politische und kulturelle Landschaft in halb Europa dominiert und zum Einsturz gebracht, indem er unnachgiebig gegen den Aberglauben seiner Zeit gekämpft und Ungerechtigkeiten angeprangert hatte, auf eine unvergleichlich intelligente, humorige, satirische Art und Weise.

Jules Vernes, der Vater der Science-Fiction, hatte im 19. Jahrhundert glänzende Zukunftsromane verfasst, die in der Folge Tausende Tüftler und Wissenschaftler inspirierten, woraufhin sich Physiker und Astronomen mit einer Verzögerung von nur fünfzig oder hundert Jahren daran machten, eben diese Ideen und Träume, die zuvor völlig irreal gewesen waren, Wirklichkeit werden zu lassen. Geradezu »nebenbei« begründete Jules Verne und eine Handvoll anderer Autoren eine völlig neue Literaturgattung, die heute eine ganze Industrie darstellt, Tausende von Tintenklecksern beschäftigt hält und Abermillionen von Fans besitzt.

Das TV- und Filmbusiness, dessen Anfänge bereits in der Mitte des 20. Jahrhunderts zu einer kulturellen Revolution geführt hatte, explodierte förmlich und trat einen unvergleichlichen Siegeszug an, der vor allem von Hollywood/Los Angeles ausging und inzwischen den ganzen Planeten umspannt. In Deutschland waren es Berlin und München, die zu Filmmetropolen gerieten.

Drehbuchschreiber und Regisseure, Schauspieler und Filmproduzenten waren unversehens die neuen Stars am Himmel, die Beliebtheit und der Einfluss der Herren Politiker verblassten dagegen völlig. Die Chefs der Fernsehanstalten und der Filmgesellschaften gerieten zu den neuen Göttern, »Macht« wurde neu definiert.

In Deutschland machte Bernd Eichinger von sich reden, der jedoch schließlich auch in den Vereinigten Staaten von Amerika seine Zelte aufschlug, ebenso wie Roland Emmerich, weil dort die Musik spielte. An Filmgrößen wie Steven Spielberg, James Cameron, Tom Cruise und George Lucas führte nichts mehr vorbei.

Die neuen Superstars diesseits und jenseits des Atlantiks waren Regisseure und Schauspieler, die die Herzen eroberten, zu denen in Deutschland auch US-amerikanische Größen zählten. Mega-Spielfilme, *Blockbuster*, vermarktete man weltweit. Die Filme *Blade Runner, Matrix, Terminator, Avatar,*

Die Hungerspiele, Harry Potter und *Mission Impossible* wurden bekannter als jeder Minister. Harrison Ford, Arnold Schwarzenegger, John Travolta, Hugh Jackman, Leonardo DiCaprio, Dwayne Johnson, Jennifer Lawrence und andere Schauspieler(-innen) eroberten die Gemüter. Eine Milliardenindustrie entstand, welche die Fantasie der Weltbevölkerung in Atem hielt, die auf rund 8 Milliarden Menschen anstieg. Neue Filmzentren entstanden auch in Indien, China und in anderen Ländern, von Großbritannien mit dem unerreichten *James Bond* ganz abgesehen, denn die Engländer verfügen nach wie vor über die besten Kameraleute der Welt, behaupten jedenfalls Insider, speziell wenn sie aus London stammten.

Eine unglaubliche Vielzahl von Genres verzauberte ein Milliardenpublikum. Es gab und gibt heute Filme im Bereich Science-Fiction, Fantasy, History, Drama, Action, Krimi, Thriller, Satire, Musical, Mystery, Komödie, Horror und so fort, ja, es existieren sogar Zombiefilme und ein Dutzend Nischengenres und noch mehr Subgenres.

Das Filmgeschäft begann, Hunderttausenden Arbeit und Brot zu geben, denn die Kulisse musste einzigartig sein, die Beleuchtung, der Ton und der Kamerawinkel, die Schminke und die Kleidung. Unverwechselbare Charaktere verlangten nach Spitzenschauspielern, die vor zwei oder drei Jahrhunderten nur eine Nebenrolle im Weltgeschehen gespielt hätten und sogar offen verachtet worden wären. Noch im 17. Jahrhundert – besonders in Frankreich und in Italien – war jede Schauspielerin nichts als eine bessere Hure und mehr oder weniger ausgeschlossen von der guten Gesellschaft. Plötzlich wurden Schauspieler und Schauspielerinnen zu den neuen Idolen, sie schwammen im Geld und äußerten sich unbefangen auch zu politischen Themen.

Die Filmtechnik machte Quantensprünge. Spezialeffekte, Computeranimationen und 3D-Movies ließen die Zuschauer mit offenen Mündern zurück. Die Fantasie wurde die »wirkliche Wirklichkeit«, die die Realität an den Rand drückte.

Die beiden ersten Jahrzehnte des 21. Jahrhunderts gerieten aufgrund der zahlreichen, zunehmenden TV-Stationen, des Privatfernsehens, der Videos im Internet, des YouTube-Kanals, der Videospiele und der Bedeutung des Films zu einer Ära und Herrschaft der bewegten Bilder.

Der Salto im Literaturbetrieb

Auch der Literaturbetrieb wurde völlig umgemodelt. Den Vogel schossen zwei Bücher ab: *Harry Potter* und *Sakrileg – The Da Vinci Code*. Hinsichtlich Auflagenzahlen und Übersetzungen schlugen sie alles, was man bisher gewohnt war, immer abgesehen von der *Bibel* und dem *Koran*. Untersuchen wir zumindest einen dieser spektakulären Erfolge genauer.

Der Da Vinci Code

Die Verkaufszahlen des Buches *Sakrileg – The Da Vinci Code* kletterten früh in himmelsstürmende Höhen: Bereits im Mai 2006 waren weltweit rund 50 Millionen Exemplare verkauft worden. Inzwischen nähert man sich der 100-Millionen-Grenze. Einen solch phänomenalen Verkaufserfolg hatte man noch nie in dem Genre »Thriller« erlebt, von Agatha Christie immer abgesehen. Auch die Weltpresse überschlug sich: Die *New York Times* berichtete ebenso enthusiasmiert wie das *People Magazine*, die *Denver Post*, das *Library Journal*, die *Washington Post*, das *San Francisco Chronicle*, die *Chicago Tribune*, die *Daily News*, der *Boston Globe*, die *Rocky Mountain News*, *Amazon.com*, *The Mystery Reader*, *The Seattle Times*, das *Nashville City Paper* und so weiter und so fort. In Deutschland hechelte man hinterher.

Alle großen Fernsehanstalten berichteten über das Phänomen; Dan Brown war eine Zeitlang der begehrteste Interviewpartner. Insgesamt wurde der Weltbestseller bislang in über fünfzig Sprachen übersetzt. Natürlich wurde er verfilmt, mit einem der größten der US-Filmszene in der Hauptrolle, Tom Hanks.

Und plötzlich fragte sich jeder: Wie war ein solch unvorstellbarer Erfolg zu erklären? Was waren die Ingredienzien dieses Spitzenerfolgs? Die brillantesten literarischen Gehirne machten sich an die Arbeit und analysierten, bis es qualmte.

Natürlich stürzte man sich zunächst auf die Biografie des Weltbestseller-Autors. Bei Dan Brown handelte sich um einen schlichten Englischlehrer, der zunächst versucht hatte, als Sänger und Liedermacher auf die Beine zu kommen; vergebens. Ja, zugegeben, Dan Brown stammte aus einem guten Stall: Der Vater war Mathematikprofessor, die Mutter eine bekannte Kirchenmusikerin. Dan Browns Ehefrau wiederum hatte Kunstgeschichte studiert, sprich, Brown war von Ästhetik und Intellekt umgeben, wohin man auch blickte. Aber das alles erklärte natürlich nicht diesen phänomenalen Erfolg.

Natürlich hatte Dan Brown mit dem *Thema* allein den Nagel auf den Kopf getroffen. Beschönigend wird immer wieder von Verschwörungstheorien gesprochen, wenn man dem Phänomen Dan Brown auf der Spur ist. Aber damit griff man zu kurz. Die Wahrheit und nichts als die Wahrheit war, *dass* es geheime Bruderschaften gab und gibt, *dass* Geheimgesellschaften existieren und Geheimdienste ebenso. Es gab nun einmal die CIA, das FBI, Geheimdienste in fast allen Ländern, Opus Dei, sprich kirchliche geheime Bruderschaften, die Freimaurer und so weiter.

Brown nahm sich dieser Themen an, woraufhin ihm eine ungemeine Aufmerksamkeit zuteilwurde. Ein Informationsvakuum wurde gefüllt. Mit seinem Buch stach er gewissermaßen wie mit einer Nadel in eine Wunde.

Schon Robert Ludlum, der Weltbestsellerautor, der zuletzt in Florida lebte und ein paar Ghostwriter beschäftigte, bevor er das Zeitliche segnete, hatte dieses Verschwörungsbedürfnis bedient und Weltbestseller produziert – allerdings hatte er sich auf die Geheimdienstszene beschränkt. Ludlum, den Dan Brown nach seinen eigenen Worten zum Vorbild nahm, hatte also den *Da Vinci Code* inspiriert, er hatte gewissermaßen Pate gestanden

Tatsache war darüber hinaus, dass Dan Brown einen rasanten Plot abgeliefert hatte. Das Modewort dafür lautete *Action,* und die technische Beschreibung *viel Handlung/wenig Zeit.* Aber auch die *Charaktere* waren sauber an den Rändern ausgeschnitten, die *Tiefenrecherche* war einmalig und die *Twists* waren ein Genuss.

Brown operierte darüber hinaus mit der Technik des *Geheimnisses.* In verschiedenen Interviews, die er zahlreichen Fernsehreportern gab, reflektiert er selbst hierauf, ohne ein Blatt vor den Mund zu nehmen. Er verwies auf all die Geheimbünde, die geheimen Ortschaften und die rätselhaften optischen Symbole, die Leonardo da Vinci benutzte.

Aphoristisch ausgedrückt: Das Geheimnis des Da Vinci Codes ist das Geheimnis.

Wer einige Kapitel des *Da Vinci Codes* im Detail analysierte, fühlte sich bestätigt.[1] Es existierte praktisch kein Kapitel, in dem der Leser nicht mit wenigstens zwei Geheimnissen bei der Stange gehalten wurde.[2]

Der Literaturbetrieb

Nun wäre es eine Todsünde, den Literaturbetrieb und Buchmarkt auf einige wenige Weltbestseller-Autoren reduzieren zu wollen. Nicht anders als im Film gab und gibt es auch in puncto »Buch« zahlreiche Genres. Der Thriller, der historische Roman, der Liebesroman und die Sparte Fantasie erklommen Höhen wie nie zuvor. Das Sachbuch fächerte sich auf in zwanzig, dreißig und mehr Subgenres. Science-Fiction-Literatur wurde massenhaft aus den USA eingekauft. Andere Länder und Kulturen wurden »entdeckt« und von gescheiten Lektoren und pfiffigen Verlegern einem lesehungrigen Publikum zugänglich gemacht. Es gab afrikanische, südamerikanische und »fernöstliche« Literatur, die Deutschland befruchteten; Brillanz ist nicht an ein Land gebunden. Besonders die Amerikaner und die Engländer erweiterten den deutschen Horizont, aber auch die Franzosen, die Italiener und andere Nachbarn.

Der Buchbetrieb schlug zudem einen Salto, als plötzlich »Amazon« auf den Plan trat, das Mammutunternehmen, das es Autoren erlaubte, ohne die Vermittlung der großen und kleinen Druck-Verlage ihr Glück zu versuchen. »Tolino« und andere E-Book-Plattformen suchten Amazon Konkurrenz zu machen. In den USA verkauft man heute rund 30 Prozent aller Bücher im E-Book-Format, in Deutschland sind es momentan höchstens 10 Prozent, die Angaben variieren.

Eine Kommunikations-Revolution ohnegleichen fand statt, die Hand in Hand ging mit den neuen technischen Möglichkeiten. Begriffe wie *Facebook, E-Mail-Marketing, Twitter, Pinterest* und so fort mögen nur als Stichworte dienen. Das Internet und das Handy definierten eine neue Zeit.

Nie wurde so eifrig und so viel kommuniziert, was sich natürlich auch in politischen Kommentaren niederschlug. Einige Blogs erhielten mehr Zulauf als so manche Fernsehredaktion. Ein Damm brach, der auch auf die politische Entwicklung Einfluss nahm.

Ein US-amerikanischer Präsident informierte seine »Followers« auf einmal *täglich* per Twitter. Die Welt schlug einen kommunikativen Purzelbaum, Schleusen öffneten sich. All das läutete ein neues Zeitalter ein.

Die Königin der Künste: die Musik

Das neue globale Zeitalter, das natürlich bereits früher begonnen hatte, revolutionierte auch die Musik. Zahlreiche neue Stile entstanden. Weiter wurde »gemixt« und »gecrossovered«, dass es eine Wonne war. Die elektronische Musik eroberte die Ohren der Welt. Auch die alten Stile pflegte man weiter; nach wie vor gab es Rock, Pop, Discomusik, die Operette, die Oper und die Volksmusik, die die Melodien, Harmonien und Rhythmen von wenigstens hundert verschiedenen Kulturen transportierten, und die man alle in Deutschland hören und »herunterladen« konnte. Heute existieren *Heavy Metal* neben Tanzmusik, *Hip-Hop* neben der Klassik und *Punk und Rap* neben dem altirischen Liebeslied aus dem 12. Jahrhundert oder dem französischen Chanson des 19. Jahrhunderts.

Gesangswettbewerbe, die die Gewinner über Nacht zu Millionären machten, fanden und finden noch heute rund um den Globus statt.

Technische Erfindungen erlaubten neue Hörqualitäten und einen unvergleichlichen akustischen Genuss. Vorreiter waren erneut die USA und Großbritannien, aber hochinteressante Experimente und einheimische Superstars gab und gibt es in jedem Land.

Musik ist übernational, grenzenlos und nicht an eine Sprache gebunden.

Die anderen Künste

Auf diese Weise könnte man sich weiter durch das Dickicht der Künste und Kunstformen schlagen. In der Malerei gestattete man ebenfalls alle möglichen Experimente, alle denkbaren Stilformen waren erlaubt. Vom *fotografischen*

Realismus bis hin zum *fantastischen Realismus*, von der abstrakten Malerei bis hin zu neuen Ablichtungstechniken existierte auf einmal einfach alles.

Es wurde nicht darauf verzichtet, sogar völlig neue Künste zu erfinden, wie elektronisch-optisch-akustische Tanzbilder zum Beispiel. Die Technik revolutionierte die alten Künste, verbesserte sie, hauchte ihnen wieder Leben ein und schuf Raum für völlig neue Ausdrucksformen.

Die Künste erfuhren eine immer größere Wertschätzung. All diese Entwicklungen muss man mitdenken, wenn wir den Anfang des 21. Jahrhundert verstehen wollen.

Auf dieser Oberfläche und Schnittstelle bewegte sich auch die Politik, denn Politik existierte und existiert immer auch auf einem konkreten gesellschaftlichen und kulturellen Hintergrund.

Mit dieser Bemerkung aber sind wir unversehens erneut bei Angela Merkel angelangt.

2. Angela Merkel, »das Mädchen« und die Powerfrau

Je mehr man sich der Gegenwart nähert, umso unzuverlässiger wird das Urteil des Historikers, weil einfach zu viele Fakten noch unbekannt sind. Mit einer Verzögerung von zwanzig, fünfzig, ja hundert Jahren kommt gewöhnlich die vollständige Wahrheit ans Licht, nachdem sich der Rauch verzogen hat, die Betroffenen dahingeschieden sind und nicht mehr Klage einreichen können. »Geheimnisse« verlieren ihre Anziehungskraft, wenn sie enthüllt werden.

Dennoch sollte gerade ein Historiker, der ja die Geschichte vieler Jahrhunderte und Jahrtausende sowie im Idealfall die »Politik« zahlreicher Nationen überblickt, nicht darauf verzichten, auch die Entwicklungen, Entschlüsse und Entscheidungen der Gegenwart in Augenschein zu nehmen, jedenfalls wenn er glaubt, durch seine Anmerkungen etwas verbessern zu können.

Wagen wir uns nun also an die Beschreibung von Angela Merkel.

Angela Merkel wurde lange Zeit völlig verkannt und unterschätzt.

Helmut Kohl nannte sie »das Mädchen«, weil sie mit einem hausbackenen, fast ländlichen, jedenfalls anspruchslosen Äußeren daherkam. Als »das

Merkelchen« bezeichnete sie Joschka Fischer. »Mutti« hießen sie verschiedene Journalisten oder auch nur »Engelchen«. Ihre Ausgangsposition war alles andere als optimal. Sie konnte rhetorisch keine Kapriolen schlagen, verfügte über keine geschliffene Sprache und machte auf den ersten Eindruck wenig her. Außerdem kannte sie sich nicht in der Westpolitik aus, die Schlangengrube war ihr fremd. Kohl nutzte sie nur als »Quotenfrau« und »DDR-Feigenblatt«; obwohl sie genau solche Attribute weit von sich wies.

Doch auf der anderen Seite besaß sie einen nadelscharfen Verstand, sie absolvierte ihr Abitur mit dem Notendurchschnitt 1,0. Sachlich, wertneutral und distanziert konnte sie eine Situation analysieren, denn sie war Wissenschaftlerin von Haus aus und ließ ihre Doktorarbeit nicht von Ghostwritern verfassen. Sie besaß nicht den unbeherrschbaren Drang, sich jederzeit ins Rampenlicht rücken zu müssen, was sie uns sympathisch macht, und sie beobachtete so scharf wie ein Luchs. Gegen die einflussreichsten, mächtigsten »CDU-Kronprinzen« der BRD setzte sie sich durch – und nahm zuletzt auf dem Stuhl des Bundeskanzlers Platz.

Worin bestand ihr Geheimnis?

Die Zeitläufe

Angela Merkel wird 1954 in Hamburg geboren, wächst aber in der DDR auf, als dort alles drunter und drüber geht und die Kommunisten die Zügel in die Hand nehmen.

Blenden wir kurz zurück und betrachten wir im Schnelldurchgang die anfängliche Geschichte der DDR, die wir bislang ein wenig stiefmütterlich behandelt haben.

In der »Deutschen Demokratischen Republik« ist nach 1945 Walter Ulbricht der starke Mann, ein eingefleischter Kommunist und Berufsrevolutionär. Ulbricht ist moskauhörig und im Grunde eine arme Socke. Mit Halbglatze und Spitzbart sieht er ein wenig aus wie Lenin, doch seine Stimme ist gänzlich anders, sie droht sich ständig zu überschlagen. Zusätzlich verkrampft er sich bei öffentlichen Auftritten auf eine seltsame Art. Ohne es zu wissen, ist er eine Karikatur seiner selbst. Rigoros ahndet er satirische

Überzeichnungen seiner Person, indem er sie als »Staatsverleumdung« brandmarkt und ihre Urheber ins Gefängnis werfen lässt.[3] Selten verfügt eine destruktive Persönlichkeit im politischen Raum über genügend Humor, um über sich selbst lachen können.

Zügig und brutal treibt er den »Aufbau des Sozialismus« voran, wie die Parole lautet. Die SED, die Sozialistische Einheitspartei, ist ihm Mittel zum Zweck. »Die Partei hat immer recht«, tönt er – als ob die Geschichte nicht hundertfach bewiesen hätte, dass Parteien zahllose Male unrecht hatten. Alle Gegenströmungen werden ausgeschaltet und abgewürgt, wie zum Beispiel der »Sozialdemokratismus«. Jeden »innerparteilichen Abweichler« setzt er schachmatt. Die Macht sichert er sich durch den Terror der Stasi und eine elende Willkürjustiz. Die Stasi, eine Mischung aus politischer Geheimpolizei und Nachrichtendienst, unterdrückt alle anderen Meinungen und Strömungen. Schauprozesse, Folter, Gefängnis und Todesurteile halten das Volk in Angst und Schrecken. Ulbricht ist gleichzeitig ein Speichellecker, er passt sich geschmeidig allen politischen Wendungen der Sowjets an. 1950/51 lässt er rund 150000 Mitglieder aus der Partei ausschließen, um Gegenstimmen, die auf Reformen drängen, auszuschalten. Viele lässt er verhaften, nicht wenige kommen in der Stasi-Haft ums Leben.

Am 17. Juni 1953 stellt ein Volksaufstand seine Macht in Frage. Demonstrationen und Streiks greifen in der gesamten DDR wie ein Lauffeuer um sich. Millionen Bürger haben die Nase voll von Ulbricht und Genossen und fordern den Rücktritt der Regierung sowie freie Wahlen. Ulbricht ruft panikgeschüttelt die Sowjets. Die Truppen der UdSSR schlagen den Volksaufstand brutal nieder, es fließt Blut. Insgesamt zählt man fünfzig Tote. Auf diese Weise »säubert« Ulbricht erneut das Land von Gegnern. Jede Reform ist ihm suspekt.

Neben der Stasi benutzt Ulbricht die »Nationale Volksarmee« (NVA), um seine Macht zu sichern. Wie alle unterdrückerischen Personen im politischen Raum kann er nur mit Geheimdienstlern und Militärs regieren. Die verlogene Propaganda tut ein Übriges. Der »Hass auf den Klassenfeind« wird eingebläut und eine »enge Waffenbrüderschaft mit der ruhmreichen Sowjetunion« beschworen. Die Russen klauen dabei wie die Raben Maschinen und Waren aus der DDR – immer noch. Verzweifelt versucht Ulbricht, die

Überlegenheit der sozialistischen Gesellschaftsordnung zu beweisen. Aber als die DDR-Deutschen in Scharen türmen, gerät er insgeheim ins Grübeln.

Gleichzeit tritt Ostdeutschland zu einem verrückten wirtschaftlichen Wettlauf mit Westdeutschland an. Der Außenhandel mit den Ländern Osteuropas und Russland kann sich eine Zeitlang sehen lassen, aber letztlich verliert die DDR das Spiel.

»Von der Sowjetunion lernen heißt siegen lernen«, belehrt Ulbricht trotzdem die Ostdeutschen. Aber ach! Von Parolen und Sprüchen wird niemand satt. Ein allmächtiger »sozialistischer« Staat versucht, die gesamte Wirtschaft zu kontrollieren. Die Produktion und die Verteilung der Waren werden erst in Zweijahresplänen, ab 1950 in Fünfjahresplänen vorangetrieben. Innerhalb der »Planwirtschaft« wird genau vorgegeben, wie viel von wem produziert werden muss. Aber die Widerstände sind Legion, vor allem in der Landwirtschaft. Bauern werden gezwungen, ihre Höfe aufzugeben und in »Landwirtschaftlichen Produktionsgenossenschaften« (LPG) zu malochen, was zu bösem Blut führt.

Nur in Freiheit, und nur wenn es Menschen gestattet wird, persönliches Eigentum zu besitzen, sind Höchstleistungen möglich.

Da die Bürger der DDR ständig drangsaliert und gegängelt werden, fliehen immer mehr Menschen außer Landes. Allein zwischen 1945 bis 1955 ergreifen 1,4 Millionen Personen die Flucht.[4] In den Folgejahren reißt der Strom nicht ab, trotz aller Propaganda.

Die Missstände nehmen zu. Eine schwerfällige Bürokratie, die fehlende Motivation, die verschlafene Modernisierung, die Rationalisierung und die Mangelwirtschaft sprechen ihre eigene Sprache.

Krampfhaft versucht die kommunistische Politclique, mithilfe der Stasi die Überlegenheit der sozialistischen Gesellschaft herbeizureden – und scheitert regelmäßig. Die vollständige Bankrotterklärung der DDR ist der Mauerbau, welcher der ständigen Flucht, die 1959 wieder an Fahrt aufnimmt, Einhalt gebieten soll.

Der »sozialistische Schutzwall« – wie er in einem erbärmlichen Versuch, den Menschen Sand in die Augen zu streuen, genannt wird – besteht erst aus Stacheldrahtzäunen, dann aus Mauern, Wachtürmen, Minenfeldern und einer Todeszone. Die Opposition im Innern kann nun noch leichter ausgehebelt werden. Die kommunistische Indoktrination ist allumfassend. Der Atheismus wird eingebläut und die Religion verunglimpft. Aber die Massenflucht lässt sich nicht aufhalten. Im Gegenteil. Die spannendsten Krimis werden später verfasst, die beschreiben, wie mutige, einfallsreiche DDR-Bürger dem Regime den Rücken kehren und das System überlisten – mit Tunneln, durch die Flucht mittels Flugzeugen, Flugkörpern und Schiffen und den unglaublichsten Verstecken in Pkws, die in den Westen fahren.

Der weitere Weg der DDR ist bekannt. Als Ulbricht seinen Einfluss verliert, ergreift Honecker das Ruder, der an dem alten, verkorksten System festhält, das längst dabei ist, innerlich zu verrotten, selbst wenn ständig Parolen auf die Bevölkerung niederregnen.

Übertüncht wird die Wahrheit vorübergehend von einigen erstaunlichen Erfolgen im Sport und in der Wirtschaft, aber alles wird überschattet von der entsetzlichen Unfreiheit, dem Versagen der Planwirtschaft und der Desillusionierung in puncto »Sozialismus«.

In dieser Atmosphäre, man muss es sich vorstellen, wächst Angela Merkel auf.

Biografische Notizen

Ihre Familie siedelt 1954 von Hamburg in die DDR über. Merkel lernt unter anderem Russisch, denn Russisch ist die erste Fremdsprache in der DDR. Sie ist stets Klassenbeste und baut das Abitur mit der Durchschnittsnote 1,0, wie wir bereits gehört haben. Sie studiert Physik und Mathematik, heiratet und lässt sich scheiden – später läuft sie erneut in den Hafen der Ehe ein. 1978 erhält sie eine Stelle in dem *Zentralinstitut für Physikalische Chemie* in Ost-Berlin. Daraufhin baut sie ihren Doktor.

Angekreidet wird ihr später, dass sie sich in das System integriert, sie muckt nicht auf. Im Gegenteil. Sie ist sogar in einer FDJ-Gruppe aktiv. Die *Freie Deutsche Jugend* (FDJ) ist die einzige staatliche anerkannte, kommunistische Jugendorganisation in der DDR und eine lupenreine Indoktrinierungs-Organisation. Zeitzeugen behaupten später, sie sei dort für »Agitation und Propaganda« zuständig gewesen.[5]

Als sich 1989 die Wende am Horizont abzeichnet, tritt Merkel rasch dem neu gegründeten *Demokratischen Aufbruch* (DA) bei, der im linken Spektrum der politischen Landschaft angesiedelt ist. Dort avanciert sie zur Pressesprecherin. Der DA rückt jedoch ins Zwielicht, als sich herausstellt, dass der Chef dieser neuen Partei (und ihr persönlicher Förderer!) von 1965 bis 1989 für das *Ministerium für Staatsicherheit* (MfS) spionierte.

Der DA erhält bei der ersten freien Wahl in der DDR nur 0,9 Prozent der Stimmen, aber da er sich mit der Ost-CDU in ein Boot setzt, die 41 Prozent einheimst, avanciert er indirekt zum Wahlsieger. Ein Bündnis zwischen CDU, SPD und den Liberalen entsteht, mit Lothar de Maizière als Ministerpräsident der DDR. Merkel wird zur stellvertretenden Regierungssprecherin gekürt.

Die einzelnen Schritte der Wiedervereinigung brauchen wir nicht noch einmal zu wiederholen. Es gelingt Merkel, ein persönliches Gespräch mit Helmut Kohl zu führen und sich zu empfehlen. Kohl fördert sein »Mädchen« in der Folge. Sie wird Ministerialrätin, erhält ein Bundestagsmandat und wird zur *Bundesministerin für Frauen und Jugend* hochgelobt. 1991 avanciert die Quereinsteigerin gar zur stellvertretenden Bundesvorsitzenden der CDU. Manchmal kann sie selbst kaum glauben, wie rasch ihre Karriere voranschreitet. Sie steigt höher und höher. Später wird sie *Bundesministerin für Umwelt, Naturschutz und Reaktorsicherheit* – Kohl hält schützend seine Hand über sie.

Schließlich gelingt ihr ein weiterer Sprung, sie wird Generalsekretärin der CDU, in der Abenddämmerung des Helmut Kohl. Schließlich hilft sie jedoch, Kohl zu stürzen, wie wir bereits gehört haben. Danach bootet sie systematisch auch alle anderen CDU-Recken aus, die die Hand nach der Krone ausstrecken. Sie wird zur Kanzlerkandidatin der Unionsparteien gekürt und siegt im Jahre 2005 mit 35,2 Prozent aller Stimmen, noch vor der SPD. Dr. Angela Merkel ist ganz oben auf dem Siegertreppchen angelangt.

Die Bundeskanzlerin

Auch Schröder stolpert über sie. Das hindert Angela Merkel jedoch nicht daran, mit der SPD Gespräche über eine Große Koalition zu führen. Gleichzeitig erlernt sie in Hochgeschwindigkeit die neuen Spielregeln im Westen. Auch hier handelt es sich in der obersten Riege um eine Schlangengrube, nicht anders als im Osten. Es ist nicht nur die SPD, die ihr ans Leder will, sondern auch die CDU, deren Fürsten sich immer noch nicht von dem Schock und der Überraschung erholt haben, dass sie von einer grauen DDR-Maus auf der Überholspur links liegen gelassen worden sind – genauer gesagt rechts.

Es läuft holprig, aber immerhin. Plötzlich ziehen jedoch schwarzen Wolken am Horizont auf: Die Finanzkrise 2008 kündigt sich an. Unversehens erkennt Merkel, was für ein Himmelfahrtskommando der Job des Bundeskanzlers ist. Sie schwankt wie ein Rohr im Wind und weiß zunächst nicht, wie sie reagieren soll.

Die Finanzkrise 2008

Verzichten wir darauf, die Finanzkrise 2008 im Detail nachzuvollziehen. Nur so viel: 2000 bis 2006 schien alles »Friede, Freude, Eierkuchen« zu sein.

Einige kleinere Krisen waren gerade überstanden worden, offenbar deutete alles wieder auf Wachstum hin. In den Jahren 2000 bis 2003 senkte in den Vereinigten Staaten von Amerika die *FED* die Zinssätze, mit denen sich Geschäftsbanken refinanzieren können, von 6,54 Prozent auf 0,98 Prozent. [6]

Die Geschäftswelt jubelte. Aber auch der sprichwörtliche »kleine Mann« freute sich und lebte auf. US-Präsident George W. Bush gab die Devise aus, dass möglichst viele Amerikaner ein Haus besitzen sollten. Privatleute nahmen massenhaft Geld auf, um den Traum vom Eigenheim wahrzumachen. Die Hypothekenschulden stiegen und stiegen, konkret von 3 Milliarden US-Dollar im Jahre 1995 auf 10 Milliarden im Jahre 2006.[7]

Europa zog nach. In Spanien wurde jeder dritte verdiente Euro in Immobilien investiert. Der Wohlstand brach aus. [8]

Doch eines Tages war die Spekulationsorgie vorbei, die Player wurden von der rauen Wirklichkeit eingeholt. Kurz gesagt konnten viele die Zinsen nicht mehr bezahlen. Zwangsversteigerungen waren die Folge. Ein Überangebot an Immobilien war urplötzlich gegeben, wodurch die Preise noch weiter in den Keller rutschten.

Unversehens befanden sich viele Immobiliengiganten in der Bredouille, sogar Hypothekenbanken erster Güte. Faule Kredite platzten allenthalben, die Schuldner wurden zahlungsunfähig. Das aber fiel wiederum auf die Banken selbst zurück. Sie saßen nun auf einem Haufen wertloser Papiere.

Plötzlich ging es Schlag auf Schlag. Am 15. September 2008 meldete selbst die renommierte Investmentbank »Lehman Brothers« Konkurs an. Lehman Brothers war die viertgrößte Investmentbank US-Amerikas, mit Hauptsitz in New York und ehemals rund 30 000 Angestellten.

Der Zusammenbruch von Lehman Brothers zog Kreise, die sich ständig ausweiteten. Auch andere Banken hatten vorher schon fleißig faule Kredite aufgekauft. Nun fiel ein Dominostein nach dem anderen um.

Der Chef von Lehmann Brothers, Richard Fuld, genannt der Gorilla, war zeitweise der bestgehasste Mann auf Planet Erde. Er wurde als der Verantwortliche für den ganzen Schlamassel bezeichnet, während wiederum andere dafür plädierten, Hank Paulson nicht zu vergeben, dem US-Finanzminister, der es schließlich versäumt hatte, dem Gorilla wieder auf die Beine zu helfen.

Gleichzeitig erreichte die Krise die reale Wirtschaft. Nicht nur die Finanzbranche entließ auf einen Schlag Tausende von Mitarbeitern, auch andere Industrien wurden in Mitleidenschaft gezogen. Zeitweise beherrschte die Diskussion über die US-Autoindustrie das Tagesgespräch. Einige der ganz Großen der Automobilbranche hatten offenbar ebenfalls schlecht gewirtschaftet und Schulden über Schulden aufgehäuft. Autos waren auf Halde produziert worden und plötzlich unverkäuflich, trotz hervorragender Konditionen für den Kunden. Die Autozulieferbetriebe, der Maschinenbau und die Konsumgüterbranche inklusive der Lebensmittelproduzenten litten.

Vater Staat griff ein. Barack Obama stützte Banken, Versicherungsgesellschaften und marode Automobilbetriebe. Die Druckerpressen, die frisches Geld ausspuckten, standen auf einmal nicht mehr still.

Jedenfalls warf die US-Notenbank einen Rettungsanker nach dem anderen aus. Die verschiedenen Börsen diesseits und jenseits des Atlantiks mussten empfindliche Einbußen hinnehmen; im Prinzip blieben die Aktien, mit wenigen Ausnahmen, weltweit nicht verschont.

Auf Seiten der Regierungen war man indes wild entschlossen, die Situation zu meistern. Die Mitglieder des *Internationalen Währungsfonds* (IWF) wurden eilig zu einer Krisensitzung geladen (11. Oktober 2008). Man beschloss, kein größeres europäisches Bankeninstitut bankrottgehen zu lassen, zu viel stand auf dem Spiel. Die Amerikaner exerzierten vor, wie man die Krise meisterte. Aber kleinere und schwächere Länder hatten gleichzeitig das Nachsehen, sie gerieten unter Druck, denn ihre Regierungen verfügten nicht über genug Geldmittel, um Banken zu stützen. Die Währungen und Staatsanleihen vieler osteuropäischer Länder stürzten trotzdem in bodenlose Tiefen. SOS wurde aus Brasilien, Mexiko und den asiatischen Tigerstaaten gefunkt, aber auch die Türkei, Südafrika, China, Indien, Australien und Neuseeland hatten mit Problemen zu kämpfen. Der Euro trat einen Sturzflug an.

Hinter den Kulissen wurde wie verrückt nach der »richtigen« Lösung gesucht.

Schließlich wurde der Leitzins beinahe auf null gesenkt, um billiges Geld zur Verfügung zu stellen. In Windeseile peitschte man außerdem ein Hilfspaket durch den US-Kongress. 787 Milliarden US-Dollar standen damit zur Verfügung, um die schlappe Konjunktur wieder anzukurbeln. Und nach wie vor ratterten die Druckerpressen, die frische Dollars zur Verfügung stellten.

Angela Merkels Reaktion

In Deutschland wollte man das Spiel zunächst nicht mitmachen. Angela Merkel, die deutsche Bundeskanzlerin, wies auf die Gefahr einer künftigen Inflation hin. Trotzdem kam auch Deutschland schließlich nicht daran vorbei, die Bundesschuld erneut zu erhöhen, trotz aller Schwüre, die man vorher geleistet hatte. Die Tugend des eisernen Sparens, zu der Merkel aufgerufen hatte, galt offenbar nicht für den Bankensektor. Insgesamt verabschiedeten die G20-Staaten (USA, China, Deutschland, Japan, Frankreich,

Großbritannien, Italien, Russland, Südkorea, Australien, Kanada, Saudi-Arabien, Mexiko und so fort) ein Konjunkturpaket über 1130 Milliarden Euro – in den Jahren 2008 bis 2010.

Welche Rolle spielte Angela Merkel?

Krisenmanagement

Merkel schlägt sich mehr schlecht als recht durch. Zunächst versucht sie, einen eigenen Weg zu gehen. Aber vor den USA und dem »ganz großen Geld« muss auch sie ihr Knie beugen.

Gleichzeitig erkennt sie, wie alle Kanzler vor ihr, dass es gescheit ist, sich regelmäßig um eine hervorragende Presse und die »richtigen« Bilder zu kümmern. Publikumswirksam trifft sie sich mit dem beliebten Barack Obama, dem »schwarzen Messias«. Mit dem französischen Präsidenten tauscht sie vor der Kamera Küsschen aus. Sie bemüht sich um *Public Relations*, die darin besteht, mit ein paar Bildern dem Volk Sand in die Augen zu streuen.

Als 2009 die Stunde der Wahrheit naht, sprich als die nächste Wahl vor der Tür steht, siegt sie erneut, paktiert jedoch diesmal mit der FDP. Die SPD gilt als Verlierer der Bundestagswahl.

Nach wie vor werden ihr die finanziellen Probleme nachgeworfen. Ein »Euro-Rettungsschirm« muss aufgespannt werden, unter dem sich Griechenland verkriecht. Die Söhne des Zeus erhalten einen unbesicherten Kredit von 80 Milliarden Euro, der später massiv aufgestockt werden muss. Eine »Bankenaufsicht« wird später aus der Taufe gehoben, welche die Rekapitalisierung der Banken erlaubt, die in Schwierigkeiten geraten sind.

Merkel gelingt es 2011 immerhin, mithilfe der FDP, SPD und der Grünen, die Wehrpflicht aufzuheben. Die Bundeswehr ist ab 1. Juli 2011 endgültig eine Berufsarmee.

In Bezug auf die Atomkraftwerke schlägt sie einen Salto mortale vorwärts und rückwärts. Zuerst verlängert sie die Laufzeit der aktiven Nuklearreaktoren, doch als in Japan die Katastrophe von Fukushima die Welt erschüttert, erscheint es ihr opportun, von der bisherigen Atompolitik abzurücken. Sie beschließt den Ausstieg aus der Atomenergie.

Und wieder steht 2013 die Wahl vor der Tür, man hat als Kanzler oder Kanzlerin einfach keine Ruhe. Da die Steuersenkungen, die die FDP angekündigt hatte, von ihr abgebügelt worden sind, verliert ihr kleiner Koalitionspartner in Bausch und Bogen. Die FDP wird unter die Fünfprozenthürde gedrückt.

Für sich selbst erreicht sie jedoch ein gutes Ergebnis. Die Unionsparteien erhalten 41,5 Prozent, sie kann sich erneut als Siegerin präsentieren.

Der Abhörskandal

Doch die Krisen lassen nicht nach.

Als Merkel 2015 erfährt, dass der US-Geheimdienst NSA ihr Mobiltelefon abhört, geht sie auf die Barrikaden. Was ist eigentlich passiert? Nun, die Plattform Wikileaks veröffentlicht 69 Telefonnummern, die von dem US-Geheimdienst NSA systematisch belauscht werden. Alle Welt erfährt, dass deutsche Regierungsmitglieder von den USA regelmäßig abgehört werden, darunter verschiedene Minister und eben Angela Merkel. Vielleicht sind sogar andere Geheimdienste, wie die Engländer, mit von der Partie. Die Spione haben vor allem Interesse an der deutschen Währungs- und Handelspolitik, denn in den U$A denkt man immer zuerst an den Dollar. Die Amerikaner versuchen im Vorfeld zu erkunden, wie sich Angela Merkel in der Griechenland-Krise verhalten wird.

Das Engelchen tobt und wedelt fuchsteufelswild mit den Armen. Merkel verlangt Aufklärung von den Amerikanern und tönt, dass sich »Freunde« doch nicht gegenseitig bespitzeln sollten. Sie spielt das naive Unschuldslamm, das nicht weiß, wie es in Spionagekreisen zugeht. Sie beschwert sich öffentlich und sucht den Amis am Zeug zu flicken.

Alle Geheimdienstler der Welt lächeln. Weiß das Engelchen tatsächlich nicht, wie es in den Nachrichtendiensten rund um den Globus zugeht? Das ist kaum zu glauben, nicht wenn man den Kanzlerposten bekleidet. Schon Kohl und Schröder wurden systematisch ausgespäht. In den USA spottet man über Merkel ob ihres Zorns. Hat sie nach all ihrer DDR-Erfahrung mit den Stasi-Spitzeln wirklich nicht kapiert, dass weltweit inzwischen *jeder* belauscht wird? In welcher Welt lebt sie eigentlich?

Die Flüchtlingskrise

Die Flüchtlingskrise im Jahre 2015 ändert alles.

Merkel kandidiert 2016 erneut als Bundeskanzlerin, aber als die Bürger zu den Urnen eilen, erleidet sie starke Verluste. Wieder steht eine Koalition mit der SPD auf dem Programm.

Das Migrantenproblem frisst sie inzwischen fast auf. Zuerst spielt sie den Gutmenschen. Als ihr jedoch der Wind ins Gesicht bläst, tönt sie, man müsse Migranten auch fordern, nicht nur fördern. Sie setzt sich unter anderem für ein gesetzliches Vollverschleierungsverbot ein und betont, wie wichtig die Integrationsbemühungen seitens der Zuwanderer seien. Gleichzeitig lässt sie verlauten, dass die »allermeisten Muslime« rechtschaffen seien. Ihre Grammatik ist noch immer hölzern. Immerhin bekennt sie sich zur Wertschätzung aller Religionen, auch des Islam. Wenig später verkündet sie, dass schnellere Asylverfahren und eine beschleunigte Abschiebung das Gebot der Stunde seien. Parallel dazu profiliert sie sich als Verteidigerin der Menschenrechte und macht die Deutschen mit hoch erhobenem Zeigefinger darauf aufmerksam, dass die Zuwanderung mehr Chancen als Risiken birgt.

Horst Seehofer, der CSU-Chef, gerät zu ihrem Gegenspieler. Er fordert eine Obergrenze in puncto Einwanderer. Einige Kritiker sprechen bereits von einer »edelgesinnten Verrücktheit«, was die Anzahl der Migranten angeht. Der Ausdruck »Gutmensch« gerät zur Negativvokabel. Und so viel ist wahr: Die Zahl der Terroranschläge in Deutschland und die Verbrechensrate nehmen zu.

Merkel staunt nur noch: Sie schaut sich um. In Italien beginnt man, der Politik der offenen Arme eine Absage zu erteilen. In den USA gewinnt ein gewisser Donald Trump die Wahl auch deshalb, weil er sich für »sichere Grenzen« einsetzt. Und in verschiedenen Ländern Europas zeichnet sich ebenfalls ein Umschwung der öffentlichen Meinung ab. Und in Deutschland? Hier macht die *Alternative für Deutschland* (AfD), eine neue Partei, von sich reden. Himmel, die gesamte Parteienlandschaft verschiebt sich! Das Schreckgespenst des Machtverlustes erscheint plötzlich am Horizont. Die AfD gilt als rechtspopulistische Partei, sie selbst weist dieses Label von sich. In Nullkommanichts ist sie im Deutschen Bundestag und in 14 der 16 deutschen

Länderparlamente präsent. Der CDU laufen die Wähler in Scharen davon, obwohl die meisten AfD-Anhänger Protestwähler sind. Auch die Linken und die SPD verlieren Wähler an die AfD.

Die Presse schlägt wie verrückt auf die neue Partei ein. Auch die Aufspaltung 2015 in einen wirtschaftsliberalen Flügel, der sich *Allianz für Fortschritt und Aufbruch* (ALFA) nennt, und einen weiter rechts angesiedelten Flügel ändert wenig an der Tatsache, dass das altbekannte Parteiengefüge knirscht. Millionen fordern eine Änderung der Migrationspolitik.

Merkel versucht hektisch, auf andere Themen auszuweichen. Sie macht darauf aufmerksam, dass niemand anders als sie den Rechtsanspruch auf einen eigenen Kindergartenplatz für Kinder ab drei Jahren durchsetzen konnte.

Sie sammelt Punkte in der öffentlichen Arena, indem sie sich für die Ehe stark macht (womit sie indirekt gegen Homosexuelle Stellung bezieht), aber 2017 gibt sie auch diese Position auf und promotet die Ehe für alle. Sie setzt sich als »Klimakanzlerin« für eine Reduktion in puncto Umweltverschmutzung ein, trotz der zahlreichen Gegenstimmen, die laut werden.

Parallel dazu versucht sie, an der »sozialen Front« zu gewinnen.

Dann lässt sie verlauten, dass Europa mit nur 7 Prozent der Weltbevölkerung und lediglich 25 Prozent des weltweiten Bruttosozialprodukts für mehr als 50 Prozent der weltweiten Sozialleistungen aufkommt – ein Schlag ins Gesicht der SPD. Die Deutschen könnten nicht »ewig« so großzügig sein, verkündet sie.

Hektisch versucht Angela Merkel zurückzurudern. Sie bemerkt offensichtlich nicht, dass ihr Stern längst dabei ist, unterzugehen. Und sie realisiert nicht, dass es eine ganz andere Lösung für das Migrationsproblem gegeben hätte, das teilweise ihren politischen Tod begründet.

3. Die Fehler der Angela Merkel

Ach, wie unfair ist es, sich bequem im Schaukelstuhl zurückzulehnen und auf die Fehler anderer zu verweisen. Und doch ist es manchmal notwendig. So viel muss man jedenfalls konstatieren dürfen:

- Bedenklich war zunächst der Umstand, dass Angela Merkel – während ihrer DDR-Zeit – in der einzigen staatlich anerkannten kommunistischen Jugendorganisation den Posten für »Agitation und Propaganda« innehielt. Sie diente sich damit einem unterdrückerischen Regime an.
- Als sich 1989 die Wende abzeichnete, trat sie dem Demokratischen Aufbruch (DA) bei, dessen Chef nachweislich ein Stasi-Spitzel war, der Merkel enorm förderte. Außerdem stand der DA »links«, doch Merkel hatte keine Probleme, später »rechts« Karriere zu machen, erst in der Ost-CDU und danach innerhalb der West-CDU.
- Als Bundeskanzlerin zischte sie an der SPD dagegen wieder auf der linken Überholspur vorbei, was zu einem Niedergang der Sozialdemokraten führte. Angela Merkel wechselte ihre Gesinnung häufiger als Casanova seine Damen.
- Nie definierte sie für sich persönlich »Prinzipien«, sie hielt stets nur nach »Umfragen« Ausschau und passte sich der »Stimmung« an. Niemand, der je auf dem Kanzlerstuhl Platz genommen hatte, war je so »anschmiegsam« und »biegsam« wie sie.
- Nachdenklich zumindest stimmt weiter der Umstand, dass ihre politischen Wegbegleiter einer nach dem anderen im Sumpf versanken, während sie selbst höher und höher stieg. Sie kannte keine Loyalität gegenüber dem DA-Chef, gegenüber Helmut Kohl, gegenüber Friedrich Merz oder gegenüber Persönlichkeiten der SPD und der FDP, wie Guido Westerwelle. Die SPD überholte sie wie gesagt »links«, woraufhin die Wahlergebnisse für die SPD katastrophal ausfielen, denn die Partei verlor ihr Profil. Die FDP blamierte sie unsterblich, als sie darauf verzichtete, Steuersenkungen durchzuführen, woraufhin die FDP unter die Fünfprozenthürde purzelte. Einen »Star«, wie Professor Paul Kirchhof, der das gesamte Steuersystem revolutioniert hätte, ließ sie bedenkenlos fallen, als es politisch opportun erschien. »Leichen«, das heißt »Karriereleichen«, pflasterten ihren Weg.
- Sich zunächst für Kernreaktoren einzusetzen und dann dagegen zu stimmen, verrät ebenfalls wenig politisches Rückgrat. Als die Stimmung umschwenkte – Stichwort Fukushima –, drehte Merkel ihr

Fähnchen sofort nach dem Wind. Den Grünen stahl sie damit die »Anti-Atom-Politik«. Schröders Lösung war intelligenter, der einen langsamen Ausstieg befürwortet hatte, damit die Energieversorgung nicht in Gefahr geriet.

- Die Bankenkrise meisterte sie ebenfalls nicht, letztlich erhöhten sich nur die Schulden, Merkel knickte ein. Von der Bevölkerung zu verlangen, zu sparen, und die Banken demgegenüber ungeschoren davonkommen zu lassen, widerspricht jedem Gerechtigkeitssinn. Zumindest hätte sie gegen die unverschämt hohen Boni der Banker mobil machen und mehr persönliche Verantwortlichkeit einfordern können. So saß sie den weltweiten Skandal nur aus und überließ es verschiedenen Professoren und Politikern, aus diesem oder jenem Winkel ihre gegensätzlichen Meinungen in die öffentliche Arena hinauszutrompeten. Dabei gab es durchaus konkrete »Schuldige« – etwa (1) Politiker in den USA wie Bill Clinton oder George W. Bush, die beide für den »kleinen Mann« die Trommel gerührt und das Karussell mit den fragwürdigen »Immobilienfinanzierungen« überhaupt in Gang gesetzt hatten, sowie (2) Spitzenbanker in den höchsten Etagen in den USA, (3) die FED, die Federal Reserve mit dem ominösen Alan Greenspan, der schnell zurücktrat, bevor sich Volkes Zorn gegen ihn richten konnte, und schließlich (4) Top-Bankiers in Deutschland, die sich wie Anfänger recht unintelligent von den US-Bankern betrügen und einseifen ließen, indem sie selbst zockten, was das Zeug hielt. Merkel wagte es nicht, in dieser Beziehung die Wahrheit zu sagen, darüber hinaus forderte sie keinerlei Konsequenzen ein.
- Auch andere politische Entscheidungen waren schlicht falsch, wie die kaum vertretbare Rentenerhöhung, der »Rettungsschirm«, der nur Probleme zukleisterte, statt sie zu lösen, und die Steuererhöhungen. Zugegeben: Alle Kanzler machten sich der Steuererhöhung schuldig, der ungebührlichen Ausweitung des Sozialstaates sowie eines wachsenden Schuldenberges, aber das entschuldigt Angela Merkel nicht.
- Es war reines PR-Getöse, nur mit ein paar Parolen zu arbeiten und dem Wort nicht die Tat folgen zu lassen. Hinter Slogans wie »Neue Soziale Marktwirtschaft« oder Absichtserklärungen wie »die CDU zur

modernsten Volkspartei Europas auszubauen zu wollen« verbarg sich ... nichts.

- Das waren alles hohle, flotte Sprüche. Merkel stürzte in die gleiche Grube, in die schon andere Kanzler gefallen waren, die schlussendlich die Flucht nach vorne angetreten hatten und ihr Heil in dieser Art von »Öffentlichkeitsarbeit« gesucht hatten.
- Das »Geheimnis« ihres persönlichen Erfolgs bestand also nur darin, sich geschmeidig Stimmungen anzupassen und alle möglichen salbungsvollen Statements im politischen Raum abzugeben, die zu verschiedenen Zeiten sogar widersprüchlich waren. Das rettete ihr wieder und wieder den Hals. Das war gut für ihre Karriere, aber schlecht für das Land. Die »Powerfrau« hielt sich dennoch lange auf dem Schleudersitz des Bundeskanzler-Postens. Aber »zum Wohle des deutschen Volkes«, wie ein Teil des Eides lautete, den sie als Bundeskanzlerin geleistet hatte, handelte sie nicht unbedingt.
- Ihr größter Fehler war freilich der Umgang mit dem Flüchtlingsproblem, laut Kritikern. Während nichts humaner und menschenfreundlicher ist, als Unterdrückten zu helfen, speziell wenn sie nur ihr Leben und das Leben ihrer Kinder retten wollen, muss man auch darauf verweisen dürfen, dass es unklug war, in diesem Umfang Asylbewerber in Deutschland integrieren zu wollen – ganz einfach, weil sich zu viele Deutsche dagegen zur Wehr setzten.

Es ist richtig, das Wohl aller Länder und aller Bevölkerungen im Auge zu behalten und den gesamten Planet Erde als eine Einheit anzusehen, für den jeder von uns Verantwortung trägt. Es ist falsch, die Augen vor dem Elend in anderen Ländern zu verschließen, es ist ebenso falsch zu glauben, dass jeder so denkt und entsprechend handelt. Unseres Erachtens wurde es verabsäumt, das Problem an der Wurzel zu packen.

Betrachten wir nur den Fall Syrien.

In letzter Konsequenz waren drei Personen für das syrische Problem verantwortlich:

Der suppressive Baschar al-Assad, Syriens Diktator, ein Massenmörder, Ali Chamenei, der »Oberste Führer« des Iran, der Assad unterstützte, sowie

Wladimir Putin, der Assad mit militärischer Ausrüstung und russischen Soldaten den Rücken stärkte.

Ohne diese drei Figuren, schwarze Gestalten durch und durch, wäre das syrische Problem nie aufgekommen. Es handelte und handelt sich um drei unterdrückerische Persönlichkeiten der Sonderklasse.

Assad brachte Millionen von Syrern um oder zwang sie zur Flucht.

Unter Chamenei entwickelte sich der Iran zu dem größten Sponsor für Terroranschläge im Nahen Osten. Ohne seine Unterstützung hätte Assad ebenfalls nicht überlebt.

Und Putin? Putin streute und streut über seine gefährlichen Geheimdienste bis heute überall Zwietracht. Es ist anzunehmen, dass Putin & Konsorten hinter den Kulissen sich freudvoll die Hände reiben, weil das Flüchtlingsproblem Europa vor schier unlösbare Probleme stellt. Bedenkenlos setzte Putin in Syrien auch seinen Militärapparat ein. Ohne Putin hätte Assad ebenfalls längst aufgeben müssen.

Ohne Chamenei und Putin gäbe es das Problem Assad nicht.

Es handelte sich also um drei Schurken, denen nie jemand Einhalt gebot.

Was hätte die westliche Welt unternehmen müssen?

- Kriege werden heute vor allem aufgrund der ökonomischen Überlegenheit gewonnen, denn mit Geld kann man Waffen kaufen und Soldaten bezahlen.
- Die erste richtige Aktion in Deutschland hätte also darin bestehen müssen, auf jedes Geschäft mit Russland zu verzichten. Es war ein Kapitalfehler, einer Pipeline zwischen Russland und Deutschland zuzustimmen. Und es ist ein Fehler, dort Gas einzukaufen. Die Nordstream-Pipeline bringt Europa in Abhängigkeit von Russland und macht es erpressbar. Durch die deutschen Gelder wird Russland in ökonomischer Hinsicht enorm gestärkt. Putin wird die Unsummen, die er dadurch einsackt, in erster Linie dazu benutzen, um weiter seine Geheimdienstler zu bezahlen und das Militär zu stärken. Richtig wäre es gewesen, Putin eine generelle Absage in puncto wirtschaftlicher Kooperation zu erteilen.

- Mit dem Iran *business as usual* zu tolerieren, war ebenfalls töricht. Ebenso gut könnte man einem Amokläufer ein Maschinengewehr schenken, damit er effizienter und in einem größeren Umfang Menschen töten kann. Der Iran verwendet sein »Einkommen« hauptsächlich dazu, den Terrorismus zu fördern, seine 400 000 Soldaten zu bezahlen und seine 120 000 »Revolutionswächter«. Er sorgt für Hinrichtungen halber Kinder und für furchtbare Gefängnisse, unterdrückt Minderheiten und die Meinungsfreiheit und treibt heimlich oder offen sein Atomprogramm voran. Ohne die Unterstützung des »Obersten Führers« im Iran hätte Baschar al-Assad seine Politik nicht aufrechterhalten können. Und so machten sich alle deutschen Unternehmer, die mit diesem suppressiven Land Geschäfte tätigten, mitschuldig – und mit ihnen die Politiker, die diese Geschäfte gestatteten oder ihnen sogar noch Rückenwind gaben.
- Darüber hinaus wäre es klüger gewesen, die Aufnahme von Flüchtlingen in Deutschland von Anfang an einzuschränken. Es handelte sich also interessanterweise in erster Linie um ein außenpolitisches Versagen Merkels und erst in zweiter Linie um ein innenpolitisches. Und so wären Europa und andere Länder vor einer Einwanderungswelle bewahrt worden, die kaum verkraftbar war und die zu einer höheren Verbrechensrate sowie zu zahlreichen Integrationsproblemen in Deutschland führte. Es gab also durchaus Alternativen für die Politik der USA und Deutschlands, und es gibt sie noch immer.
- Merkel hätte folgende Richtlinien etablieren können:
  - Man definiert ein Bleiberecht für Flüchtlinge, die erstens einen Arbeitsplatz (oder eine entsprechende Qualifikation) besitzen, zweitens über gute Deutschkenntnisse verfügen, drittens die Gesetze achten und viertens keinerlei kriminellen Hintergrund besitzen.
  - Darüber hinaus müsste man verfügen, dass Asylverfahren künftig innerhalb von einer Woche an der Grenze abzuschließen sind. Man unterbindet rigoros Widerspruchsverfahren, die manchmal jahrelang währen.
  - Flüchtlinge müssen weiter die Verfassung/das (Grund-)Gesetz kennen und akzeptieren – so wie es längst Usus in den Ländern

ist, die seit Jahrhunderten über Erfahrungen mit Einwanderern verfügen – wie die USA oder Australien. Eigentlich wurde dort bereits alles vorgekaut.
  - Vieles könnte man darüber hinaus verbessern, wie die Nachzugsregelungen von Familienmitgliedern, die Verfolgung von Schlepperbanden und die Entwicklungshilfe.
- Aber wiederholen wir stattdessen: Noch wichtiger wäre es gewesen, das Scheinwerferlicht unnachgiebig auf jene zu richten, die das Problem überhaupt verursacht hatten: *Assad, Chamenei* und *Putin.*

Wie hat man über Merkels Reaktionen zu Covid-19 zu urteilen? Nun, zunächst muss man einige Fakten nachtragen. Auch hier hatten Geheimdienste und Militärs ihre Hand im Spiel, wenn auch im Moment kein abschließendes Urteil möglich ist. In US-Amerika, aber auch in anderen Ländern, schwenkt die öffentliche Meinung bezüglich des Virus inzwischen völlig um. Bekannt wurde inzwischen, dass der einflussreichste Virologe der Welt, Dr. Anthony Fauci, beste Beziehungen zu Geheimdiensten der USA unterhält und zum Militär, vor allem aber ist er mit Big Pharma eng liiert.

Er kann nicht leugnen, trotz anfänglicher Versuche, was in Wuhan passiert ist:

Wuhan? Wuhan ist eine Acht-Millionen-Stadt, die in der Mitte Chinas gelegen ist. In dem *Wuhan-Institut für Virologie*, einer Forschungseinrichtung, werden biologische und gentechnische Experimente mit Viren durchgeführt. Viruskulturen von rund 1500 Erregerstämmen existieren hier, es handelt sich um die größte Virusbank Asiens. Journalisten finden jedoch heraus, dass lebende Fledermaus-Coronaviren in den Laboren dieses Institutes mittels gentechnischer Verfahren in menschliche Krankheitserreger verwandelt wurden. Der angebliche Grund für diese monströse Tat: Man will Menschen vor künftigen gefährlichen Viren und Virenmutationen schützen; deshalb sei die entsprechende Forschung notwendig. Aber handelt es sich nicht in Wahrheit um biologische Waffen, die hier klammheimlich produziert werden? Stecken hinter dem Projekt Geheimdienste und Militaristen?

Merkel hätte abwarten sollen, was die Reaktionen auf den Virus angeht.

In den USA bezog inzwischen sogar schon Mike Pompeo Stellung, immerhin der mächtigste Mann in der ehemaligen Trump-Administration, nach Trump selbst. Als ehemaliger CIA-Direktor und Außenminister ist niemand so gut über die geheimsten Themen informiert wie er. Niemand kann ihm vorwerfen, ein »Verschwörungstheoretiker« zu sein. Er bestätigt in mehreren TV-Interviews, die von verschiedenen Top-Journalisten auf dem FOX-Sender in den Monaten April und Mai 2021 geführt werden, dass alle Indizien darauf hindeuten, dass es sich bei Covid-19 tatsächlich um einen künstlichen Virus handelt, der im Wuhan-Institut gezüchtet wurde.[9]

Neben ihm tritt ein weiteres Schwergewicht auf den Plan: Rand Paul, ein Augenarzt und mächtiger US-Senator, bekannt dafür, dass er sich von niemandem den Mund verbieten lässt, sei es von der eigenen Partei oder der Gegenpartei. Rand Paul ist für viele einer der wenigen letzten anständigen Politiker. Er besitzt die Macht, Fauci vor den US-Kongress vorzuladen. Dieser erscheint zähneknirschend. Dort »grillt« ihn Paul nach allen Regeln der Kunst. Rand Paul ist ebenfalls überzeugt, dass Fauci etwas mit der Entstehung des Virus oder der Finanzierung des Wuhan-Institutes zu tun hat. Er stellt Fauci die peinlichsten Fragen, fast in einer Art Kreuzverhör. Hat Fauci direkt oder indirekt etwas mit der Entstehung des Coronavirus zu tun oder nicht?

Fauci gerät in höchste Bedrängnis. Aber er leugnet alles ab. Doch selbst seine Emotionen überschlagen sich während des Verhörs.

Rand Paul ist nicht überzeugt. Er glaubt, dass sich Fauci aus der Verantwortung stehlen will und verkündet schließlich: »America is done with unelected bureaucrats controlling our lives. It's time to take back our freedom, open our country and fire Dr. Fauci.«

> »Amerika hat genug von nicht [demokratisch] gewählten Bürokraten, die unser Leben kontrollieren. Es ist an der Zeit, unsere Freiheit zurückzufordern, unser Land wieder zu öffnen und Dr. Fauci zu feuern.«[10]

Andere Politiker und Wissenschaftler schalten sich ein. Ein unvorstellbarer Grabenkrieg bricht aus. Das Thema wird politisiert. Die Verteidiger Faucis sprechen von einer Desinformations-Kampagne der Chinesen und von

»Verschwörungstheorien«. Die Befürworter der Fauci-Anklage deuten auf Fakten, die nicht aus der Welt zu schaffen sind.

Wie auch immer der Ausgang aussehen wird: Selbst im Falle Dr. Faucis begegnet uns der Einfluss der Geheimdienste und der Militärs – die längst auch auf Deutschland, über den BND, Einfluss nehmen.

Von Bedeutung ist weiter die Diskussion, ob man die Isolationsstrategie nicht besser auf die gefährdeten Senioren beschränkt hätte, wie das in Florida mit Erfolg praktiziert wurde, statt alles »lahmzulegen«, und ob man nicht der raschen *Heilung* von Covid-19 und überhaupt Pandemien mehr Aufmerksamkeit schenken sollte, statt jedermann zu impfen. Auch die Frage, mit natürlichen Mitteln (Vitaminen, Mineralien, geringerem Körpergewicht, gesünderer Ernährung, Bewegung, Sauna) die Immunität zu stärken und die Selbstverantwortung zu erhöhen und dadurch die Prävention auf ein neues Niveau zu heben, sollte nicht einfach beiseite gewischt werden.

All das versäumte Angela Merkel, die sich wie immer nur »stromlinienförmig« verhielt.

Zugeben muss man allerdings, dass das letzte Wort über Covid-19 noch nicht gesprochen wurde.

Als die evangelische Pfarrerstochter nach sechzehn Jahren als Bundeskanzlerin abtrat, hinterließ sie eine völlig zerrüttete CDU, sie sorgte für ein katastrophales Wahlergebnis. Nur 24,1 Prozent erhielt die ehemals stärkste Partei Deutschlands, der SPD-Kandidat kam ans Ruder. Möglicherweise verspielte sie die »Macht« der CDU auf viele Jahre hinaus. Sie hinterließ ein von Problemen gebeuteltes und innerlich zerrissenes Deutschland.

4. Weitere Geheimdienste

Es wäre eine arge Unterlassung, nicht auch auf andere Geheimdienste hinzuweisen, die inzwischen in Deutschland ihr Wesen oder Unwesen treiben.

Es existieren auf dem Planeten Erde 193 (von der UNO anerkannte) Staaten und fast alle besitzen ihre Geheimdienste. Die meisten dieser Staaten sind hoch interessiert daran zu erfahren, was in dem ökonomisch erfolgreichen Deutschland vor sich geht. Wir wagen nicht einmal zu schätzen, wie viele Geheimdienste aus aller Herren Länder sich auf deutschem Boden tummeln, denn wir würden mit Sicherheit zu kurz greifen. Außerdem darf man nie vergessen, dass sich manchmal der Auftraggeber eines Agenten (und damit die wahre Quelle) geschickt verbirgt.

Das geschah auch etwa im Fall des Attentates auf Papst Johannes Paul II. im Jahre 1981, das auch die Gemüter in Deutschland aufwühlte. Dieser antikommunistisch eingestellte, mutige polnische Papst, der mittelbar und unmittelbar geholfen hatte, die Russen aus Polen zu verjagen, wurde im Jahre 1981 angeschossen. Mehmet Ali Ağca, ein türkischer Rechtsextremist, der bereits in Istanbul den Chef einer türkischen Zeitung ermordet hatte, jedoch aus einem Militärgefängnis entflohen war, feuerte in Rom mehrere Schüsse auf Johannes Paul II. ab, als dieser in seinem Papamobil durch die italienische Hauptstadt fuhr. Der Papst wurde von drei Kugeln getroffen. Zwei zertrümmerten den linken Zeigefinger, die dritte Kugel fuhr durch den Dünndarm und trat neben der Wirbelsäule wieder aus, wodurch Johannes Paul II. lebensgefährlich verletzt wurde. Ağca wurde geschnappt, eingekerkert und nach allen Regeln der Kunst verhört. Ein italienischer Untersuchungsausschuss etablierte, dass das Attentat auf Weisung Leonid Breschnews angeordnet worden war, der den sowjetischen Geheimdienst damit beauftragt hatte. Der sowjetische Geheimdienst wiederum schob den bulgarischen Geheimdienst vor sowie das Ministerium für Staatssicherheit in der DDR. Ağca selbst log, dass sich die Balken bogen, was den wahren Auftraggeber anging und änderte wiederholt seine Geschichte. Schließlich gab er an, dass ihn der Führer des Iran, Ajatollah Chomeini, mit dem Mordanschlag auf den Papst persönlich beauftragt hätte. Da er ständig widersprüchliche Aussagen tätigte, war er jedoch nicht glaubwürdig. Später trat der erklärte Moslem aus heiterem Himmel sogar zum Katholizismus über.

Die italienischen Behörden blieben bei ihrer Interpretation, die auf den sowjetischen Geheimdienst verwies. Und so sehen wir sehr schnell, wie die wahren Strippenzieher, in diesem Fall der Geheimdienst der ehemaligen UdSSR, ihre Spuren sorgfältig verwischen, indem sie *anderen* Geheimdiensten, die von ihnen abhängig sind, die Aufträge zuschieben. Manchmal gehen sie sogar noch über eine dritte, vierte und fünfte Ecke. Generell werden für Attentate von Geheimdiensten gern *professionelle* Auftragsmörder (Killer, Hitmen) angeheuert.

Für einen Geheimdienst ist die Verschleierung das A und O, speziell wenn es gilt, das Image des eigenen Staatschefs zu schützen.

Obwohl also auf Deutschlands Boden viele Nachrichtendienste existieren, darf man nicht darauf verzichten, zusätzlich noch auf den überragenden Einfluss eines einzigen weiteren Geheimdienstes aufmerksam zu machen, der in Deutschland inzwischen erstaunlich präsent ist.

Die neue Weltmacht: China

Bundeskanzler Schmidt bewunderte offen Deng Xiaoping (1904–1997), den »überragenden Führer«, den »Generalarchitekten der Öffnung«, der China in wirtschaftlicher Hinsicht während seiner Regierungszeit (de facto 1979 bis 1997) in ein neues Zeitalter geführt hatte. Deng Xiaoping umgekehrt hatte viel von Singapur gelernt, diesem winzigen Stadtstaat, der in ökonomischer Hinsicht einen atemberaubenden Höhenflug in der zweiten Hälfte des letzten Jahrhunderts angetreten hatte. Dieser Höhenflug war von dem legendären Staatschef Singapurs Lee Kuan Yew (1923–2015) in Szene gesetzt worden. Yew hatte jedoch im Gegensatz zu Xiaoping den Kommunismus von Grund auf verdammt, der deshalb in Singapur nie Fuß fasste.

Xiaoping gelang demgegenüber der Spagat zwischen vollkommener politischer (kommunistischer) Kontrolle auf der einen Seite und einer relativen wirtschaftlichen Freiheit auf der anderen Seite. Als China zudem von den USA, jedoch auch von deutschen Politikern und Unternehmern als ein Land eingestuft wurde, das sich angeblich auf einem guten Weg in Richtung Demokratie befand, erhielt es weltweit wirtschaftliche Schützenhilfe. In der Folge nahm das »Land der Mitte« einen sagenhaften Aufschwung.

Übersehen wurde der Umstand, dass das alte Glaubensbekenntnis Maos (»Alle Macht kommt aus den Gewehrläufen«) noch immer in China oberste Doktrin blieb. Die Operationsmethoden des Kommunismus änderten sich nie, zu denen Bespitzelung, Unterdrückung, Kontrolle durch das Militär und die Geheimdienste gehörten. Nach außen hin zeigten die Chinesen jedoch ihr höfliches, lächelndes Gesicht, während sie in Lauerstellung verharrten und heimlich, still und leise aufrüsteten wie nie zuvor. Die geheimdienstlichen Kontrollmethoden mittels Videoüberwachung und anderen Finessen wurden perfektioniert und intensiviert, da China mit einem Mal über gewaltige Finanzmittel verfügte. Plötzlich begann China wieder eine Rolle in der Weltpolitik zu spielen. Heute gilt das Land der Mitte neben den USA als zweite Superpower auf Planet Erde.

Schier unendlich einflussreich ist inzwischen das chinesische »Ministerium der Volksrepublik für Staatsicherheit« (Zhōnghuá Rénmín Gònghéguó Guójiā Ānquánbù), dessen Name in der Übersetzung pikanterweise an den Spitzeldienst in der ehemaligen DDR erinnert. Die Aufgabe dieses chinesischen Geheimdienstes besteht darin, Dissidenten im eigenen Land zu überwachen, zu drangsalieren, einzusperren, mundtot zu machen oder auch unauffällig zu beseitigen. Weiter werden systematisch militärisch, politisch und wirtschaftlich relevante »Nachrichten« aus dem Ausland gesammelt. Das chinesische Ministerium für Staatsicherheit umfasst schier unendlich viele Agenten, denn an einem mangelt es China nicht: an Menschen. Mit über 1,4 Milliarden Einwohnern ist es das bevölkerungsreichste Land der Erde. Agenten gibt es nicht nur im Mutterland, auf Taiwan oder in Hongkong, sondern auch in zahlreichen Staaten der Erde, besonders in den USA, Kanada, Europa und Japan. Gern tarnen sich die chinesischen Agenten als Geschäftsleute, Bankiers, Wissenschaftler oder Journalisten.

Auch Deutschland steht im Visier der chinesischen Spione; aufgrund seiner wirtschaftlichen Prosperität und seines technischen Know-hows ist es sogar bevorzugtes Ausspähobjekt.

Rekrutierungsversuche in Deutschland

Vornehmlich werden von dem chinesischen Geheimdienst die sozialen Netzwerke benutzt, allen voran Facebook und LinkedIn. Die Methode ist einfach.

Schritt 1: Über Fake-Profile stellt sich der chinesische Agent mit einer falschen Identität in den Netzwerken vor, manchmal kombiniert mit dem getürkten Bild einer hübschen Chinesin. Häufig benutzte Fake-Profile sind »Berater« aller Art, Denkfabrik-Experten, Wissenschaftler, Headhunter und Jobvermittler.

Schritt 2: Nachdem dies etabliert ist, nimmt der chinesische Agent gezielt Meinungsführer in Deutschland aufs Korn. Hierzu gehören unter anderen Diplomaten, Bundeswehroffiziere, Wissenschaftler, Bankiers, Politiker wie etwa Bundestagsabgeordnete, Politikberater, Behördenchefs, Unternehmer, Verleger, bekannte Autoren und Journalisten. Auch ältere Herrschaften, die einst einen wichtigen Job bekleideten und jetzt im Ruhestand sind sowie Studenten, die eines Tages voraussichtlich in hohen Positionen landen werden, befinden sich im Visier der Rekrutierer.

Schritt 3: Nun geht der chinesische Spitzel der deutschen Zielperson zunächst um den Bart, er seift sie mit Komplimenten ein. Scheinbar entspinnt sich ein interessanter Austausch. In Aussicht gestellt werden manchmal Verdienstmöglichkeiten. In Wahrheit wird der potenzielle Kandidat bereits daraufhin abgetastet, ob er dazu taugt, »gemolken« zu werden.

Schritt 4: Danach wird der Deutsche nach China eingeladen, Flug und Aufenthalt werden von dem Vertreter des Fake-Profils bezahlt, letztlich also von dem Ministerium für Staatssicherheit. Scheinbar geht es nur um »kulturellen Austausch«. Man sollte wechselseitig voneinander »lernen« und sich befruchten, verkündet man offiziell.

Schritt 5: Der letzte Schritt besteht in der Rekrutierung in China selbst, sofern es sich herausstellt, dass es sich lohnt, eine Person »abzuschöpfen«, wie der Fachausdruck lautet.

Das gesamte, teilweise über 2 500 Jahre alte Know-how der chinesischen Spionage findet Anwendung. Es besteht unter anderem darin, besonders jene Personen aufs Korn zu nehmen, die nicht nur einflussreich, sondern auch leicht zugänglich sind. Konkret machte schon der chinesischer General Sun Tsu (auch Sunz, Sun-Tse), der um 544–496 v. Chr. lebte, in seinem Werk *Die Kunst des Krieges* darauf aufmerksam, dass man fremde Spione zunächst durch »freundliche Behandlung« gewinnen müsse.[11] Wie herzerfrischend sich das anhört. Zu der »freundlichen Behandlung« gehört auch der Umstand, beispielsweise auch sogenannte »Schwalben« (= weibliche Lockvögel) einzusetzen. Weitgehend unbekannt ist die Tatsache, dass bis heute bestimmte Anwerber regelrecht darauf trainiert werden, auch den Sexus als Rekrutierungsmethode zu benutzen. Frauen (und gelegentlich auch Männer) werden ausgebildet, ihr gutes Aussehen und ihren Charme einzusetzen, um einen künftigen Spion um den Finger zu wickeln. Laut einigen Autoren wird Frauen regelrecht beigebracht, auf die geheimen, unerfüllten sexuellen Wünsche der Männer punktgenau einzugehen. Für diese »Schwalben« oder »Honigfallen« gibt es laut dem Autor G. E. Thaller sogar eigene Ausbildungslager, in denen den Damen beigebracht wird, wie man einen Herrn hervorragend im Bett bedient.[12]

So viel ist unzweifelhaft wahr: In den USA gelang es einer ausnehmend hübschen chinesischen Spionin, Fang-Fang mit Namen, sogar mit mindestens zwei US-amerikanischen Bürgermeistern das Kopfkissen zu teilen, weiter mit mehreren US-Kongressabgeordneten, speziell mit dem kalifornischen Abgeordneten Eric Swalwell, der immerhin einst als Präsidentschaftskandidat versuchte, nach dem höchsten Staatsamt zu greifen. Der Skandal beschäftigte die Weltpresse und ist immer noch nicht aus der Welt geschafft.

Laut einigen »Lehrbüchern« für Spionage-Rekrutierung sind nicht nur höchst einflussreiche Meinungsführer Zielobjekt, sondern auch hässliche Menschen oder Menschen, die von der Natur auf irgendeine Art und Weise benachteiligt worden sind. Sie sind oft enttäuscht vom Leben und suchen Bestätigung oder Rache. Ferner sind ältliche, verblühte Damen besonders geeignet, für den »Feind« tätig zu werden, sofern sie sich in der Nähe der Macht befinden. Kanzleramtspion Guillaume, über den Willy Brandt stolperte, war der Prototyp hierfür. Nachweislich säuselte er nicht eben wenigen einflussreichen, älteren Sekretärinnen Liebesschwüre ins Ohr, wodurch er an wichtige Informationen gelangte.[13]

Besonders anfällig sind weiter Menschen, wenn sie sich in finanziellen Nöten befinden und sich verschuldet haben.

Auch Personen mit Minderwertigkeitskomplexen stehen im Zielvisier der Anwerber. Konnte jemand in seinem eigenen Land nicht so hoch aufsteigen, wie er es seiner Meinung nach verdiente, ist das ein Punkt, an dem die Spionage-Rekrutierer gezielt ansetzen.

Hervorragend eignen sich ferner Menschen, die durch früheres gesetzwidriges Verhalten aufgefallen sind; das qualifiziert eine Person besonders zum Spion, weil die Hemmschwelle niedriger liegt und Skrupel bereits über Bord geworfen worden sind.

Längst gibt es ein unvorstellbar ausgefeiltes Know-how, *wie* man in Spionagezirkeln am effektivsten rekrutiert und *wen* man ins Zielvisier nimmt. Selbstredend wenden dieses Know-how nicht nur chinesische Geheimdienste an, sondern praktisch alle Geheimdienste der Welt.

Doch verweilen wir noch einen Moment lang in dem Land der Mitte. Sehr interessiert ist das chinesische Ministerium für Staatsicherheit an Themen, die für das eigene Land von besonderer Brisanz sind. Die Autonomie Tibets, die Demokratiebewegung in Hongkong, Religionen, die dem Kommunismus gefährlich werden könnten (Islam, Christentum, Taoismus, Geheimsekten) oder die Eigenstaatlichkeit Taiwans sind Reizvokabeln für die Chinesen.

Inzwischen gibt es auch in Deutschland die ersten Enttarnungs-Storys. Über die Plattform LinkedIn allein erhielten nachweislich bereits mehr als 10 000 deutsche Staatsbürger entsprechende Rekrutierungs-Kontaktanfragen, wie der *deutsche Verfassungsschutz* und das *Handelsblatt* mitteilten.[14]

Da laut statistischen Untersuchungen von hundert Spionen nur drei Prozent enttarnt werden, kann man sich an fünf Fingern ausrechnen, dass entsprechende Aktivitäten inzwischen einen riesigen Umfang in Deutschland angenommen haben. Microsoft zog bereits Konsequenzen: In China schloss LinkedIn seine Pforten.

Hinzu kommen chinesische Spionageaktivitäten über Hacker sowie Cyber-Attacken. In diesem Fall befinden sich besonders IT-Dienstleister im Visier.

Nicht geredet haben wir dabei von der Methode der direkten und indirekten Bestechung. Selbst Söhne von US-amerikanischen Präsidenten scheinen gegen chinesische Zuwendungen nicht gefeit zu sein, wie der Fall Hunter Biden beweist.

Fragwürdige Auslandgeschäfte in der Ukraine und in China zwischen 2014 und 2019 sind noch immer Ziel offizieller und inoffizieller Untersuchungen in den USA. Und dass der Investmentbanker Paul Pelosi, Ehemann von Nancy Pelosi, der einflussreichen Sprecherin des Repräsentantenhauses, in China lukrative Geschäfte tätigt, ist ebenfalls ein offenes Geheimnis.

In welchem Umfang in Deutschland bereits hochrangige Politiker oder Unternehmer von den kommunistischen Chinesen »eingekauft« worden sind, ist unbekannt. Aber allein die Tatsache, dass ein ehemaliger deutscher Bundeskanzler für einen früheren KGB-Agenten tätig wurde, spricht Bände, denn all diese Enthüllungen stellen nur die Spitze des Eisbergs dar.

In Rechnung stellen muss man weiter den Umstand, dass Teile der Presse sich längst in der Tasche der »Feinde« Deutschlands befinden, die einer freien Gesellschaft eine Absage erteilt haben. »Enthüllungen« können auf diese Weise rasch abgebügelt oder in Frage gestellt werden.

Und so verstehen wir allmählich, was in diesem unserem schönen Deutschland unter der Decke vor sich geht.

SCHLÜSSELERKENNTNISSE

Fassen wir die wichtigsten Erkenntnisse des vorliegenden Buches noch einmal zusammen:

1. Geheimdienste bestimmten und bestimmen zu einem *weitaus* größeren Umfang die Politik und das Leben in Deutschland, als gemeinhin angenommen wird.
2. Dabei schätzen wir, dass wir nicht einmal zehn Prozent der Einflussnahme von CIA, KGB, BND, der chinesischen Geheimdienste und so weiter im Detail vorstellen konnten. Warum? Es handelt sich um *Geheim*dienste. Der Historiker ist immer gezwungen, nur auf solche Tatsachen zu reflektieren, die hieb- und stichfest zu belegen sind. Aber es ist ihm nicht verboten, zu *extrapolieren*, das heißt Rückschlüsse zu ziehen und Fakten hochzurechnen.
3. Zahlreiche Abhörskandale, die zu allen Zeiten in Deutschland stattfanden, erwähnten wir nicht einmal. Hinzu kommt der Einfluss der Geheimdienste auf die Presse. Allein der Umstand, dass es Geheimdienste waren, die nach 1945 geradezu wie besessen Medien in Deutschland gründeten, beeinflussten oder unterwanderten, lässt den aufmerksamen Beobachter aufhorchen und erkennen, was sich unter der Decke abspielt.
4. Es existiert bis heute – ungesehen von dem Gros der Bevölkerung – ein »Gleichklang« von Medien und Geheimdiensten, denn eine »Abteilung« innerhalb all dieser Spionageorganisationen besteht darin, die öffentliche Meinung zu beeinflussen.

5. Geheimdienste spielten also eine weit, weit größere Rolle in der Geschichte Deutschlands nach 1945, als es gewöhnlich in der Literatur zugestanden wird – denken wir nur noch einmal an die Rolle der Stasi-Spitzel in der DDR, an die Gehlen-Organisation in der BRD sowie an die unermüdlichen Anstrengungen der CIA und des KGB.
6. Deutschland war ein Schlachtfeld zwischen Amerikanern und Russen – und ist es bis heute geblieben. Aber auch andere Nachrichtendienste tummeln sich inzwischen zunehmend auf deutschem Boden. Speziell die chinesische Geheimdiensttätigkeit nimmt momentan zu.
7. Das bedeutet, dass die Public Relations, die Öffentlichkeitsarbeit, das Fernsehen, das Radio, das Internet, die Social Media Betätigungsfelder der Geheimdienste sind. Die Manipulation der Massen ist Realität.
8. Das wiederum bedeutet, dass wir speziell unseren Medien misstrauen müssen, die ach so »objektiv« daherkommen. Die Möglichkeit, Meinungen in großem Stil zu verändern, gibt es außerhalb der etablierten Publikationsorgane praktisch nicht. Zu versuchen, sich ein »neutrales Bild« über das Weltgeschehen oder auch nur die Ereignisse in Deutschland zu bilden, ist selten mithilfe der Medien möglich, Buchverlage bilden gelegentlich eine rühmliche Ausnahme. Auf der Oberfläche werden uns Informationen serviert, die sanft dahinplätschern, meist völlig nebensächlich sind oder die gezielt ablenken. Nicht umsonst ist der Respekt gegenüber vielen Medien und Journalisten deshalb in der Bevölkerung auf dem Nullpunkt angelangt, wie Umfragen ohne Wenn und Aber beweisen.
9. Was die militärische Macht in Deutschland angeht, so befindet sie sich in Wahrheit nach wie vor in den Händen der Amerikaner – mittels der NATO, die von den USA weitgehend finanziert und kontrolliert wird. Man darf nie vergessen, dass das *Pentagon*, sprich das US-Verteidigungsministerium, eine Art Staat im Staate in den Vereinigten Staaten von Amerika ist. Nahezu unabhängig von jedem US-Präsidenten, gleichgültig ob er *rechts* oder *links* angesiedelt ist, wird im Pentagon immer eine bestimmte *militärische* Sichtweise eingefordert. Kaum ein Präsident in den USA wagt daran zu rütteln.

Versucht er es, sind seine Tage gezählt. Jedes Thema, das mit dem Heer, der Marine und so fort zu tun hat, ist sakrosankt in den USA. Deutschland aber befindet sich in Abhängigkeit von den Vereinigten Staaten von Amerika.

10. Die elektronischen Möglichkeiten der Geheimdienste mit all ihren Satelliten und Abhörmöglichkeiten liegen inzwischen weit über dem Stand des früheren Kalten Krieges, der 1945 begann. Vor uns liegt ein Jahrhundert, in dem fieberhaft nach weiteren technischen Errungenschaften gefahndet wird. Selbst der Weltraum wird zunehmend als Spielwiese einbezogen.
11. Die Spionage machte im 20. und 21. Jahrhundert Quantensprünge, ihr Gesicht änderte sich vollständig. Alles bewegte sich in Richtung Technik, die Möglichkeiten überschlugen sich förmlich.
12. Der BND expandierte ebenfalls unaufhörlich, heute verfügt er über ein Budget von über 1 Milliarde Euro, wie schon erwähnt.
13. Die IT-Überwachung wurde, wie in anderen Ländern, auch im BND zügig vorangetrieben. Die Stichworte sind: Nachrichtentechnik, Informationstechnik und Softwareentwicklung. Im BND hält man zu rund 450 anderen Nachrichtendiensten Kontakt, besonders die Verquickung zur NSA, zur National Security Agency in den USA, dem größten Geheimdienst in den Vereinigten Staaten von Amerika, ist eng. Edward Snowden warf dem BND vor, die Gesetze über die Privatsphäre im Auftrag der NSA aufzuweichen. Da der BND nach wie vor von der NSA an der kurzen Leine gehalten wird, ist die Kritik nicht von der Hand zu weisen. Wahr ist auf jeden Fall so viel, dass die Überwachung, auch die Internet-Überwachung, systematisch unter dem BND ausgebaut wurde – vielleicht aufgrund der Empfehlung oder des Diktats der NSA.
14. Wenn wir den BND verstehen wollen, müssen wir uns notgedrungen auch mit der NSA beschäftigen. Was wissen wir wirklich über die NSA?
15. Die NSA, die *National Security Agency*, die 1952 gegründet wurde, ist, wie bereits erwähnt, der größte Auslandsgeheimdienst der Vereinigten Staaten von Amerika. Sie überwacht elektronische

Kommunikationen, entschlüsselt sie und wertet sie aus. Es handelt sich um einen gigantischen Abhörapparat, der jedes Vorstellungsvermögen sprengt. Die NSA verfügt mittlerweile über 40 000 Mitarbeiter und verbrät jährlich mindestens 10 Milliarden Dollar. Die genaue Ausgabehöhe unterliegt der Geheimhaltung. Der BND ist so etwas wie ein kleiner Bruder. Die NSA hat der CIA inzwischen den Rang abgelaufen. Sie untersteht direkt dem amerikanischen Verteidigungsministerium. Lokalisiert ist sie in dem Bundesstaat Maryland an der Ostküste der USA.

16. Innerhalb der siebzehn Geheimdienste, die heute in den USA existieren, schießt die NSA also den Vogel ab. Sie überwacht alles, die Wirtschaft, das Militär und selbstverständlich das politische Führungspersonal – in zahlreichen Ländern der Erde. Die Lauschtätigkeiten haben ein völlig neues Niveau erreicht und sind nicht einmal mehr ansatzweise zu vergleichen mit früheren Zeiten.
17. 1960 gab es bereits den ersten Spionagesatelliten, der zur Überwachung der Sowjets eingesetzt wurde. Inzwischen werden nahezu regelmäßig neue Satelliten in den Weltraum geschossen. Das hebt die Überwachung auf ein vollständig neues Niveau. Stets handelt es sich um milliardenschwere Projekte.
18. Die NSA arbeitet auch mit anderen Ländern zusammen, beispielsweise im Rahmen der Operation *Echelon.* Hierbei handelt es sich um ein weltweit operierendes Spionagenetz, das von den USA, Großbritannien, Australien, Neuseeland und Kanada gemeinsam 1970 gegründet wurde und bis heute zusammen betrieben wird. Per Satellit werden private und geschäftliche Telefongespräche abgehört, Faxe gelesen sowie Internet-Daten rund um den Globus abgegriffen. Per Computer werden die gewonnenen Daten vollautomatisch ausgewertet. Bestimmte »Reizvokabeln« veranlassen die Computer, sich automatisch einzuschalten und genau zuzuhören, weiter sind hochrangiges Personal und einflussreiche Personen nach wie vor von besonderem Interesse.
19. Die Dominanz der Technologie wurde spätestens sichtbar, als es den Amerikanern in den Achtzigerjahren gelang, elektronische

Aufnahme- und Abhörgeräte auf sowjetische Unterseekabel zu pflanzen. Per U-Boot wurden diese Geräte im Rahmen hoch geheimer Aktionen auf die Kabel aufgesetzt. Plötzlich waren die USA glänzend informiert, was innerhalb der Sowjetunion vorging, nachdem sie zuvor fast ständig den Kürzeren gezogen hatten.

20. Eine Zeitlang waren die CIA und die NSA dem »Feind« technologisch überlegen, was keineswegs bedeutet, dass China oder Russland nicht nach wie vor bestimmte Cyberkriege gewonnen hätten oder Genies daran waren, technologisches Know-how zu stehlen und ihrerseits brisante Kommunikationen zu belauschen. Inzwischen haben die Russen und die Chinesen jedoch dramatisch aufgeholt.
21. Die Abhörmethoden verbesserten und verbessern sich ständig. Technische Geräte erlauben heute Abhörwunder. Wortgetreue Protokolle von Gesprächen auf höchster Ebene in Russland oder in anderen Ländern standen der NSA schon in den Neunzigerjahren zur Verfügung, geschweige denn als Angela Merkel zu ihrer Empörung erfuhr, dass ihr Handy von den Amerikanern schon eine ganze Weile abgehört worden war.
22. Heute können wie selbstverständlich Gespräche zwischen Staatsoberhäuptern belauscht werden, aber auch alle möglichen anderen Kommunikationen, die von Bedeutung sind. Dabei tobt ein ständiger Kampf zwischen neuen, intelligenten Verteidigungsmaßnahmen und neuer, intelligenter Abhörtechnologie.
23. Längst existieren Horchposten rund um den Globus.
24. Das technische Know-how vergangener Jahrzehnte ist längst veraltet. Wanzen werden nicht mehr raffiniert in Telefonmuscheln platziert. Man legt vielmehr an normale Telefonleitungen oder an Erdkabel technische Hochleistungsgeräte an, die von einem Ort, der abgehört werden soll, oftmals meilenweit entfernt liegt. Diese Hochleistungsgeräte gestatten es, auf viel einfachere, ungefährliche Art Gespräche abzuhören und mitzuschneiden, was von Interesse ist.
25. Ganze Telefonleitungen werden inzwischen direkt und ohne Umwege abgezapft. Allein der Zugang zu eben diesen Telefonleitungen, abseits auf einer einsamen Straße zum Beispiel, erlaubt es, die

Gespräche selbst innerhalb eines weit entfernten Raumes aufzufangen. Wie? Die eingebauten Mikrofone in den Telefonen werden dabei als Wanzen benutzt. Das heißt, die Mikrofone werden umfunktioniert, man braucht keine neuen, künstlichen Wanzen mehr geschickt in den Hörmuscheln zu verstecken. Man begibt sich einfach zur nächsten, einsamen Straße, steigt in die Tiefe und findet den Zugang zu der Telefonleitung, die interessant ist und die zu der Zielperson führt.

26. Selbst »Geheimgespräche« innerhalb eines Raumes sind kaum mehr möglich, trotz 101 Vorsichtsmaßnahmen. Der Grund: Gesprochene Worte erzeugen Töne und damit Schwingungen, die sich beispielsweise auch auf Fensterscheiben übertragen. Diese Schwingungen des Glases können mit unsichtbaren Strahlen gemessen und abgegriffen werden. »Er [= Der Strahl] wird von einem mehrere Hundert Meter entfernten Sender abgeschickt, ... von dem Fenster zurückgeworfen und von einem ebenfalls einige hundert Meter entfernten Empfänger aufgenommen und verstärkt.«[1] Danach werden die Schwingungen zurück in Töne und Worte verwandelt.
27. Auch in dieser Beziehung befinden sich die Lauscher längst auf einem neuen Niveau.
28. Weiter infiltrierten die USA-Spione inzwischen auf elektronische Art und Weise das gesamte internationale Bankensystem. Plötzlich wussten sie über fast jede geheime Buchhaltung Bescheid, ja sogar über die versteckte Investitionstätigkeit der Sowjetunion.[12] Dem »Bruder«, dem BND, wurden ab sofort bestimmte Informationen wahrscheinlich frei Haus geliefert. Darüber hinaus gibt es längst auch in Deutschland Abhöreinrichtungen, die mit amerikanischer Technik ausgestattet sind oder auf ihr beruhen.
29. Wir sollten also keinen Augenblick lang annehmen, dass nicht auch unsere persönlichen Finanzen im Detail bekannt sind, speziell, wenn wir ein paar Cents mehr verdienen als der Durchschnitt.
30. Im Zuge dessen kann man heute mittels Computerviren auch die Finanzströme feindlicher Mächte behindern und überhaupt fremde Computer manipulieren. Der gefährlichste und effektivste

Geheimdienst der Welt, der Mossad, gab eine Vorstellung dieses Kabinettstückchens, als die Israelis vor ein paar Jahren in die Computerwelt der Iraner einbrachen und deren atomare Forschungseinrichtungen und damit die Aufrüstung behinderten.

31. E-Mails und Faxe zu knacken ist ebenfalls längst eine Selbstverständlichkeit. Und wer annimmt, dass ein Gmail-Account eine höhere Sicherheit bietet, ist unheilbar naiv. Zugegeben, nach einem Hacker-Angriff auf das Postfach Hillary Clintons besserte Google nach und richtete einige weitere Sicherheitsmethoden ein. Heute gibt es bereits haufenweise kluge Ratschläge, wie man die Sicherheit seiner Accounts erhöht. Ganze Firmen existieren, teilweise mit Milliardenumsätzen, die sich nur der Sicherheit der Cyberwelt verschrieben haben. Der Profi lacht darüber nur. Die Wahrheit ist, dass ständig die beiden Pole Angriff und Verteidigung auf ein höheres Niveau gebracht werden. Sobald eine neue Sicherheitsmethode eingeführt worden ist, gibt es sofort eine Gegenreaktion. Auf der Seite des »Feindes« sitzen Heerscharen von Hackern, die versuchen, in jedes neue Sicherheitssystem einzubrechen. Es ist ihnen ein Vergnügen, neue Codes zu knacken. Wir alle befinden uns längst in einem unsichtbaren Krieg, der den gesamten Globus umspannt. Privatsphäre ist längst ein Fremdwort, über das man in gewissen Kreisen nur Witzchen reißt. Technik und Technologie bleiben nie stehen.
32. Und weiter: Wenn ein neuer Staatschef in einem weniger hoch entwickelten Land etwas zu seinem »Schutz« unternehmen will, heuert er natürlich die besten Experten an, die es auf dem Globus gibt – die CIA und die NSA also. Diese Agencys stellen daraufhin die fortschrittlichsten Handfeuerwaffen sowie die neuesten Generationen der Nachtsicht- und Funksprechgeräte zur Verfügung. Hubschrauber, Alarmsirenen, kugelsichere Westen, wie sie der Präsident der USA zu seinem Schutz trägt, Geräte zur Verteidigung – all das besorgt die CIA im Handumdrehen. Auch was Abhörmethoden angeht, ist man mit der CIA und der NSA auf dem neuesten Stand. In jedem dieser Gebiete, bei jeder Waffengattung gibt es kontinuierliche Verbesserungen.

33. Von Marokko bis zur Tschechei, von Pakistan bis Liberia, von Thailand bis hin zu den Philippinen, dem Sudan, Libanon oder El Salvador … überall ist die CIA auf diese Weise präsent. Manchmal ist der BND mit von der Partie, denn man teilt sich gern die Aufgaben. Immerhin ist der BND inzwischen ebenfalls in zahlreichen Ländern präsent.[3]
34. Mitunter ist ein Deutscher sogar willkommener als ein Amerikaner, etwa bei einigen arabischen Staaten, die die Juden nicht lieben.
35. Wenn ein Geheimdienst beispielsweise damit beauftragt wird, für die »Sicherheit« eines Staatschefs zu sorgen, erfährt er gleichzeitig alles über diesen selbst, angefangen von seinem Terminkalender bis hin zu seinen Freunden. Er kennt nach einer Weile seine Schrullen und Schwachstellen, seine guten Taten und seine Sünden. Denn von eben diesem Geheimdienst sind nicht nur elektronische Verteidigungsmaßnahmen installiert worden, sondern aufgrund der Technik sind damit immer auch automatisch *Abhörmöglichkeiten* verbunden. Sprich, die Telefone des Staatschefs können in der Folge von dem eigenen Geheimdienst angezapft werden, der Zugang zu seiner Privatsphäre ist möglich. All das geschieht »aus Gründen der Sicherheit.«[4]
36. Und so befindet sich ein »befreundetes« Land – Ägypten beispielsweise – unter ständiger Kontrolle, wenn es die »Hilfe« des CIA einfordert. Der Spieß wird umgedreht. Aphoristisch ausgedrückt: Niemand ist sicher vor dem Sicherheitspersonal …
37. Führen wir die Entgleisungsmöglichkeiten noch weiter aus. Man stelle sich einmal plastisch vor, dass ein deutscher Regierungschef seinen eigenen Geheimdienst beauftragt, für *seine* »Sicherheit« zu sorgen. Aber der eigene Geheimdienst ist unterwandert – wie das beim BND unter Gehlen nachweislich der Fall war und wie das bis heute in allen Nachrichtendiensten immer wieder vorkommt. Man spricht dann von »Maulwürfen«. In der Folge erfährt der »Feind« nun aus erster Hand und bester Quelle, was ein deutscher Regierungschef denkt, wie er tickt, welche Strategien er bevorzugt, was seine Ziele sind – und wie man ihn aufgrund dieses Wissensvorsprungs schachmatt setzen kann. Der Fall Guillaume und Willy Brand lässt noch einmal grüßen …

38. Doch vielleicht ist der »eigene« Nachrichtendienst auch nur politisch-parteilich anders gestrickt als eben dieser deutsche Regierungschef? Vielleicht bevorzugt das Führungsgremium eines Geheimdienstes eine andere Politik?
39. Auch in diesem hypothetischen Fall ist der eigene Sicherheitsdienst plötzlich eine sehr unsichere Sache ... In jedem Fall hält jeder Geheim-, Nachrichten- oder Sicherheitsdienst eine unverhältnismäßige Macht in den Händen.
40. Und so erkennen wir plötzlich, warum ausgerechnet Putin, ein ehemaliger KGB-Offizier, die Macht in Russland an sich reißen konnte, und warum ein Donald Trump, der den Krieg mit dem eigenen FBI nicht scheute und Nachrichtendiensten skeptisch gegenüberstand, seines Lebens als Präsident nie froh wurde.
41. Geheim- oder Nachrichtendienste, insbesondere wenn sie gleichzeitig mit propagandistischen Aufgaben betraut sind – und das sind sie heute alle –, verfügen über eine gewaltige Macht. Demokratisch legitimiert ist diese Machtfülle im Grunde genommen nicht. Was ist das Ergebnis? Nachrichtendienste werden immer ihre eigene Politik und ihre eigenen Interessen verfolgen. Sie werden sich nie scheuen, ihre Macht zu nutzen, ja, sie werden ein Staatsoberhaupt manchmal sogar nach ihrer Pfeife tanzen lassen, wenn es ihren Interessen dient.
42. Zumindest angedeutet haben wir, was es heute mit dem »ganz großen Geld« auf sich hat. Noch einmal müssen wir auf die CIA und die anderen Geheimdienste innerhalb der USA verweisen, die mit immensen Summen ausgestattet wurden und werden – nicht anders als das US-Militär. Ferner ist jede Währung auf Planet Erde auf den Dollar zukomponiert – die Welt-Leitwährung. Fast nach Belieben können in den Vereinigten Staaten von Amerika frische Dollars nachgedruckt werden. Über die wahre Macht innerhalb der *FED*, der Notenbank der USA, verfügen private US-Großbankiers.[5] Auch dieses Faktum ist unumstritten. Da zudem die Vereinigten Staaten die Weltökonomie dominieren, inzwischen gemeinsam mit China, erkennt man sehr rasch, wer die »Macht« in dieser Beziehung in den Händen hält.

43. Was die »politische Macht« in Deutschland angeht, so ist der Fairness halber dies festzuhalten: Jeder Bundeskanzler befand sich in einer entsetzlichen Zwangslage: Stand er »links«, so erkannte er nach kurzer Zeit mit Schrecken, dass man nicht gegen die Wirtschaft regieren konnte. Er musste Sozialausgaben streichen und seiner eigenen Klientel, die ihn gewählt hatte, die Nägel kurzschneiden. Auf diese Weise verlor Gerhard Schröder das große Spiel mit seiner Agenda 2010 und den Hartz-Reformen.
44. Stand ein Kanzler »rechts«, so erkannte auch er sehr rasch, dass er seiner Klientel, seinen Wählergruppen, Gelder zukommen lassen musste, wollte er politisch überleben – selbst wenn er es theoretisch besser wusste. Wieder wurde Geld mit beiden Händen ausgegeben. Und wieder verlor der Staat insgesamt.
45. Und so waren alle Kanzler gezwungen – sofern sie »regieren« wollten, weitaus mehr Geld auszugeben, als eigentlich zur Verfügung stand.
46. »Richtige« Politik kämpfte gegen den Willen, der eigenen Partei die »Macht« zu erhalten. Und so lavierten sich alle Kanzler mehr schlecht als recht durch. Der Vorsatz, mit Zähnen und Klauen an der Macht festzuhalten, kämpfte gegen die Absicht, die richtigen Entscheidungen zu treffen.
47. Auf diese Weise schlitterte das gesamte »Deutschland AG« langsam aber sicher in die finanzielle Katastrophe. Denn was waren und sind die konkreten Resultate?
48. Die Versprechen hinsichtlich der Gesetzlichen Rentenversicherung mussten zurückgenommen werden, denn durch die Inflationen wurden Gelder en masse vernichtet. Der Schuldenberg türmte sich höher und höher auf und die Steuern wuchsen ins Uferlose.
49. Historische Vergleichsdaten verraten dabei zweifelsfrei, was die korrekten Aktionen gewesen wären: Man hätte die Steuern senken und die Ausgaben für Sozialabgaben und das Militär beschneiden müssen. Ein Schuldenberg dieses Ausmaßes hätte nie entstehen dürfen. Das System selbst bremste jedoch die richtigen Lösungen aus.
50. Praktisch alle Bundeskanzler versagten gegenüber dieser innenpolitischen Mammutaufgabe, mit Ausnahme von Ludwig Erhard. Allen

muss man jedoch zugestehen, dass sie ihr Bestes gaben, doch es war stets vergebene Liebesmüh. Sie hetzten von Termin zu Termin, verausgabten sich, suchten verzweifelt die größten Medienkatastrophen zu verhindern, wurden für alles verantwortlich gemacht und waren ausnahmslos überlastet.[6] Der Beruf des Bundeskanzlers war und ist ein Höllenjob.

51. Die Schwarz-weiß-Zeichnung und die Unterscheidung zwischen »links« und »rechts« oder »rot« und »schwarz« taten ein Übriges, das Leben jedes Kanzlers zu einer einzigen Tortur zu machen. Vom ersten Augenblick an sah er sich einem Heer scharfzüngiger Kritiker gegenüber. Hunderte von Todesschreibern sowie zahlreiche Politiker der Gegenseite, versuchten plötzlich alles, aber auch wirklich alles, um den Ast abzusägen, auf dem er saß. Hinzu kamen die Intrigen aus dem eigenen Lager, gesponnen von Heerscharen von Neidern, Besserwissern und Karrieristen.
52. Was aber ist mit den objektiven Fakten, was die Vokabeln *rechts* und *links* angeht? Befragt man die Geschichte, so könnte man zahlreiche Beispiele anführen, die beweisen, dass es ein enormer Fehler ist, aus dem staatlichen Füllhorn allzu viele Segnungen über das Volk auszugießen. Auf Dauer vernichtet man dadurch die Demokratie.
53. Aber man könnte aus der Historie auch zahlreiche Beispiele zitieren, die umgekehrt beweisen, wie dumm es ist, das »einfache Volk« darben zu lassen und Ausbeutern und Raffzähnen nicht einen Riegel vorzuschieben. Denken wir nur noch einmal an Solon von Athen oder auch an die *Gracchische Reform* im alten Rom. Zwei Brüder versuchten im 2. Jahrhundert v. Chr., bedeutende Land- und Sozialreformen durchzuführen, weil die römische Gesellschaft in eine Krise geraten war. Besonders Kleinbauern lebten am Rand des Existenzminimums. Es war also damals richtig, einen Gegenpol zu setzen und den Bauern bestimmte Vorteile zu gewähren.
54. »Rechts« begeht den Fehler, nicht auch die weniger begüterten Schichten am Wohlstand teilhaben zu lassen.
55. »Links« begeht den Fehler, allzu großzügig soziale Wohltaten zu verteilen.

56. Wenn »rechts« in sein Extrem verfällt, sind die Folgen Proteste, Aufstände und manchmal sogar blutige Revolutionen.
57. Wenn »links« in sein Extrem verfällt, sind die Folge »Staatssozialismus«, der alle verarmen lässt, und der Verlust der Demokratie.
58. Die intelligenteste Lösung stellte immer noch Ludwig Erhards Formel dar, der versucht hatte, einen Zwischenweg zu beschreiten, indem er die »soziale Marktwirtschaft« einforderte. Vergessen wir nie, dass er auch darauf gepocht hatte, nur *finanzierbare* Segnungen zuzulassen, damit die Schuldenfalle vermieden werden konnte. Als diese Erfolgsformel wieder und wieder verletzt wurde, von rechts und von links, beraubte sich Deutschland selbst seines finanziellen Spielraums.

Ausblick

Bei Licht betrachtet existiert ein neuer »Kalter Krieg« zwischen dem Westen und dem Osten, zwischen dem Kapitalismus und dem Kommunismus, zwischen Marktwirtschaft und Planwirtschaft – alle drei Dichotomien sind jedoch nur unzureichende Beschreibungen der Wirklichkeit.

In Wahrheit tobt ein Krieg zwischen den Polen Freiheit und Unterdrückung.

Auf der einen Seite, der Seite der Unterdrücker, stehen die Diktatoren von Staaten wie China, Russland, Venezuela, Kuba, Nordkorea und Syrien etwa. Selbst der Iran ist mit von der Partie, der größte Terrorexporteur im Nahen Osten. In diesen Staaten *regieren* Geheimdienste, in Kombination mit den Militärs.

Auf der anderen Seite steht die freie Welt, US-Amerika, Großbritannien, die europäischen Staaten, Australien, Japan, Südkorea, Indien, Israel und so fort. Auch ihre Speerspitze sind die Militärs und die Geheimdienste, aber sie dominieren glücklicherweise nicht das gesamte Leben der Bevölkerungen.

Insofern muss man bei allen entsetzlichen Fehlern, die unseren eigenen Geheimdiensten angelastet werden können, dennoch auch auf die positive Seite verweisen, denn der BND und die CIA/NSA kämpfen letztlich für die politische Freiheit, trotz aller Entgleisungen, die sie sich haben zuschulden kommen lassen. Bei allen Kritiken muss man auch festhalten, dass es in unseren Geheimdiensten ohne Zweifel ehrenwerte Zeitgenossen gibt, die von den besten Motivationen beseelt sind.

Davon abgesehen ist es die Aufgabe jedes Einzelnen von uns, dafür zu sorgen, dass nicht auch die Staaten der freien Welt zu monströsen Kontrollstaaten degenerieren mit unüberschaubaren, alles beherrschenden Geheimdiensten, die das gesamte Leben jedes Individuums bespitzeln. Wir selbst müssen darauf achten, dass wir nicht unsere eigenen Freiheiten beschneiden, nur um den unfreien Systemen zu Leibe zu rücken und uns zu verteidigen. Wir müssen unseren eigenen ausufernden Geheimdiensten eine Absage erteilen. Die Grundlage der Freiheit ist die zeitlich begrenzte Verteilung der Macht auf vielen Schultern. Wir dürfen es also unseren Geheimdiensten nicht erlauben, ständig höhere Budgets einzufordern oder die eigenen Landsleute auszuspähen. Wie beschämend waren doch die Aktionen des Bundesamtes für Verfassungsschutz, als es die Grünen ausspionierte oder auch die sogenannten Jugendreligionen. Auch Politiker aller möglichen Couleur wurden vom BND ausgespäht.

Wir müssen darauf hinwirken, dass unsere eigenen Geheimdienste im Rahmen der Gesetze operieren und ihre Befugnisse nicht überschreiten, schließlich sind ihre Vertreter nicht demokratisch gewählt. Man kann Diktaturen nicht besiegen, indem man noch tiefer in den Sumpf der Immoralität sinkt und den »Feind« in puncto Verbrechen und Kontrolle zu übertreffen sucht.

Die Achillesferse *jedes* Geheimdienstes, auch in den demokratischen Staaten, ist die Möglichkeit des Missbrauchs.

Trotz aller Kritik sind wir unverbesserliche Optimisten. Wir glauben nicht, dass Deutschland dem Untergang geweiht ist. Geschichte selbst beweist im Gegenteil, dass es durchaus möglich ist, das Steuer wieder herumzureißen.

Was im Einzelfall unternommen werden müsste, ist ein eigenes Thema. Es würde den Rahmen der vorliegenden Seiten sprengen, auf alle Lösungsmöglichkeiten einzugehen, nur einige wenige wurden angedeutet. Grundsätzlich gilt: Es gibt kein Problem im politischen Raum, das nicht gelöst werden könnte.

Sucht man ehrlich nach der »optimalen Lösung«, kommt man nicht umhin, »global« zu denken und zu handeln. Die Welt ist zusammengerückt, die Erde wird als Einheit wahrgenommen. Man kann das Schicksal einer einzigen Nation nicht mehr isoliert betrachten. Genau an dieser Stelle eröffnet sich jedoch auch eine ungeheure Chance: Man kann heute Erfolgsformeln aus der Geschichte von 193 Staaten herausfiltern. Auch das Fach Geschichte differenziert sich mehr und mehr aus. Die Historie zahlreicher Länder steht uns inzwischen zur Verfügung, wir können lernen wie nie zuvor.

Geschichte beweist darüber hinaus, dass einige Erfindungen, Entwicklungen und Entdeckungen manchmal den gesamten Verlauf der Politik in positiver Weise veränderten. Einige unserer gegenwärtigen Probleme könnten sich allein durch neue Erfindungen in Wohlgefallen auflösen. Man unterschätze nie den Einfallsreichtum des Menschengeschlechts und seine Fähigkeit, Dinge zu verbessern. Die wichtigste aller »Erfolgsformeln« lässt sich zweifellos mit dem Zauberwort *Kommunikation* umschreiben. Kommunikation mit anderen Kulturen, Ländern und einer international angelegten Geschichtsschreibung sowie die genaue Beobachtung der Politik können zu völlig neuen Ideen und Inspirationen führen.

Die Menschheit machte grundsätzlich einen gewaltigen Lernprozess durch, als sie wieder und wieder versuchte, ein vernünftiges Regierungssystem aus der Taufe zu heben. Dieser Prozess ist offenkundig noch nicht abgeschlossen, er dauert jetzt bereits über 10 000 Jahre an, wenn wir die alten Ägypter, Chinesen, Inder und Sumerer einbeziehen. Historie ist unter einem bestimmten Blickwinkel betrachtet nichts als ein riesiges Versuchslabor. Je mehr Länder und je mehr »Geschichte« wir überblicken können und je genauer wir etablierte Erfolgsformeln abkupfern (und neue aus der Taufe heben), umso leichter wird es uns fallen, ein intelligenteres System zu erfinden oder das bisherige System nachhaltig zu verbessern.

Bestand haben werden immer die »ewigen Werte« im politischen Raum, die da heißen *Freiheit, Wohlstand* und *Frieden*. Eine Welt ohne Krieg und ein Planet mit einem Überfluss an Waren und Dienstleistungen, in dem jeder nach seiner Fasson glücklich werden kann, liegt vor uns, wenn wir nur unablässig nach Verbesserungen Ausschau halten.

Diese Anmerkung führt uns zu einer letzten Betrachtung.

Putin, Selenskyj und Scholz – oder: Ein Blick in die Zukunft

Kurz vor der Drucklegung des vorliegenden Buches erreichte uns die Nachricht von dem schrecklichen Überfall Russlands auf die Ukraine. Die Invasion erfolgte am 24. Februar 2022. Ein Ereignis, das unbedingt Platz in diesem Buch finden muss.

Nun ist es für einen Historiker nicht unproblematisch, die Gegenwart angemessen zu beurteilen, aber es ist noch gefährlicher, die Zukunft vorhersagen zu wollen. Die Zukunft beinhaltet buchstäblich Hunderttausende von Faktoren, die niemand abschätzen kann. Auf der anderen Seite bietet der Überfall auf die Ukraine eine Steilvorlage, die Auswertungen des vorliegenden Buches auf den Prüfstand zu stellen. Doch fragen wir uns zunächst: Was war eigentlich passiert?

Fakten, Fakten, Fakten

Kein geringerer als Wladimir Putin, ein ehemaliger KGB-Geheimdienstler – womit wir unmittelbar wieder bei unserem Thema wären – befahl, die Ukraine zu überfallen. Dadurch wurde der größte kriegerische Konflikt seit dem Zweiten Weltkrieg auf europäischem Boden ausgelöst.

Eine Invasion, die von zahlreichen Staaten sofort harsch verurteilt wurde, in der Folge hagelte es Sanktionen für Russland. Weltweit folgten Antikriegs-Demonstrationen, und Putin, bestens bewandert in allen Desinformations-Techniken, ist sich keiner Lüge zu schade, um diesen Überfall zu rechtfertigen. Unter anderem verdreht er die Historie und gießt weiter kübelweise Hasspropaganda über die ukrainische Regierung aus, macht die Nato-Osterweiterung für die Invasion verantwortlich und behauptet frech im russischen Staatsfernsehen, die Ukrainer und Russen seien schon immer ein Volk. Politiker, Politikwissenschaftler und Journalisten aus aller Welt zerrissen dieses durchsichtige Lügengewebe sehr schnell, das nichts mehr als ein propagandistischer Versuch war, diese Invasion zu verteidigen. Aber der Coup misslang: Putin wurde weltweit der Desinformation überführt.

Die militärische Situation

Militärisch geschulte Analysten versuchten sofort, den Ausgang des bewaffneten Konflikts vorherzusagen. Wie sehen die objektiven Zahlen aus?

Russland ist den NATO-Bündnispartnern unterlegen. Die NATO-Ländern vereinen 3,37 Millionen aktive Soldaten, inklusive aller Reserveeinheiten und paramilitärischer Truppen sogar fast 5,5 Millionen in sich. Russland verfügt demgegenüber nur über rund 850 000 Soldaten, mit einem Reservepersonal über etwa 1,35 Millionen.

Die Ukraine ist kein Mitglied der NATO. Ein Großteil der Weltbevölkerung sympathisiert zwar mit der Ukraine und seinem Volk und lässt ihr deshalb mittelbar, nicht unmittelbar, militärische Verteidigungsgeräte und andere Hilfeleistungen zukommen. Dennoch ist Russland der Ukraine in militärischen Belangen weit überlegen: 200 000 ukrainische Truppen stehen 850 000 russischen Truppen gegenüber, mit den Reservisten ist das Verhältnis noch unglücklicher für die Ukraine. Im Übrigen ist die Truppenstärke nur ein Indiz, wenn man die militärische Schlagkraft verschiedener Länder miteinander vergleicht, wenn sie auch von vielen Strategen noch immer als der wichtigste Faktor angesehen wird. Doch im Grunde müsste man zumindest die Luftstreitkräfte genauer untersuchen, die seit dem Ersten und Zweiten Weltkrieg ausschlaggebend für Sieg und Niederlage waren. Man müsste im Falle der Luftstreitkräfte unterscheiden zwischen Jagdflugzeugen, Flugzeugen für Bodenangriffe, Transportflugzeugen und Spähflugzeugen. Die Truppenstärke allein beschreibt außerdem auch nicht die technologische Überlegenheit eines Landes

Doch wie man es auch dreht und wendet, vergleicht man nur die militärische Stärke der Ukraine mit Russland, so ist die Ukraine hoffnungslos unterlegen, schätzungsweise 20:1. Fachleute erwarten deshalb einen Sieg der Russen.

Doch früh geschah etwas während dieses Überfalls, was alle bis dato angestellten militärischen Einschätzungen über den Haufen warf.

Wolodymyr Selenskyj

Unversehens erschien ein gewisser Wolodymyr Selenskyj auf der Bildfläche – stieg auf wie ein Phönix aus der Asche; es handelt sich um den Regierungschef der Ukrainer. Eigentlich ist der Jurist und Schauspieler, der auch der Produzent einer beliebten ukrainischen Comedy-Serie ist, ein politischer Outsider; doch er bewegt sich früh sehr gekonnt auf dem politischen Parkett, zumal er Social Media gut für sich zu nutzen weiß. Schätzungsweise stehen gut drei Viertel der ukrainischen Bevölkerung ohne Wenn und Aber hinter ihm, sie wählten ihn zu ihrem Präsidenten.

Selenskyj setzt zunächst auf einen Anti-Korruptions- sowie einen Anti-Konfrontationskurs mit Russland. Doch er sieht sich genötigt, seine Position zu ändern, als Putin die Invasion der Ukraine befiehlt. Früh gibt er ein leuchtendes Vorbild für die gesamte Nation ab, ja er avanciert sogar zum »Helden«, weil er sich von den Bedrohungen Putins nicht einschüchtern lässt. Spätestens als ihm persönlich von Seiten der USA Hilfe zur Flucht aus der Ukraine angeboten wird und er verkündet, er brauche kein Taxi, sondern Waffen, jubeln ihm die Menschen auch außerhalb der Grenzen der Ukraine zu. Er weiß, er riskiert sein und das Leben seiner Familie, denn Putin hat ihn zum Ziel Nummer 1 erklärt. Der Kremlchef versucht mehrmals, ihn ermorden zu lassen – der politische Mord ist eine Spezialität des KGB. Er scheitert zunächst. Nicht einkalkuliert hat er den Umstand, dass es in politischer Hinsicht höchst nachteilig sein kann, einen Märtyrer zu schaffen.

Das mutige Verhalten des ukrainischen Präsidenten inspiriert jedenfalls seine Landsleute, mehr noch begeistert es auf einmal die halbe Weltöffentlichkeit. Plötzlich schlagen sich 141 Staaten auf Selenskyjs Seite. Sogar die neutrale Schweiz erklärt sich solidarisch mit ihm.

Eine Heldenfigur ist geboren. Die Fackel der Freiheit brennt. Der unbeugsame Wille der Ukrainer, sich nicht von Putin und seinen Schergen versklaven zu lassen, ruft überall Bewunderung hervor. Auf allen Kanälen erscheint Anti-Putin-Propaganda. Enthusiasmus kommt auf, weil es ein einzelner Mann und sein Volk wagt, dem scheinbar allmächtigen Putin die Zähne zu zeigen. Alle setzen Leib und Leben aufs Spiel – für ihre Freiheit!

Augenblicklich werden alle militärischen Berechnungen Putins über den Haufen geworfen. Scheinbar vergessen hat Putin die Lehren der Geschichte, die beweisen, wie wichtig der Kampf für eine gute und gerechte Sache ist. Allein die Kriege zwischen den freiheitsliebenden Griechen und den übermächtigen Persern vor rund 2500 Jahren hätten ihn schon eines Besseren belehren können. Scheinbar vergessen hat Putin die Wirksamkeit von Guerilla-Taktiken, denn 40 Millionen Ukrainer können selbst von zahlreichen russischen Besatzern und Agenten kaum kontrolliert werden. Sogar in militärischer Hinsicht muss die Ukraine deshalb auf Dauer nicht unbedingt unterlegen bleiben, sollten auch zunächst die Russen aufgrund ihrer erdrückenden militärischen Überlegenheit siegen.

Die Situation in Deutschland

Auch die deutschen Herzen schlagen für die Ukrainer. Speziell in der ehemaligen DDR hat man nicht vergessen, wie übel der diktatorische Kommunismus einst die Bevölkerung drangsalierte. Menschen gehen auf die Straße und protestieren gegen Putin. In den sozialen Medien überschlägt man sich.

Der neue deutsche Bundeskanzler Olaf Scholz kündigte alsbald an, die Wehrausgaben mit 100 Milliarden Euro aufzustocken. Außerdem sollen künftig mindestens 2 Prozent des Bruttoinlandproduktes der Bundeswehr zufließen. Zusätzlich lässt er den Ukrainern Verteidigungswaffen zukommen. Kaum eine Stimme ist zu hören, die sich nicht auf die Seite der Ukrainer schlägt.

Der Verteidigungshaushalt in Deutschland steigt 2022 weiter an, konkret von 46,93 Milliarden auf 49,20 Milliarden Euro. Der Ruf nach mehr Sicherheit in Deutschland ist wieder in aller Munde, sowie die notwendige Mitgliedschaft in der NATO. Es gibt in militärischer Hinsicht deutsch-französische, deutsch-norwegische und deutsch-amerikanische Kooperationen. Deutsche Truppen sind in Estland und Litauen stationiert, deutsche Kampfflugzeuge in Rumänien.

Soweit zur Gegenwart. Doch was bringt ...

... die Zukunft?

Die Zukunft kann niemand konkret vorhersagen, dennoch steht fest: Wir alle sind für sie mitverantwortlich. Momentan ist der Konflikt zwischen der Ukraine und Russland noch in vollem Gange und ein Lehrstück dafür, wie und vor allem in welchem Ausmaß Geheimdienste gegenwärtig die Strippen ziehen.

Ohne die Ausbildung Putins zum KGB-Agenten hätte die Invasion wohl nie stattfinden können. Im KGB lernt man töten, sowohl unentdeckt als auch gut sichtbar – je nachdem, was notwendig erscheint –, man lernt, zu erpressen, zu drohen, zu versklaven, zu foltern, zu bespitzeln und zu rauben. Man lernt das Desinformationsgeschäft von der Pike auf und wie man einen Staat unterhöhlt und in die eigene Tasche steckt. Man lernt eigene und fremde Bevölkerungen mit irreführenden Informationen zu füttern, zu unterdrücken und überall Angst und Schrecken zu verbreiten. Der Überfall auf die Ukraine ist ein perfektes Beispiel dafür, das einem Lehrbuch des KGB entstammen könnte, der im Verbund mit dem Militär operiert.

Vergessen werden jedoch gern die Schwachstellen einer solchen Denkweise, die nur die Kategorien Waffen, Öl, Geld, Besitz, Mord kennt. Auch das Individuum und die Kraft des freien Geistes werden unterschätzt. Aus diesem Grund ist vielleicht sogar eine positive Sicht auf diesen Konflikt möglich. Selbst wenn Putin anfänglich in militärischer Hinsicht siegen mag, so kann er auf Dauer nur verlieren. Die russischen Soldaten selbst ziehen nur widerwillig in diesen Krieg, teilweise wurden sie zwangsrekrutiert und von Putin belogen, der ihnen vorflunkerte, sie würden von den Ukrainern als Befreier begrüßt werden. Die Ukrainer dagegen kämpfen für ihr Land, für ihre Frauen und Kinder und für ihre Freiheit. Sie haben die Faktoren Ethik, Recht und Gerechtigkeit auf ihrer Seite, die nie unterschätzt werden sollten. Die Ukrainer werden den Kampf im Untergrund weiterführen. Putin aber kann nicht um die 40 Millionen Menschen jahrelang beaufsichtigen, die einen Angriff nach dem anderen auf seine Mannen ausführen werden – Tag für Tag, Woche für Woche. Das übersteigt selbst seine finanziellen Möglichkeiten. Kriege verschlingen Unsummen von Geld, selbst wenn sie gewonnen werden. Künftig werden Wirtschafts- und Cyberkriege geführt werden und die Bedeutung der Information-Warfare nimmt stetig zu. Elektronisch gesteuerte Waffen und Kriege im Weltraum lösen alte Formen der Kriegsführung ab. Finanzkriege ersetzen jetzt schon die altbackenen Angriffskriege mit ihren Panzern. Wenn die Wirtschaft eines Landes zusammenbricht, bricht auch das Militär zusammen; denn Soldaten müssen bezahlt werden, und Militärgeräte und Waffen sind sündhaft teuer.

Darüber hinaus unterschätzt der Kremlchef die ökonomische Überlegenheit des Westens. Russland ist in wirtschaftlicher Hinsicht ein Fliegengewicht, der Westen ist weit überlegen. Und zumindest im Moment arbeitet der Westen mit Hochdruck daran, die Wirtschaft Russlands kollabieren zu lassen.

Wie kann Putin unter diesen Gesichtspunkten einen längerfristigen Krieg oder auch nur einen ewigen Unruheherd finanziell überleben? – überhaupt nicht! Und so ergibt sich eigentlich eine erfreuliche Perspektive: Sollte Russland die Auseinandersetzung verlieren – wobei man im Rahmen von mehreren Jahren denken muss – hätte das womöglich positive Folgen. Sollte die Großmacht Russland ein zweites Mal nach Zusammenbruch der Sowjetunion 1990 auseinanderfallen, weil es erneut die Lage falsch eingeschätzt hat, so würde der Tyrannei vielleicht weltweit Einhalt geboten werden können. (Sieht man ab von China, Iran, Nordkorea, Venezuela und Kuba, wobei Letztere in machtpolitischer Hinsicht längst keine bedeutende Rolle mehr spielen, von den Ölvorräten Venezuelas abgesehen.) Das könnte bedeuten, dass die Welt einen gewaltigen Schritt in Richtung Freiheit machen würde; weil ein globaler Unterdrücker an Bedeutung verloren hat.

Wenn die ewigen Bedrohungen durch diesen größenwahnsinnigen Kremlchef nicht mehr vorhanden sind, wenn Putins Russland ausblutet, könnten Frieden und Wohlstand auf diesem Planeten einkehren. Zu lange hat man Putin erlaubt, den Westen am Nasenring hinter sich herzuziehen, zu bedrohen und zu tyrannisieren. Spätestens in Syrien hätte er gestoppt werden müssen, wie die Flüchtlingswelle, die über Europa hereinbrach, hinlänglich beweist. Der Kampf um die Freiheit in der Ukraine könnte also auch als Fanal begriffen werden, in anderen Ländern Freiheit einzufordern und endlich das Joch Putins abzuschütteln. Es könnte sich um den Anfang des Untergangs der Diktaturen handeln. Dieser Krieg birgt also auch eine Chance, wenn wir erlauben, in positiver Hoffnung in die Zukunft zu blicken.

ZUM AUTOR

Frank Fabian (pen name) studierte Geschichte und Germanistik in Würzburg und Frankfurt. Der ehemalige Fernsehjournalist, der im ZDF für über 200 Filmbeiträge verantwortlich zeichnete, verfasste bislang 25 Geschichtswerke. Der Bestsellerautor, der bisher in neun Ländern publizierte, erhielt zahlreiche Auszeichnungen, so dreimal die Goldene Feder, weiter die Goldene Schwanenfeder sowie den Thomas-Jefferson-Preis.

Einige Erfolgstitel in Deutschland:

- *Die größten Lügen der Geschichte*
- *Die größten Fälschungen der Geschichte*
- *Die geheim gehaltene Geschichte Deutschlands*
- *Die mächtigsten Geheimbünde in Geschichte und Gegenwart*
- *Fake News*
- *Das Rätsel: Adolf Hitler*
- *Das geheime Leben von Jesus Christus*

Der Autor beantwortet jede konstruktive E-Mail persönlich und begrüßt den Kontakt mit seinen Lesern ausdrücklich.

Kontakt: frankfabian11@yahoo.com

ANMERKUNGEN

II. Absolute Verschlusssache: Geheimdienste

1 Gefunden bei: Guido Knopp, Hitlers Helfer, München 1996, S. 146.

2 Vgl. Bernadotte Wisborg, Das Ende – meine Verhandlungen in Deutschland, Zürich, New York 1945, sowie Ernst Günther Schenck, Sterben ohne Würde, München 1995. Siehe auch Alan Wyks, Reichsführer SS Himmler, Rastatt 1982.

3 Zitiert nach Frank Fabian, Top-Spione, München 2018, Kapitel Himmler.
Vgl. weiter: Hans Booms, Der Ursprung des Zweiten Weltkrieges, in: Gottfried Niedhart (Hrsg.), Kriegsbeginn 1939, Entfesselung oder Ausbruch des Zweiten Weltkriegs, Darmstadt 1976, S. 93.

4 Vgl. Ernst Klee, Persilscheine und falsche Pässe, Frankfurt 1991. Vgl. ferner verschiedene Einträge bei Wikipedia, Stichwort Rattenlinien.

5 Siehe Rena und Thomas Giefer, Die Rattenlinie, Weinheim 1992, sowie Uki Goni, Odessa, ohne Ortsangabe, 2006.

6 Vgl. Gerald Steinacher, Nazis auf der Flucht, sowie Mark Aarons und John Loftus, Unholy Trinity, New York 1991.

7 Tim Weiner, CIA, Frankfurt 2009, S. 28.

8 Tim Weiner, a. a. O., S. 29.

9 Vgl. C. Thomas Thorne Jr., David S. Patterson, National Security Council Directive of Foreign Relations, Washington 1948.

10 Weiner, a. a. O., S. 57.

11 Vgl. Austria-Forum, Stichwort Marshall-Plan.

12 Weiner, a. a. O., S. 59.

13 Siehe Wikipedia, Stichwort CIA und Axel Springer, sowie Tim Weiner, die New York Times und viele andere Publikationen.

14 Mark Mazower, Martin Richter, Hitlers Imperium, München 2009, S. 71.

15 Ilja Altman, Opfer des Hasses. Der Holocaust in der UdSSR 1941–1945, Gleichen 2008.

16 Christian Streit, Keine Kameraden. Die Wehrmacht und die sowjetischen Kriegsgefangenen 1941–1945, Bonn 1991, S. 128.

17 Vgl. Frank Fabian, Top-Spione, München 2018, siehe Kapitel Gehlen, die letzten Seiten sind wörtlich zitiert.

18 Vgl. Wikipedia, Stichwort Beria. Vergleiche auch Andrew and Mitrokhin, The Sword and the Shield, ohne Ortsangabe, 1999, S. 28.

19 Siehe Michael S. Voslensky, Sterbliche Götter. Die Lehrmeister der Nomenklatura, Frankfurt/ Berlin 1991. Vgl. weiter: Frank Fabian, Top-Spione, die Ausführungen über Beria, München 2018.

20 Siehe Stefan Berg, Neue Studie zu DDR-Spitzeln, in: Spiegel Online vom 21. Februar 2013.

21 Vgl. Markus Wolf, Die Troika, Berlin 1989, sowie Markus Wolf, In eigenem Auftrag, München 1991.

22 Frank Fabian, Fake News, München 2019, S. 15ff.

23 Vgl. Friedrich W. Schlomann, Die Maulwürfe, München 1993.

24 Siehe Hans-Dieter Schütt, Markus Wolf, Berlin 2007.

III. Die sogenannte Entnazifizierung

1 https://de.wikipedia.org/wiki/Joachim_von_Ribbentrop

2 Zitiert nach Guido Knopp, Hitlers Helfer, München 1998, S. 77.

3 Guido Knopp, a. a. O., S. 143.

4 Vgl. Wikipedia, Stichwort Nürnberger Prozesse, vgl. weiter Guido Knopp.

5 Vgl. Der Spiegel, Welle der Wahrheiten, Nr. 1/2012.

6 Ingo Müller, Furchtbare Juristen, München 2014.

7 Vgl. Thomas Röder, Die Männer hinter Hitler, Malters 1994.

8 Thomas Röder, a. a. O., S. 358.

9 Vornbaum, Anklageschrift, S. XXIII. Der Fall Heyde ist zitiert nach Frank Fabian, Das Rätsel: Adolf Hitler, Suhl 2022.

10 Hans Halter, Die Mörder sind noch unter uns, Der Spiegel Nr. 25/1988, S. 116.

11 Thomas Röder, a. a. O., S. 146.

12 Thomas Röder, a. a. O., S. 159.

13 Thomas Röder, a. a. O., S. 162.

14 Vgl. Hermann Keppler, Der sanfte Schrei, München 1988.

15 Vgl. https://derblickfaenger.wordpress.com/2014/01/18/psychiatrie-die-endgultige-bankrott erklarung-einer-pseudowissenschaft-meinungsverbrechen-de/ sowie viele andere Eintragungen im Internet.

16 Frank Fabain, Die geheim gehaltene Geschichte Deutschlands, München, 2022, 7. Auflage, S. 370ff.

17 Vgl. Frank Fabian, Regierungskunst 4.0, Suhl 2019.

IV. Tabuthema Geld und Politik

1 Frank Fabian, Die internationale Banken-Mafia, Suhl 2017, S. 96ff. Vgl. weiter: Ron Paul, Befreit die Welt von der US-Notenbank, Rottenburg 2010, S. 23ff.

2 Vgl. entsprechende Stichworte bei Wikipedia, wie Zigarettenwährung oder Währungsreform 1945.

3 Vgl. The Nations, Operation Bird Dog, 28. Juni 1948. Vgl. weiter FAZ.net vom 20. Juni 2008, 60 Jahre Währungsreform.

4 Günter Stiller, Vor 60 Jahren, in: Hamburger Abendblatt vom 13. Juni 2008, S. 21.

5 Die Auswertung des Aufstiegs Deutschlands wurde zitiert nach: Frank Fabian, Die geheim gehaltene Geschichte Deutschlands, München 2018, S. 386ff.

6 ACHTUNG!!! Siehe Anmerkungen

7 Frank Fabian, Die geheim gehaltene Geschichte Deutschlands, München, 2015, 7. Auflage, S. 386f.

8 Ebd., S. 392f.

9 Ebd., S. 398f.

10 Ebd., S. 396.

11 Ebd., S. 400ff.

V. Die Ära Adenauer

1 Zitiert nach verschiedenen Internetquellen, so http://zitate.net/konrad-adenauer-zitate

2 Frank Fabian, Die größten Fälschungen der Geschichte, München 2010, S. 157ff. und S. 179ff.

3 Konrad Adenauer, Erinnerungen, 1953–1955, Stuttgart 1967, S. 323.

4 Konrad Adenauer, Erinnerungen, 1955–1959, Stuttgart 1967, S. 190, Zitat aus stilistischen Gründen ins Imperfekt gesetzt.

5 Konrad Adenauer, a. a. O., S. 192, Zitat wurde ins Imperfekt gesetzt.

6 Konrad Adenauer, a. a. O., S. 57.

7 Konrad Adenauer, a. a. O., S. 189.

8 Guido Knopp, Kanzler, München 2000, S. 22.

9 Knopp, a. a. O., S. 33.

10 Knopp, a. a. O., S. 20.

11 Konrad Adenauer, Erinnerungen, 1955–1959, Stuttgart 1967, S. 15.

VI. Wichtige Zwischenschritte

1 Vgl. verschiedene Erhard-Biografien, wie zum Beispiel Jan Berwid-Buquoy, Der Vater des deutschen Wirtschaftswunders, Berlin 2004.

2 Siehe Ludwig Erhard, zitiert in: Frank Grube/Gerhard Richter, Das Wirtschaftswunder, Hamburg 1983, S. 62, und Ludwig Erhard, Wohlstand für alle, Köln 2009.

3 Vgl. Horst A. Mehler, Spitzenleistungen der Regierungskunst, Idstein 1985, ferner Frank Fabian, Was wir aus 10 000 Jahren Geschichte lernen können, Suhl 2012.

4 Siehe Frank Fabian, Sehr geehrte Frau Bundeskanzler, Suhl 2018.

5 Ludwig Erhard, Wohlstand für alle, Düsseldorf 1957.

6 Vgl. https://www.sueddeutsche.de/muenchen/geheimdienst-ein-geheimdienst-wie-aus-einem-schlechten-agentenfilm-1 3529312

7 Siehe https://www.stern.de/politik/geschichte/kurt-georg-kiesinger-der--vergessene-kanzler--3064076.html

8 Vgl. Wikipedia, Stichwort Kurt Georg Kiesinger.

9 Siehe Jürgen Klöckler, Auslandspropaganda und Holocaust. Kurt Georg Kiesinger im Auswärtigen, in: Günther Buchstab u. a. (Hrsg.), Kurt Georg Kiesinger 1904–1988, Freiburg 2005, S. 216f.

10 Thomas Röder, Die Männer hinter Hitler, Malters 1994, S. 60.

11 Frank Fabian, Regierungskunst 4.0, Suhl 2018, S. 60ff.

12 Torsten Forberger, Die Anti-Aging Revolution, Güllersheim 2006, S. 205ff.

VII. Der Aufstieg der SPD

1 Peter Merseburger, Willy Brandt, Stuttgart 2002, S. 16.

2 Guido Knopp, Kanzler, München 2000, S. 271.

3 Guido Knopp, a. a. O., S. 275.

4 Willy Brandt, Erinnerungen, Berlin 2013.

5 Guido Knopp, a. a. O., S. 259.

6 Guido Knopp, a. a. O., S. 277 und S. 290.

7 Guido Knopp, a. a. O., S. 295ff.

8 Zitiert nach: Hermann Zolling, Heinz Höhne, Pullach intern, Hamburg, ohne Jahresangabe, S. 243.

9 Vgl. Wikipedia, Stichwort Heinz Felfe.

10 Hermann Zolling, a. a. O., S. 245.

11 Vgl. Udo Ulfkotte, Der Krieg im Dunkeln, Frankfurt 2005, sowie Frank Fabian, Top-Spione, München 2018, S. 181–205.

12 Vgl. entsprechende Berichte des Spiegel sowie das PDF-Memento vom 8. November 2013 im Internetarchiv, und Horst Kopp, Der Desinformant, Berlin 2016, außerdem der FAZ-Artikel vom 16. Mai 2017 von Daniela Münkel.

13 Siehe https://www.spiegel.de/geschichte/willy-brandt-bekam-geheime-us-zahlungen-ab-1950-a-1096881.html. Vgl. weiter https://www.piqd.de/zeitgeschichte/special-agent-willy

14 Siehe die zwölf Schritte in aller Ausführlichkeit in: Frank Fabian, Regierungskunst 4.0, Suhl 2018.

15 Siehe die zwölf Schritte in aller Ausführlichkeit in: Frank Fabian, Regierungskunst 4.0, Suhl 2018.

16 Vgl. Jürg Fündling, Marc Aurel, Kaiser und Philosoph, Darmstadt 2008. Originalzitat: Mark Aurel XI, 29.

17 Mark Aurel IX, 42.

18 Mark Aurel VIII, 17.

19 Will Durant, Cäsar und Christus, Lausanne, ohne Zeitangabe, S. 391.

20 Will Durant, a. a. O., S. 395.

21 Helmut Schmidt, a. a. O., S. 156.

22 Helmut Schmidt, a. a. O., S. 162.

23 Helmut Schmidt, a. a. O., S. 171.

24 Helmut Schmidt, a. a. O., S. 58.

25 Frank Fabian, Die geheim gehaltene Geschichte Deutschlands, München 2015, siehe das gesamte Kapitel über Bismarck.

26 Siehe https://www.welt.de/geschichte/article118214346/Der-grosse-Irrtum-unserer-Rentenversicherung.html

27 Frank Fabian, Pssst! Es geht um Ihr Geld!, Suhl 2016, S. 45ff.

28 Siehe http://www.faz.net/aktuell/wirtschaft/wirtschaftspolitik/staatsausgaben-die-rente-frisst-den-bundeshaushalt-auf-12556533.html

29 Siehe Helmut Schmidt, Was ich noch sagen wollte, München 2016, S. 194.

30 Guido Knopp, Kanzler, München 2000, S. 299ff.

31 Quelle: Der Spiegel sowie verschiedene Eintragungen im Internet, wie https://www.spiegel.de/politik/deutschland/bundesnachrichtendienst-bnd-raecht-sich-posthum-an-helmut-schmidt-a-1

32 Vgl. Helmut Schmidt, Außer Dienst, München 2008.

33 Siehe https://www.focus.de/politik/deutschland/unterstuetzung-fuer-putin-helmut-schmidts-aeusserungen-sorgen-fuer-zuendstoff_id_3724546.html

34 Vgl. Nachricht von Reuters, am 27. November 2018, Ukraine's Oschadbank awarded $ 1,3 from Russia over Crimea.

VIII. Stars der CDU/CSU

1 Peter Siebenmorgen, Franz Josef Strauß, Ein Leben im Übermaß, München 2017.

2 Siehe http://zitate.net/zitat?id=5129

3 Vgl. Peter Lieb, Verbrechen der Wehrmacht – Was konnten Wehrmachtsoldaten von den NS-Verbrechen hinter der Front wissen? Tagebuch eines Täters, gazette.de.

4 Peter Siebenmorgen, a. a. O., S. 32ff.

5 Vgl. Anthony Sampson, Die Waffenhändler – von Krupp bis Lockheed, Reinbek 1977.

6 Briefkastenfirma: CSU-Ikone Strauß kassierte Schmiergelder, Spiegel Online vom 21. August 2015.

7 Anneliese Friedmann, Herausgeberin und Eigentümerin der Abendzeitung, vom 8. und 15. Oktober 1988.

8 Siehe Wikipedia, Stichwort Weizsäcker-Kommission.

9 Die militärische Entwicklung in Deutschland.

10 Vgl. beispielsweise https://www.dw.com/de/bnd-der-missbrauchte-geheimdienst/a-17271044

11 Siehe verschiedene Einträge im Internet, speziell von den Autoren Hans Leyendecker, Georg Mascolo und Peter Münch, die hierüber 2013 berichteten.

12 https://netzpolitik.org/2015/vollkommen-ausser-kontrolle-bnd-half-wahrscheinlich-der-nsa-deutsche-politiker-zu-ueberwachen/ Vgl. weiter die Historikerkommission, die die entsprechenden Vorfälle untersuchte, sowie die Recherchen des Historikers Klaus-Dietmar Henke. Siehe zudem https://www.deutschlandfunk.de/geheime-dienste-die-dunklen-seiten-des-100.html

13 Quelle: Nachlass Strauß-Archiv für Christlich-Soziale Politik.

14 Siehe unter anderem https://www.welt.de/politik/deutschland/article146084307/BND-und-Stasi-hatten-Hinweise-auf-Strauss-Aktivitaeten.html

15 Vgl. Frank Fabian, Die geheim gehaltene Geschichte Deutschlands, a. a. O., S. 384ff.

16 Siehe Frank Fabian, Die geheim gehaltene Geschichte Deutschlands, a. a. O., S. 405ff, Zitat ins Präsens gesetzt.

17 Siehe Frank Fabian, Die geheim gehaltene Geschichte Deutschlands, München 20184, S. 405ff., wörtlich zitiert, aber ins Präsens gesetzt.

18 FAZ vom 22. Dezember 1999.

19 Siehe Eberhard von Brauchitsch, Industriekapitän und zentrale Figur der Flick-Affäre, Schwäbisches Tragblatt vom 11. Sept. 2010.

20 Will Durant, Der Ferne Osten und der Aufstieg Griechenlands, München 1983, S. 387ff.

21 Will Durant, Der Aufstieg Roms und das Imperium, München 1981, S. 295.

22 Vgl. Christoph Columbus, Das Bordbuch, hgg. von Robert Grün, Lenningen 1983.

23 Ebd.

24 Horst A. Mehler, Spitzenleistungen der Regierungskunst, Idstein 1985, S. 205ff.

25 Vgl. Frank Fabian, Die geheim gehaltene Geschichte Deutschlands, München 2014.

26 Peter Moraw, Der »gemeine Pfennig«, Mit dem Zehnten fing es an. Vgl. auch Günther Schmölders, Kuriosa der Steuergeschichte, S. 139, sowie https://www.bundesfinanzministerium.de/Content/DE/Standardartikel/Ministerium/Geschaeftsbereich/Bundesfinanzakademie/Steuermuseum/Museumsfuehrer/07-mit-dem-zehnten-fing-es-an.html

27 Peter Moraw, a. a. O., S. 142.

28 Vgl. Ralph Brügelmann u. a., Die Steuerbelastung der Unternehmen in Deutschland, Frankfurt 2008.

29 Siehe http://www.australien-panorma.de/fakten/auswirtschaft.html

30 Vgl. Rolf Gössner, Geheime Informanten, München 2003, sowie Constantin Goschler, Keine neue Gestapo, Reinbek 2015.

31 Siehe auch Frank Fabian, Was wir aus 10000 Jahren Geschichte lernen können, Suhl 2016, hiernach wurde zitiert.

32 Eine genauere Geschichte über das Thema Steuern findet der Leser hier: Frank Fabian, Die Steuer-Tyrannei, Suhl 2013.

IX. Gerhard Schröder

1 Vgl. Wikipedia, Stichwort Gerhard Schröder.

2 Gerhard Schröder, Wir waren die Asozialen., in: Frankfurter Allgemeine Zeitung, 14. Dezember 2004.

3 Frank Fabian, Top-Spione, München 2018, S. 301. Vgl. weiter: Bob Woodward, Reagan und die geheimen Kriege der CIA, München 1987, S. 29 und S. 403.

4 Siehe https://de.wikipedia.org/wiki/Aufnahme_von_RAF-Aussteigern_in_der_DDR

5 Zitiert sind Teile dieses Kapitels nach Elke Weckner-Lömm, Frank Fabian, Ohne Maulkorb, Kapitel 12, Suhl 2016.

6 Vgl. Hartz IV senkt die Zahl der Arbeitslosen., in: Handelsblatt, 2010.

7 Siehe Hermann Scherl, Die Vorschläge der Hartz-Kommission und deren Umsetzung., in: List-Forum für Wirtschafts- und Finanzpolitik, Band 29, ohne Ortsangabe, 2003, S. 216–236.

8 Jürgen Roth, Gazprom ist ein Synonym für Korruption, in: Spiegel Online, 22. Dezember 2005.

9 Vgl. auch Spiegel Online vom 12. Dezember 2005, sowie Frankfurter Allgemeine Zeitung vom 8. September 2005.

10 Siehe Gestern abgewählt, heute eingekauft., in: www.rbb-online.de

11 Vgl. Margareta Mommsen, Das Putin-Syndikat, München 2017. Die gesamte Putin-Biografie ist zitiert nach: Frank Fabian, Top-Spione, München 2018.

12 Siehe Frank Fabian, Top-Spione, München 2018, vgl. das Kapitel über Putin.

13 Siehe Die Bastarde haben mich gekriegt, Spiegel Online vom 24. November 2006, sowie Litvinenko Inquiry (unabhängige Untersuchung), 33. Tag der Anhörungen, S. 29.

14 Sir Robert Owen, Report into the death of Alexander Litvinenko, ohne Zeit- und Ortsangabe, S. 244ff.

15 Необъяснимая смерть (Ein seltsamer Tod) – Memento vom 28. November 2006 im Internet Archive) Siehe vesti.ru vom 24. November 2006.

16 Siehe die Stichworte Magnitski und Bill Browder bei Wikipedia.

17 Vgl. Amnesty International, 11. Juli 2014, sowie spätere Veröffentlichungen.

18 Siehe Stichwort Gerhard Schröder, Wikipedia.

19 Donald Trump machte darauf aufmerksam, dass die Pipeline von Russland nach Deutschland Milliardengewinne in die Kassen Putins spült, siehe VOX, Juli 2018.

20 Wikipedia, Stichwort Gerhard Schröder.

X. Der Sprung ins 21. Jahrhundert

1 Vgl. Horst A. Mehler, Wie schreibe ich einen Bestseller, Idstein 1980, und Horst A. Mehler, Weltbestseller, Clearwater 2017.

2 Vgl. die Website www.professionellschreiben.de

3 Mario Frank, Walter Ulbricht, Berlin 2001, S. 328f.

4 Ulrich Winkler, Deutschland von 1945 bis zur Gegenwart, Berlin 2009, S. 75.

5 Vgl. Ralf Georg Reuth, Angela Merkels zweierlei Welten, in: Welt am Sonntag, 19. Juni 2005, sowie ein Bericht in: ntv.de, 13. Mai 2013, DDR-Vergangenheit holt Merkel ein: Nichts verheimlicht – nicht alles erzählt.

6 Vgl. diese und andere Zahlen: Frank Fabian, Die internationale Banken-Mafia, Suhl 2017.

7 Frank Fabian, a. a. O., Kapitel über die Krise 2008.

8 Stichwort Bauboom in Spanien, Wikipedia.

9 Vgl. Fox-Sendungen, unter anderem von und mit Maria Bartiromo, Juni bis September 2021.

10 Das Verhör wird wieder und wieder von FOX ausgestrahlt, in verschiedenen Sendungen, September, Oktober 2021.

11 Vgl. Sun Tsu, Die Kunst des Krieges, Hamburg 2008, S. 150ff.

12 Vgl. Georg Erwin Thaller, Von der Tscheka zum KGB, E-Book, ohne Orts- und Jahresangabe. Vgl. weiter die Ausführungen von Udo Ulfkotte, Der Krieg im Dunkeln, Frankfurt 2005.

13 Vgl. Eckard Michels, Guillaume, der Spion, Berlin 2013.

14 https://www.handelsblatt.com/politik/deutschland/karrierenetzwerk-verfassungsschutz-warnt-china-wirbt-spione-ueber-linkedin-an/25459830.html?ticket=ST-9753172-SiWgOW5LOFkoHFTlWOR7-cas01.example.org

Schlüsselerkenntnisse

1 Bob Woodward, Reagan und die geheimen Kriege der CIA, München 1987, S. 403, vgl. weiter S. 17 und S. 19.

2 Bob Woodward, a. a. O., S. 500.

3 Vgl. Frank Fabian, Top-Spione, München 2018. Die letzten Seiten wurden zum Teil wörtlich zitiert.

4 Vgl. erneut Woodward sowie CNN Fidel`s Personal Spies: The Myers. Ep. 5 Declassified: Untold Stories of American Spies, Sendung vom 26. April 2017, aber auch Fareed Zakaria, GPS, CNN, Sendung vom 10. Dezember 2017.

5 Vgl. Frank Fabian, Die internationale Bankenmafia, siehe die Amazon-Publikation.

6 Vgl. Gunter Hofmann, Helmut Schmidt, München 2015, oder Gregor Schöllgen, Willy Brandt, Berlin, München 2001.

STICHWORTVERZEICHNIS